Manfred Becker-Huberti
Ulrich Lota

Katholisch A bis Z

Manfred Becker-Huberti
Ulrich Lota

Katholisch A bis Z

Das Handlexikon

HERDER

FREIBURG · BASEL · WIEN

Umschlagfoto: © KNA-Bild
Umschlaggestaltung: Finken & Bumiller
Satz: SatzWeise, Föhren
Herstellung: fgb · freiburger graphische betriebe
www.fgb.de

Gedruckt auf umweltfreundlichem, chlorfrei gebleichtem Papier
Printed in Germany

ISBN 978-3-451-32199-3

Inhaltsverzeichnis

Übersichten

Vorwort

Bekanntlich kann man nur das beim Namen nennen, für das man einen Namen kennt. Es ist, als gebe es die Sache oder Person nicht, für die ein Name fehlt.

Dieses Faktum kann Menschen den Umgang mit der Religion erschweren, zumal mit der katholischen Kirche, die im Laufe ihrer fast zweitausendjährigen Geschichte ihren eigenen, nicht alltäglichen Sprachgebrauch entwickelt hat. Selbst mancher Kirchgänger hat seine Not, das eine oder andere Ereignis, Gerät usw. genau zu benennen. Wer kann schon die verschiedenen Prälaten auseinanderhalten – aber was ist überhaupt ein »Prälat« und woran erkennt man ihn?

Weil das so fraglich ist, haben zwei bischöfliche Pressesprecher solche Begriffe gesammelt, die oft nicht mehr gewusst oder manchmal falsch gedeutet werden. Weder ging es dabei um Vollständigkeit noch um pingeligste Wissenschaftlichkeit auf höchstem Niveau: Knapp, exakt und allgemein verständlich, war die Maxime. Während der eine der beiden Pressesprecher, Ulrich Lota aus Essen, für ein kleines Lexikon (»Lexikath«) sammelte, das er im Auftrag einer Kirchenbank herausgab, ließ der andere sammeln. Manfred Becker-Huberti aus Köln richtete im Internet das www.kirchen-lexikon.de ein, das nicht nur Fragen beantwortete, sondern auch die Fragen festhielt, auf die es (noch) keine Antworten gab. Die dadurch entstandene Sammlung gesuchter Begriffe wurde für dieses Lexikon bearbeitet. Beide Sammlungen sind hier zusammengeführt und noch um den einen oder anderen Begriff ergänzt worden.

Das vorliegende Wörterbuch möchte nicht das Lexikon für Theologie und Kirche oder ähnliche Zusammenstellungen ersetzen, aber all denjenigen rasch helfen, die sich über die kirchliche Terminologie informieren wollen. Es ist keine offizielle Publikation der katholischen Kirche. Es kann und will nicht den Anspruch erheben, die kirchliche Lehre vollständig zu vertreten. Aber selbstverständlich sind alle Informationen nach bestem Wissen und Gewissen gegeben.

Dieses Buch versteht sich als ein Angebot an seine Leserinnen und Leser, verbunden mit der Bitte: Helfen Sie, die Zusammenstellung noch zu verbessern. Wer einen wichtigen Begriff vermisst, sollte sich nicht scheuen, die Autoren per E-Mail anzuschreiben. Bei einer weiteren Auflage lässt sich ein eventuelles Manko möglicherweise beheben.

Manfred Becker-Huberti
(manfred@becker-huberti.de)

Ulrich Lota
(ulrich.lota@t-online.de)

Abkürzungen und Zeichen

Abk.	Abkürzung	kirchenlat.	kirchenlateinisch
ahd.	althochdeutsch	kirchenrechtl.	kirchenrechtlich
allg.	allgemein	kirchl.	kirchlich
amtl.	amtlich	lat.	lateinisch
aram.	aramäisch	mhd.	mittelhochdeutsch
bes.	besonders	Mio.	Million
Bez.	Bezeichnung	n. Chr.	nach Christi Geburt
bzw.	beziehungsweise	nichtamtl.	nichtamtlich
ca.	circa	o. ä. (Ä.)	oder ähnlich (Ähnliche)
can.	Canon, Paragraph im Kirchenrecht	päpstl.	päpstlich
		Pl.	Plural
d. h.	das heißt	röm.-kath.	römisch-katholisch
d. J.	der Jüngere	s.	siehe
dt.	deutsch	sel.	selig
ehem.	ehemalig	sog.	so genannt
eigentl.	eigentlich	spätlat.	spätlateinisch
engl.	englisch	u. a.	unter anderem
f./ff.	die folgende/die folgenden	urspr.	ursprünglich
franz.	französisch	usw.	und so weiter
gegr.	gegründet	v. a.	vor allem
geistl.	geistlich	v. Chr.	vor Christi Geburt
gem.	gemäß	vgl.	vergleiche
ggf.	gegebenenfalls	volkst.	volkstümlich
Ggs.	Gegensatz	wiss.	wissenschaftlich
griech.	griechisch	z. B.	zum Beispiel
hebr.	hebräisch	zzt.	zurzeit
hl.	heilig		
i. d. R.	in der Regel		
i. d. S.	in diesem Sinne		
insbes.	insbesondere		
insges.	insgesamt		
intern.	international		
i. S. v.	im Sinne von		
ital.	italienisch		
Jh.	Jahrhundert		
jmd.	jemand		
kath.	katholisch		

Die Abkürzungen der Adjektive gelten auch für deren flektierte Formen, z. B. kath. für katholische, katholisches usw.

Zeichen

*	geboren
†	gestorben
↗	siehe

Jahresangaben in Klammern ohne andere Angaben stehen für die Amtszeit.

A

AA
Abk. für Congregatio Augustinianorum ab Assumptione, ↗ Assumptionisten, kath. Männerorden.

AAS
Abk. für ↗ Acta Apostolicae Sedis.

Abendmahl, das
In der Nacht vor seiner Kreuzigung hielt Jesus von Nazaret mit seinen zwölf ↗ Jüngern rituell das ↗ Paschamahl der Juden (↗ Gründonnerstag). Während dieses Mahls deutete er Brot und Wein als seinen Leib und sein Blut und zeigte auf, dass er für seine Jünger und für alle Menschen gelebt hat und sterben werde. Dieses Mahl wurde zu einem Zeichen der Verbundenheit Jesu mit seinen Jüngern, da er sie aufforderte, nach seinem Tod immer wieder gemeinsam Brot und Wein zu essen und zu trinken. Katholische Christen tun dies in der Eucharistiefeier; sie glauben, dass Jesus Christus in der ↗ Eucharistie gegenwärtig ist (↗ Realpräsenz) und in der Gestalt der gewandelten Hostie gegenwärtig bleibt. Nach lutherischer Lehre ereignet sich die Realpräsenz nur während der Abendmahlsfeier.

Aberglaube, der
Mhd. aber = »verkehrt«; Fehlform des Glaubens, die sich aus einem angstbestimmten oder einem magischen Missverständnis von Glauben entwickeln kann und die mit einem vernünftigen Glauben nicht vereinbar ist (z. B. Teufelsglaube, Astrologie, Okkultismus, Esoterik). Direkte oder indirekte Folgen von Aberglauben waren und sind z. B. aber auch Hexenverfolgung, Antisemitismus und Fanatismus.

Ablass, der
Eine spezifische, nur in der Westkirche gewachsene Form des Umgangs der Kirche mit dem reuigen Sünder. In der frühen Kirche war es die Verkürzung der Zeit, die ein abgefallener und nun reumütiger Christ aus der Gemeinschaft ausgeschlossen war. Im Mittelalter wurde der Ablass Teil der Bußpraxis: Sind die Sünden selbst in der Beichte vergeben, so bleiben die Sündenstrafen dennoch bestehen, der Ablass ist deren Verkürzung (»Erlass einer zeitlichen Strafe vor Gott für Sünden, die hinsichtlich der Schuld schon getilgt sind« [Paul VI., Indulgentiarum doctrina 12, 1967]). Die Wahrnehmung des Ablasses ist für niemanden verpflichtend. Der kommerzielle Handel mit Ablässen und die damit verbundenen Ablassbriefe im 16. Jh. führten zum Protest Martin Luthers (↗ Reformation) und zur Reform des Ablasswesens auf dem Konzil von Trient (↗ Tridentinum). – Unabhängig davon, ob man sich die Ewigkeit als eine messbare Zeit vorstellen sollte, darf man den Ablass als einen sichtbaren Ausdruck des Heilswillens Gottes und als Einladung zur Umkehr verstehen. Denn der Ablass ersetzt nicht die ↗ Buße, sondern setzt sie voraus.

Absolution, die

Lat. absolutio = »Lossprechung«; die durch einen Priester in der Beichte im Namen Gottes zugesprochene Vergebung der Sünden nach dem Sündenbekenntnis und dem Reuegebet (↗Buße). ↗Pönitentiar.

Abstinenz, die

Bezeichnet den Verzicht auf Fleisch an bestimmten Tagen, den Abstinenztagen. Das sind die allwöchentlichen Freitage, der ↗Aschermittwoch und der ↗Karfreitag. ↗Fastenzeit.

Abt, der

Aram. abba = »Vater«; der Vorsteher eines selbständigen Klosters mit Abtsverfassung, der i.d.R. von den stimmberechtigten Mönchen gewählt wird. Frauenklöstern steht entsprechend eine ↗Äbtissin vor.

Abtei, die

Unter der Leitung eines ↗Abtes/einer ↗Äbtissin stehendes ↗Kloster (meist der ↗Benediktiner, ↗Zisterzienser und ↗Trappisten).

Äbtissin, die

Vorsteherin eines selbständigen Klosters von Nonnen. ↗Abt.

Abtprimas, der

Lat. abbas primas; auch: Generalabt; der weltweite Repräsentant der Benediktinischen Konföderation (↗Benediktiner), die er nach außen und vor dem ↗Heiligen Stuhl vertritt. Er besitzt keine zentrale Leitungsgewalt, hat aber die Aufsicht über die benediktinischen Klöster, die keiner ↗Kongregation, dem Zusammenschluss mehrerer Klöster, angehören. Sein Sitz ist Rom. Der Abtprimas wird auf acht Jahre von dem alle vier Jahre tagenden Äbtekongress der Benediktiner gewählt. In Rom leitet er die Primatialabtei Sant'Anselmo und ist Großkanzler des Päpstlichen Athenaeums Sant'Anselmo, einer Päpstlichen Hochschule. Auch der Repräsentant der Konföderation der ↗Augustiner-Chorherren wird Abtprimas genannt, während sich die Repräsentanten der Prämonstratenser und der Zisterzienser jeweils Generalabt nennen.

Achskapelle, die

Zentrale, in der Achse des Bauwerks gelegene Kapelle des Chorumgangs.

Acht

Die Zahl 8 steht im Urchristentum für den Sonntag, den Tag (der Feier) der ↗Auferstehung Jesu Christi, der auf den siebten Tag, den ↗Sabbat, folgt. Die ↗Taufbecken der frühen Kirche (↗Baptisterium), in denen Erwachsene durch Untertauchen getauft wurden, waren achteckig. Durch das Untertauchen »starb« der Täufling mit Christus, um durch das Auftauchen mit ihm »aufzuerstehen«. Diese Auferstehung zeigte sich in der Achtzahl, die auch bei der später folgenden Taufe von Kleinkindern erhalten blieb, für die achteckige Taufbecken entstanden. Es gibt auch etliche Beispiele für oktogone Grundrisse kirchl. Gebäude.

Acta Apostolicae Sedis

Abk. AAS; Publikationsorgan für die Dokumente des ↗Heiligen Stuhls im Vatikanischen Gesetzblatt, für das der ↗Kardinalstaatssekretär verantwortlich zeichnet.

Action 365, die

Versteht sich als »Gemeinschaft aktiver Christinnen und Christen«, für die das Wort Gottes (↗ Evangelium) an allen Tagen des Jahres (»365« Mal) Richtschnur ihres Handelns (»action«) sein soll. In ökumenischen Basisgruppen (Teams) setzen sich die Mitglieder ehrenamtlich für praktische ↗ Ökumene ein, betreiben »christliche Öffentlichkeitsarbeit«, unterstützen Projekte von indianischen Kleinbauern in Guatemala und engagieren sich für soziale Randgruppen oder leisten Hilfen für alte, kranke und sterbende Menschen. Gründer der »action 365« ist der Jesuiten-Pater Johannes Leppich (*1915, †1992), der in Deutschland in den 1950er und 1960er Jahren als Straßenprediger bekannt wurde und dessen Namen die Laienbewegung zunächst trug. Um die Arbeit der Basisgruppen langfristig zu sichern, wurde 1997 die »Stiftung Haus der action 365« mit Sitz in Frankfurt/Main gegründet.

ACV

Abk. für ↗ Allgemeiner Cäcilien-Verband für Deutschland.

A. D.

Abk. für ↗ Anno Domini.

Adam und Eva

Eigennamen des ersten Menschenpaares im Buch ↗ Genesis, in dem die ↗ Bibel von der Erschaffung der Welt und den ersten Menschen berichtet. Von Adam (hebr. »der aus Erde Geschaffene«) und Eva (hebr. »die Lebendige«) stammen danach alle Menschen ab. Es handelt sich nicht um einen Tatsachenbericht. Die Verfasser wollten mit der Darstellung der Erschaf-

fung der Welt, des Menschen, des Sündenfalls (↗ Erbsünde) und der anschließenden Vertreibung aus dem ↗ Paradies die Bedingungen des Menschseins theologisch erklären.

Adhortatio Apostolica postsynodalis

↗ Nachsynodales Schreiben.

ADJC

Abk. für Arme Dienstmägde Jesu Christi – Dernbacher Schwestern, kath. Frauenorden.

Adler, der

Im Christentum und in der christlichen Kunst ist der Adler das Symbol des Evangelisten ↗ Johannes, Sinnbild der Erneuerung durch die ↗ Taufe (Eintauchen in eine Quelle) sowie für Christus, bezogen auf seine Himmelfahrt (Flug zur Sonne).

Ad-Limina-Besuch, der

Lat. limen = »Türschwelle«; bezeichnet die im Kirchenrecht vorgesehene Verpflichtung der ↗ Diözesanbischöfe, alle fünf Jahre den Papst zu besuchen und einen Rechenschaftsbericht über das Bistum zu geben. Seinen Ursprung hat der Ad-Limina-Besuch in der Pilgerfahrt zu den Gräbern der Apostel ↗ Petrus und ↗ Paulus in Rom (ad limina apostolorum = »zur Türschwelle der Apostel«).

Ad maiorem Dei gloriam

Lat. = »zur größeren Ehre Gottes«; Motto des Jesuitenordens.

Administrator, der

Lat. »Verwalter«; gem. kath. Kirchenrecht der Vorsteher eines juristisch selbständigen Kirchengebiets oder einer kirchl. Einrichtung. Neben dem vom Papst eingesetzten Apostolischen Administrator gibt es v. a. den ↗ Diözesanadministrator und den ↗ Pfarradministrator.

Admissio, die

Lat. »Zulassung«; die vom Bischof erteilte offizielle Aufnahme unter die Kandidaten für das ↗ Weihesakrament.

Adsum

Lat. »Hier bin ich«; »Ich bin bereit«; Antwort des Kandidaten bei der Priesterweihe, nachdem er mit seinem Namen aufgerufen wurde.

Adveniat

Hilfswerk der dt. Katholiken für die Kirche von Lateinamerika. Der Name leitet sich ab von der Bitte im lat. ↗ Vaterunser: »adveniat regnum tuum« (»Dein Reich komme«). Das in Essen ansässige Hilfswerk wurde 1961 von der ↗ Deutschen Bischofskonferenz unter maßgeblicher Förderung des ersten Essener Bischofs, Dr. Franz Hengsbach, unter dem Namen »Bischöfliche Aktion Adveniat« gegründet. Seitdem hat Adveniat, das größte Lateinamerika-Hilfswerk Europas, die Kirche in Lateinamerika und ihren Einsatz für die Armen, Verfolgten und Minderheiten mit mehr als 2,1 Milliarden Euro unterstützt. Die Adveniat-Aktion wird traditionell am ersten Adventssonntag eröffnet und endet mit der Weihnachtskollekte. Während dieser Zeit wird bundesweit über die Kirche in Lateinamerika informiert und um Spenden geworben.

Advent, der

Lat. adventus = »Ankunft«; Vorbereitungszeit auf das Fest der Geburt Christi (↗ Weihnachten). Die Adventszeit umfasst die vier Wochen vor dem Weihnachtsfest. Mit dem ersten Adventssonntag beginnt das Kirchenjahr.

Adventskranz, der

Geflochtener Kranz aus grünen Zweigen mit vier Kerzen, die nach und nach an den Adventssonntagen entzündet werden. Der Kranz steht für den Erdkreis, der auf Erlösung wartet; die Kerzen symbolisieren das Licht, das zunimmt, je näher die Geburt des Erlösers Jesus Christus rückt.

Advocatus Dei, der

Lat. »Anwalt Gottes«; Bez. des Vertreters des Antragstellers bei einem Selig- bzw. Heiligsprechungsverfahren (↗ Kanonisation).

Advocatus Diaboli, der

Lat. »Anwalt des Teufels«; frühere Bez. des Anwalts der Kirche (seit Johannes Paul II.: »promotor iustitiae«), der in einem Selig- bzw. Heiligsprechungsverfahren die Gründe gegen eine ↗ Kanonisation sammelt und vorträgt.

Agape, die

Griech. »Liebesmahl«; bezeichnet urspr. das abendliche Mahl der frühen Christen, eine normale Mahlzeit, bei der sich arme Gemeindemitglieder dank der Gaben der reicheren sattessen konnten. Bald wurde die sättigende Mahlzeit von der Feier der ↗ Eucharistie getrennt. Die Agape ist seitdem eine meist nach dem Gottesdienst stattfindende Mahlzeit.

Aggiornamento, das

Ital. aggiornare = »auf den Tag bringen, an die heutige Zeit anpassen, aktualisieren«; Motto von Papst Johannes XXIII. für das ↗Zweite Vatikanische Konzil in dem Anliegen, die überlieferte Lehre der Kirche so zu erforschen und auszulegen, »wie unsere Zeit es verlangt« (Eröffnungsrede vom 11.10.1962).

Agnus Dei, das

Lat. ↗»Lamm Gottes«.

Ahnenprobe, die

Im Spätmittelalter konnten nur Adlige Mitglied der ↗Domkapitel werden. Sie mussten dafür in den vorangegangenen acht Generationen ihrer Familie auf väterlicher und mütterlicher Seite je acht adlige Vorfahren vorweisen. Der Nachweis mit den Wappen dieser Vorfahren wird »Ahnenprobe« genannt.

Akklamation, die

Lat. »Zuruf«; Zustimmung des Volkes, z. B. im »Amen«, das das Gesagte bekräftigt.

Akolyth, der

Griech. akólouthos = »Diener«. In der frühen Kirche arbeitete der Akolyth gemeinsam mit den ↗Diakonen im sozialen Dienst der Gemeinde. Auch in der ↗Liturgie übernahmen Akolythen Aufgaben. Vor 1972 war die Weihe zum Akolythen (oberste Stufe der ↗Niederen Weihen) eine Durchgangsstufe auf dem Weg zum Priestertum.

Albe, die

Lat. alba = »weiß«; liturgisches Kleidungsstück, ein knöchellanges, weißes Untergewand, das der Priester unter dem Messgewand trägt.

Alexianer(brüder)

Lat. Congregatio Fratrum Alexianorum, Abk. CFA, kath. Männerorden, tätig v. a. in der Krankenpflege. Die Alexianer leben in kleineren Gemeinschaften nach der ↗Augustinusregel. Die Ordensgemeinschaft hat ihre Wurzeln in der mittelalterlichen Begardenbewegung (↗Begarden, ↗Beginen) und trägt den Namen ihres ↗Patrons, des hl. Alexius. Die dt. Provinz mit Sitz in Aachen unterhält u. a. Krankenhäuser, Pflegeheime und Werkstätten sowie Wohneinrichtungen für Behinderte.

Alleluja

Hebr. »Lobet ↗JHWH, lobet Gott!«; liturgischer Freudengesang (↗Halleluja).

Allerheiligen

Sammelfest für alle ↗Heiligen am 1. November. Die Kirche gedenkt mit diesem ↗Hochfest nicht nur der vom Papst heiliggesprochenen Frauen und Männer, sondern auch der vielen Menschen, die unspektakulär und still ihren Glauben gelebt und ihr Christentum konsequent verwirklicht haben. ↗Allerseelen.

Allerheiligenlitanei, die

↗Litanei.

Allerheiligste, das

Bezeichnet das in der Eucharistiefeier konsekrierte Brot, d. h. die in den Leib Christi verwandelte ↗Hostie. In den Gestalten von Brot und Wein ist Christus gegenwärtig. ↗Eucharistie. ↗Konsekration. ↗Tabernakel.

Allerseelen

Am 2. November gedenkt die kath. Kirche in einem Sammelfest aller Verstorbenen. Das 998 von Abt Odilo von Cluny in allen ihm unterstellten Klöstern an diesem Tag eingesetzte Gedächtnis wurde bald in der ganzen abendländischen Kirche übernommen und ist tief im Volksglauben verankert. Bereits am Tag vor Allerseelen, an ↗Allerheiligen, werden die Gräber der Verstorbenen mit Blumen, grünen Zweigen und Lichtern geschmückt. Die Lichter symbolisieren die Seelen der Verstorbenen, das Grün gilt als Zeichen der Hoffnung.

Allgemeiner Cäcilien-Verband für Deutschland

Abk. ACV; 1868 auf Initiative des Regensburger Priesters und Kirchenmusikers Franz-Xaver Witt (*1834, †1888) gegründet. Der Verband trägt den Namen der röm. Glaubenszeugin Cäcilia, der Schutzheiligen der Kirchenmusik. Der ACV setzt sich für die Belange der kath. Kirchenmusik ein. Er will durch seine Arbeit die Bedeutung und den Stellenwert von Musik im Gottesdienst und in der Gemeindearbeit bewusst machen, veranstaltet kirchenmusikalische Fachtagungen, regt Kompositionen und Forschungen an und gibt regelmäßige Publikationen (»Musica Sacra«) heraus.

Altar, der

Lat. altus = »hoch«; erhöhter Opfertisch, in der kath. Kirche der zentrale Ort der ↗Eucharistiefeier. Auf dem Altar vollzieht der Priester die Wandlung von Brot und Wein in das Fleisch und Blut Christi (↗Transsubstantiation). Traditionell ist in einen Altar eine ↗Reliquie eingelassen, so dass er symbolisch ein Heiligengrab darstellt. Damit stehen die Gläubigen heute noch in der Tradition der ersten Christen, die sich an den Gräbern ihrer Heiligen zur Eucharistie versammelten. ↗Translation.

Altarsakrament, das

Synonym für das Sakrament der ↗Eucharistie.

Alte Messe

Umgangssprachlich für die ↗Tridentinische Messe.

Altes Testament

Abk. AT; der erste Teil der christlichen ↗Bibel, zusammengestellt vom 5. bis 2. Jh. v.Chr. Der Begriff »Testament« darf nicht im heutigen Sinn als letztwillige Verfügung eines (verstorbenen) Erblassers verstanden werden; es handelt sich vielmehr um die lat. Übersetzung des griech. Wortes für »Bund«. Auch bedeutet die Unterscheidung Altes und Neues Testament nicht, dass das Alte durch das Neue Testament überholt wäre. Das AT umfasst in der Zählung der ↗Septuaginta insges. 46 Schriften in hebräischer Sprache mit geringen aramäischen Anteilen. Es ist zugleich die Heilige Schrift der Juden und damit auch das Heilige Buch Jesu und der Urgemeinde. Im Judentum wird es in drei Teile gegliedert: die Weisung (Thora), die Propheten (Nebiim) und die Schriften (Ketubim). Christliche Bibeln unterscheiden die fünf Bücher Mose (griech. Pentateuch): Genesis (Gen), Exodus (Ex), Levitikus (Lev), Numeri (Num) und Deuteronomium (Deut); ferner die Bücher der Geschichte des Volkes Gottes, die Bücher der Lehrweisheit und die Psalmen. Den Abschluss bilden die Bücher der Propheten (s. Übersicht im Anhang).

Alt-Katholiken

Religionsgemeinschaft, die nach dem ↗ Ersten Vatikanischen Konzil (1870) entstanden ist. Anlass war das auf dem Konzil von Papst Pius IX. (1846–1878) verkündete ↗ Dogma von der ↗ Unfehlbarkeit des Papstes in Lehr- und Glaubensfragen und sein Anspruch, »die volle, höchste und universale Gewalt« über die Kirche (↗ Primat) zu haben. Aus Protest gegen diesen Konzilsbeschluss sagten sich kath. Gruppen aus Deutschland, den Niederlanden und der Schweiz von der röm.-kath. Kirche los und schlossen sich 1889 zur Utrechter Union zusammen. Die Alt-Katholiken verstehen sich als eine von Rom unabhängige katholische Kirche. Ihre Pfarrer und Bischöfe werden gewählt und müssen nicht ehelos leben (↗ Zölibat). Auch Frauen können zum Priesteramt zugelassen werden. Weltweit zählt die alt-katholische Kirche nach eigenen Angaben rund 75.000 Mitglieder.

Altötting

Bedeutender Marienwallfahrtsort in Bayern (Bistum Passau). Die Altöttinger Gnadenkapelle, in der seit über 500 Jahren das ↗ Gnadenbild der Schwarzen Muttergottes verehrt wird, gehört zu den meistbesuchten Wallfahrtsstätten Deutschlands.

Alumne, der

Lat. alumnus = »Zögling«; Bez. für den Studierenden in einem Priesterseminar (Priesteramtskandidat).

AM

Abk. für Ancillae Mariae, Schwestern (↗ Mägde) Mariens von der Unbefleckten Empfängnis, kath. Frauenorden.

Ambo, der

Griech. anaboáein = »verkünden, rufen«; erhöhtes Lesepult, Verkündigungsplatz im Altarraum. Der Ambo soll erhöht, feststehend, würdig und auf einfache Weise geschmückt sein; er ist primär für die Verkündigung des Gotteswortes reserviert.

AMDG

Abk. für ↗ ad maiorem Dei gloriam.

Amen

Hebr. aman = »[fest-]stehen« und »so ist es, es geschehe«; Schlussformel der Gebete als ein Bekenntnis, das Zustimmung und Vertrauen ausdrückt.

Amigonianer

Kath. Männerorden; der 1889 in Valencia/ Spanien vom Kapuziner-Pater Luis Amigó gegr. Orden der Terziaren Unserer Frau der Schmerzen – heute Amigonianer – versteht sich als Teil der »Franziskanischen Familie« (↗ Franziskaner).

Amikt, der

Lat. amictus = »Umhang«; das Schultertuch, das als Teil des liturgischen Gewandes unter der ↗ Albe getragen werden kann. ↗ Humerale.

Amministrazione delle Opere di Religione

↗ Vatikanbank.

Amt, das

Ein Organ, das für eine Gemeinschaft und in deren Interesse tätig wird. Kirchliche Amtsträger stehen im Dienst ihrer Kirche. Nach kath. Auffassung hat Jesus Christus dem Apostel ↗ Petrus eine besondere Beauftragung gegeben und damit das Amt geschaffen. Das Amtsverständnis ist unterschiedlich in der kath. Kirche, der orthodoxen Kirche und den reformatorischen Kirchen. Zur Dreistufung des Amtes: ↗ Hierarchie.

Amtseinführung eines Papstes, die

Bei der Amtseinführung eines Papstes wird dem Neugewählten das ↗ Pallium umgelegt. Dabei wird (auf Latein) die folgende Formel gesprochen: »Gepriesen sei Gott, der dich zum Hirten der ganzen Kirche erwählt hat, indem er dir den Apostolischen Dienst anvertraute. Mögest du viele Jahre des irdischen Lebens lang ruhmvoll hervorragen, bis du, von deinem Herrn gerufen, beim Eintritt ins Himmlische Reich mit der Unsterblichkeit bekleidet wirst.« Die Amtseinführung endet mit dem ↗ Apostolischen Segen. Anschließend (»innerhalb einer angemessenen Zeit«) ergreift der neue Papst Besitz von der patriarchalen Erzbasilika am ↗ Lateran. Diese Form der Einführung hat mit Johannes Paul I. begonnen. Zuvor gab es die Feier der Papstkrönung, die am Sonntag oder einem anderen Festtag nach der Papstwahl stattfand. Papst Paul VI. (1963–1978) legte jedoch nach seiner Krönung die ↗ Tiara ab und ersetzte sie bei liturgischen Feiern durch die ↗ Mitra.

Anamnese, die

Griech. »Erinnerung, Gedächtnis«; das In-Erinnerung-Rufen der Heilstaten Gottes im Gottesdienst, bevorzugte Orte sind die Lesungen aus der Hl. Schrift oder das Hochgebet.

Anathema, das

Griech. in etwa »Überlassung an Gott«; nicht mehr gebräuchlicher Ausdruck für ↗ Exkommunikation.

Anbetung, die

Höchste Form der Verehrung, im engeren Sinn die Verehrung des ausgesetzten Allerheiligsten (↗ Aussetzung, ↗ Vierzigstündiges Gebet). Anbetung ist nur gegenüber Gott möglich. Das Gebet zu Heiligen ist nicht Anbetung, sondern Bitte um Fürsprache bei Gott.

Ancillae Mariae

Abk. AM, Schwestern (↗ Mägde) Mariens von der Unbefleckten Empfängnis, kath. Frauenorden.

Andacht, die

Mhd. andaht = »Denken an etwas«, seit dem 12. Jh. i. S. v. »Denken an Gott«; Bez. für ein inniges Gebet oder einen gemeinsamen volkstümlichen, nichteucharistischen Gebetsgottesdienst (z. B. ↗ Kreuzweg, ↗ Rosenkranz).

Andreaskreuz, das

Ein Kreuz aus zwei x-förmig übereinandergelegten Balken. Der Name geht darauf zurück, dass der im ↗ Neuen Testament oft genannte Andreas am 30. November des Jahres 60 n. Chr. an einem x-förmigen Kreuz hingerichtet worden sein soll; zuvor war er als Glaubensverkünder tätig gewesen. Als Verkehrszeichen wird ein »Andreaskreuz« in Deutschland u. a. vor unbeschrankten Bahnübergängen eingesetzt.

Angelus Domini, der

Lat. »Engel des Herrn«; ein Gebet zum Gedächtnis der Menschwerdung Jesu, das außerhalb der Osterzeit täglich morgens, mittags und abends zum sog. ↗ Angelusläuten gesprochen wird.

Der lateinische Text lautet:
Angelus Domini nuntiavit Mariae et concepit de Spiritu Sancto.
Ave Maria …
Ecce, ancilla Domini. Fiat mihi secundum verbum Tuum.
Ave Maria …
Et verbum caro factum est et habitavit in nobis.
Ave Maria …
Ora pro nobis, Sancta Dei Genetrix, ut digni efficiamur promissionibus Christi.
Oremus. Gratiam Tuam, quaesumus, Domine, mentibus nostris infunde, ut, qui angelo nuntiante, Christi, Filii Tui, incarnationem cognovimus, per passionem eius et crucem ad resurrectionis gloriam perducamur. Per eundem Christum, Dominum nostrum. Amen.

Auf Deutsch:
Der Engel des Herrn brachte Maria die Botschaft, und sie empfing vom Heiligen Geist.
Gegrüßet seist du, Maria …
Maria sprach: Siehe, ich bin die Magd des Herrn, mir geschehe nach deinem Wort.
Gegrüßet seist du, Maria …
Und das Wort ist Fleisch geworden und hat unter uns gewohnt.
Gegrüßet seist du, Maria …
Bitte für uns, heilige Gottesmutter, auf dass wir würdig werden der Verheißungen Christi.
Lasset uns beten. Allmächtiger Gott, gieße deine Gnade in unsere Herzen ein. Durch die Botschaft des Engels haben wir die Menschwerdung Christi, deines Sohnes, erkannt. Lass uns durch sein Leiden und Kreuz zur Herrlichkeit der Auferstehung gelangen. Darum bitten wir durch Christus, unsern Herrn. Amen.

Angelusläuten, das

Lat. angelus = »Engel«; das Läuten der Kirchenglocken am Morgen, Mittag und Abend, zu dem der Gruß des Engels an Maria gebetet wird (↗ Angelus Domini).

Anglikanische Kirche

Anglikanisch heißen alle Kirchen, die mit dem Erzbischof von Canterbury in Großbritannien in Gemeinschaft stehen. Dieser wird als Oberhaupt der insges. ca. 70 Mio. anglikanischen Gläubigen in 164 Ländern der Erde anerkannt. Die Kirche von England als Ausgangspunkt aller anglikanischen Kirchen wurde Anfang des 16. Jh. von König Heinrich VIII. gegründet. Der englische König bzw. die englische Königin ist das Oberhaupt der anglikanischen Staatskirche von England (Church of England). ↗ Reformation.

Anno Domini

Abk. A. D.; lat. »im Jahr des Herrn«, gerechnet ab der Geburt Christi (lat. a nativitate Domini).

Annuario Pontificio, das

Ital. »Päpstliches Jahrbuch«; das jeweils zum Jahresbeginn vom päpstlichen ↗ Staatssekretariat herausgegebene amtl. Handbuch der kath. Kirche. Es enthält u. a. eine aktuelle Liste der Päpste, des ↗ Kardinalskollegiums, der Römischen ↗ Kurie sowie ein vollständiges Verzeichnis aller Diözesen, Bischöfe, Ordensgemeinschaften und Personen, die einen ↗ päpstlichen Ehrentitel tragen.

Antependium, das

Lat. »Vorhang«; schmückender Vorhang bzw. künstlerisch gestaltete Platten aus Holz oder Metall an der Vorderseite des ↗ Altars und des ↗ Ambos.

Antimodernisteneid, der

Von Papst Pius X. 1910 eingeführter, von Papst Paul VI. 1967 abgeschaffter Eid gegen Neuerungen, den alle Geistlichen ablegen mussten.

Antiphon, die

Griech. antíphona = Wechselgesang. Mit der Wortbedeutung »Gegen-« oder »Wechselgesang« werden sowohl eine Art des Musizierens (die Antiphonie) als auch spezifische Stücke dieser Art, insbes. in der Kirchenmusik, bezeichnet. Bei der Antiphonie werden vorgegebene musikalische Elemente von anderen Stimmen oder Instrumenten beantwortet. In der Liturgie ist die Antiphon ein Wechselgesang zwischen zwei Chören oder zwischen Vorsänger und Chor, z. B. beim ↗ Psalmodieren im privaten ↗ Stundengebet oder im Gottesdienst als kurzer Gesang vor und nach den Psalmversen.

Antoniter

Lat. Canonici Regulares Sancti Antonii, Abk. CRSAnt; auch: Antoniusorden, Antoniter, Antonianer); der Hospital-Orden der Antoniter wurde 1095 als Bruderschaft für Laien in Südfrankreich gegründet. Er ist nach dem Mönchsvater Antonius (*251? – † 356) benannt. Der Orden widmete sich der Pflege am Antoniusfeuer Erkrankter. Ab 1247 lebten die Brüder nach der Regel des hl. Augustinus; 1298 wurde die Bruderschaft von Papst Bonifatius VIII. in einen Chorherrenorden umgewandelt. Durch seine Erfolge bei der Heilung des Antoniusfeuers breitete sich der Orden in den Folgejahren aus. Im 15. Jh. unterhielten die Antoniter annähernd 370 Spitale in ganz Europa, in denen sie etwa 4000 Kranke betreuten. Durch die Entdeckung des Zusammenhangs zwischen mit Mutterkornpilz befallenem Getreide und Antoniusfeuer sank die Zahl der Erkrankungen erheblich. Infolgedessen ging die Bedeutung des Ordens stark zurück. 1777 wurden durch päpstliches Dekret die letzten 33 in Deutschland noch verbliebenen Häuser in den Malteserorden inkorporiert. Die Klöster in Köln und Höchst entzogen sich dem Dekret und wurden 1803 säkularisiert. Die Antoniter trugen ein schwarzes Chorkleid, darüber einen schwarzen Mantel mit hellblauem T-Kreuz.

Antoniusbrot, das

Das »Antoniusbrot« ist eine nach dem hl. Antonius von Padua benannte Aktion der Nächstenliebe für Notdürftige, die im 19. Jh. von dem italienischen Priester Antonio Locatelli begründet wurde. Der Name bezieht sich auf ein dem hl. Antonius zugeschriebenes Wunder, das sich beim

Bau seiner Basilika in Padua ereignet haben soll. Ein kleines Kind fiel in einem unbeobachteten Moment in einen Wasserbehälter und ertrank. Die verzweifelte Mutter rief den hl. Antonius an und versprach ihm so viel Getreide für die Armen, wie das Kind an Gewicht auf die Waage brachte, wenn er ihr helfen würde. In der Volksfrömmigkeit entstand so der »pondus pueri« (das Gewicht eines Kindes) als Maß des Aufwandes für wohltätige Zwecke. Es wurde bis in das Mittelalter hinein von Eltern gespendet, deren Kinder von Epidemien und Krankheiten auf Fürbitte verschont wurden. Der im Mittelalter untergegangene Brauch – heute wird Geld statt Getreide gespendet – sieht im franziskanischen Sinne in den Ärmsten diejenigen, an denen sich die Fürsorge und Liebe Gottes besonders zeigt.

Antwortgesang, der
Wechselgesang zwischen Kantor und Gemeinde.

AOR
↗ Vatikanbank.

Apokalypse, die
Griech. apokálypsis = »Enthüllung«; bezeichnet
   1. im biblischen Zusammenhang die Offenbarung der letzten Geheimnisse Gottes. Die jüdisch-christlichen Apokalypsen entstanden in der Zeit zwischen dem 2. Jh. v. Chr. bis etwa in das 7. Jh. n. Chr. In den ↗ Kanon aufgenommen wurden für das ↗ Alte Testament das Buch Daniel und für das ↗ Neue Testament die Geheime Offenbarung des Johannes.

   2. das letzte Buch des ↗ Neuen Testaments (Offenbarung des ↗ Johannes, Geheime Offenbarung). Der Verfasser zeichnet hier das Bild des kommenden Gottesreiches, um die verfolgten Christen in seiner Zeit durch den Ausblick auf die Wiederkunft Christi zu trösten und auf das Ende der Welt vorzubereiten.

Apokalyptik, die
Griech. apokálypsis = »Enthüllung«; eine Sonderform der ↗ Eschatologie, die literarische Form der Vorstellungen von den Ereignissen zum Weltende (↗ Jüngster Tag, ↗ Jüngstes Gericht, ↗ Apokalypse).

Apokryphe, die
Griech. apókryphos = »verborgen«; als Apokryphen oder apokryphe Schriften werden jene Texte bezeichnet, die bei der Entstehung der Bibel nicht in den ↗ Kanon aufgenommen wurden. Der im 2. Jh. von christlichen Theologen geprägte Begriff bedeutete anfangs »außerkanonisch« und »häretisch«: Die ausgegrenzten Schriften galten als Irrlehre oder Fälschung. Weil man glaubte, die Texte stammten aus dem Umfeld des Gnostizismus, bezeichnete man sie als »apokryph«, als einer »Geheimlehre« zugehörig. Während die katholische und die evangelische Kirche im Kanon des Neuen Testamentes weitgehend übereinstimmen, gibt es zum Alten Testament unterschiedliche Auffassungen. Im katholischen Kanon gelten als apokryph: 3. und 4. Buch Esra, 3. und 4. Buch der Makkabäer, das Gebet des Manasse, Psalm 151, die Psalmen Salomos, das Buch der Jubiläen und das Buch des Benoni.

Apostel, der

Griech. apóstolos = »Sendbote, Gesandter«; die von Jesus zur Verkündigung seiner Lehre berufenen zwölf Männer aus dem Kreis seiner ↗ Jünger, die symbolisch für die zwölf Stämme Israels stehen: ↗ Petrus, Andreas, Jakobus d. Ä., Johannes, Philippus, Bartholomäus, Thomas, Matthäus, Jakobus d. J., Judas Thaddäus, Simon, Judas Ischariot, nach dessen Verrat durch Matthias ersetzt. Auch ↗ Paulus bezeichnet sich und andere als Apostel, als berufene Verkündiger.

Apostelgeschichte, die

Abk. Apg; ein Buch des ↗ Neuen Testaments, das als Fortsetzung des ↗ Lukasevangeliums gilt. Es schildert die Ausbreitung der Kirche von Jerusalem bis nach Rom (nach der ↗ Auferstehung Jesu).

Apostolat, das

Sendung; der Auftrag der gesamten Kirche, also aller Getauften, das ↗ Evangelium zu verkünden (»Laienapostolat«). ↗ Apostel.

Apostolisches Glaubensbekenntnis

Mit dem Apostolischen Glaubensbekenntnis bekennt ein Christ seinen Glauben. Der Text geht auf das alte stadtrömische Taufbekenntnis zurück, das vermutlich im 3. Jh. entstand. Die heute bekannte Form wird von der röm.-kath. Kirche ebenso anerkannt wie von allen protestantischen Kirchen. Lediglich in der ↗ Ostkirche ist das Apostolische Glaubensbekenntnis unbekannt. ↗ Credo.

Der lateinische Text lautet:
Credo in Deum Patrem omnipotentem,
creatorem caeli et terrae;
Et in Iesum Christum,
Filium eius unicum,
Dominum nostrum,
qui conceptus est de Spiritu Sancto,
natus ex Maria Virgine,
passus sub Pontio Pilato,
crucifixus, mortuus et sepultus,
descendit ad inferos,
tertia die resurrexit a mortuis,
ascendit ad caelos,
sedet ad dexteram Dei Patris omni-
    potentis,
inde venturus est iudicare vivos et
    mortuos;
Credo in Spiritum Sanctum,
sanctam Ecclesiam catholicam,
Sanctorum communionem,
remissionem peccatorum,
carnis resurrectionem,
et vitam aeternam. Amen.

Auf Deutsch:
Ich glaube an Gott, den Vater, den All-
    mächtigen,
den Schöpfer des Himmels und der Erde,
und an Jesus Christus,
seinen eingeborenen Sohn,
unsern Herrn,
empfangen durch den Heiligen Geist,
geboren von der Jungfrau Maria,
gelitten unter Pontius Pilatus,
gekreuzigt, gestorben und begraben,
hinabgestiegen in das Reich des Todes,
am dritten Tage auferstanden von den
    Toten,
aufgefahren in den Himmel;
er sitzt zur Rechten Gottes, des allmächti-
    gen Vaters;
von dort wird er kommen, zu richten die
    Lebenden und die Toten.

Ich glaube an den Heiligen Geist,
die heilige katholische[*] Kirche,
Gemeinschaft der Heiligen,
Vergebung der Sünden,
Auferstehung der Toten
und das ewige Leben. Amen.

* »Katholisch« meint hier nicht die röm.-
kath. Kirche, sondern die allgemeine Kirche (griech. katholikós = »allgemein«),
also die Gemeinschaft aller Christen. Dennoch wird in den reformatorischen Kirchen »katholische« durch »christliche« Kirche bzw. »allgemeine« Kirche ersetzt.

Apostolische Kammer

Urspr. die Schatzkammer des päpstlichen
Hofes, heute die päpstliche Finanzbehörde. Sie hat die Aufgabe, während der ↗ Sedisvakanz die Güter des ↗ Heiligen Stuhls
zu verwalten. Die Apostolische Kammer
wird von dem im Kardinalsrang stehenden
↗ Camerlengo (»Kämmerer«) geleitet.

Apostolische Konstitution

Lat. constituere = »feststehen machen, auf-
stellen, einrichten«. Apostolische Konstitutionen sind vom Papst erlassene gesetzliche Bestimmungen. Sie betreffen häufig
eine bestimmte Region oder einen bestimmten Personenkreis.

Apostolischer Nuntius

↗ Nuntius.

Apostolische Pönitentiarie

Zählt zu den drei höchsten Gerichtshöfen
der kath. Kirche. Die Apostolische Pönitentiarie ist jedoch kein Kirchengericht,
sondern ein kurialer Gnadenhof und
damit mehr eine päpstliche Verwaltungsbehörde. Sie ist zuständig für die Gewäh-

rung von Gnadenerweisen, das ↗ Ablass-
wesen, soweit es nicht in die Kompetenz
der vatikanischen Glaubenskongregation
fällt, sowie für ↗ Absolutionen, ↗ Dispense,
für den Nachlass von Strafen und andere
Gnadenerweise. Die Apostolische Pönitentiarie ist wie alle kurialen Behörden dem
Papst unterstellt. Sie wird vom ↗ Großpönitentiar geleitet.

Apostolischer Protonotar

↗ Protonotar.

Apostolisches Schreiben

In Apostolischen Schreiben äußert sich
der Papst zu einem bestimmten Thema
oder Anlass. Apostolische Schreiben sind
an bestimmte Gruppen (z. B. Bischöfe, Ordensleute etc.) oder an alle Gläubigen gerichtet. Es werden drei Formen unterschieden:

1. Epistulae Apostolicae (lat. epistula –
   »Brief«);

2. Adhortatio Apostolica (lat. adhortatio =
   »Ermahnung«);

3. Adhortatio Apostolica postsynodalis
   (lat. postsynodalis = »nach einer Synode«), ↗ Nachsynodales Schreiben.

Apostolischer Segen

Der kirchl. Segen durch einen amtierenden Papst als legitimem Nachfolger des
Apostels ↗ Petrus. Die weltweit bekannteste Form des apostolischen Segens ist der
päpstliche Segen am Ostersonntag und zu
Weihnachten: ↗ »Urbi et Orbi« (lat. »der
Stadt und dem Erdkreis«). Bis zu dreimal
im Jahr dürfen auch ↗ Diözesanbischöfe
den apostolischen Segen erteilen. Sterbenden Gläubigen kann er durch einen Priester erteilt werden.

Apostolische Signatur

Oberster Gerichtshof und höchstes Verwaltungsgericht, u. a. zuständig für die richtige Anwendung des kirchl. Rechts. ↗ Kurie.

Apostolischer Stuhl

↗ Heiliger Stuhl.

Apostolische Sukzession

Lat. successio = »Nachfolge«; die nicht unterbrochene Weitergabe des Bischofsamtes, ausgehend von den ↗ Aposteln. Durch die ↗ Weihe, die von einem Bischof auf den nächsten übertragen wird (↗ Handauflegung), sind die Bischöfe historisch legitime Nachfolger der ↗ Apostel. Die Apostolische Sukzession hat Rückwirkungen auf den Kirchenbegriff: Auch nichtrömische Kirchen, die die Apostolische Sukzession gewahrt haben (z. B. Orthodoxe, Anglikaner, Kirchen der Utrechter Union, in Deutschland: Alt-Katholiken) werden als »Kirche« anerkannt, nicht aber »kirchliche Gemeinschaften«, denen die weiheberechtigten Bischöfe zeitweilig fehlten (z. B. evangelische Kirchen der ↗ Reformation).

Apostolischer Delegat

↗ Delegat.

Approbieren

Lat. »gutheißen, genehmigen«; Approbation: offizielle Bestätigung.

Apsis, die

Griech. apsís = »Bogen, Wölbung«; im 4. Jh. aufkommende Bez. für einen halbkreisförmigen, meist durch eine Konche überwölbten Raum, der i. d. R. nach Osten hin einem übergeordneten Hauptraum ein- oder angefügt ist. Die Apsis kann polygonal (»vieleckig«) oder rechteckig ummantelt sein; in christl. Kirchen ist sie Standort für den ↗ Altar, den ↗ Tabernakel und den Bischofs- oder Priestersitz (↗ Chor).

Arbeiterpriester, der

In den 1940er Jahren hatten frz. Priester ein Leben als Arbeiter gewählt, um unter Arbeitern, auch unter kirchenfernen, evangelisieren zu können. 1959 wurde ihre Tätigkeit verboten, war nach dem ↗ Zweiten Vatikanischen Konzil jedoch wieder möglich. In den 1970er Jahren waren zeitweilig bis zu 1000 Priester, viele von ihnen Ordensgeistliche, vor allem in Frankreich als einfache Arbeiter in Fabriken oder anderen Wirtschaftsbetrieben angestellt. Heute gibt es nur noch wenige Arbeiterpriester.

Arche, die

1. Nach dem Bericht im ↗ Alten Testament ein großes, kastenartiges Holzschiff, in dem Noah sich mit seiner ganzen Familie und mit Tierpaaren aller Gattungen vor der Sintflut rettete (Gen 6,14ff.). Das Bild von der Arche entwickelte sich zum Sinnbild der Kirche.

2. Name einer von Jean Vanier gegründeten, weltweit arbeitenden Lebensgemeinschaft von behinderten und nichtbehinderten Menschen.

Archidiakon, der

Seit dem 4. Jh. ist das kirchl. Amt des Archidiakons bekannt. Er war der erste Helfer und Stellvertreter eines Bischofs. Sein Amt nannte man Archidiakonat. Im Mittelalter hatte der Archidiakon weitreichende Befugnisse, vor allem die Beaufsichtigung der Priester. In späteren Jahrhunderten wurden seine Aufgaben vom Amt des ↗Generalvikars übernommen. Seit dem 19. Jh. handelt es sich nur noch um einen ↗päpstlichen Ehrentitel.

Architekturbaldachin, der
Ein Dach aus Stein über einer Figur, meist reich mit gotischem Dekor verziert. Der ↗Baldachin über dem ↗Allerheiligsten bei einer ↗Prozession heißt auch ↗Traghimmel.

Architrav, der
Lat.; auf Stützen liegender, tragender Hauptbalken.

Archivolte, die
Lat.; hervortretender und dekorierter Teil eines Rund- oder Spitzbogens. In den Archivolten der Portale befinden sich oft Heiligenfiguren.

Ariel
↗Uriel.

Arkade, die
Franz. arcade von lat. arcus = »Bogen«; von zwei Pfeilern oder Säulen getragener Bogen, vielfach als fortlaufende Reihe.

Arma Christi, die
Lat. arma = »Waffen, Werkzeuge«; Bez. für die Leidenswerkzeuge Christi: ↗Kreuz, Geißel, Nägel, Dornenkrone, Leiter, Schwamm, Zange, Geißelsäule, Ruten, Fesseln, Lanze, Kreuzinschrift, Hammer, Bohrer, drei Würfel, Strick, Brett mit 30 Silberlingen, Gewand, Lenden- und Leichentuch wurden im Mittelalter als Hoheitszeichen Christi und Majestätssymbole verehrt. Papst Innozenz VI. hatte 1353 für Deutschland und Böhmen sogar ein Fest »De armis Christi« am Freitag nach der Osteroktav (↗Oktav) eingeführt. 1735 wurde dieses Fest als »festum ss. lanceae et clavorum Domini Nostri Iesus Christus ex indulto in Germania« approbiert. Neben den kirchl. Festen und Wallfahrten wurden die »Arma Christi« in zahllosen Darstellungen gezeigt und fanden so Eingang in die Privathäuser zur persönlichen Verehrung.

Arme Schulschwestern von Unserer Lieben Frau
Lat. Congregatio Pauperum Sororum Scholarum Nostrae Dominae, Abk. SSND; kath. Frauenorden, 1833 von Karolina Gerhardinger (*1797, †1879) gegründet. Die Schulschwestern wirken heute weltweit im Bereich der Erziehung und Bildung. In Deutschland unterhalten sie u.a. Kindertageseinrichtungen, Schulen und Studentinnenheime.

Arme Schwestern vom Heiligen Franziskus
↗Franziskanerinnen.

Armen-Brüder des hl. Franziskus
Lat. Congregatio Fratrum Pauperum Sancti Francisci Seraphici, Abk. CFP, kath. Männerorden. Schwerpunkt der 1857 in Aachen gegr. Ordensgemeinschaft ist die sozial-karitative Arbeit. Die Ordensbrüder setzen sich für wohnungslose, alte und pflegebedürftige Menschen ein und unterhalten in Aachen und Düsseldorf entsprechende Einrichtungen.

Arnsteiner Patres

Ordensgemeinschaft von den Heiligsten Herzen Jesu und Mariä und der Ewigen Anbetung des allerheiligsten Altarsakramentes. Tätigkeitsschwerpunkte sind Jugendpflege und Schulen, Mission und Armenfürsorge.

Artes liberales, die

Lat. septem artes liberales = »sieben freie Künste«; aus der Antike übernommener Lehrstoff der Kloster- und Kathedralschulen des Mittelalters. Später Grundstudium an den mittelalterlichen Universitäten. Die sieben freien Künste setzen sich zusammen aus dem Trivium (Grammatik, Dialektik, Rhetorik) und dem Quadrivium (Arithmetik, Geometrie, Musik, Astronomie).

Aschenkreuz, das

Ein Kreuz aus Staub, das am ↗ Aschermittwoch auf die Stirn der Kirchgänger gezeichnet wird. Gewonnen wird der Staub aus den verbrannten Palmzweigen des Vorjahres. Das Aschenkreuz erinnert an die Vergänglichkeit des Menschen, symbolisiert die Bereitschaft zu ↗ Umkehr und ↗ Buße und zugleich die Hoffnung der Christen auf die ↗ Auferstehung.

Aschermittwoch, der

Seit dem 6. Jh. bildet der Mittwoch vor dem sechsten Sonntag vor ↗ Ostern (früher: ↗ Invocabit) den Auftakt zur österlichen Fastenzeit. Unter Einbeziehung von ↗ Karfreitag und Karsamstag und unter Auslassung der Sonntage ergeben sich 40 ↗ Fastentage vor dem höchsten christlichen Feiertag Ostern, dem Gedächtnis an die Auferstehung Christi. Der Aschermitt-

woch erhielt seinen Namen, weil in der Alten Kirche die Büßer an diesem Tag öffentlich mit Asche bestreut wurden. Nach der Einstellung der öffentlichen ↗ Buße lässt sich seit dem 10. Jh. die Austeilung des ↗ Aschenkreuzes an diesem Tag nachweisen. Der Aschermittwoch ist wie der Karfreitag in der kath. Kirche ein strenger Fast- und ↗ Abstinenztag, d. h. den Gläubigen ist geboten, neben einer kleinen Stärkung morgens und abends nur eine Hauptmahlzeit zu sich zu nehmen. Fleisch soll an diesem Tag nicht gegessen werden. Der Aschermittwoch hat viele Aliasnamen: »Erster Tag (Mittwoch) in der Fasten« oder »Macherdag (in der Vasten)« (Rheinland), »dies quadragesimale« oder nach der Aschenweihe »Exaudi nos domine«. Nach der klassischen Fastenspeise heißt er auch »Heringstag«. ↗ Aschermittwoch der Künstler, ↗ Sozialpolitischer Aschermittwoch.

Aschermittwoch der Künstler

Auf Vorschlag von Paul Claudel fand nach dem Zweiten Weltkrieg in Paris ein »Aschermittwoch der Künstler« statt, eine Idee, die auf den französischen Karikaturisten und Theatermaler Adolphe Willette (1914) zurückgeht und 1950 von Joseph Kardinal Frings in Köln aufgegriffen wurde. Seitdem treffen alljährlich am Aschermittwoch Bischof und Künstler zu einer religiösen Standortbestimmung zusammen. Weltweit findet der Aschermittwoch der Künstler zzt. in über 100 Städten statt. ↗ Sozialpolitischer Aschermittwoch.

Askese, die

Griech. áskesis = »Übung«; urspr. Zucht, Training und Enthaltsamkeit der Athleten;

dann allg. die religiös begründete Enthaltsamkeit mit verschiedenen Ausprägungen und Stufen: Enthaltung von bestimmten Speisen und Getränken, von Geschlechtsverkehr, von lustbezogenen Verhaltensweisen und Konsummöglichkeiten, völlige Abkehr von weltlichen Freuden. Die Askese dient der inneren Sammlung, der bewussten Lenkung des Erlebens, Vorstellens, Denkens und Wollens. Sie findet sich in fast allen Religionen.

Aspergill, das

Lat. aspergere = »bespritzen«; Bez. für Weihwasserwedel bzw. Weihwassersprenger. ↗ Weihwasser.

Assumptionisten

Lat. Congregatio Augustinianorum ab Assumptione, Abk. AA; von spätlat. assumptio = »[Mariae] Himmelfahrt«; eine 1850 gegr. ↗ Kongregation nach der ↗ Augustinusregel, die pastoral, sozial und ökumenisch in Europa und in der Mission tätig ist.

Asyl, das

Griech. a-sýlos = »unberaubt«; ein unter göttlichem Schutz stehender Ort, der Zuflucht vor Verfolgung bietet; schon bei Mose belegt (Num 35,6). Die abendländische Geschichte kennt bis in unsere Tage das Kirchenasyl.

Atrium, das

Lat. »Halle«; Bez. für den offenen, in der Regel von Säulenhallen umgebenen Innen- bzw. Vorhof einer Kirche.

Auferstehung, die

Jesu Auferstehung am dritten Tag nach seinem Tod am ↗ Kreuz ist die zentrale und grundlegende Aussage des christlichen Glaubens (↗ Ostern). Die Begegnungen der Frauen und Jünger mit dem Auferstandenen (Mk 16,9–14; Lk 24,13–35; Joh 21,1–14) bezeugen, dass Gott Jesus nicht im Tod gelassen, sondern ihn zum neuen Leben in Gott auferweckt hat. Der Grund für den Glauben an die Auferstehung ist der Auferstandene selbst. In der Auferstehung Jesu gründet die Hoffnung der Christen auf die Auferstehung aller Toten.

Auferweckung, die

↗ Auferstehung.

Augustiner

Zusammenfassende Bez. für zahlreiche Ordensgemeinschaften (Frauen- und Männerorden), die nach der ↗ Augustinusregel leben. ↗ Augustinus, heiliger.

Augustiner-Chorherren und -Chorfrauen

Lat. Ordo Sancti Augustini, Abk. OSA; Ordensgemeinschaften, die nach der im 8. Jh. entstandenen und auf Schriften des hl. ↗ Augustinus beruhenden ↗ Augustinusregel leben. Hauptaufgabe sind heute Seelsorge und Unterricht in Schulen. Ordensgewand: schwarzer Talar.

Augustiner-Eremiten

Lat. Ordo Eremitarum Sancti Augustini, Abk. OESA; spätmittelalterlicher Bettelorden nach der ↗ Augustinusregel, der sich der Seelsorge und Wissenschaft widmete. Ordenstracht: schwarzes Gewand mit hinten spitz zulaufender Kapuze und Ledergürtel. 1963 wurde der Namenszusatz »Eremiten« von Papst Johannes XXIII. gestrichen, weil das eremitische Leben kein Kennzeichen des Ordens mehr ist; er heißt heute offiziell Augustinerorden (Abk. OSA; ↗ Augustiner-Chorherren).

Augustinus, heiliger

Bischof von Hippo Regius in Numidien (dem heutigen Souk-Ahras in Algerien/ Nordafrika) und einer der bedeutendsten Theologen und Philosophen der Spätantike, *13. November 354 in Thagaste (Numidien), †28. August 430 in Hippo Regius. Augustinus war zunächst als Lehrer der Rhetorik in Thagaste, Karthago (heute Tunis) und Rom tätig. 384 wurde er nach Mailand berufen. Hier wandelte sich sein Leben. Auf Betreiben seiner Mutter Monika (auch: Monnika), einer Christin, trennte er sich von einer Frau, mit der er einen Sohn hatte. 387 ließ er sich von Erzbischof Ambrosius taufen und lebte für drei Jahre mit Gleichgesinnten in einer klosterähnlichen Gemeinschaft. Vor dem Hintergrund dieser Erfahrung verfasste er die nach ihm benannte ↗ Augustinusregel, die zur Grundlage des Zusammenlebens vieler Ordensgemeinschaften wurde. 391 wurde Augustinus zum Priester, 395 zum Bischof von Hippo geweiht. Er war ein begeisterter Prediger, bekämpfte alle abweichenden Lehren und war weit über die Grenzen seiner Diözese hinaus bekannt. Zu seinen bekanntesten Werken gehören die »Confessiones« (»Bekenntnisse«), in denen er sein früheres Leben und seine Bekehrung beschreibt, und »De civitate Dei« (»Über den Gottesstaat«), worin er seine theologisch begründete Geschichtsphilosophie darlegt. Weitere Werke u. a.: »De tri-

nitate« (»Über die Dreieinigkeit Gottes«), »De natura et gratia« (»Über Natur und Gnade«).

Augustinusregel, die

Auch: Augustinerregel. Die Regel des hl. ↗ Augustinus, die zur Grundlage des Zusammenlebens vieler Ordensgemeinschaften wurde, ist die älteste westliche ↗ Ordensregel überhaupt. Sie legt fest, wie eine Klostergemeinschaft zusammen leben, beten und arbeiten soll. »Vor allen Dingen, liebe Brüder, sollt ihr Gott lieben, sodann den Nächsten; denn das sind die Hauptgebote, die uns gegeben sind. Das ist es, was wir euch im Kloster gebieten«, so beschreibt Augustinus Sinn und Ziel des klösterlichen Lebens. Vorbild ist ihm die Lebens- und Gütergemeinschaft der ersten Christen in Jerusalem. Augustinus mahnt in seiner Regel zum Gebet, zur geistlichen Lesung, zum Bewahren der ersten, ungeteilten Liebe, zum Maßhalten und zur Bescheidenheit im Umgang mit den zeitlichen Gütern. Die Augustinusregel lässt den Ordensmitgliedern viel Raum für persönliche Freiheit, sie enthält weder bestimmte Vorgaben für die Askese noch Bestimmungen für Kleidung, Essen oder Fasten.

Aureole, die

Ein ↗ Heiligenschein, der die ganze Figur kreisförmig umgibt.

Aussetzung, die

Die zum Leib Christi konsekrierte ↗ Hostie (↗ Allerheiligstes genannt) wird in einem kostbar gestalteten Schaugefäß (↗ Monstranz) »ausgesetzt«, d. h. den Gläubigen gezeigt, um angebetet zu werden. Damit wird das große Verlangen mancher Christen nach Sichtbarem und Konkretem des Glaubens gestillt. Seit dem 13. Jh. ist die Aussetzung üblich, vor allem beim ↗ Vierzigstündigen Gebet.

Autokephal

Griech. autós = »selbst« und kephalé = »[Ober-]Haupt«; kirchenrechtl. Terminus der orthodoxen Kirche für die Eigenständigkeit mit eigenem Oberhaupt, der die Unabhängigkeit der regionalen orthodoxen (Landes-)Kirchen (Autokephalie) in kirchenorganisatorischen und liturgischen Fragen feststellt, zugleich aber den Ehrenprimat des Ökumenischen Patriarchen innerhalb der Orthodoxie anerkennt (↗ Orthodoxe Kirchen).

Auxiliarbischof, der

↗ Weihbischof, ↗ Titularbischof.

Ave Maria, das

Lat. »Gegrüßet seist du, Maria«; Beginn des Gebets, mit dem Maria, die Mutter Gottes, verehrt wird. Das Ave Maria gehört mit dem ↗ Vaterunser zu den in der kath. Kirche am weitesten verbreiteten Gebeten. ↗ Rosenkranz.

Der lateinische Text lautet:
Ave Maria, gratia plena;
Dominus tecum;
benedicta tu in mulieribus,
et benedictus fructus ventris tui, Jesus.
Sancta Maria, Mater Dei,
ora pro nobis peccatoribus
nunc et in hora mortis nostrae. Amen.

Auf Deutsch:
Gegrüßet seist du, Maria, voll der Gnade,
der Herr ist mit dir.
Du bist gebenedeit unter den Frauen,
und gebenedeit ist die Frucht deines
    Leibes, Jesus.
Heilige Maria, Mutter Gottes,
bitte für uns Sünder
jetzt und in der Stunde unseres Todes.
    Amen.

B

Baldachin, der
Urspr. eine aus Brokat gefertigte Überdachung von Thronen und Kanzeln; in der kath. Kirche Bez. für die bei kirchlichen ↗ Prozessionen genutzte Stoffüberdachung (↗ Traghimmel) oder für die steinerne Überdachung einer Figur (↗ Architekturbaldachin).

Ballei, die
Bez. für eine Ordensprovinz (= Verwaltungsbezirk) bei geistlichen Ritterorden (↗ Johanniterorden, ↗ Malteserorden), der meist mehrere Priorate (Kommenden, Komtureien) unterstehen. Geleitet wird die Ballei von einem ↗ Ballivus.

Ballivus, der
Lat. »Aufseher«; Titel des Leiters einer ↗ Ballei.

Bann, der
↗ Exkommunikation.

Baptist
Griech.-lat.: »Täufer«; Namenszusatz für Johannes den Täufer (zur Unterscheidung von Johannes dem Evangelisten).

Baptisterium, das
Griech.-lat. báptein = »tauchen«; Bez. für:
1. das Taufbecken (↗ Taufe);
2. den Taufort (eigenständige Taufkirche), der in frühchristlicher Zeit unmittelbar neben einer Kirche stand und in dem sich ein von fließendem (»lebendigem«) Wasser gespeistes Becken befand. Die Taufe fand nur in einem Baptisterium statt. Die Täuflinge waren Erwachsene. Sie stiegen bei der Taufzeremonie in das Becken und wurden mit Wasser übergossen. Heute erfolgt die Taufe – i. d. R. bei Kleinkindern – an einem kleinen Taufbecken innerhalb der Kirche.

Barbarazweige
Zweige von einem Kirsch- oder anderen Obstbaum, die am Barbaratag (4. Dezember) in der Wohnung in ein Glas Wasser gestellt werden und mit etwas Glück zu Weihnachten blühen. In diesem alten Brauch mit den scheinbar toten Zweigen drückt sich die Hoffnung aus, dass das Leben stärker ist als der Tod.

Barmherzige Brüder von Maria-Hilf
Lat. Fratres Misericordiae Mariae Auxiliatricis, Abk. FMMA; kath. Männerorden, der nach der ↗ Augustinusregel lebt. Die Ordensgemeinschaft wurde 1850 von Peter Friedhofen (* 1819, † 1860) gegründet. Die Sorge für alte, kranke, behinderte und benachteiligte Menschen ist bis heute wichtigster Auftrag der Brüdergemeinschaft. Der vom Orden gegr. Rechtsträger »Barmherzige Brüder Trier e. V.« ist mit 25 Einrichtungen und über 8.000 Beschäftigten in Rheinland-Pfalz, dem Saarland, Baden-Württemberg und Nordrhein-Westfalen nach eigenen Angaben einer der bedeutendsten Träger sozial-karitativer Dienste in Deutschland.

Barmherzige Brüder von Montabaur

Lat. Fratres Misericordiae de Montabaur, Abk. FMM; kath. Männerorden, 1856 von Peter Lötschert (*1820, †1886) gegründet. Zur deutschen Provinz der Gemeinschaft gehören ein Krankenhaus in Montabaur, ein Alten- und Kurzzeitpflegeheim in Horbach und eine Rehabilitationsklinik in Bad Reichenhall. Das Mutterhaus der Barmherzigen Brüder ist in Montabaur (Rheinland-Pfalz).

Barmherzige Schwestern des Vinzenz von Paul

↗ Vinzentinerinnen.

Barock, der/das

Stil der europäischen Kunst von etwa 1600 bis etwa 1750. Das zentrale Motiv vieler Barockkirchen ist die Himmelfahrt Mariens, wie überhaupt der »Blick in den Himmel« als Reaktion auf die Todeserfahrungen des Dreißigjährigen Krieges diese Epoche kennzeichnet. Üppige Bilder und Deckengemälde vermitteln eine Ahnung von Glanz und Schönheit des Himmels, der Nähe zu Gott und der Gemeinschaft der Heiligen. Der Barock wurde durch den Jesuitenorden sehr verbreitet.

Basilica minor, die

Basilicae minores (lat. Plural: »kleinere Basiliken«) sind historisch und/oder kunsthistorisch bedeutende Kirchen, die vom Papst diesen Titel ehrenhalber erhalten haben. An der Kirche sollen die ↗ Insignien des Papstes oder des ↗ Apostolischen Stuhles angebracht werden.

Basilika, die

Griech. basiliké stoa = »Königshalle«; in der römischen Architektur eine langgestreckte, meist mehrschiffige überdeckte Halle, die als Versammlungshalle, Gerichtsraum oder Markt diente. Daraus entwickelte sich die Hauptform des christlichen Kirchenbaus mit drei oder fünf Schiffen, das mittlere höher als die seitlichen und durch ein Querhaus zur Kreuzform erweitert. Die vier römischen Patriarchalbasiliken (St. Johannes im Lateran, S. Maria Maggiore, St. Peter im Vatikan und St. Paul vor den Mauern) mit Papstthron und -altar unterstehen direkt dem Papst. Seit dem 18. Jh. werden die Patriarchalbasiliken auch als »Basilicae maiores« bezeichnet, im Unterschied zu den ↗ Basilicae minores.

Basisgemeinde, die

Zunächst die gebräuchliche Bez. für kirchliche Gemeinschaften, die seit den 1950er Jahren v. a. in Lateinamerika entstanden sind, eine Glaubens- und Solidargemeinschaft bilden und i. d. R. ein ausgeprägtes politisches Bewusstsein haben, für Gerechtigkeit den Armen gegenüber eintreten und eine Nähe zur ↗ Theologie der Befreiung aufweisen. Seit den 1990er Jahren haben sich nach dem Vorbild der Basisgemeinden weltweit Gruppen gebildet, die ihr Glaubens- und Gemeinschaftsleben aus einer bestimmten (z.B. feministischen, afroamerikanischen, ökologischen) Perspektive betrachten und gestalten.

BDKJ, der

Abk. für ↗ Bund der Deutschen Katholischen Jugend.

Beatifikation, die
↗ Seligsprechung.

Beerdigung, die
Auch: Begräbnis; die Grablegung eines Toten in die Erde. Bei der kirchl. Beerdigung vertraut die Gemeinde ihren Verstorbenen dem lebendigen Gott an. Der Glaube an Tod und ↗ Auferstehung Jesu Christi ist das Fundament jeder kirchl. Beerdigung. Sie kann heutzutage Erd- oder Feuerbestattung (Instruktion des Hl. Offiziums, 8. 5. 1963) des Leichnams sein. Die Feuerbestattung war von der Kirche lange Zeit abgelehnt worden, weil sie als Demonstration gegen den Auferstehungsglauben galt.

Befreiungstheologie, die
Anfang der 1960er Jahre in Lateinamerika entstandener theologischer Ansatz, das ↗ Evangelium aus der Perspektive der Armen zu lesen und die den Armen im Evangelium zugesagte Befreiung nicht mehr nur in einem jenseitigen, sondern in einem umfassenden Sinn zu verstehen und aktiv für Gerechtigkeit einzutreten. Den Namen erhielt die Bewegung von einem 1971 erschienenen Buch von Gustavo Gutiérrez (»Teología de la Liberación«). Wegen des politischen Engagements der Seelsorger stand der ↗ Heilige Stuhl der Befreiungstheologie stets kritisch bis ablehnend gegenüber.

Begarden, die
Seit dem 12. Jh. entstanden im Rahmen der sog. ↗ Devotio moderna alternative Lebensgemeinschaften, ein »dritter Weg« neben Ehe und Kloster. Ohne Ordensgelübde lebten unverheiratete Männer und – in getrennten Gruppen – Frauen (↗ Beginen) in klosterähnlicher Gemeinschaft und verbanden ihre überwiegend mystische Frömmigkeit mit sozialem Engagement. Die Männer wurden als Begarden oder Lollarden bezeichnet. Die Kirche sah diese Lebensform kritisch und suchte sie in vorhandene Ordensgemeinschaften und -strukturen einzugliedern.

Beginen, die
Bez. für eine im 12. Jh. im Rahmen der ↗ Devotio moderna entstandene religiöse Lebensgemeinschaft von Frauen, die zumeist in sog. Beginen-Höfen ein klosterähnliches Leben führten, jedoch ohne ↗ Gelübde und ↗ Klausur. Diese alternative Form des Zusammenlebens von Frauen war bes. im 13. und 14. Jh. in Deutschland, Frankreich und den Niederlanden verbreitet. Die Beginen waren sehr bedeutend für das Glaubens- und Wirtschaftsleben einer Stadt. Sie waren erwerbstätig als Seidenweberinnen, Spinnerinnen, Wäscherinnen, bestellten Gemüsegärten, backten Brot und brauten Bier. Darüber hinaus versorgten und unterrichteten sie Kinder, pflegten und betreuten Kranke und Sterbende. Seit dem 17. Jh. versuchten die Bischöfe, die Beginen in Ordensgemeinschaften umzuwandeln. Die meisten nahmen die ↗ Augustinusregel an und wurden Träger zahlreicher Einrichtungen im Bereich der Alten- und Krankenpflege. Berühmte Beginen waren Mechthild von Magdeburg, Marguerite Porète, Hadewijch von Antwerpen. Der männliche Zweig dieser Lebensform nennt sich ↗ Begarden.

Begräbnis, das
↗ Beerdigung.

Beichte, die

Ahd. bijiht = »Aussage«; das persönliche Bekennen und Bereuen von Schuld gegenüber einem Priester, auch ↗ Beichtvater genannt, ist Teil des ↗ Sakraments der ↗ Buße. Jeder katholische Getaufte ist verpflichtet, einmal im Jahr in der österlichen Zeit das Bußsakrament zu empfangen.

Beichtgeheimnis, das

Auch: Beichtsiegel. Alles, was einem Priester in seiner Funktion als ↗ Beichtvater zu Ohren kommt, unterliegt ohne Ausnahme dem Beichtgeheimnis. Auch gegenüber Staat und Exekutive muss der Beichtvater auf dem Beichtgeheimnis bestehen und über das Gehörte Schweigen bewahren. Tut er es nicht, wird er exkommuniziert und darf sein Amt nicht mehr ausüben.

Beichtstuhl, der

Wenigstens ein Beichtstuhl findet sich in jeder katholischen Pfarrkirche. Er ist der gewöhnliche (aber nicht der einzig mögliche) Ort für das persönliche Sündenbekenntnis der Gläubigen im Rahmen des ↗ Bußsakramentes. Die heutigen Beichtstühle, schrankartige Möbelstücke mit meist drei Innenräumen, für den Beichtvater im Mittelteil mit Sitz und – zur alternierenden Nutzung – für Beichtende mit Kniebank, sind im Barock entstanden. Sie lösten ältere Formen ab, bei denen der Priester meist im Chorraum auf einem Stuhl saß und der Beichtende vor ihm kniete. Zwischen beiden konnte ein an der Wand befestigtes Gitter aufgeklappt werden. An alten Beichtstühlen befindet sich oft das Abbild einer Rose, weil »sub rosa« gesprochen wurde: streng vertraulich. In modernen Kirchen wird der Beichtstuhl vielfach durch ein Beichtzimmer ergänzt.

Beichtvater, der

Bez. für den Priester, der die ↗ Beichte abnimmt.

Bekenner, die

Die kath. Kirche unterscheidet zwei Arten der ↗ Heiligen: ↗ Martyrer und Bekenner. Während die Ersteren ihren Glauben mit der Hingabe ihres Lebens für Christus bezeugt haben, gilt bei den anderen ihr ganzes Leben als »unblutiges Martyrium«. In der Westkirche gilt der hl. Martin von Tours, in der Ostkirche der hl. Nikolaus von Myra als erster heiliger Bekenner.

Benedictionale, das

Lat. benedicere = »segnen«, auch »lobpreisen«; das Benedictionale ist ein liturgisches Buch, das die von der Kirche erlaubten Benediktionen und Exorzismen enthält. Benediktion, Segnung oder Einsegnung werden kirchliche Handlungen genannt, bei denen Personen oder Sachen gesegnet werden. ↗ Exorzismus nennt man eine liturgische Handlung, bei der im Namen Gottes aus Menschen Dämonen ausgetrieben werden. Vor dem ↗ Zweiten Vatikanischen Konzil war das Benedictionale Teil des ↗ Rituale Romanum.

Benedictus, das

Lat. benedicere = hier: »lobpreisen«; die Worte aus Lk 1,68–79 werden in den ↗ Laudes gebetet, auch: Teil des ↗ Sanctus.

Benedikt von Nursia

Der hl. Benedikt (* um 480 in Nursia; † 21. März 547 auf dem Monte Cassino bei

Cassino) gilt als der Begründer des abendländischen Mönchtums. Er verfasste die bedeutende Mönchsregel, nach der auch heute noch weltweit die ↗ Benediktiner(innen) und die benediktinischen Reformorden der ↗ Zisterzienser(innen) und ↗ Trappist(inn)en leben. Sein Grundanliegen lautet: Ora et labora! (»Bete und arbeite!«). In der »Regula« entwickelte er ein Konzept von Zucht und Maß: eheloses Leben, einfache Ernährung, feste Zeiten für Schlaf, Gebet, Lesung und Arbeit.

Benediktiner(innen)

Lat. Ordo Sancti Benedicti, Abk. OSB; Ordensgemeinschaften (Männer- und Frauenorden), die nach der Regel des hl. ↗ Benedikt von Nursia leben. Die Benediktusregel fordert Chorgebet, Arbeit und Studium. Vor allem im Mittelalter waren die Klöster der Benediktiner Zentren kultureller und technisch-wirtschaftlicher Entwicklung und haben sich große Verdienste um die europäische Kultur erworben. Ordenstracht: schwarzes Gewand, schwarzes ↗ Skapulier. Anrede: Pater bzw. Schwester (Vorname). Aus dem Benediktinerorden gingen die Orden der ↗ Zisterzienser(innen) und ↗ Trappist(inn)en hervor.

Benediktusregel, die

Die »Regula« des hl. ↗ Benedikt, auch Benediktsregel, Benediktinerregel oder Regula Benedicta genannt, ist die einflussreichste Mönchsregel, nach der bis heute die ↗ Benediktiner(innen) und die benediktinischen Reformorden der ↗ Zisterzienser(innen) und ↗ Trappist(inn)en leben. In elf Abschnitten ordnet Benedikt das klösterliche Leben: das Verhältnis von ↗ Abt und Mönchen, die »geistliche Kunst«, worunter er Gehorsam, Schweigsamkeit und Demut versteht, wie das gemeinsame Gebet zu halten ist, wie ein Kloster zu organisieren ist, wie Verfehlungen bestraft werden sollen, wie die tägliche Versorgung im Kloster zu gewährleisten ist, wie ein Tag ablaufen soll, wie die Beziehung des Klosters nach außen zu handhaben ist, wie neue Mitglieder aufgenommen werden sollen, wie die Gemeinschaft in sich geordnet ist und wie sie als »Gemeinschaft in Liebe« bestehen kann.

Benemerenti

Lat. »dem, der sich verdient gemacht hat«; vom Papst verliehene Verdienstmedaille (↗ Päpstliche Orden und Ehrenzeichen), die ihren Namen wegen der Aufschrift »Benemerenti« erhielt. Die Verdienstmedaille wurde von Papst Pius VII. (1800–1823) gestiftet, um damit besondere Verdienste um den ↗ Heiligen Stuhl auszuzeichnen. Sie wird an einem gelb-weißen Band auf der Brust getragen und zusammen mit einer Urkunde des ↗ Staatssekretariates verliehen.

Bergpredigt, die

Das ↗ Matthäusevangelium überliefert die lange Rede, die Jesus von Nazaret auf einem Berg gehalten hat (Mt 5–7). Eine Parallele dazu, als »Feldrede« bezeichnet, findet sich im ↗ Lukasevangelium (Lk 6). In der Bergpredigt werden Anleitungen für das Miteinander der Menschen, wie sie zur damaligen Zeit bekannt waren, durch Jesu Hinweise verstärkt oder verschärft, so dass ihre Berücksichtigung noch heute eine große innere Haltung, einen starken Entscheidungswillen und sehr viel Umsetzungskraft verlangt. Aus der Bergpredigt bekannt sind insbes. die ↗Seligpreisungen (Mt 5) und das ↗Vaterunser (Mt 6) sowie die veränderte ↗Goldene Regel (Mt 7).

Bernhard von Clairvaux

* Um 1090 bei Dijon, † 20. August 1153 in Clairvaux bei Troyes; Mönch aus burgundischem Rittergeschlecht, später Abt und Gründer mehrerer Klöster des Zisterzienserordens (↗Zisterzienser), auch Politiker, rief zum zweiten Kreuzzug auf. Seiner zahlreichen Schriften und Predigten wegen wurde er zum Kirchenlehrer erhoben.

Berufung, die

Lat. vocatio; als von Gott geschenkter Lebensinhalt wahrgenommene Neigung zu einer (geistlichen) Lebensweise; im Alltag oft synonym gebraucht für Priester- oder Ordensberufung. Nach kirchl. Verständnis setzen das Priesteramt und die Mitgliedschaft in einem Orden »ein Angerufensein von Gott« voraus, eine Berufung. Das Amt des Priesters ist demnach kein Beruf im heute üblichen Sinn; allerdings könnte der Gedanke der Berufung den Beruf näher und tiefer qualifizieren. In der frühen Kirche war es nichts Außergewöhnliches, dass Amtsträger von der Gemeinde berufen wurden.

Berührungsreliquie, die

↗Reliquie.

Bestattung, die

↗Beerdigung.

Bestiarium, das

Außen oder im hinteren Teil mittelalterlicher Kirchen angebrachte steinerne Untiere (Wolfsköpfe, Drachen usw.), die sinnbildlich für das Böse stehen. Der Chorraum im Innern hingegen symbolisiert den Sieg Christi über den Tod und das Böse.

Beten, das

Alle Religionen kennen Beten als Kommunikation des Menschen mit Gott. Der innere Dialog mit dem Göttlichen kann sich in verschiedenen Handlungen und verbalen oder nonverbalen Formen ausdrücken. Gott nennt den Menschen bei seinem Namen (Jes 43,1). Er ist das Gegenüber, an das sich der Mensch vertrauensvoll wenden kann. Jesus selbst betete in dieser Weise zu Gott. Ebenso ermutigte er seine ↗Jünger, sich an Gott zu wenden und mit ihm im Gespräch zu bleiben. Das ↗Gebet, das Jesus seine Jünger gelehrt hat, ist das ↗Vaterunser.

Betfahrt, die

↗Wallfahrt.

Bettelorden, die

Auch: Mendikanten (von lat. mendicare = »betteln«); Ordensgemeinschaften von Männern und Frauen, die gemäß ihrer Regel kein Eigentum besitzen dürfen und der Armut verpflichtet sind. Bettelorden entstanden im 13. Jh. als Reaktion auf die Verweltlichung der Kirche und breiteten sich rasch aus. Nicht nur ihren eigenen Lebensunterhalt bestritten sie durch Arbeit und Betteln; sie hatten sich besonders der Armenfürsorge verschrieben und teilten das Erbettelte. Die an kein bestimmtes Kloster gebundenen »Bettelmönche« gewannen bald großen Einfluss als Prediger, Lehrer und Seelsorger, insbes. in den aufstrebenden mittelalterlichen Städten. Als Bettelorden im urspr. Sinn gelten die ↗Franziskaner, ↗Minoriten und ↗Dominikaner, im weiteren Sinne auch die ↗Augustiner und ↗Karmelit(inn)en.

Bibel, die

Griech. biblía = »Bücher«; auch: Heilige Schrift, Buch der Bücher; Sammlung aus Schriften, die von den christlichen Kirchen als Urkunden der göttlichen Offenbarung (Wort Gottes) anerkannt werden. Die Bibel gliedert sich in das ↗Alte Testament (Abk. AT) und das ↗Neue Testament (Abk. NT). Um dem Missverständnis entgegenzuwirken, es handle sich um einen veralteten und einen aktuellen Teil, wird auch vom Ersten (= Altes) und Zweiten (= Neues) Testament gesprochen. Als verbindliche lat. Bibelübersetzung gilt in der kath. Kirche die ↗Vulgata, die auf den hl. Hieronymus zurückgeht; sie erschien 1979 in revidierter Neuauflage als »Nova Vulgata«.

Bilder, die

Das Christentum folgte zunächst dem Bilderverbot des jüdischen Glaubens (»Du sollst dir kein Bildnis machen«), formuliert innerhalb der ↗Zehn Gebote (Ex 20,1–21). Aber der Glaube an die Menschwerdung Gottes in Jesus Christus legitimierte ab dem 3. Jh. die Entwicklung von Bildern. Nach dem ↗Bilderstreit gewannen die Kultbilder (↗Ikone) bes. in der Ostkirche eine einzigartige Stellung.

Bilderstreit, der

Historische Auseinandersetzungen über die Rechtmäßigkeit der Verehrung christlicher Bilder. Im 6. Jh. kam das verehrte Bild auf, die ↗Ikone. Als sich das byzantinische Kaiserhaus gegen die Bilderverehrung aussprach, kam es zum Bilderstreit. Kaiser Leon III. (717–741) erließ 726 und 730 ein Bilderverbot. Die Synode von Hiereira, die sich selbst als ökumenisches Konzil verstand, verfügte 754 die Abschaffung der Bilder. Den Bilderverehrern (Ikonodulen) wurden von ihren Gegnern (Ikonoklasten) Abgötterei, Götzendienst und Häresie vorgeworfen. Aber bereits 787 wurde die Bilderverehrung durch Kaiserin Irene (Mitregentin 780, Kaiserin 790, Mitregentin 792, Kaiserin 797–802) und Patriarch Tarasios auf dem 7. ökumenischen Konzil von Nizäa nicht bloß wieder zugelassen, sondern geradezu verbindlich. Auch eine zweite Phase der Bilderfeindlichkeit (815–843) konnte die Entwicklung nicht aufhalten. Die Synode von Konstantinopel entschied 843 zugunsten der Bilderverehrung. Die Ausbreitung der Bilderverehrung erfolgte seit dem 10. Jh. Neue Auseinandersetzungen gab es im 16. Jh. in Russland, als die einen streng am alten Stil festhielten und die anderen neue Themen und naturalistische Stile bevorzugten.

Binieren

Lat. bini = »je zwei«; zweimalige Eucharistiefeier durch denselben Priester an einem Tag.

Binnenchor, der

Der von einem ↗Chorumgang umschlossene Bereich einer Kirche. Hier stehen das

Chorgestühl und der Hauptaltar. Der Binnenchor wird i. d. R. durch Chorschranken oder Chorgitter vom Chorumgang abgetrennt.

Birett, das

Klerikale Kopfbedeckung, die sich durch Verfestigung der Griffwülste zur heutigen meist viereckigen Form entwickelt hat und bei liturgischen Feiern von ↗ Geistlichen getragen wird. Das Birett wird heute in den deutschsprachigen Ländern meist nur noch von Bischöfen und Domherren benutzt.

Birgittinnen

Auch: Birgitten; eigentlich Erlöserorden, Orden des Allerheiligsten Erlösers (Ordo Sanctissimi Salvatoris), Abk. O.Ss.S.; der Doppelorden für Nonnen und Mönche wird meist nach seiner Gründerin, der Schwedin Birgitta Birgersdotter (1303–1373), Birgittenorden genannt. Die Gemeinschaft, bei der Frauen und Männer innerhalb des Klosters getrennt lebten, folgt der Regel des ↗ Augustinus. Vom alten Zweig gibt es noch fünf Klöster weltweit. 1911 wurde ein neuer Zweig von der schwedischen Konvertitin Elisabeth Hesselblad gegründet, zu dem inzwischen mehr als vierzig Klöster gehören. Außerdem gibt es einen spanischen Zweig, die Birgitten von Valladolid, und eine Brüdergemeinschaft in den USA. Die Nonnen tragen einen grauen ↗ Habit mit schwarzem Schleier, auf dem Kopf eine »Krone« aus drei Leinenbinden mit fünf roten Punkten, die die Wundmale Christi symbolisieren.

Bischof, der

Griech. epískopos = »Aufseher«; in der kath. Kirche Vorsteher einer Ortskirche, auch ↗ Bistum oder Diözese genannt. Durch die Bischofsweihe steht er unmittelbar in der Nachfolge der Apostel (↗ Apostolische Sukzession) und besitzt die oberste Weihe-, Verwaltungs- und Gerichtsgewalt in seinem Bistum. Deshalb wird der Bischof auch als »Oberhirte«, der oberste Hirte seines Bistums, bezeichnet. In seinem Auftrag üben die Priester in einer Diözese ihr Amt aus, feiern mit der Gemeinde die Heilige Messe, predigen und spenden ↗ Sakramente. Dem Bischof selbst ist die Spendung besonderer Sakramente wie die Priesterweihe und ↗ Firmung vorbehalten. Er muss in seiner Ortskirche die Einheit mit der Gesamtkirche schützen und Missbräuche v. a. in der Verkündigung des Wortes und der Feier der Sakramente verhindern. Aus diesem Grund visitiert er selbst oder ein Stellvertreter wenigstens alle fünf Jahre jede Gemeinde seines Bistums. Der Bischof ist gehalten, dem Papst in regelmäßigen Abständen einen Bericht über seine Diözese vorzulegen und sich nach Rom zu begeben (↗ Ad-Limina-Besuch). Der Bischof wird vom Papst ernannt (Bischofsernennung). Zur Amtstracht (violette Soutane) gehören das Brustkreuz und der Bischofsring, bei feierlichen Gottesdiensten und Amtshandlungen der Bischofsstab und die ↗ Mitra. Bischöfe, die eine Diözese leiten, werden ↗ Diözesanbischöfe genannt. Ihnen zur Seite stehen oft ein oder mehrere ↗ Weihbischöfe. Mit Vollendung des 75. Lebensjahrs ist der Bischof verpflichtet, dem Papst seinen Rücktritt anzubieten. Wird der Rücktritt angenommen oder verzichtet ein Bischof »aus gerechtem Grund« auf sein Amt, wird er versetzt oder stirbt er, gilt der Bischofssitz als vakant (↗ Sedisvakanz). Erzbischof. Bischofsernennung.

Bischöflicher Stuhl

1. Das Amt des Bischofs mit seiner Verwaltung (↗ Kurie);
2. Der Bischof als Rechtssubjekt.

Nimmt z. B. der Papst das Rücktrittsgesuch eines Bischofs an, ist die Diözese also ohne »regierenden« Bischof, so ist der Bischöfliche Stuhl unbesetzt oder vakant. Zugleich ist der Bischöfliche Stuhl auch Rechtssubjekt, Vermögensträger und eine eigene Körperschaft des öffentlichen Rechts. So kann der Bischöfliche Stuhl über eigene Vermögenswerte verfügen und diese verwalten. Der Bischof ist darüber nicht rechenschaftspflichtig.

Bischofsernennung, die

Zu den Voraussetzungen für die Ernennung zum Bischof gehört gemäß kath. Kirchenrecht, dass sich der Kandidat durch festen Glauben, gute Sitten, Frömmigkeit, Lebensweisheit und Klugheit auszeichnet. Ferner soll er über einen guten Ruf verfügen, wenigstens 35 Jahre alt und seit fünf Jahren Priester sein sowie einen Doktorgrad oder wenigstens den Grad eines ↗ Lizentiaten in der Heiligen Schrift, in der Theologie oder im kanonischen Recht an einer vom ↗ Apostolischen Stuhl anerkannten Hochschule erworben haben oder in diesen Disziplinen wirklich erfahren sein. Bischöfe werden in der kath. Kirche grundsätzlich durch den Papst ernannt. In einigen Diözesen steht den ↗ Domkapiteln ein Wahlrecht zu. Diese Wahlrechte ergeben sich aus ↗ Konkor-

daten, d. h. völkerrechtlichen Verträgen, die der ↗ Heilige Stuhl mit bestimmten Staaten geschlossen hat. Nach dem ↗ Preußischen Konkordat (1929), das nach wie vor für die Diözesen auf dem Gebiet des ehem. Freistaates gilt, legen Bischöfe und Domkapitel bei einer ↗ Sedisvakanz dem Heiligen Stuhl eine Liste mit geeigneten Kandidaten vor. »Unter Würdigung der Listen«, d. h. ohne daran gebunden zu sein, erhält das Domkapitel über den ↗ Nuntius einen Dreiervorschlag zur Wahl (↗ Terna). Nimmt der Kandidat die Wahl an, fragt der ↗ Dompropst bei der Landesregierung an, ob »Bedenken politischer Art« gegen den Gewählten vorliegen. Erhebt die Landesregierung keinen Widerspruch, teilt das Domkapitel dem Heiligen Stuhl über den Nuntius den Namen des Gewählten mit. Erst danach kann die Ernennung des neuen Bischofs durch den Papst erfolgen. Nach dem Badischen Konkordat (1932) hat auch das Erzbistum Freiburg das Recht der Bischofswahl. Hier muss der Dreiervorschlag des Heiligen Stuhls wenigstens einen Kandidaten aus der Erzdiözese enthalten. Das ↗ Reichskonkordat (1933) hat diese Regelung auf die Diözesen Meißen (heute Dresden-Meißen), Rottenburg (heute Rottenburg-Stuttgart) und Mainz ausgedehnt (Art. 14). Kein Wahlrecht haben nach dem Bayerischen Konkordat (1924) dagegen die Domkapitel der bayerischen Diözesen. In Österreich legen die Diözesanbischöfe dem Heiligen Stuhl eine Liste mit geeigneten Kandidaten vor, an die dieser aber nicht gebunden ist. Nur das Domkapitel der Erzdiözese Salzburg kann aus einer Dreierliste den Erzbischof wählen.

Bischofskoadjutor, der
↗ Koadjutor.

Bischofskonferenz, die
Zusammenschluss der kath. Bischöfe aller Diözesen eines Landes oder einer Region. Der ↗ Deutschen Bischofskonferenz (Abk. DBK; Sitz in Bonn) gehören neben den 27 Diözesanbischöfen auch die ↗ Weihbischöfe, die ↗ Koadjutoren und die ↗ Diözesanadministratoren an. Aufgabe der Bischofskonferenz ist es, gemeinsame pastorale Anliegen zu beraten und zu entscheiden. Sie gibt Richtlinien vor und pflegt Verbindungen zu anderen Bischofskonferenzen. Rechtsverbindlich wird ein Beschluss der Bischofskonferenz erst, wenn ihn ein Diözesanbischof in seinem Bistum formell in Kraft setzt.

Bischofsring, der
↗ Insignien.

Bischofsstab, der
↗ Krummstab, ↗ Insignien.

Bischofssynode, die
Ein Organ der kath. Weltkirche zur Beratung des Papstes, 1965 von Papst Paul VI. eingerichtet. Die vom Papst berufene Bischofssynode ist eine Versammlung von Bischöfen und der Vertreter von Ordensgemeinschaften. Sie hat keine Entscheidungsbefugnis, wodurch sie sich vom allgemeinen ↗ Konzil unterscheidet.

Bischofsvikar, der
Ein vom Bischof mit einer besonderen Aufgabe und Verantwortung bestellter Priester, zumeist ein ↗ Weihbischof oder ↗ Prälat (z.B. für die Caritas, für Ordensgemeinschaften).

Bischofswappen, das
Das Wappen eines Bischofs ist erkennbar an dem grünen Bischofshut über dem Wappenschild und den beidseitig vom Hut in zwei Reihen an einer Kordel herabhängenden sechs grünen Quasten (das sind hängende Bündel von Fäden oder Schnüren, die am oberen Ende meist durch einen Knoten begrenzt werden; die büschelartige Form erinnert an einen Pinsel). Das Wappen eines Erzbischofs weist jeweils zehn grüne Quasten auf, das eines ↗ Kardinals ist am purpurroten Bischofshut erkennbar, an dem auf beiden Seiten je 15 Quasten herabhängen (↗ Kardinalswappen). Der Wappenschild trägt die individuellen heraldischen Kennzeichen und Farben des Bischofs, meist in Verbindung mit einem auf das Bistum verweisenden Element.

Bistum, das
Auch: Diözese; ein von einem Bischof geleiteter territorial umschriebener Seelsorgs- und Verwaltungsbezirk. Das Bistum ist Körperschaft des öffentlichen Rechts und als solches rechtsfähig. Sein Gebiet ist in Dekanate und Pfarreien, ggf. auch Regionen und Bezirke aufgegliedert. Die Errichtung, Änderung oder Aufhebung eines Bistums erfolgt durch den ↗ Heiligen Stuhl. Mehrere Bistümer sind einem ↗ Erzbistum (Erzdiözese) zugeordnet und bilden zusammen eine Kirchenprovinz, an deren Spitze ein Erzbischof (↗ Metropolit) steht. Nach der Neuordnung der Bistumsgrenzen (1995) gibt es in Deutschland sieben Erzbistümer (Bamberg, Berlin, Frei-

burg, Hamburg, Köln, München-Freising sowie Paderborn) und 20 Bistümer (Aachen, Augsburg, Dresden-Meißen, Eichstätt, Erfurt, Essen, Fulda, Görlitz, Hildesheim, Limburg, Magdeburg, Mainz, Münster, Osnabrück, Passau, Regensburg, Rottenburg-Stuttgart, Speyer, Trier und Würzburg). Die dt. Diözesen sind im ↗ Verband der Diözesen Deutschlands, einer Körperschaft des öffentlichen Rechts mit Sitz in Bonn, zusammengeschlossen. In Österreich bestehen zwei Erzdiözesen und sieben Diözesen sowie die »Österreichische Militärdiözese« und eine Territorialabtei: die Erzdiözese Salzburg mit den Suffragandiözesen: Diözese Feldkirch, Diözese Graz-Seckau, Diözese Gurk, Diözese Innsbruck; die Erzdiözese Wien mit den Suffragandiözesen: Diözese Eisenstadt, Diözese Linz, Diözese St. Pölten; direkt dem Heiligen Stuhl unterstellt ist die Territorialabtei Wettingen-Mehrerau. In der Schweiz bestehen keine Erzdiözesen oder Kirchenprovinzen. Die Diözesen unterstehen direkt der römischen Kurie. Dies ist in der römisch-katholischen Kirche eine Besonderheit. Es gibt sechs Diözesen (hier durchgehend Bistum genannt): Bistum Basel (Bischofssitz in Solothurn), Bistum Chur, Bistum Lausanne-Genf-Freiburg (Bischofssitz in Freiburg), Bistum Lugano, Bistum St. Gallen, Bistum Sitten; außerdem gibt es zwei Territorialabteien: Abtei Saint-Maurice und Abtei Maria Einsiedeln. Das Fürstentum Liechtenstein bildet das Erzbistum Vaduz, das direkt der römischen Kurie untersteht. Luxemburg bildet das Erzbistum Luxemburg.

BKU

Abk. für ↗ Bund Katholischer Unternehmer.

Blasius

Einer der meistverehrten ↗ Heiligen der kath. Kirche und einer der 14 ↗ Nothelfer. Blasius, Bischof von Sebaste in Armenien, war ein unerschütterlicher Bekenner des christlichen Glaubens. Er wurde 316 unter Kaiser Licinus nach langer Folter und furchtbaren Qualen enthauptet. Bevor er starb, rettete er, der Legende nach, in Ketten liegend durch sein Gebet einem Jungen das Leben, der an einer Fischgräte zu ersticken drohte. Auf diese Begebenheit geht seine Verehrung als Schutzheiliger bei Halskrankheiten zurück, die im Orient bereits bis ins 6. Jh. nachgewiesen ist; im Abendland geht sie bis ins 9. Jh. zurück. Blasius gilt als einer der Schutzpatrone der Ärzte.

Blasiussegen, der

Im Blasiussegen wird Gesundheit und Heil, speziell von Halsleiden, erbeten. Der Segen wird alljährlich am 3. Februar, dem Gedenktag des hl. ↗ Blasius, erteilt. Dabei hält der segnende Priester zwei übereinander gekreuzte Kerzen. Die Segensformel lautet: »Auf die Fürsprache des heiligen Blasius bewahre dich der Herr vor Halskrankheit und allem Bösen. Es segne dich Gott, der Vater und der Sohn und der Heilige Geist« oder »Der allmächtige Gott schenke dir Gesundheit und Heil. Er segne dich auf die Fürsprache des heiligen Blasius durch Christus, unseren Herrn« oder »Der Herr behüte dein Leben. Auf die Fürsprache des heiligen Blasius segne dich der allmächtige Gott, der Vater und der Sohn und der Heilige Geist.« Dieser Segen ist, anders als die Legende vom lebensrettenden Gebet des Heiligen, erst im späten 16. Jh. entstanden.

Bleisiegel, das

Das Bleisiegel ist byzantinischen Ursprungs und wird seit dem 6. Jh. auch von den Päpsten zur Besiegelung der Authentizität eines Dokuments eingesetzt. Zumeist wird Blei verwendet, für bes. wichtige Dokumente auch Silber oder Gold. Seit dem 12. Jh. wurden Schriftstücke mit Hanf- oder Seidenschnüren zusammengehalten und mit einer Bleimasse verschlossen, in die mit einem runden Stempel auf der einen Seite der Namenszug des Papstes und auf der Rückseite die Köpfe von ↗Petrus und ↗Paulus mit dem entsprechenden Namenszug SPE (Sanctus Petrus) und SPA (Sanctus Paulus) aufgeprägt wurde (↗Bulle). Das Bleisiegel wird mit dem ↗Fischerring geprägt.

B.M.V.

Abk. für lat. Beata Maria Virgo, selige Jungfrau Maria.

Bonifatius

Eigentl. Winfried, Apostel von Deutschland, auch: Apostel der Deutschen; ↗Benediktiner und der wohl wichtigste Missionar im Frankenreich, *672/673 in Wessex/England, †5. Juni 754 bei Dokkum in Friesland. Er wurde in den Benediktinerklöstern Exeter, dann in Nursling (bei Winchester) erzogen und ausgebildet. Nach seiner Priesterweihe im Alter von etwa 30 Jahren war Bonifatius als Lehrer für Grammatik und Dichtung tätig. 716 nahm er seine Missionstätigkeit in Friesland auf,

kehrte jedoch noch einmal nach Nursling zurück, wo er zum Abt geweiht wurde. 718 verließ er England für immer und brach zu einer Pilgerfahrt nach Rom auf. Von Papst Gregor II. (715–731) bekam Bonifatius seinen Namen und erhielt den Auftrag, den »wilden Völkern Germaniens« das Evangelium zu verkünden. Nach Missionstätigkeit in Hessen und Gründung des Klosters Amönenburg kehrte Bonifatius zurück nach Rom. Dort wurde er am 30. November 722 zum Bischof ohne festen Bischofssitz geweiht. Es folgten weitere Missionsreisen nach Hessen, Thüringen und Bayern. 732 wurde Bonifatius zum Erzbischof des östlichen Frankenreiches ernannt, 738 folgte die Ernennung zum päpstlichen Legaten für Germanien. Bonifatius gründete u. a. die Klöster Fritzlar, Tauberbischofsheim und Fulda sowie die Bistümer Freising, Eichstätt, Erfurt, Würzburg und Büraburg. 747 wurde er zum Bischof von Mainz ernannt. Als 80-Jähriger kehrte er zurück in die Mission. Am 5. Juni 754 wurde er bei Dokkum in Friesland von Einheimischen erschlagen. Sein Grab befindet sich im Dom zu Fulda.

Bonifatiuswerk, das

Hilfswerk der kath. Kirche zur Unterstützung der Katholiken in den ↗Diaspora-Gebieten von Deutschland, Nordeuropa sowie Estland und Lettland, mit Sitz in Paderborn. 1849 als »Bonifatiusverein für das kath. Deutschland« gegründet. Benannt ist das Werk nach dem hl. ↗Bonifatius. Bereits in den ersten 100 Jahren seines Bestehens konnten durch das Bonifatiuswerk 5.000 Kirchen, Kapellen, Pfarrhäuser, Schulen und Gemeinderäume in der Diaspora mitfinanziert werden.

Borromäusverein, der

1844 von Priestern und ↗ Laien gegr. Verein mit dem Ziel, gute Bücher zum Eigenbesitz zu vermitteln und kath. öffentliche Büchereien aufzubauen. Der Verein mit Sitz in Bonn ist nach dem 1584 gestorbenen Mailänder Kardinal Karl Borromäus benannt. Zu den Mitgliedern des Borromäusvereins zählen die 15 (Erz-)Diözesen Aachen, Berlin, Essen, Freiburg, Fulda, Hildesheim, Köln, Limburg, Mainz, Münster, Osnabrück, Paderborn, Rottenburg-Stuttgart, Speyer und Trier. Die entsprechende Einrichtung in den bayerischen Diözesen ist der Sankt Michaelsbund.

Br.

Abk. für Bruder.

Brautkurs, der

Kurs der Ehevorbereitung (auch: Ehevorbereitungskurs) in der katholischen Kirche. Gegenstand sind die Trauung und das kirchliche Eheverständnis, Beziehungsgestaltung, Konfliktbewältigung, Zärtlichkeit und Sexualität, verantwortete Elternschaft.

Brautsegen, der

Ein kurzes Segensgebet über beide Brautleute am Ende des Trauritus, entstanden im 13. Jh. Erwachsen ist es aus dem westgotischen Brauch der Brautübergabe.

Brevier, das

Von lat. brevis = »kurz«; auch: Stundenbuch; enthält in verkürzter Form (daher der Name) alle Texte für das ↗ Stundengebet. Nach dem ↗ Zweiten Vatikanischen Konzil wurde die Bezeichnung »Brevier« ganz aufgegeben zugunsten des Begriffs »Stundenbuch«.

Brotkorbgesetz, das

↗ Kulturkampf.

Bruder, der

Laienbruder; Angehöriger eines Ordens, der nicht die Priesterweihe empfangen hat. In manchen Orden (z. B. bei den Kapuzinern und in einzelnen Benediktinerklöstern) nennen sich jedoch alle Mitglieder Bruder, unabhängig davon, ob sie die Priesterweihe haben. Jesuiten unterscheiden zwischen Bruder (der auf Dauer Laienbruder bleibt) und ↗ Frater, dessen Priesterweihe möglicherweise noch bevorsteht.

Brüder der christlichen Schulen

Lat. Institutum Fratrum Scholarum Christianarum, auch: Schulbrüder, Abk. FSC; kath. Männerorden, 1684 von dem französischen Priester Jean Baptiste de La Salle (*1651, †1719) gegründet. Die Ordensgemeinschaft ist heute in rund 80 Ländern verbreitet und betreut mehr als 1.000 Werke und Einrichtungen. Die Brüder sind vor allem in Schulen und in der Ausbildung tätig, kümmern sich um Straßenkinder und bieten Jugendlichen Schreib- und Lesekurse an.

Bruderschaft, die

Zusammenschluss, meist in Form eines Vereins, zur Förderung der allgemeinen Frömmigkeit, häufig unter Betonung einer Besonderheit, z. B. Marianische Bruderschaft, Herz-Jesu-Bruderschaft, Rosenkranz-Bruderschaft.

Brustkreuz, das
Teil der bischöflichen ↗Insignien, auch
↗Pektorale genannt.

Bulle, die
Lat. bulla = »Kapsel«; bezeichnet die Kapsel, die ein Siegel umschloss (↗Bleisiegel), das Siegel selbst und das so gesiegelte Schriftstück wie z.B. die »Goldene Bulle« Karls IV. von 1356. Päpstliche Bullen sind gesiegelte Erlasse des ↗Heiligen Stuhls zu wichtigen kirchlichen Problemen. Sie werden in lat. Sprache auf Pergament geschrieben und mit den Anfangsworten des Textes bezeichnet, z.B. die Bulle »Unam Sanctam« (1302). Seit 1878 werden nur noch für ganz bestimmte feierliche Akte Bleibullen ausgefertigt. In allen anderen Fällen benutzt man das mit roter Farbe aufgestempelte Siegel mit dem Namen des Papstes um die Apostelköpfe (↗Petrus und ↗Paulus).

Bund der Deutschen Katholischen Jugend
Abk. BDKJ; der 1947 gegr. Bund ist der Dachverband von 15 kath. Kinder- und Jugendverbänden in Deutschland mit rund 650.000 Mitgliedern. Er vertritt ihre politischen, sozialen und kirchlichen Interessen. Sitz der BDKJ-Bundesstelle ist das Jugendhaus Düsseldorf. Mitgliedsverbände sind: der Bund der St. Sebastianus-Schützenjugend (BdSJ); die ↗Christliche Arbeiterjugend (CAJ); die ↗Deutsche Jugendkraft (DJK); die ↗Deutsche Pfadfinderschaft Sankt Georg (DPSG); die Jugendverbände der ↗Gemeinschaft Christlichen Lebens (J-GCL) mit den Einzelverbänden Jungen und Männer (GCL–JM) sowie Frauen und Mädchen (GCL–

FM); die ↗Katholische Junge Gemeinde (KJG); die Katholische Landjugendbewegung Deutschlands (KLJB); die Kolping Jugend (↗Kolpingwerk); die Katholische Studierende Jugend (KSJ) mit den Einzelverbänden Heliand-Mädchenkreis (Mädchen und Frauen) und Bund Neudeutschland (Jungen und Männer); die Pfadfinderinnenschaft St. Georg (PSG); der Quickborn-Arbeitskreis sowie die assoziierten Mitgliedsverbände Aktion West-Ost im BDKJ (Arbeitskreis für europäische Friedensfragen) und UNITAS (Verband der wissenschaftlichen kath. Studentenvereine).

Bund Katholischer Unternehmer
Abk. BKU; ein freiwilliger Zusammenschluss katholischer Unternehmer(innen). Der 1949 in Königswinter gegr. Verband versteht sich als Stimme der kath. Unternehmer in Wirtschaft, Gesellschaft, Kirche und Politik. Ihm gehören rund 1.200 Unternehmer, Selbständige und leitende Angestellte in 36 Diözesangruppen an.

Bund Neudeutschland
↗Bund der deutschen katholischen Jugend.

Bußandacht, die
Gemeindegottesdienst, der im Zeichen von Gewissenserforschung, Sündenbekenntnis und Reue steht und die verzeihende Liebe Gottes anruft. Die Bußandacht ersetzt nicht die ↗Absolution in der Einzelbeichte.

Buße, die
Abkehr von der ↗Sünde und Zuwendung zu Gott. Die Buße ist ein ständiger Vor-

gang im Leben des Christen. Das Bußsakrament (↗ Beichte) schenkt dem getauften Christen, der seine Schuld bereut
und sie vor dem Priester bekennt, die Vergebung seiner Sünden.

C

Cäcilien-Verband, der
↗ Allgemeiner Cäcilien-Verband für Deutschland.

CAJ
Abk. für ↗ Christliche Arbeiterjugend.

Camauro, der
Auch: Kamauro; lat. camelaucum, möglicherweise abgeleitet vom griech. »kamilavkion«, der byzantinisch-kaiserlichen Kopfbedeckung höherer Beamter; urspr. eine Mütze aus Kamelhaaren, daher der Name. Seit dem Spätmittelalter Bez. für die nichtliturgische Kopfbedeckung der Päpste, die bis ins 19. Jh. gebräuchlich war. Erst Papst Benedikt XVI. (seit 2005) trug den Camauro erstmals wieder öffentlich. Die Mütze gibt es in zwei Ausführungen: im Sommer aus rotem Stoff (Seide), im Winter aus rotem Samt, eingefasst mit weißem Hermelin.

Camerlengo, der
Ital. »Kämmerer«; hohes Amt in der Römischen ↗ Kurie. Ihm obliegt die Leitung der ↗ Apostolischen Kammer, der päpstlichen Finanzbehörde. Besondere Bedeutung kommt dem im Kardinalsrang stehenden Camerlengo zu, wenn der Papst stirbt. Der Camerlengo stellt offiziell den Tod des Papstes fest und übernimmt während der ↗ Sedisvakanz als Vorsitzender der Sonderkongregation – unterstützt von drei per Los bestimmten Kardinälen – die Verwaltung der Kirche, allerdings ohne Jurisdik-

tionsgewalt, d. h. er besitzt nicht die allein dem Papst zustehende Leitungsvollmacht. Die Feststellung des Todes läuft nach einem festgelegten Ritual ab: Im Beisein des Päpstlichen ↗ Zeremonienmeisters, der ↗ Prälaten sowie des Sekretärs und Kanzlers der Apostolischen Kammer, der die amtl. Todesurkunde auszustellen hat, stellt der Kardinalkämmerer den Tod des Papstes offiziell fest. Anschließend nimmt er dem Verstorbenen den ↗ Fischerring ab, das Symbol der päpstlichen Macht. Der Ring sowie das päpstliche ↗ Bleisiegel werden bei der ersten ↗ Generalkongregation der Kardinäle vor den Augen der Anwesenden zerbrochen. Danach muss der Camerlengo das Arbeitszimmer und die Privatgemächer des verstorbenen Papstes versiegeln. Er teilt dem ↗ Kardinalvikar von Rom den Tod des Papstes mit, der seinerseits durch einen eigenen Erlass die Bevölkerung Roms hiervon unterrichtet. Der Camerlengo ist auch dafür zuständig, die Beisetzung des Papstes und die Wahl des Nachfolgers vorzubereiten.

Camillianer
↗ Kamillianer.

Campo Santo Teutonico, der
Auch: Camposanto Teutonico, offiziell Campo Santo dei Teutonici e dei Fiamminghi; der »deutsche Friedhof« und die zugehörigen Gebäude in Rom, extraterritorial innerhalb der Vatikanstadt und nur von dort zugänglich. Zu dem Gräberfeld

gehören die Kirche Santa Maria della Pietà, ein Priesterkolleg und die Räume des römischen Instituts der Görres-Gesellschaft. Mit »Teutonico« sind nicht nur Deutsche gemeint, sondern alle, die historisch ins Heilige Römische Reich deutscher Nation einbezogen waren: Österreicher, Südtiroler, Deutsch-Schweizer, Liechtensteiner, Luxemburger, Belgier der deutschen Sprachengemeinschaft, Flamen und Niederländer. Das Alter des Campo Santo Teutonico ist noch ungeklärt; man vermutet eine Entstehung im 8. Jh.

Can.
Abk. für ↗ Kanon (1.).

Candidus et Canonicus Ordo Praemonstratensis
Abk. OPraem; ↗ Prämonstratenser.

Canisianer
Die Brüder des hl. Petrus Canisius vom christlichen Apostolat, ein Männerorden, der im 19. Jh. zur Erziehung für Jungen gegründet wurde. Heute sieht die Brüdergemeinschaft ihr Ziel im Zeugnis lebendigen Glaubens und in der Caritas. Die Canisianer arbeiten entweder im Team einer sozialen bzw. pastoralen Einrichtung oder haben ihren je eigenen Beruf.

Canisiuswerk, das
1918 gegründetes österreichisches Institut zur Förderung geistlicher Berufungen.

Canonici Regulares Sancti Antonii
Abk. CRSAnt ↗ Antoniter.

Cappa, die
Lat.; rund geschnittener Mantelumhang mit Kapuze, Chorgewand von kath. Würdenträgern; bei Bischöfen violett, bei Kardinälen rot. Die Cappa des hl. Martin von Tours wurde als Reichskleinod in einem Kirchenanbau aufbewahrt. Der Begriff Cappa führte zu der Ortsbezeichnung »capella« (↗ Kapelle); der für diesen Ort zuständige Geistliche hieß »capellanus« (↗ Kaplan).

Caritas, die
Lat. »Liebe, Nächstenliebe«:
1. der aus christlicher Verantwortung motivierte Dienst am notleidenden und hilfsbedürftigen Mitmenschen, für die kath. Kirche eine ihrer unabdingbaren Wesensäußerungen (gelebter Glaube);
2. Kurzbezeichnung für jede organisierte sozial-karitative Tätigkeit der kath. Kirche. ↗ Deutscher Caritasverband.

Casel, die
↗ Kasel.

Castel Gandolfo
Ital. = »Wolfgangsschloss«, seit dem 17. Jh. die Sommerresidenz der Päpste. Die Villa samt ihren Nebengebäuden gehört zum Vatikanstaat. Sie liegt etwa 30 km südöstlich von Rom in den Albaner Bergen.

Cathedra, die
↗ Kathedra, ↗ Kathedrale.

CBMV
Abk. für Congregatio Beatae Mariae Virginis, Augustiner-Chorfrauen (↗ Augustiner-Chorherren), kath. Frauenorden.

CELAM
Abk. für »Consejo Episcopal Latinoamericano« (Konferenz der Bischöfe Lateinamerikas und der Karibik). Von den Vollversammlungen der CELAM sind wichtige Impulse für soziale Reformen ausgegangen und auch in die päpstlichen ↗ Sozialenzykliken eingeflossen.

Cellerar, der
Lat. cellerarius; Bez. für den ↗ Mönch, der nach der Regel des hl. ↗ Benedikt mit der Wirtschaftsverwaltung eines ↗ Klosters beauftragt ist.

Centro Televisio Vaticano
Abk. CTV; vatikanisches Fernsehzentrum. ↗ Staatssekretariat.

Ceroferar, der
Lat. cera = »Wachs« und ferre = »tragen«; Bez. des ↗ Messdieners, der bei einem Gottesdienst die Leuchten oder Kerzen trägt.

CFA
Abk. für Congregatio Fratrum Alexianorum, ↗ Alexianerbrüder, kath. Männerorden.

CFP
Abk. für Congregatio Fratrum Pauperum Sancti Francisci Seraphici, ↗ Armen-Brüder des heiligen Franziskus, kath. Männerorden.

Character indelebilis, der
Griech.-lat.: »unauslöschliches Prägemal«; das Bildwort drückt aus, dass die Sakramente der Taufe, der Firmung und der Priesterweihe den Empfänger dauerhaft und unwiderruflich prägen. Deswegen

bleibt auch ein suspendierter oder laisierter Priester weiter Priester und kann »unerlaubt, aber gültig« die Eucharistie feiern oder die ↗ Absolution geben. In Todesgefahr kann er Letzteres sogar erlaubt.

Charisma, das
Griech. chárisma = »Gnadengabe«; die durch den Geist Gottes (↗ Heiliger Geist) bewirkten Gnaden und Befähigungen eines Christen.

Charismatische Erneuerung, die
Gehört zu den neuen geistlichen Gemeinschaften und Bewegungen, deren Mitglieder ihre persönlichen Begabungen und Fähigkeiten, die sie von Gott empfangen haben (↗ Charisma), in Kirche und Gesellschaft einbringen wollen, um zu deren Erneuerung beizutragen. Weltweit beträgt die Zahl charismatischer Christen in der kath. Kirche nach eigenen Angaben über 70 Mio. In Deutschland zählt die Charismatische Erneuerung etwa 11.000 kath. Christen aller Altersgruppen in rund 500 Gebetsgruppen, Hauskreisen und geistlichen Gemeinschaften.

Cherubim, die (Plural)
Singular: der Cherub. Bez. für ↗ Engel, die dem ↗ Propheten Ezechiel (Ez 10) zufolge den Thron Gottes tragen. Im NT (Offb 4) wird zwischen Cherubim und ↗ Seraphim nicht mehr unterschieden.

Chor, der
Urspr. der abgegrenzte, i. d. R. nach Osten gerichtete Teil der Kirche, in dem sich der Hauptaltar befindet (↗ Apsis), später auch Bez. für die Gruppe der Sänger, die sich dort aufhielt.

Choral, der

Urspr. Bez. für den einstimmigen, unbegleiteten liturgischen Gesang (↗ Gregorianischer Gesang) der röm. Kirche in lat. Sprache. Der Name verweist darauf, dass der Gesang früher im ↗ Chor der Kirche ausgeführt wurde. Heute werden auch mehrstimmige Kirchenlieder als Choräle bezeichnet.

Chorgebet, das

Bezeichnung für das gemeinschaftlich verrichtete ↗ Stundengebet.

Chorgestühl, das

In der Kirche die für den Chor der ↗ Kleriker oder ↗ Mönche bestimmten Sitzreihen, zumeist an den Längsseiten im ↗ Chor aufgestellt.

Chorherr, der

↗ Kanoniker.

Chorkleidung, die

Kleidung, die ↗ Geistliche bei liturgischen Feiern tragen, wenn sie nicht selbst die heilige Messe feiern. Die Chorkleidung besteht aus der ↗ Soutane, einem knöchellangen Gewand, dem ↗ Rochett, einem etwa knielangen Chorhemd, der ↗ Mozetta, einem Schulterumhang, und als Kopfbedeckung dem ↗ Birett sowie einer Quaste. Die Farben von Soutane, Mozetta und Birett richten sich nach dem Rang des Klerikers. ↗ Kardinäle tragen Rot, Bischöfe und ↗ Prälaten Violett, Priester Schwarz. Die Chorkleidung der ↗ Mönche ist i. d. R. ihr Ordensgewand oder ein Gewand, das sie darüber tragen, die ↗ Kukulle. Die liturgische Kleidung der ↗ Ministranten hat sich aus der Chorkleidung entwickelt.

Chormantel, der

Auch: Rauchmantel, Pluviale; ein offener, bis zu den Füßen reichender Umhang in den ↗ liturgischen Farben. Das im 10. Jh. aus der ↗ Cappa entstandene liturgische Gewand wird zumeist in Gottesdiensten ohne Eucharistiefeier getragen. Rauchmantel wird es genannt, weil es bei Andachten getragen wird, in denen der Priester ↗ Weihrauch verwendet.

Chorschranke, die

Eine steinerne Wand, die den inneren ↗ Chor vom ↗ Chorumgang oder den Chorraum vom Kirchenschiff trennt.

Chorumgang, der

In gotischen Kathedralen das um den Chorschluss herumgeführte ↗ Seitenschiff, das in der Liturgie auch als Prozessionsgang genutzt werden kann. An der Außenseite des Chorumgangs befinden sich die Chorkapellen. Chorumgang und Chorkapellen zusammen heißen auch Kapellenkranz.

Chrisam, das/der

Das geweihte Salböl, das bei ↗ Taufe, ↗ Firmung, Priester- und Bischofsweihe (↗ Weihesakrament) verwendet wird, ferner bei der Weihe von Altären und Kirchen. Chrisam ist ein Olivenöl, dem Balsam (wohlriechende Harzsekrete der Balsambaumgewächse) beigemischt wird (↗ heilige Öle). Diese Salbung ist eine Zeichenhandlung, die ausdrückt: Gottes Geist geht auf den Gesalbten über.

Chrisam-Messe, die

↗ Missa Chrismatis.

Christenlehre, die

Sonntags wurde früher in den Kirchengemeinden eine Unterweisung in die Hauptinhalte des Glaubens angeboten. In der ehem. DDR, wo es keinen schulischen Religionsunterricht gab, war die Christenlehre für Kinder und Jugendliche die einzige kirchl. Information über den Glauben. Sie ging dem Erstkommunionunterricht voraus. Pfarrer oder von der Kirche ausgebildete ⁊ Katechet(inn)en haben diese Christenlehre gehalten.

Christentum, das

Die Religion, die sich auf Jesus Christus bezieht. Mit derzeit ca. 2,1 Milliarden Gläubigen ist das Christentum die größte Weltreligion. Sie umfasst eine unübersehbare inhaltliche und organisatorische Vielfalt von Kirchen, christlichen Gruppen und ⁊ Sekten.

Christi Himmelfahrt

Christliches Fest, das 40 Tage nach ⁊ Ostern gefeiert wird. Die Himmelfahrt des auferstandenen Jesus gehört zum Urbestand des christlichen Glaubens. Sie wird im ⁊ Lukasevangelium (Lk 24,50–52) wie auch in der ⁊ Apostelgeschichte (Apg 1,1–11) beschrieben. »Und während er sie (die Jünger) segnete, verließ er sie und wurde zum Himmel emporgehoben« (Lk 24,51). Die Apostelgeschichte berichtet, dass der auferstandene Jesus sich 40 Tage wiederholt seinen Jüngern gezeigt und mit ihnen gesprochen habe, bis er schließlich segnend »vor ihren Augen emporgehoben« wurde. »Eine Wolke nahm ihn auf und entzog ihn ihren Blicken« (Apg 1,9). Im ⁊ Katechismus der kath. Kirche wird die Himmelfahrt Jesu als der endgül-

tige »Eintritt seiner menschlichen Natur in die göttliche Herrlichkeit« erklärt. Entsprechend heißt es im ⁊ Apostolischen Glaubensbekenntnis: »(…) am dritten Tage auferstanden von den Toten, aufgefahren in den Himmel, er sitzt zur Rechten Gottes, des allmächtigen Vaters; von dort wird er kommen, zu richten die Lebenden und die Toten.« In der frühen Christenheit war das Gedächtnis an die Himmelfahrt Jesu zunächst mit dem Pfingstfest (⁊ Pfingsten) verbunden. Seit 370 kann Christi Himmelfahrt als eigenständiges Fest 40 Tage nach Ostern nachgewiesen werden. Christi Himmelfahrt fällt demnach stets auf einen Donnerstag und ist in Deutschland ein gesetzlicher Feiertag.

Christkatholisch

In der Schweiz Bez. für alt-katholisch (⁊ Alt-Katholiken).

Christkönigsfest, das

Christliches Fest am letzten Sonntag des Kirchenjahres. Papst Pius XI. führte das Fest 1925 zur Erinnerung an das Konzil von Nizäa (325) ein. Das Christkönigsfest lenkt den Blick auf Jesus Christus, von dem Christen glauben, dass er der Weltenherrscher ist und am Ende der Zeit als König wiederkommen wird. In der Zeit der nationalsozialistischen Herrschaft und nach dem Zweiten Weltkrieg hatten die Gottesdienste mit Fahnenabordnungen an diesem Tag demonstrativen Charakter. Seit 1969 wird das Fest am Sonntag vor dem ersten ⁊ Advent gefeiert; zuvor wurde es am letzten Oktobersonntag begangen.

Christliche Arbeiterjugend

Abk. CAJ; 1925 vom belgischen Priester und späteren Kardinal Joseph Cardijn gegründeter internationaler kath. Jugendverband. Sein Anliegen war es, den jungen Arbeiter(inne)n ihre Würde bewusst zu machen und sie durch Aktionen und Seminare zu bilden. Die dt. CAJ wurde 1947 gegründet und setzt sich heute in ihrer Bildungsarbeit und mit verschiedenen Projekten bes. für junge Menschen ohne Ausbildung oder Arbeitsplatz ein. Der Verband zählt derzeit nach eigenen Angaben rund 10.000 Mitglieder in Deutschland. Die CAJ ist Mitgliedsverband im ↗ Bund der Deutschen Katholischen Jugend (BDKJ) und die selbständige Jugendorganisation der ↗ Katholischen Arbeitnehmer-Bewegung (KAB).

Christmette, die

↗ Mette.

Christophorus

Viel verehrter Heiliger, der den Märtyrertod unter Kaiser Decius (250 n. Chr.) erlitt; gilt als einer der 14 ↗ Nothelfer. Der Legende nach trug er das Jesuskind über einen Fluss (sein Name bedeutet »Christusträger«). Seine Gestalt ist häufig an Außenseiten von Kirchen und neben dem Portal zu finden; er gilt als Bewahrer vor plötzlichem Tod (daher war sein Bild früher auch auf der Innenseite von Kampfschilden) und Schutzpatron der Reisenden, heute v. a. der Autofahrer (daher die Christophorus-Plakette in vielen Fahrzeugen).

Christus

↗ Messias.

Christusmonogramm, das

1. Aus den griechischen Anfangsbuchstaben X (Chi) und P (Rho) gebildetes symbolisches Zeichen für den Titel ↗ Christus;
2. Die Abk. ↗ IHS, die ersten drei Buchstaben des griechischen Wortes für Jesus; sie werden auch verstanden als Abkürzung für lat. Iesus Hominum Salvator (»Jesus, Erlöser der Menschen«).

Christusorden, der

Die höchste päpstliche Auszeichnung, die der ↗ Heilige Stuhl an ↗ Laien vergibt: ein rotes lateinisches Kreuz mit einem darüberliegenden kleineren weißen Kreuz an goldener Halskette, dazu gehört eine sternförmige Nadel mit dem Kreuz im goldenen Lorbeerkranz. Der Orden, der nur in einer Klasse verliehen wird, wurde 1319 von Papst Johannes XXII. (1316–1334) gestiftet und ist heute Staatsoberhäuptern vorbehalten. ↗ Päpstliche Orden und Ehrenzeichen.

Cibedo, die

Abk. für »Christlich-islamische Begegnungs- und Dokumentationsstelle«, eine Fachstelle der Deutschen Bischofskonferenz mit der Aufgabe, den interreligiösen Dialog zwischen Christentum und Islam sowie das Zusammenleben von Christen und Muslimen zu fördern. 1978 in Köln gegründet, ist der Sitz heute in Frankfurt am Main.

Ciborium, das

↗ Ziborium.

CIC

Abk. für ↗ Codex Iuris Canonici, Kirchenrecht.

CICM

Abk. für Congregatio Immaculati Cordis Mariae, Kongregation vom Unbefleckten Herzen Mariä oder ↗ Scheutvelder Missionare.

Cingulum, das

↗ Zingulum.

CJ

Abk. für Congregatio Jesu, Englische Fräulein, ↗ Maria-Ward-Schwestern, kath. Frauenorden.

CL

Abk. für ↗ Comunione e Liberazione.

Claretiner

Lat. Congregatio Missionariorum Filiorum Immaculati Cordis Beatae Mariae Virginis, Kongregation der Missionare, Söhne des unbefleckten Herzens Mariens, Abk. CMF; kath. Männerorden, 1849 von dem spanischen Priester Antonio Maria Claret (*1807, †1870) gegründet. Die weltweit verbreitete Gemeinschaft widmet sich vor allem der Mission, der Jugenderziehung und der religiösen Bildungsarbeit.

Cluniazensisch

Bezogen auf die von ↗ Cluny ausgehende Reformbewegung im Mittelalter, die eine umfassende Erneuerung des Mönchstums, des klerikalen Lebens und der Laienwelt mit sich brachte.

Cluny

Ehem. Benediktinerabtei im Departement Saône-et-Loire, gegr. 910, Mittelpunkt einer Europa umfassenden Klosterreform, die die Kirche auch als geistliche Macht

begründete. In der Architektur wurden die drei cluniazensischen Kirchentypen stil- und formbildend (Blüte im 11. bis 13. Jh.).

CM

Abk. für Congregatio Missionis, ↗ Vinzentiner, Lazaristen, kath. Männerorden.

C+M+B

Abk. des Segenswunsches, den die Sternsinger (↗ Sternsingen) von außen mit weißer Kreide an die Haus- und Wohnungstüren schreiben. C+M+B steht für lat. Christus mansionem benedicat (»Christus segne dieses Haus«). Früher wurden die Buchstaben als Abk. für die Namen der ↗ Heiligen Drei Könige gedeutet: Caspar, Melchior und Balthasar. ↗ Sternsingen.

CMF

Abk. für Congregatio Missionariorum Filiorum Immaculati Cordis Beatae Mariae Virginis, ↗ Claretiner, kath. Männerorden.

CMM

Abk. für Congregatio Missionariorum de Mariannhill, ↗ Mariannhiller Missionare, kath. Männerorden.

CMSF

Abk. für Congregatio Missionaria S. Francisci Assisiensis, ↗ Missionsbrüder des hl. Franziskus, kath. Männerorden.

Codex Iuris Canonici

Abk. CIC; dt.: Codex des kanonischen Rechts, das Gesetzbuch des lat. Kirchenrechts. 1917 in Kraft gesetzt, reflektiert der Codex Iuris Canonici in seiner Neufassung von 1983 die Beschlüsse des ↗ Zweiten

Vatikanischen Konzils. Er gliedert sich in sieben Bücher und enthält 1.752 Einzelvorschriften (Canones). Kirchenrecht.

Comboni-Missionare

Lat. Missionarii Comboniani Cordis Iesu, Comboni-Missionare vom Herzen Jesu, Abk. MCCI; kath. Männerorden, hervorgegangen aus dem 1867 von dem ital. Priester und späteren Bischof Daniel Comboni (*1831, †1881) gegr. »Missionsinstitut für Afrika«. 1872 folgte die Gründung des weiblichen Zweigs, der heutigen »Comboni-Missionsschwestern«. Die Comboni-Missionare sind weltweit in der ↗Mission und in sozial-pastoralen Projekten tätig.

Comboni-Missionsschwestern

↗Comboni-Missionare; 1872 gegr. kath. Frauenorden. Schwerpunkt der in Deutschland tätigen Schwestern sind u. a. seelsorgliche und soziale Dienste für Afrikaner.

Commissione Cardinalizia di Vigilanza

Ein Wächterrat aus fünf Kardinälen zur Kontrolle über die ↗Vatikanbank.

Communio-Theologie, die

Theologischer Ansatz, die Gemeinschaft mit Gott, der Gläubigen untereinander und mit anderen Menschen als Kernstück der ↗Ekklesiologie zu betrachten; dazu gehört u. a., den Glaubenssinn des Gottesvolkes, den innerkirchlichen, ökumenischen und interreligiösen Dialog, die Brüderlichkeit der Bischöfe zur Richtlinie des kirchlichen Handelns zu machen. Manche Dokumente des Zweiten Vatikanischen Konzils reflektieren diesen Ansatz, aber auf ganzer Linie konnte er sich nicht durchsetzen, da in anderen Dokumenten

der ↗Primat des Papstes festgeschrieben wird. Ins Kirchenrecht hat eher letzterer Ansatz Eingang gefunden.

Comunione e Liberazione

Ital. »Gemeinschaft und Befreiung«, Abk. CL; kirchl. Bewegung, die 1954 in Mailand (Italien) aus einer von dem Priester Don Luigi Giuassani gegr. Schüler- und Studentengruppe entstanden ist. Seit 1969 trägt sie den Namen »Comunione e Liberazione«. Damit will die Bewegung ihre Überzeugung zum Ausdruck bringen, »dass das in Gemeinschaft (Comunione) gelebte Ereignis Christi zu einer wahrhaften Befreiung (Liberazione) des ganzen Menschen führt.« Die 1982 als Laienvereinigung päpstlichen Rechts anerkannte Bewegung ist nach eigenen Angaben weltweit in 70 Ländern aktiv und zählt rund 100.000 Mitglieder.

Confiteor, das

Lat. »ich bekenne«; Bez. für den Text eines Schuldbekenntnisses zu Beginn der Heiligen Messe.

Confrater, der

Lat. »Mitbruder«; ↗Frater.

Congregatio Augustinianorum ab Assumptione

Abk. AA; ↗Assumptionisten.

Congregatio Beatae Mariae Virginis

Abk. CBMV; Augustiner-Chorfrauen (↗Augustiner-Chorherren).

Congregatio Fratrum Pauperum Sancti Francisci Seraphici
Abk. CFP; ↗ Armen-Brüder des hl. Franziskus.

Congregatio Immaculati Cordis Mariae
Abk. CICM; ↗ Scheutvelder Missionare.

Congregatio Jesu
↗ Maria-Ward-Schwestern.

Congregatio Mariana
Abk. MC; Jesuiten, ↗ Gemeinschaft Christlichen Lebens.

Congregatio Missionaria S. Francisci Assisiensis
Abk. CMSF; ↗ Missionsbrüder des hl. Franziskus.

Congregatio Missionariorum a S. Familia
Abk. MSF; ↗ Missionare von der heiligen Familie.

Congregatio Missionariorum de Mariannhill
Abk. CMM; Kongregation der Missionare von Mariannhill, ↗ Marianhiller Missionare.

Congregatio Missionariorum Filiorum Immaculati Cordis Beatae Mariae Virginis
Abk. CMF; ↗ Claretiner.

Congregatio Missionariorum Oblatorum
Abk. OMI; ↗ Oblaten der Makellosen Jungfrau Maria.

Congregatio Missionariorum Pretiosissimi Sanguinis
Abk. CPPS; ↗ Missionare vom kostbaren Blut.

Congregatio Missionis
Abk. CM; ↗ Vinzentiner.

Congregatio Passionis Iesu Christi
Abk. CP; ↗ Passionisten.

Congregatio Pauperum Sororum Scholarum Nostrae Dominae
Abk. SSND; ↗ Arme Schulschwestern von Unserer Lieben Frau.

Congregatio Sacerdotum a Sacro Corde Iesu
Abk. SCJ; ↗ Herz-Jesu-Priester.

Congregatio Sacrorum Cordium Iesu et Mariae necnon Adorationis Perpetuae Sanctissimi Sacramenti Altaris
Abk. SSCC; Ordensgemeinschaft von den Heiligsten Herzen Jesu und Mariä und der Ewigen Anbetung des Allerheiligsten Altarsakramentes (Arnsteiner Patres).

Congregatio Sanctae Catharinae
Abk. CSC; ↗ Katharinenschwestern.

Congregatio Sancti Josephi
Abk. CSJ; ↗ St. Josefskongregation.

Congregatio Servarum Spiritus Sancti
Abk. SSpS; Dienerinnen des Heiligen Geistes, ↗ Steyler Missionare.

Congregatio Servarum Spiritus Sancti de Adoratione Perpetua

Abk. SSpSAP; Dienerinnen des Heiligen Geistes von der ewigen Anbetung, ↗ Steyler Missionare.

Congregatio Sororum a Sancto Redemptore

Abk. CSR; Schwestern des Erlösers, ↗ Erlöserschwestern.

Consoror, die

Lat. »Mitschwester«; ↗ Soror.

Cor unum

Lat. »Ein Herz«; Päpstlicher Rat zur Koordinierung der weltweiten karitativen Aufgaben der Kirche sowie zur Durchführung humanitärer Maßnahmen des Hl. Stuhls in Katastrophenfällen. Sitz des Rats ist in Rom.

Corporale, das

Das weiße Leinentuch, auf das während der heiligen Messe Kelch und Hostienschale gestellt werden.

Corpus Iuris Canonici, das

Aus der Tradition überlieferte, an verstreuten Stellen belegte Richtlinien des Kirchenrechts; seit Einführung des ↗ Codex Iuris Canonici 1917 durch diesen überholt.

CP

Abk. für Congregatio Passionis Iesu Christi, ↗ Passionisten, kath. Männerorden.

CPPS

Abk. für Congregatio Missionariorum Pretiosissimi Sanguinis, ↗ Missionare vom kostbaren Blut, kath. Männerorden.

Credo, das

Lat. »ich glaube«; Bez. für das mit diesem Wort beginnende lat. ↗ Glaubensbekenntnis der Christen, das in seinen Anfängen bis in das 4. Jh. zurückreicht. Um einzelne Formulierungen haben die Konzilien heftig gestritten. Als ↗ Apostolisches Glaubensbekenntnis ist das Credo (auch: Glaubensbekenntnis, Glaubensformel, Symbolum) Bestandteil jeder heiligen Messe. Als das ↗ Große Glaubensbekenntnis wird das Nizänisch-Konstantinopolitanische Glaubensbekenntnis bezeichnet.

CRSAnt

Abk. für ↗ Antoniter.

Crux, die

Lat. ↗ Kreuz.

CRV

Abk. für Canonici Regulares Sancti Augustini Vindesemenses, ↗ Augustiner-Chorherren von Windesheim, kath. Männerorden. ↗ Devotio moderna.

CRVC

Abk. für Canonici Regulares Sancti Augustini Fratrum a Vita Communi, Brüder vom Gemeinsamen Leben, ↗ Augustiner-Chorherren, kath. Männerorden.

CSC

Abk. für Congregatio Sanctae Catharinae, Schwestern von der heiligen Jungfrau und Martyrerin Katharina, ↗ Katharinenschwestern, kath. Frauenorden.

CSJ

Abk. für Congregatio Sancti Josephi, ↗ St. Josefskongregation, kath. Frauenorden.

CSP

Abk. für Congregatio Sancti Pauli, Paulus-Brüder, kath. Männerorden.

CSR

Abk. für Congregatio Sororum a Sancto Redemptore, Schwestern des Erlösers, ↗ Erlöserschwestern, kath. Frauenorden.

CSSp

Abk. für Congregatio Sancti Spiritus sub tutela Immaculati Cordis Beatissimae Virginis Mariae, Missionsgesellschaft vom Heiligen Geist, ↗ Spiritaner, kath. Männerorden.

CSsR

Abk. für Congregatio Sanctissimi Redemptoris, ↗ Redemptoristen, kath. Männerorden.

CTV

Abk. für ↗ Centro Televisio Vaticano.

Cursillo, der

Span. »kleiner Kurs«; in Spanien Ende der 1940er Jahre entstandene geistliche Bewegung in der kath. Kirche. Der Cursillo ist ein »kleiner Glaubenskurs«. Ziel ist es, die Teilnehmer in ihrem Glauben neu zu stärken, damit sie bewusst als Christen in dieser Welt leben und verantwortlich handeln. Die dreitägigen Kurse, die von einem ehrenamtlichen Team von ↗ Laien und Priestern geleitet werden, umfassen Impulsreferate, persönliche Glaubenszeugnisse, Gruppengespräche und Gebet.

Cusanuswerk, das

Begabtenförderungswerk der kath. Kirche in Deutschland (neben etwa zehn weiteren anderer Träger). Besonders begabte kath. Student(inn)en aller Fachrichtungen erhalten Stipendien während ihres Studiums und ihrer Promotion. Neben der finanziellen Förderung bietet das Werk ein umfangreiches Bildungsprogramm sowie geistliche Begleitung an. Ziel der Einrichtung ist neben der fachlichen Qualifizierung, junge Akademiker über ihre Privatinteressen hinaus zum gesellschaftlichen Engagement zu bewegen. Derzeit fördert das Werk nach eigenen Angaben 800 Studierende und 200 Doktoranden an Universitäten, Fachhochschulen, Kunstakademien und Musikhochschulen. Das Cusanuswerk wurde 1956 von Prälat Bernhard Hanssler im Auftrag der ↗ Deutschen Bischofskonferenz gegründet. Seit 1966 sind auch Frauen zur Förderung zugelassen. Benannt ist das Werk, das seinen Sitz in Bonn hat, nach Nikolaus von Cues (*1401, †1464). Der Brixener Fürstbischof war einer der großen spätmittelalterlichen Kardinäle und Universitätsgelehrten.

Custodia, die

Lat. »Wache, Schutz«; Gefäß, in dem die konsekrierte ↗ Hostie für die ↗ Monstranz aufbewahrt wird (↗ Konsekration).

Dachreiter, der
Kleiner, meist sehr schlanker Turm auf dem Dach des ⌐Chores oder der ⌐Vierung, in dem eine oder mehrere kleine Glocken hängen.

Dalmatika, die
Liturgisches Obergewand, bes. des ⌐Diakons.

Darstellung des Herrn
⌐Lichtmess.

Daughters of Divine Love
Engl. = »Töchter der göttlichen Liebe«, Abk. DDL, kath. Frauenorden, 1969 in Nigeria gegründet. Die Schwestern arbeiten u. a. in Krankenhäusern, Einrichtungen für körperlich und geistig behinderte Menschen, als Lehrerinnen und übernehmen Aufgaben in der Seelsorge. Ihre Ordenstracht besteht aus einem blauen Kleid mit weißem Kragen und blauem Schleier.

DBK
Abk. für ⌐Deutsche Bischofskonferenz.

DDL
Abk. für ⌐Daughters of Divine Love, Töchter der göttlichen Liebe, kath. Frauenorden.

Dechant, der
Dechant oder auch Dekan heißt seit dem 9. Jh. der geistliche Vorsteher eines ⌐Dekanats, eines geschlossenen Bezirks, der urspr. rund zehn (lat. decem) Pfarreien umfasste. Der Dechant ist Bindeglied zwischen dem Bischof und den entsprechenden Pfarreien und garantiert die pastorale Zusammenarbeit. In vielen dt. Bistümern wählen die Pfarrer eines Dekanats den Dechanten für eine bestimmte Zeit aus ihrer Mitte. Die Wahl wird vom Bischof bestätigt.

Defensor Vinculi, der
Lat. »Verteidiger des (Ehe-)Bandes«; ein Anwalt im Rahmen des kirchlichen Eheprozesses (»Ehebandverteidiger«), der nicht die Prozessbeteiligten vertritt, sondern die Interessen der bestehenden Ehe.

Definitor, der
Priesterlicher Berater und Helfer, v. a. zuständig für die Vermögensverwaltung. In einem ⌐Dekanat ist er der Vertreter des ⌐Dechanten. In vielen Ordensgemeinschaften Bez. für Ordensmitglieder, die eine bestimmte Entscheidungskompetenz haben.

de Foucauld, Charles
*1858 in Straßburg als Sohn einer der ältesten Adelsfamilien Frankreichs. Er führte während seiner Schulzeit ein ausschweifendes Leben und verlor den Glauben an Gott. Die Begegnung mit dem Islam und gläubigen Muslimen während seines Militärdienstes in Nordafrika und auf einer späteren Forschungsreise durch Marokko weckte in ihm erneut die Frage nach der

Existenz Gottes. Er fand zum Glauben zurück, studierte Theologie und verbrachte einige Jahre in einem Trappisten-Kloster. Nach seiner Priesterweihe 1901 in Paris ging er zunächst ins algerische Béni Abbès, um eine Einsiedelei zu errichten, später nach Tamanrasset, um zwischen dem muslimischen Stamm der Tuareg und den Franzosen zu vermitteln. Statt zu missionieren, ging es ihm um ein Leben »nicht für, sondern mit den Menschen«. Charles de Foucauld, der sich inzwischen »Kleiner Bruder Karl von Jesus« nannte, wurde 1916 überfallen und erschossen. 2005 sprach ihn Papst Benedikt XVI. selig. Zur »geistlichen Familie« Charles de Foucaulds gehören heute zahlreiche Gemeinschaften, u. a. die ↗ Kleinen Schwestern Jesu, die Priestergemeinschaft Jesus Caritas, die ↗ Gemeinschaft Charles de Foucaulds und die ↗ Frauengemeinschaft Charles de Foucauld.

Dehonianer
↗ Herz-Jesu-Priester.

Dekalog, der
Griech. deka = »zehn« und logos = »Wort«; die ↗ Zehn Gebote.

Dekan, der
↗ Dechant.

Dekanat, das
Lat. decem = »zehn«; Zusammenschluss von mehreren benachbarten Pfarrgemeinden (früher zehn, daher der Name) zu einem Unterbezirk der Diözese. Jedes Bistum ist in mehrere Dekanate aufgeteilt. Die Leitung obliegt dem ↗ Dechanten.

Delegat, der
Auch: Apostolischer Delegat; lat. delegatus = »Gesandter«; Bez. für einen Vertreter des ↗ Heiligen Stuhls, der keinen diplomatischen Status hat und nur den Kontakt zu kirchl. Personen und Institutionen pflegt. ↗ Legat, ↗ Nuntius.

Depositum fidei, das
Lat. »das Hinterlegte des Glaubens«; die Gesamtheit der Glaubensinhalte, wie sie aus der Hl. Schrift und aus der Tradition der Apostel der Kirche anvertraut ist; die Fülle des Glaubensgutes, der Glaubensschatz der Kirche. Der ↗ Katechismus der Katholischen Kirche von 1992 ist laut Papst Johannes Paul II. die »Darlegung des Glaubens der Kirche und der katholischen Lehre, wie sie von der Heiligen Schrift, der apostolischen Überlieferung und vom Lehramt der Kirche bezeugt oder erleuchtet wird« (*Fidei depositum*, Nr. 4).

Deuteronomium
Bez. für das fünfte Buch der Bibel (5. Buch Mose).

Deutsche Bischofskonferenz
Abk. DBK, Sitz in Bonn; Zusammenschluss der Bischöfe der Diözesen in Deutschland zum Studium und zur Förderung gemeinsamer pastoraler Aufgaben, zur gegenseitigen Beratung, zur notwendigen Koordinierung der kirchlichen Arbeit und zum gemeinsamen Erlass von Entscheidungen sowie zur Pflege der Verbindung zu anderen Bischofskonferenzen. Mitglieder sind die (Erz-)Bischöfe der 27 dt. ↗ (Erz-)Bistümer, die ↗ Weihbischöfe unter 75 Jahren sowie die ↗ Koadjutoren und ↗ Diözesanadministratoren. Oberste In-

stanz ist die zweimal jährlich tagende Vollversammlung. Das Frühjahrstreffen findet an wechselnden Orten statt, die Vollversammlung im Herbst stets in Fulda (im Dom zu Fulda befindet sich das Grab des heiligen ↗ Bonifatius, der als »Apostel der Deutschen« verehrt wird). Weitere Organe der Konferenz sind der Vorsitzende, der von der Vollversammlung für sechs Jahre gewählt wird, der Ständige Rat, in dem jede Diözese durch den Bischof mit Sitz und Stimme vertreten ist, und die Bischöflichen Kommissionen (zzt. bestehen 14 Kommissionen). Das Sekretariat steht unter Leitung des Sekretärs der Deutschen Bischofskonferenz.   ↗ Bischofskonferenz, ↗ Verband der Diözesen Deutschlands.

Deutsche Jugendkraft

Abk. DJK; kath. Sportverband in Deutschland, dem rund 600.000 Mitglieder, v. a. Jugendliche und junge Erwachsene, in 1.200 Vereinen angehören. Sitz des Verbands ist Düsseldorf. Die DJK wurde 1920 von Prälat Carl Mosterts in Würzburg gegründet, um der »deutschen Jugend Kraft« zu mehren. Nach der Machtergreifung durch die Nationalsozialisten wurde die DJK verboten und aufgelöst. 1947 erfolgte die Wiedergründung durch Ludwig Wolker und die Eingliederung in den Deutschen Sportbund (DSB).

Deutsche Pfadfinderschaft Sankt Georg

Abk. DPSG; mit rund 100.000 Kindern, Jugendlichen und jungen Erwachsenen der größte kath. Pfadfinderverband in Deutschland. Die allg. Pfadfinderbewegung geht auf Lord Robert Baden-Powell und sein Konzept »Scouting for Boys« zu-

rück (1907/08). Die DPSG wurde 1929 in Altenberg gegründet, 1933 von den Nationalsozialisten verboten und konnte erst 1945 ihre Arbeit mit neuen Gruppen auf örtlicher Ebene fortsetzen. Sie ist in Diözesanverbänden und rund 1.500 sog. Stämmen vor Ort organisiert und versteht sich nach eigenen Angaben als »Erziehungsverband«, in dem die Mitglieder lernen sollen, »aufrichtig und engagiert ihr Leben und ihr Umfeld zu gestalten«. Mitglied werden können Mädchen und Jungen im Alter zwischen sieben und 21 Jahren.

Deutscher Caritasverband

Größter Spitzenverband der freien Wohlfahrtspflege in Deutschland, 1897 als Zusammenfassung der kath. Wohlfahrtspflege von Lorenz Werthmann mit Sitz in Freiburg gegründet. Der deutsche Caritasverband gliedert sich in Diözesan-, Dekanats-, Bezirks-, Kreis- und Orts-Caritasverbände. Hinzu kommen weitere karitative Fachverbände und -vereinigungen (z.B. der ↗ Sozialdienst katholischer Frauen). ↗ Caritas.

Deutscher Orden

Auch: Ordo Teutonicus, Deutschherren, Deutschritterorden, Abk. OT; 1190 während des dritten Kreuzzugs zunächst als Hospitalbruderschaft vor der Hafenstadt Akko im ↗ Heiligen Land gegründet. 1198 folgte die Umwandlung in einen geistlichen Ritterorden, in dem es Ritterpriester, Brüder und später auch Schwestern gab. Sie waren straff organisiert. Mit Ländereien und Besitztümern wurden die Deutschordensritter für ihre Leistungen in den Kreuzzügen belohnt. Nach der Zeit der Kreuzzüge richtete der Deutsche

Orden sein Interesse auf die Christianisierung des Ostens und konnte teilweise Ordensstaaten gründen. Eine bekannte Ordensburg war die Marienburg in Westpreußen. Der Deutsche Orden bestand über 600 Jahre, bis er 1809 von Napoleon verboten wurde, was seine faktische Auflösung bedeutete. 1834 wurde der Orden, der nur noch in Österreich weiter bestand, durch Kaiser Franz I. als kath. Adelsgemeinschaft wiederbelebt und erhielt 1929 durch Papst Pius XI. seine heutige Gestalt. Der Papst wandelte den nach dem Ersten Weltkrieg allein weiterbestehenden priesterlichen Zweig des Deutschen Ordens in ein klerikales Ordensinstitut päpstlichen Rechts um, das seitdem vollständig »Orden der Brüder vom Deutschen Haus St. Marien in Jerusalem« heißt. In Deutschland ist der Orden seit 1945 wieder tätig, v. a. in der Seelsorge und als Träger sozialkaritativer Einrichtungen. Ordenszeichen ist ein schwarzes Kreuz auf weißem Grund. Das Motto lautet: »Helfen, Wehren, Heilen«. Sitz des Ordens, dem etwa 1.000 Mitglieder (davon 100 Priester, 200 Schwestern und 700 ↗ Familiare) angehören, ist Wien.

Deutsches Liturgisches Institut
Abk. DLI; Arbeits- und Forschungsstelle der Deutschen Bischofskonferenz zur Förderung des Gottesdienstes; zu den Aufgaben gehört die Redaktion der liturgischen Bücher; Sitz in Trier.

Devotio moderna, die
Lat. »neue Frömmigkeit«; eine der vielen frommen Reformversuche vor der ↗ Reformation. Sie verstand sich als »dritter Weg« zwischen dem Stand der ↗ Laien und dem der ↗ Kleriker bzw. Ordensangehörigen.

Magister Geert Groote und der gleichfalls universitär gebildete Florens Radewijns gründeten um 1374 in Deventer ein Haus der Fraterherren oder Brüder vom gemeinsamen Leben, dem bald ein Schwesternhaus und die Klerikerkongregation der ↗ Augustiner-Chorherren von Windesheim bei Zwolle folgten. Die Gemeinschaften verstanden sich als Abbild der urkirchlichen Apostelgemeinde und standen in Opposition zu unsittlichen und verweltlichten Klerikern. Als Groote an der Pest starb, überlebte seine Grundidee: freiwillige Armut und »vita ambidextera« – ein »Leben des Sowohl-als-auch«, d. h. sowohl Gott schauen als auch dem Nächsten helfen. Die Devoten lebten Innerlichkeit, Gelassenheit und praktische Arbeit. Bis um die Mitte des 15. Jh. entstanden in Nord- und Ostdeutschland fast 100 Niederlassungen. Da die Gemeinschaften in Territorien angesiedelt waren, die allesamt die Reformation annahmen, erlosch die Bewegung im 16. Jh. fast vollständig. 1809 wurde in Frenswegen die letzte Niederlassung aufgelöst. In sehr bescheidenem Umfang erfolgte im 20. Jh. sowohl eine katholische als auch eine evangelisch-lutherische Wiederbelebung. ↗ Begarden, ↗ Beginen.

Devotionalien
Sammelbegriff für Andachtsgegenstände aller Art.

Diakon, der
Griech. »Diener«; die kath. Kirche unterscheidet zwischen dem Diakon als Durchgangsstufe auf dem Weg zur Priesterweihe und als eigenständiges Amt, das auch verheirateten Männern ab dem 35. Lebensjahr offensteht. Das Amt des Ständigen

Diakons kann haupt- oder nebenamtlich ausgeübt werden. Diakone werden durch den Bischof geweiht. Damit überträgt er ihnen die Vollmacht zu predigen, die ↗ Taufe und die hl. ↗ Kommunion zu spenden und kirchl. Begräbnisse vorzunehmen, nicht aber die Messe zu feiern oder die ↗ Beichte zu hören. Hauptaufgabe des Diakons ist die Unterstützung der Pfarrer in der Gemeindeseelsorge und Gemeindecaritas. In feierlichen Gottesdiensten assistiert der Diakon dem Priester.

Diakonat, das/der
Das Amt des ↗ Diakons.

Diakonia, die
Griech. diakonía = »Dienst«; bezeichnet alle Aspekte des Dienstes am Menschen, wovon die ↗ Caritas nur einen Teil abbildet. Die Diakonia ist mit der Liturgia (↗ Liturgie) und der ↗ Martyria eines der drei Wesensmerkmale der Kirche.

Diaspora, die
Griech. diasporá = »Zerstreuung«; Bez. für eine religiöse oder konfessionelle Minderheit bzw. für das von ihr bewohnte Gebiet.

Dienerinnen des Heiligen Geistes
↗ Steyler Missionare.

Dienerinnen des Heiligen Geistes von der Ewigen Anbetung
↗ Steyler Anbetungsschwestern, ↗ Steyler Missionare.

Dienerinnen des heiligen Kindes Jesus
Engl. »Handmaids of the Holy Child Jesus«, Abk. HHCJ; die 1931 gegr. Gemeinschaft ist der erste einheimische Frauenorden in Nigeria (Afrika). Die Schwestern sind in der ärztlichen Versorgung und Krankenpflege tätig, engagieren sich in der schulischen und außerschulischen Bildungsarbeit, setzen sich für Randgruppen ein und bieten geistliche Begleitung und ↗ Exerzitien an. Das Mutterhaus des in Afrika, Europa und Amerika verbreiteten Ordens ist in Calabar (Nigeria).

Dignität, die
Lat. dignitas = »Würde«; Bez. einer besonderen Vorrangstellung in einem ↗ Domkapitel. Erster Dignitär (»Würdenträger«) ist der ↗ Dompropst, der dem Kapitel vorsteht. Es folgt der ↗ Domdechant, der für die Seelsorge zuständig ist.

Dikasterium, das
Eine Zentralbehörde der römischen ↗ Kurie (Kirchenverwaltung). Zur Kurie gehören das ↗ Staatssekretariat, die neun ↗ Kongregationen, die elf Päpstlichen Räte, die drei Gerichtshöfe, außerdem die ↗ Apostolische Kammer und die Präfektur für wirtschaftliche Angelegenheiten des Apostolischen Stuhls. Alle diese Behörden, vergleichbar mit Ministerien, werden Dikasterien genannt.

Diözesanadministrator, der
Lat. administrare = »verwalten«; der vom ↗ Domkapitel, in Einzelfällen auch vom Papst beauftragte Übergangsleiter einer Diözese, wenn der ↗ Bischöfliche Stuhl durch Tod, Rücktrittsannahme oder Versetzung des Diözesanbischofs unbesetzt (vakant) ist. Das Amt des Diözesanadministrators endet mit der Amtseinführung des neuen Diözesanbischofs. ↗ Administrator.

Diözesanbischof, der
Lat. episcopus ordinarius, Inhaber der obersten Hirtengewalt einer (Erz-)Diözese; Bez. für einen Bischof (↗Ordinarius), der eine Diözese (↗Bistum) leitet.

Diözesankalender, der
Neben dem römischen ↗Generalkalender und den ↗Regionalkalendern für die einzelnen Sprachgebiete haben auch die einzelnen Diözesen eigene Kalender, in denen die Fest- und Gedenktage der Diözese festgehalten sind, die nur hier und nicht in anderen Bistümern begangen werden.

Diözesankirchensteuerrat, der
Kirchensteuerrat.

Diözesanpastoralrat, der
Gemeinsames Gremium von Priestern, ↗Diakonen, Ordensleuten und ↗Laien mit der Aufgabe, den Bischof in pastoralen Fragen zu beraten.

Diözesanrat, der
Oberstes Laiengremium in einer Diözese. Der Diözesanrat vertritt die kath. Frauen und Männer einer Diözese und ist der Zusammenschluss von Vertreter(inne)n der Katholikenausschüsse der Stadt- und Kreisdekanate und der kath. Jugend- und Erwachsenenverbände. Seine Aufgabe ist es, das ↗Apostolat der Laien zu fördern, Anliegen der Katholiken in Kirche und Gesellschaft öffentlich zu vertreten, zu Fragen des öffentlichen und kirchlichen Lebens Stellung zu nehmen und den Bischof und die Bistumsverwaltung in diesen Fragen zu beraten. Vertreter(innen) des Diözesanrats werden in das ↗Zentral-komitee der deutschen Katholiken (ZdK) entsandt.

Diözesansprengel, der
↗Sprengel.

Diözesansteuerausschuss, der
↗Kirchensteuerrat.

Diözesanverwaltungsrat, der
Gremium innerhalb der Bistumsverwaltung, das bei der Vermögensverwaltung mitwirkt und teils beratende, teils beschließende Funktion hat. Mitglieder werden vom Bischof berufen, den Vorsitz hat der ↗Generalvikar.

Diözese, die
Griech. dioíkesis = »Verwaltung[sbezirk]«; der Zuständigkeitsbereich eines Bischofs (↗Bistum).

Diptychon, das
Zusammenklappbares zweiflügeliges Altarbild. ↗Flügelaltar.

Direktorium, das
Bez. für den liturgischen Jahreskalender eines ↗Bistums.

Dispens, der/die
Lat. »Erlass, Befreiung«; im kath. Kirchenrecht die Befreiung von einer kirchl. Vorschrift, z. B. bei einem ↗Ehehindernis. Die Vollmacht, Dispens zu erteilen, liegt im Allgemeinen beim Bischof und wird in dessen Namen vom jeweiligen Kirchengericht (↗Offizialat) wahrgenommen. In manchen kirchl. Fragen kommt nur dem ↗Heiligen Stuhl Dispensgewalt zu.

DJK

Abk. für ↗ Deutsche Jugendkraft.

DLI

Abk. für ↗ Deutsches Liturgisches Institut.

Dogma, das

Griech. dógma = »Meinung, Lehrsatz«; eine für alle kath. Christen verbindliche Glaubenslehre, die in der Bibel oder in der Tradition der Kirche enthalten ist und vom Lehramt der Kirche als von Gott offenbarter Glaubenssatz vorgelegt wird. Zu den bekannten Dogmen gehört das Dogma von der ↗ Unfehlbarkeit des Papstes (↗ Erstes Vatikanisches Konzil) und von der Aufnahme Marias in den Himmel (Papst Pius XII. im Jahre 1950). ↗ ex cathedra.

Dom, der

Lat. domus domini = »Haus des Herrn«; Bez. für eine Bischofskirche, auch ↗ Kathedrale genannt, weil in ihr die Kathedra (Lehrstuhl) des Bischofs steht. Nicht synonym wird der Begriff ↗ Münster gebraucht, der urspr. die Kirche eines Klosters oder ↗ Stifts bezeichnet. Nur wenn eine Klosterkirche zur Bischofskirche geworden ist (z. B. Freiburger Münster), ist sie auch Dom oder Kathedrale. Das trifft für die wenigsten Kirchen zu, die man Münster nennt.

Dombauhütte, die

Werkstättengebäude für die Steinmetze (und andere Handwerker) an einer Kathedrale, aber auch das Institut, das für den Bau und die Erhaltung einer Kathedrale verantwortlich ist.

Dombauverein, der

Vereinigung von Privatpersonen, die den Bau oder Erhalt einer ↗ Kathedrale freiwillig fördern.

Domdechant, der

↗ Dignität innerhalb des ↗ Domkapitels. Der Domdechant (auch: Domdekan) ist für die Seelsorge im Kapitel und die Liturgie in der Domkirche verantwortlich.

Domherr, der

Auch: ↗ Domkapitular; Mitglied des ↗ Domkapitels.

Dominikaner

Lat. Ordo [Fratrum] Praedicatorum, Abk. OP, »Predigerorden«; Ordensgemeinschaft, die 1216 vom hl. Dominikus (*1170, †1221), einem Spanier, mit dem Ziel gegründet wurde, die Irrlehren der damaligen Zeit durch Predigten zu bekämpfen. Hauptaufgabe ist die wissenschaftliche Beschäftigung mit der Theologie als Voraussetzung für die Predigt. Die Dominikaner sind nach den ↗ Franziskanern der zweite ↗ Bettelorden. Ihre berühmtesten Gelehrten waren Albertus Magnus (* um 1200, †1280) und Thomas von Aquin (* um 1225, †1274). Ordenstracht: weißer Habit mit weißer Kapuze und einem schwarzen Mantel.

Dominikanerinnen

↗ Dominikaner. Zu ihrer Ordenstracht gehört ein weißes Gewand mit schwarzem Mantel und Schleier.

Dominus vobiscum

Liturgischer Gruß (lat.): »Der Herr sei mit euch.« Antwort: »Et cum spiritu tuo« – »Und mit deinem Geiste«.

Domkapitel, das

Kollegium von Priestern, das den Bischof in der Leitung und Verwaltung des ↗ Bistums unterstützt (»Konsultorenkollegium«). Das Domkapitel ist »Erbherr« des Bistums, an das bei jeder ↗ Sedisvakanz die Leitung des Bistums fällt. Als selbständige Körperschaft mit eigenen Rechten ist es für die Verwaltung des Dombesitzes verantwortlich und hat für die Gestaltung der ↗ Liturgie in der Kathedralkirche Sorge zu tragen. Nach dem Amtsverzicht oder Tod eines Bischofs ist es Aufgabe des Domkapitels, den ↗ Diözesanadministrator zu wählen und dem Papst eine Liste von Kandidaten für das Bischofsamt vorzulegen. In den Diözesen, in denen nach wie vor das ↗ Preußen-Konkordat von 1929 Gültigkeit hat, besitzt das Domkapitel zudem ein Wahlrecht bei der Neubesetzung des Bischofsstuhls. Die Zahl der Mitglieder eines Domkapitels hängt von der Größe des Bistums ab. Die Domkapitel bestehen aus einer ↗ Dignität oder mehreren, dem ↗ Dompropst, dem ↗ Domdechanten sowie mehreren residierenden und nichtresidierenden ↗ Domkapitularen; Letztere haben jedoch nur bei der Bischofswahl Sitz und Stimme im Kapitel. Außerdem gehören ihm ↗ Domvikare an, die an den Entscheidungen des Kapitels nicht mitwirken.

Domkapitular, der

Auch: ↗ Domherr oder Kanonikus; Mitglied des ↗ Domkapitels.

Dompräbendat, das

Das Amt des Dompräbendars oder ↗ Domvikars. Er ist zum liturgischen Dienst und zur Seelsorge am Dom verpflichtet und arbeitet als Mitarbeiter des Domkapitels.

Dompropst, der

Lat. praepositus = »Vorgesetzter«; steht dem ↗ Domkapitel vor und leitet dessen Sitzungen. ↗ Dignität.

Domschatz, der

Sammlung kostbarer Gewänder, Kelche, Monstranzen, Bücher und Reliquiare i. d. R. in einem Diözesanmuseum.

Domschweizer, der

Auch: Kirchenschweizer; Bez. für den heute meist ehrenamtl. wahrgenommenen Ordnungsdienst in Kathedralkirchen, der dafür Sorge trägt, dass die Besucher die Würde des Gotteshauses achten. Der Domschweizer trägt während seines Dienstes ein besonderes Gewand (z. B. einen roten, bodenlangen Mantel mit einer schwarzen Kopfbedeckung wie im Kölner Dom) oder eine Uniform (z. B. Gehrock, Dreispitz mit weißer Feder und Hellebarde wie im Mainzer Dom) und begleitet die Bischöfe und das ↗ Domkapitel zu Beginn und zum Schluss von Gottesdiensten. Der Begriff »Schweizer« wurde von dem alten Gattungsbegriff für Söldner abgeleitet, die häufig aus der Schweiz stammten und sich im Ausland als Soldaten oder Wachpersonal ihren Lebensunterhalt verdienten (↗ Schweizergarde des Papstes).

Domus Sanctae Marthae

Name des von Papst Johannes Paul II. (1978–2005) errichteten Gästehauses, in dem die Kardinäle während des ↗ Konklaves untergebracht sind. Es liegt innerhalb des Vatikans, etwa 200 Meter von der ↗ Sixtinischen Kapelle entfernt.

Domvikar, der

Priester am Dom, der nach den jeweils geltenden Regeln Aufgaben der ↗ Domherren (Domkapitulare) in Seelsorge und Verwaltung übernehmen kann. ↗ Vikar.

Donum vitae

Lat. »Geschenk des Lebens«; Name eines 1999 von katholischen ↗ Laien gegründeten bürgerlichen Vereins, dessen Ziel die Förderung des Schutzes des ungeborenen Lebens ist. Anlass für die Gründung von donum vitae war der Ausstieg der deutschen Bischöfe aus dem gesetzlichen System der Schwangerenkonfliktberatung in der Bundesrepublik Deutschland. Im Gegensatz zu den Beratungsstellen der ↗ Caritas und des ↗ Sozialdienstes katholischer Frauen (SkF) stellt donum vitae den vom Gesetzgeber geforderten Beratungsschein aus, der die Möglichkeit einer straffreien Abtreibung eröffnet. Papst Johannes Paul II. (1978–2005) hatte zuvor die Ausstellung der Bescheinigung einer Schwangerenkonfliktberatung ausdrücklich untersagt. Er glaubte, dass die Mitwirkung der Kirche im gesetzlichen System der Schwangerenkonfliktberatung das Zeugnis der Kirche gegen Abtreibung verdunkele. Donum vitae unterhält nach eigenen Angaben bundesweit rund 190 Beratungsstellen, die 2008 von über 43.000 schwangeren und in Not geratenen Frauen aufgesucht wurden.

Doppelkapelle, die

Zwei übereinander liegende, durch eine mittlere Öffnung miteinander verbundene Kapellen.

Dormitorium, das

Lat. »Schlafgemach«; Bez. für den gemeinschaftlichen Schlafsaal in einem ↗ Kloster.

Dorsale, das

Lat. dorsum = »Rücken«; Rückwand eines ↗ Chorgestühls.

Doxologie, die

Griech. doxología = »das Rühmen«; feierlicher Lobpreis und Ehrung Gottes bzw. der ↗ Dreifaltigkeit am Ende des Gebets (z. B. »Ehre sei dem Vater und dem Sohne und dem Heiligen Geist«), von der Gemeinde mit ↗ Amen bekräftigt.

DPSG

Abk. für ↗ Deutsche Pfadfinderschaft Sankt Georg, größter kath. Pfadfinderverband in Deutschland.

Drei Könige, die

↗ Heilige Drei Könige.

Dreieinigkeit, die

Wesenseinheit der göttlichen Personen Vater, Sohn und Heiliger Geist. ↗ Dreifaltigkeit.

Dreifaltigkeit, die

Auch: ↗ Trinität, Dreieinigkeit; bezeichnet die Wesenseinheit der göttlichen Personen: Gott Vater, Gott Sohn (= Jesus Christus) und Gott Heiliger Geist. »Wir glauben an den Heiligen Geist, der Herr ist und lebendig macht, der aus dem Vater hervorgeht, der mit dem Vater und dem Sohn angebetet und verherrlicht wird, der gesprochen hat durch die Propheten …«, formulierte im Jahr 381 das Erste ↗ Konzil von Konstantinopel. Auch das

↗ Apostolische Glaubensbekenntnis bekräftigt den Glauben an den einen Gott in drei Personen: »Ich glaube an Gott, den Vater, den Allmächtigen, den Schöpfer des Himmels und der Erde, und an Jesus Christus, seinen eingeborenen Sohn, unseren Herrn, empfangen durch den Heiligen Geist …« Die Dreifaltigkeitslehre wird in nahezu allen christlichen Glaubensgemeinschaften vertreten. Der Glaube an den dreieinigen Gott unterscheidet die Christen von Juden und Muslimen, aber zusammen mit ihnen bekennen sie, dass es nur einen Gott gibt (Monotheismus). Biblisch begründet ist die Dreifaltigkeit z.B. im Herrenwort: »Darum tauft sie auf den Namen des Vaters, des Sohnes und des Hl. Geistes« (Mt 28,19).

Dreifaltigkeitssonntag, der

Hochfest am Sonntag nach ↗ Pfingsten. 1334 von Papst Johannes XXII. (1316–1334) zur Verehrung der ↗ Dreifaltigkeit eingeführt.

Dreiherrenamt, das

Feierliche Messe am Sonntag mit Priester, ↗ Diakon und ↗ Subdiakon. ↗ Hochamt.

Dreikonchenchor, der

Typische Bauform des Chores in spätromanischen Kirchen. ↗ Kleeblattchor.

Dreikönigsfest, das

Das Fest der Erscheinung des Herrn (↗ Epiphanie) am 6. Januar. In der Volksfrömmigkeit des Mittelalters traten mehr und mehr die ↗ Heiligen Drei Könige in den Mittelpunkt dieses Festtags, so dass Epiphanie im dt. Sprachraum fast nur noch Dreikönigsfest genannt wird. Das Weihnachtsfest hingegen, früher teils am 6. Januar, teils am 25. Dezember gefeiert, wurde in der Westkirche im Jahr 354 einheitlich auf den 25. Dezember gelegt. Nur die armenische Kirche feiert Weihnachten noch am 6. Januar. Wenn es scheint, als feierten auch die orthodoxen Kirchen am 6. Januar Weihnachten, so liegt dies daran, dass sie sich noch nach dem Julianischen Kalender richten, der gegenüber dem Gregorianischen Kalender um etwa 12 Tage »nachgeht« (↗ gregorianische Kalenderreform).

Dreikönigssingen, das

↗ Sternsingen.

Dreipass, der

Typische Ornamentfigur des gotischen ↗ Maßwerks: aus drei Zirkelschlägen (Pass bedeutet hier »Zirkel, Kreis«) entsteht eine dreibogige Zierform, ähnlich einem dreiblättrigen Kleeblatt.

Dritter Orden

Lat. Tertius Ordo, Bez. für Gemeinschaften, deren Mitglieder sich an den Regeln bestehender Ordensgemeinschaften orientieren. Die Dritten Orden entstanden im 13. Jh. zunächst als Gemeinschaften von ↗ Laien, die nicht in einen Männerorden (Erster Orden) oder Frauenorden (Zweiter Orden) eintreten konnten, die Lebensweise einer Ordensgemeinschaft aber teilen wollten. Man unterscheidet heute zwischen »Weltlichen (auch: Säkularen) Dritten Orden«, deren Mitglieder verheiratet oder ehelos sind und unterschiedlichen Berufen nachgehen (z.B. ↗ Franziskanische Gemeinschaft) und »Regulierten Dritten Orden«, deren Mitglieder in klösterlichen Gemeinschaften leben (z.B. ↗Amigonianer). Viele dieser Gemeinschaften wurden im 19. Jh. gegründet und widmen sich sozialen und karitativen Aufgaben. Die Mitglieder der Dritten Orden werden häufig auch Tertiaren oder Terziaren (lat. tertius = »der Dritte«) genannt. ↗Tertiar; ↗Oblaten.

E

Ecclesia, die
Griech. ekklesía = etwa »Versammlung der Gerufenen«; zunächst Bez. für das Gottesvolk, dann auch für den Raum ihrer Gottesdienstfeiern, die Kirche.

Ecclesia semper reformanda
Lat. »die stets reformbedürftige Kirche«. ↗Reformation.

Eden
Auch: Garten Eden ↗Paradies.

Ehe, die
Von ahd. ewa = »Ewigkeit, Recht, Gesetz«. Die kath. Kirche versteht die Ehe als eine lebenslange Gemeinschaft von Mann und Frau (Monogamie). Die Ehe ist unter Getauften ein ↗Sakrament, das sich die Eheleute selbst spenden, wenn sie vor dem zuständigen Pfarrer und zwei Zeugen diesen lebenslangen Bund schließen. Der Ritus der Eheschließung wird ↗Trauung genannt. Da der Ehebund eine lebenslange Gemeinschaft und damit unauflöslich ist, kennt die kath. Kirche keine Ehescheidung. Allerdings ist es möglich, dass eine Ehe aus bestimmten Gründen annulliert wird (↗Eheannullierung). ↗Offizialat.

Eheannullierung, die
Eine ↗Ehe ist nach kath. Verständnis sakramental und kann daher nicht geschieden werden. Es ist jedoch möglich, dass sie nicht gültig zustande gekommen ist, d. h. dass das Ehesakrament überhaupt nicht empfangen wurde. In diesem Fall können die Partner ihre Ehe vom jeweiligen Kirchengericht (↗Offizialat) für ungültig erklären, also annullieren lassen. Mögliche Gründe für eine nicht zustandegekommene Ehe sind Formmängel (z. B. wenn die Heirat vor einem nicht zuständigen Pfarrer erfolgte), ↗Ehehindernisse oder Willensmängel (wenn z. B. ein Ehepartner das Eheversprechen nur vorgetäuscht hat).

Ehebandverteidiger, der
↗Defensor Vinculi.

Ehehindernis, das
Ein Umstand, der das Eingehen einer kirchlich geschlossenen ↗Ehe hindert. Sog. absolute Ehehindernisse sind enge Blutsverwandtschaft, eine bereits eingegangene Ehe sowie Impotenz. Daneben gibt es allgemeine oder religiöse Ehehindernisse (z. B. Konfessions- oder Religionsverschiedenheit der Ehepartner), von denen aber eine ↗Dispens erteilt werden kann.

Ehevorbereitungskurs, der
↗Brautkurs.

Ehre der Altäre
Die »Erhebung zur Ehre der Altäre« heißt ↗Heiligsprechung. Von Heiligen werden ↗Reliquien in Altäre eingelassen, wodurch diese symbolisch zu Heiligengräbern werden. ↗Altar.

Ehrenamtliche

Jene für die Kirche »unbezahlbaren« Mitarbeiter, die zusammen mit den Hauptamtlichen einer Gemeinde bestätigen, was der Apostel ↗ Paulus in seinem Brief an die Korinther schreibt: Kirche ist ein Leib mit vielen Gliedern, bei dem jeder seine besondere Aufgabe und Wertigkeit (Würde) hat.

Ehrenkaplan, der

Auch: »Kaplan Seiner Heiligkeit«, »Päpstlicher Ehrenkaplan« genannt; die rangniedrigste Stufe der ↗ päpstlichen Ehrentitel. Der Ehrenkaplan trägt eine schwarze ↗ Soutane mit violetten Knöpfen und violettem ↗ Zingulum (Gürtelbinde). Anrede: ↗ »Monsignore«.

Ehrenprälat, der

Früher: Hausprälat; verdienter geistlicher Würdenträger, der einen ↗ päpstlichen Ehrentitel erhalten hat. Er trägt eine schwarze ↗ Soutane mit violetten Knöpfen und violettem ↗ Zingulum, im Gottesdienst eine violette Soutane mit violettem Zingulum. Anrede in deutschsprachigen Ländern: »Herr Prälat« (↗ Prälat).

Ehrentitel, der

↗ Päpstliche Ehrentitel.

Eichstätt-Ingolstadt, Katholische Universität

(Abk. KU); einzige katholische Universität im deutschen Sprachraum. 1980 als wissenschaftliche Hochschule (»Katholische Universität Eichstätt«) gegründet und vom Vatikan anerkannt. Träger ist eine von den bayerischen Bischöfen errichtete kirchliche Stiftung öffentlichen Rechts. Die KU versteht sich als eine akademische Gemeinschaft, »die Fachwissen und soziale Kompetenz auf dem Fundament christlicher Werte vermittelt«. Sie fühlt sich sowohl der universitären wie der katholischen Tradition verpflichtet und steht Studierenden jeder Konfession offen. Die an ihr erworbenen akademischen Grade und Zeugnisse verleihen die gleichen Rechte wie die staatlicher Hochschulen. Die rund 4.500 Studierenden werden von 120 Professoren, mehr als 200 wissenschaftlichen Mitarbeitern und zahlreichen Dozenten aus der Praxis betreut. Zur KU gehören folgende Fakultäten: Theologische Fakultät, Philosophisch-Pädagogische Fakultät, Sprach- und Literaturwissenschaftliche Fakultät, Geschichts- und Gesellschaftswissenschaftliche Fakultät, Mathematisch-Geographische Fakultät, Wirtschaftswissenschaftliche Fakultät (Ingolstadt), Fakultät für Religionspädagogik/Kirchliche Bildungsarbeit (FH) und Fakultät für Soziale Arbeit (FH). Seit 2001 führt die Universität den Namen »Katholische Universität Eichstätt-Ingolstadt«, nachdem 1989 in Ingolstadt die Wirtschaftswissenschaftliche Fakultät gegründet worden war.

Eingeborener Sohn

Begriff aus der kath. Liturgie, von lat. unigenitus = »einziggeboren«; Bez. für den einzigen Sohn Gottes, Jesus.

Einheitsübersetzung, die

Eine Bibelübersetzung des ↗ Alten und ↗ Neuen Testaments für den dt. Sprachraum, die von 1962 bis 1980 in Teilen gemeinsam von katholischen und evangelischen Theologen erarbeitet wurde. Ökumenisch verantwortet sind darin das

Neue Testament und die Psalmen des Alten Testaments. In der kath. Kirche ist die Einheitsübersetzung die offizielle und im Gottesdienst vorgeschriebene Bibelübersetzung. ↗ Bibel.

Einsiedler, der

↗ Eremit.

Einweihung, die

Bez. für eine gottesdienstliche Feier, bei der z. B. ein Gebäude oder neue Räume gesegnet werden, damit sie künftig unter dem Segen Gottes stehen. (↗ Segen)

Ekklesiologie, die

Griech.: die Lehre vom Ursprung, Wesen und Ziel der Kirche.

Elevation, die

Lat. elevatio = »Aufheben«; das Erheben der ↗ Hostie und des Kelches durch einen Priester während der ↗ Eucharistiefeier.

Emeritus, der

Ein Priester (auch: Bischof, Universitätsprofessor oder Hochschullehrer), der altersbedingt von seinen urspr. Aufgaben befreit worden ist. Die Emeritierung bedeutet nicht gleichzeitig Pensionierung – gerade in der Kirche tun viele Emeriti weiterhin Dienst in der Gemeinde.

Eminenz, die

Lat. eminentia = »Hoheit, Erhabenheit«; Ehrentitel und Anrede für ↗ Kardinäle und den Großmeister des ↗ Malteserordens. Die vollständige protokollarische Anrede für einen Kardinal lautet: »Seine Eminenz der hochwürdigste Herr Kardinal ...«.

Emmanuel

↗ Gemeinschaft Emmanuel.

Emmaus

Name eines im ↗ Lukasevangelium erwähnten Ortes in der Nähe von Jerusalem. Der Evangelist ↗ Lukas berichtet von zwei ↗ Jüngern, die nach Jesu Beisetzung Jerusalem enttäuscht verlassen und auf dem Weg nach Emmaus sind. Jesus schließt sich ihnen an, doch erst beim Abendessen, beim Brechen des Brotes, erkennen sie ihn. Sie kehren nach Jerusalem zurück, um den anderen Jüngern zu erzählen, dass sie dem auferstandenen Jesus begegnet sind (Lk 24, 13–35). Am Ostermontag wird der betreffende Abschnitt aus dem Lukasevangelium im Gottesdienst gelesen, weshalb der Ostermontag auch Emmaustag heißt. ↗ Auferstehung.

Emmausgang, der

Bez. für den heute noch v. a. in Süddeutschland lebendigen Brauch, am Ostermontag (Emmaustag) zu einem geistlichen Gang mit Gebet und Gesang oder zu einem besinnlichen Osterspaziergang aufzubrechen. Der Emmausgang erinnert an den im Lukasevangelium (Lk 24, 13–35) beschriebenen Gang zweier Jünger nach ↗ Emmaus, denen sich der auferstandene Jesus unerkannt anschließt. Der »Osterspaziergang« in Goethes »Faust« knüpft an die Tradition des Emmausgangs an. Er hat heute aber kaum mehr religiöse Bedeutung, sondern wird v. a. als Frühlingsspaziergang verstanden.

Empore, die

Erhöhter Sitzraum, meist über dem Eingangsbereich einer kath. Kirche, durch eine Balkonabsperrung abgesichert. Auf der Empore steht oft die ↗Orgel; auch bietet sie Platz für Kirchenchor und Orchester.

END
Abk. für die ↗Equipes Notre-Dame.

Engel, der
Hebr. mal'ak, griech. ángelos, lat. angelus; Bez. für ein nicht irdisches, meist menschenähnliches Wesen, leibfrei, aber fähig, aus seiner Verborgenheit hervorzutreten, um gottgewollt in das Menschenleben einzugreifen. Engel (↗Erzengel, ↗Schutzengel) sind Boten und Diener Gottes und Mittler zwischen Gott und den Menschen. Der ↗Teufel war vor seinem Sturz in die ↗Hölle ebenfalls ein Engel (mit Namen ↗Lucifer, Lichtengel). Ein Engel ist auch Symbol des Evangelisten ↗Matthäus.

Engel des Herrn, der
↗Angelus Domini.

Engelamt, das
1. Frühere Bezeichnung für ↗Rorate-Messen.

    2. Bez. für das ↗Requiem für ein Kind.

Engelsburg, die
»Mausoleo di Adriano« oder »Castel Sant'Angelo« heißt auf Italienisch das Mausoleum in Rom, das urspr. Kaiser Hadrian (76–138 n.Chr.) für sich und seine Nachfolger errichten ließ. Im Jahr 590, als in Rom die Pest wütete, erhielt die Anlage den Namen Engelsburg. Papst Gregor der Große hat der Legende nach über dem Grabmal die Erscheinung des Erzengels ↗Michael gesehen. Michael kündigte ihm das Ende der Pest dadurch an, dass er das »Schwert des göttlichen Zorns« in die Scheide steckte. Die Pest endete tatsächlich. Daran erinnert heute noch die Statue des Engels auf der Spitze des Gebäudes. Ab dem 10. Jh. war die Engelsburg im Besitz der Päpste und diente als Zufluchtsort, u.a. während der großen Plünderung Roms (↗Sacco di Roma) durch die Truppen von Kaiser Karl V. im Jahr 1527.

Engelsturz, der
Der Überlieferung nach hat es im Himmel einen Aufstand einiger ↗Engel gegeben, angeführt von ↗Lucifer. Der Erzengel ↗Michael soll diesen Aufstand bekämpft und die aufständischen Engel in die Hölle gestürzt haben (weshalb der Engelsturz auch »Höllensturz« genannt wird). Lucifer, der ehemalige Engel, ist seitdem der Teufel oder ↗Satan.

Englische Fräulein
↗Maria-Ward-Schwestern, kath. Frauenorden.

Enzyklika, die
Griech. kýklos = »Kreis«; kirchl. Rundschreiben, seit dem 18. Jh. Bez. für Lehrschreiben des Papstes an die gesamte kath. Kirche. Enzykliken werden i.d.R. in lat. Sprache verfasst und nach ihren Anfangsworten zitiert. Die Enzykliken befassen sich mit der Glaubens- und Sittenlehre, aber auch mit Philosophie, Sozial-, Staats- und Wirtschaftslehre, Disziplin oder Kirchenpolitik. ↗Sozialenzykliken.

Epikie, die
Griech. »Billigkeit«; auf Aristoteles zurückgehender Begriff der scholastischen Theo-

logie, der in der Moraltheologie einen Entscheidungsprozess bezeichnet, in dem ein geschultes Gewissen aus gerechten Gründen zu dem Urteil kommt, abweichend von einer allgemeingültigen Vorschrift zu handeln, um in diesem konkreten Fall das der Situation Angemessene zu tun. ↗ Gewissen.

Epiklese, die

Griech. epikaleo = »ich rufe an, ich rufe herbei«; die Anrufung Gottes, meist in Form eines Gebetes. Im Rahmen der ↗ Eucharistiefeier bezeichnet Epiklese die Herabrufung Gottes auf Brot und Wein bei der Wandlung.

Epiphanie, die

Griech. epiphaneía = »Erscheinung«; in der Antike Bez. für die Erscheinung eines übernatürlichen Wesens oder einer Gottheit. Für die Kirche ist Epiphanie die Erscheinung Gottes in der Welt in Jesus Christus. Am 6. Januar feiert die Kirche des Westens das Fest der Erscheinung des Herrn (Epiphanie, auch: Epiphanias). In der Volksfrömmigkeit des Mittelalters traten mehr und mehr die ↗ Heiligen Drei Könige in den Mittelpunkt dieses Festtages, so dass Epiphanie im dt. Sprachraum fast nur noch ↗ Dreikönigsfest genannt wird.

Episkopal

Griech.-lat. »bischöflich«.

Episkopat, der/das

Vom griech. Wort für einen Vorsteher oder Aufseher; ab dem 2. oder 3. Jh. Bez. für das Amt des Bischofs, auch: für die Gesamtheit der Bischöfe.

Epistel, die

Griech. epistolé = »Brief«; Bez. für die im ↗ Wortgottesdienst vorgetragenen Lesungen, die der Lesung aus dem Evangelium vorausgehen. Der Name stammt von den neutestamentlichen Briefen der ↗ Apostel und hat sich auf Lesungen aus anderen biblischen Büchern ausgeweitet.

Epistolar, das

Auch: Epistolarium; Verzeichnis der Episteln, die im Laufe des Kirchenjahrs im Gottesdienst vorgetragen werden. ↗ Perikopenbuch.

Epitaph, das

Griech. epitáphion = »Grabschrift«; Gedenktafel für einen Verstorbenen, häufig an Kirchenwänden angebracht (v. a. innen, aber auch außen). Die Gestaltungsformen reichen von einfachen Inschriftplatten bis zum Porträt der Verstorbenen.

Equipes Notre-Dame, die

Abk. END; weltweite Laienbewegung in der kath. Kirche mit dem Ziel, christlichen Ehepaaren zu helfen, den Glauben in der Ehe zu leben und lebendig zu halten. Die 1938 nach der Gottesmutter Maria benannte Gemeinschaft wurde auf Initiative von jungen Ehepaaren und dem Priester Henri Caffarel (*1903, †1996) in Paris gegründet; seit 1958 gibt es sie auch in Deutschland. Jede END-Gruppe besteht aus vier bis sieben Ehepaaren und einem Priester. Sie treffen sich monatlich und tauschen bei einem einfachen Abendessen ihre Erlebnisse und Erfahrungen aus, beschäftigen sich mit der ↗ Heiligen Schrift und beten gemeinsam. Weltweit zählen die Equipes Notre-Dame nach eigenen Angaben über 10.000 Gruppen.

Erbsünde, die

Lat. peccatum originale = »Ursünde«; der Begriff drückt aus, dass jeder Mensch in eine Welt hineingeboren wird, in der er ohne eigenes Zutun Leid, Tod, Unrecht und Schuld vorfindet. Jeder Mensch ist, ohne etwas dagegen tun zu können, in Zusammenhänge hineingestellt, die ihn mitschuldig werden lassen, noch bevor er aus eigenverantwortlichem Handeln schuldig werden kann. Kein Mensch erlebt die Welt, wie sie sein sollte – das macht es ihm schwerer, selber gut zu sein, und wirkt sich außerdem negativ auf die Mitmenschen aus. Niemand kann sich aus eigener Kraft aus diesen Verstrickungen befreien. Aus der Erbsünde ergibt sich daher die Notwendigkeit der Erlösung des Menschen, die durch die Menschwerdung, den Kreuzestod und die Auferstehung Jesu Christi verwirklicht wurde. Erlösung geschieht demnach durch die glaubhaft bis in den Tod ausgesagte Botschaft Jesu, dass die Unvollkommenheiten der Welt, Sünde und Schuld niemals größer sind als die Liebe Gottes. Erbsünde bedeutet, dass niemand vollkommen sein kann, sondern zwingend Schuld auf sich lädt. Erlösung bedeutet, in der Gewissheit leben zu können, überhaupt nicht vollkommen sein zu müssen, weil Gott seine Liebe nicht nach Leistung verteilt, sondern frei schenkt und weil diese Liebe das letzte Wort über das Leben der Menschen hat. ↗ Sünde. ↗ Taufe.

Erdbeere, die

Paradiespflanze, im traditionellen Volksglauben aber auch Speise der Seligen.

Eremit, der

Griech. eremites aus altgriech. éremos = »das Wüste« und »einsam, unbewohnt«, urspr. »Wüstenbewohner«. Während der Begriff im frühen Christentum nur für Menschen benutzt wurde, die der Wüstentheologie des AT folgend oder in Erinnerung an den Wüstenaufenthalt Jesu eine Lebensform in der Wüste gesucht haben, ist er inzwischen auf all jene ausgeweitet, die aus religiösen Motiven ein Leben in Abgeschiedenheit und Einsamkeit verbringen (auch Einsiedler genannt). In der kath. Kirche gilt das Eremitentum als eine Form des geweihten Lebens und ist seit dem ↗ Zweiten Vatikanischen Konzil kirchenrechtlich geregelt.

Erinnerung, die

↗ Gedächtnis.

Erlöserorden, der

↗ Birgittinnen.

Erlöserschwestern

Auch: Schwestern des Erlösers, lat. Congregatio Sororum a Sancto Redemptore, Abk. CSR; kath. Frauenorden, 1866 in Würzburg gegründet. Die Schwestern sind karitativ tätig, arbeiten u. a. in Krankenhäusern und Altenheimen sowie in der Seelsorge.

Erlösung, die

Befreiung des Menschen von der Macht der ↗ Erbsünde. In Abgrenzung zur ↗ Gnostik vertritt die kath. Kirche den

Glauben, dass der Mensch sich nicht aus eigener Kraft erlösen kann, sondern auf Gottes Heilstat durch die Menschwerdung, den Kreuzestod und die Auferstehung Jesu Christi angewiesen ist.

Erntedank, der

Wird meist am ersten Sonntag im Oktober gefeiert. An Erntedank wird Gott für die erbrachte Ernte des Jahres in einem entsprechend gestalteten Gottesdienst gedankt. Besonders im ländlichen Raum spielt das mit Brauchtum verbundene Erntedankfest eine wichtige Rolle.

Erstes Vatikanisches Konzil (1869–1870)

Auch: Vaticanum I, Erstes Vatikanum; von Papst Pius IX. (1846–1878) einberufene Bischofsversammlung, die vom 8. Dezember 1869 bis 18. Juli 1870 in der Peterskirche im Vatikan stattfand. Auf diesem ↗Konzil ging es um die Bekräftigung der kath. Lehre gegen Zeitströmungen des 19. Jh. wie Liberalismus, moderne Wissenschaft, Arbeiterbewegung und Sozialismus; zudem wurde die Vorrangstellung des Papstes (↗Primat), die dessen ↗Unfehlbarkeit in Lehrfragen einschließt, zum ↗Dogma erklärt. ↗Vatikanische Konzilien.

Erstkommunion, die

Auch: Erste heilige Kommunion; Bez. für den erstmaligen Empfang der ↗Kommunion, also des Leibes Christi in Gestalt der ↗Hostie. Die Erstkommunionfeier eines Kindes erfolgt i.d.R. im dritten Grundschuljahr im Alter von etwa neun Jahren. Der traditionelle, in vielen Pfarrgemeinden noch heute übliche Termin der festlich begangenen Erstkommunion ist der Sonntag nach Ostern, der ↗Weiße

Sonntag. Die Kinder werden zumeist in kleinen Gruppen auf den Empfang des ↗Sakramentes vorbereitet. Damit soll zugleich deutlich gemacht werden, dass die Feier keine Privatangelegenheit ist, sondern ein Fest der ganzen Pfarrgemeinde. Die Erstkommunion des Kindes wird als ein wichtiger Schritt des Hineinwachsens in die Kirche verstanden. Sie zählt wie ↗Taufe und ↗Firmung zu den Initiationssakramenten, den ↗Sakramenten der Christwerdung.

Erwachsenentaufe, die

↗Taufe.

Erzabt, der

Leiter einer Erzabtei; manche Erzabteien haben eine faktische Vorrangstellung, manche einen Ehrenvorrang in einem benediktinischen Klosterverbund. ↗Kongregation (3.).

Erzbischof, der

Griech. archi-episkopos = »der erste Aufseher« (die Vorsilbe »Erz-« ist von griech. archi- abgeleitet); Titel eines Bischofs, der einem ↗Erzbistum vorsteht, auch ↗Metropolit genannt. Früher war damit die Aufsicht über mehrere andere Bischöfe und deren Bistümer verbunden. Heute hat ein Erzbischof vor allem Ehrenaufgaben wie die Einführung der Bischöfe, die zu seiner Metropolie gehören, bzw. deren Begräbnis. Der Titel »Erzbischof« kann auch vom Papst als Ehrentitel verliehen werden (↗Titular[erz]bischof). Kennzeichen der Erzbischöfe ist das vom Papst verliehene ↗Pallium, das sie bei feierlichen Gottesdiensten tragen.

Erzbistum, das

Auch: Erzdiözese; Bez. für ein Bistum, dem mehrere andere Bistümer (↗ Suffraganbistümer) zugeordnet sind. Gemeinsam bilden sie eine Kirchenprovinz. Das Erzbistum wird von einem Erzbischof (auch: ↗ Metropolit) geleitet. In einigen kirchenrechtl. Angelegenheiten ist das Erzbistum als Berufungsinstanz zuständig, z. B. in der Ehegerichtsbarkeit. In Deutschland gibt es sieben Erzbistümer: Bamberg, Berlin, Freiburg, Hamburg, Köln, München-Freising sowie Paderborn. ↗ Bistum.

Erzdiözese, die

↗ Erzbistum.

Erzengel, der

Griech. archángelos. Geschichtlich hat sich eine Hierarchie der ↗ Engel ausgebildet, in der die Erzengel ↗ Gabriel, ↗ Michael, ↗ Raphael und ↗ Uriel eine herausragende Rolle spielen. Ihr Gedenktag ist der 29. September.

Erzpriester, der

Frühere Bezeichnung für einen Geistlichen mit Funktionen, die etwa denen eines ↗ Dechanten enstprachen; in der kath. Kirche heute nur noch ein Ehrentitel an bestimmten Kirchen.

Eschatologie, die

[Sprich: Es-chatologie] Griech. éschata = »letzte Dinge«; Lehre von den letzten Dingen am Weltende (↗ Jüngster Tag, ↗ Jüngstes Gericht, ↗ Apokalypse). Beschrieben wird das neue Sein nach dem Ende der Welt: das messianische Reich (Judentum), das Reich Gottes (Christentum) oder das Paradies (Islam). Im Mittelpunkt christlicher Eschatologie steht die Vollendung des Individuums und der gesamten Schöpfung.

Essener Gespräche, die

Bei den »Essener Gesprächen zum Thema Staat und Kirche« handelt es sich um eine interdisziplinäre und überkonfessionelle wissenschaftliche Fachtagung, zu der das ↗ Bistum Essen seit 1966 einmal jährlich Hochschullehrer (vorwiegend Staats- und Kirchenrechtler, Theologen sowie je nach Tagungsthema Historiker, Mediziner o. Ä.) und wissenschaftlich tätige Praktiker aus Justiz und – staatlicher und kirchlicher – Verwaltung aus Deutschland und dem europäischen Ausland einlädt. Die Dokumentationsbände finden seit Jahren in Rechtsprechung und Fachliteratur Beachtung und werden in zahlreichen Entscheidungen des Bundesverfassungsgerichts zitiert.

et … et

Lat. »Sowohl als auch«, das Geltenlassen von vermeintlich sich wechselseitig Ausschließendem, gern übersetzt mit »Das eine tun und das andere nicht lassen«. Nicht zu verwechseln mit dem Kölschen Grundgesetz: Et is wie et is und et kütt wie et kütt.

Eucharistie, die

Griech. eucharistia = »Danksagung«; urspr. der Name des bei der Einsetzung des ↗ Abendmahls gesprochenen Dankgebets (vgl. Mt 26,26–28; Mk 14,22–25; Lk 22,15–22; 1 Kor 11,23–25); davon abgeleitet: Bez. für die von der kath. Kirche begangene gottesdienstliche Feier zum Gedächtnis des letzten Abendmahls Jesu Christi

(Hl. Messe), seines Todes und seiner ↗ Auferstehung. Die Eucharistie ist eines der sieben ↗ Sakramente, in denen der kath. Gläubige die Gegenwart Christi erfährt. Mit Eucharistie werden auch die konsekrierten Opfergaben Brot (↗ Hostie) und Wein bezeichnet.

Eucharistiefeier, die

Feier der ↗ Eucharistie, Hochform des kath. Gottesdienstes, auch Messfeier oder heilige Messe genannt.

Eucharistiner

Auch: Kongregation vom Heiligsten Sakrament, lat. Societas Sanctissimi Sacramenti, Abk. SSS; kath. Männerorden, gegr. 1856 von dem später heiliggesprochenen französischen Priester Peter-Julien Eymard (*1811, †1868). Auch die Gründung des weiblichen Zweigs (Dienerinnen vom Heiligsten Sakrament) geht auf ihn zurück. Die Eucharistiner sind eine weltweite Ordensgemeinschaft, die ihre Berufung darin sieht, »das Geheimnis der ↗ Eucharistie zu verherrlichen und in der Sprache der Menschen zu verkünden«. Im deutschsprachigen Raum sind Eucharistiner u. a. in der Pfarr- und Jugendseelsorge sowie Erwachsenenbildung tätig.

Eucharistische Ehrengarde, die

Gemeinschaft von Männern, die gemeinsam ihren Glauben an Jesus Christus öffentlich bekennen, Jesus im Sakrament der ↗ Eucharistie verehren und bei liturgischen Festen (z. B. Prozessionen) ein besonderes Schutzgeleit für das ↗ Allerheiligste stellen. Ihren Ursprung haben die Eucharistischen Ehrengarden in den Schützengilden und christlichen Schützenbruderschaften. Sie hatten lange die Aufgabe übernommen, die Eucharistie vor Raub, Plünderung und Überfällen zu schützen. Als Schutzheiligen wählten sie sich i. d. R. den hl. Sebastianus. Eine solche St.-Sebastianus-Bruderschaft gründete sich bereits 1390 in Essen, weitere entstanden u. a. 1426 in Andernach, 1473 in Bonn und 1478 in Remagen. Unter dem Einfluss des ↗ Kulturkampfs (1872–1880), aber auch der zunehmenden Industrialisierung, die viele Menschen aus nicht kath. Gebieten auf der Suche nach Arbeit ins Ruhrgebiet lockte, wandten sich die Schützenbruderschaften mehr und mehr weltlichen Veranstaltungen wie Schützenfesten zu und vernachlässigten den Ehrendienst bei Prozessionen. Am 27. Juni 1894 gründete deshalb eine Anzahl von Männern an der Münsterkirche in Essen, seit 1958 Kathedralkirche des ↗ Bistums Essen, die erste »Ehren-Garde zu Essen«, die später in »Eucharistische Ehrengarde Essen-Altstadt« umbenannt wurde und wieder der urspr. Aufgabe diente, als eine Art Leibwache das Allerheiligste bei Fronleichnamsprozessionen und anderen kirchl. Feiern vor Störungen und Übergriffen zu schützen. Als Uniform wählten sie den Gehrock, der damals das Festkleid der Bürger war, den Zweispitz mit Federbusch, Fangschnüre, Schulterklappen und Offiziersdegen. Dazu trägt der Gardist den Gardestern mit dem Leitwort »Mit Gott! Für Gott!« Den Traditionen der Gründerzeit verpflichtet, wird die Uniform bis heute unverändert getragen. Im Bistum Essen sind noch rund 40 Eucharistische Ehrengarden aktiv.

Eucharistischer Weltkongress

Internationale kath. Großveranstaltung, die mit Gottesdiensten, Vorträgen und Konferenzen die Bedeutung der ↗ Eucharistie für die Kirche hervorheben will. Das Treffen findet alle vier Jahre statt. Der erste Weltkongress tagte 1881 in Lille (Frankreich).

Eva

↗ Adam und Eva.

Evangeliar, das

Griech. euangélion = »frohe Botschaft«; liturgisches Buch mit den Texten der vier Evangelien, die in der Hl. Messe gelesen werden. ↗ Evangelium.

Evangelisation, die

Das Bemühen, mit der im Alltag gelebten Verkündigung des ↗ Evangeliums den Glauben an Jesus Christus zu wecken oder zu vertiefen.

Evangelisch

Was sich auf das Evangelium bzw. die Botschaft des ↗ Neuen Testaments bezieht, gilt als evangelisch, d.h. »dem Evangelium gemäß« bzw. »mit der Botschaft von Jesus Christus übereinstimmend«. Deswegen nannten einige Theologen der Reformation ihre Theologie »evangelisch«. Sie betonten das Evangelium als die Basis ihrer Theologie. Damit setzten sie sich von der kath. Theologie und der kath. Kirche der damaligen Zeit ab. Evangelisch wurde so zu einer Bezeichnung für die protestantischen Kirchen. Seit dem 19. Jh. spricht man von der Evangelischen Kirche.

Evangelische Räte

Lat. consilia evangelica = »Ratschläge des Evangeliums«; Bez. für nicht vorgeschriebene Empfehlungen des ↗ Evangeliums: Armut (Verzicht auf persönlichen Besitz; vgl. z.B. Mt 19,21), Ehelosigkeit (Verzicht auf Ehe und Familie; z.B. Mt. 19,12) und Gehorsam (Verzicht auf Selbstbestimmung; z.B. Mk 1,16ff.). Die Evangelischen Räte sind Kern des Ordensgelübdes (↗ Gelübde, ↗ Ordensregel).

Evangelistar, das

Verzeichnis der Evangelien, die im Laufe des Kirchenjahrs im Gottesdienst vorgetragen werden. ↗ Perikopenbuch.

Evangelisten, die

Die Verfasser der vier Evangelien des ↗ Neuen Testaments: ↗ Matthäus, ↗ Markus, ↗ Lukas und ↗ Johannes. ↗ Evangelium.

Evangelium, das

Griech. euangélion = »frohe Botschaft, gute Nachricht«; Plural: Evangelien; in den christlichen Kirchen Bez. für:

1. die Botschaft Jesu vom Kommen des Reiches Gottes;

2. das schriftliche Zeugnis über seine Worte und Taten, wie sie in den vier Berichten des ↗ Neuen Testaments von den als Verfasser geltenden Evangelisten ↗ Matthäus, ↗ Markus, ↗ Lukas und ↗ Johannes beschrieben werden.

Die Lesung aus dem Evangelium steht im Zentrum jedes Wortgottesdienstes; nach kath. Auffassung kommt im Evangelium Gott selbst zu Wort, weshalb sich alle Gläubigen erheben.

Exem(p)t

Kommt in den Varianten »exemt« und »exempt« vor; von lat. exemptus = »befreit« von Lasten oder Verpflichtungen; das kath. Kirchenrecht kennt die Exem(p)-tion und meint damit die Herausnahme von Gebieten, natürlichen und juristischen Personen aus der Jurisdiktion des zuständigen Amtsträgers und die direkte Unterstellung unter den nächsthöheren Amtsträger. Ein exem(p)tes ↗ Bistum z. B. ist nicht einem Erzbistum, sondern direkt dem Papst unterstellt.

Exklaustration, die

Zeitweiliger Zustand, in dem ein Ordensmitglied in Absprache mit dem Orden außerhalb der Gemeinschaft lebt und nicht am Gemeinschaftsleben teilnimmt. Oft geht eine Exklaustration als Zeit der Prüfung einem Ordensaustritt voraus.

Extra domum

Lat. »außerhalb des Hauses«; ↗ Exklaustration.

Ewiges Gebet

Auch: Ewige Anbetung; eine besondere Verehrungsform des ↗ Allerheiligsten. Das in den Leib Christi verwandelte Brot, das Allerheiligste, wird beim Ewigen Gebet in einem kostbaren Gefäß (↗ Monstranz) zur Anbetung ausgesetzt und in gemeinsamer Andacht verehrt. In vielen Diözesen wird die Tradition der »Ewigen Anbetung« bis heute gepflegt. Das ganze Jahr über hält nach einem bestimmten Plan jeweils eine Pfarrgemeinde oder Ordensgemeinschaft Anbetung. In Deutschland kam das Ewige Gebet im 17. Jh. auf. ↗ Vierzigstündiges Gebet.

Ewiges Licht

Auch: Ewige Lampe; ein kleines, zumeist in einer roten Glasfassung befindliches brennendes Öllicht neben dem ↗ Tabernakel, das die Gegenwart Christi in der ↗ Eucharistie anzeigt. Auch in Synagogen findet sich ein Ewiges Licht (hebr. Ner Tamid), das vor dem Thora-Schrein, dem Aufbewahrungsort der hl. Schriften, angebracht ist. Die frühere Öllampe ist heute durch eine elektrische Glühbirne ersetzt. Das Ewige Licht in der Synagoge erinnert an die ↗ Menora, die im Jerusalemer Tempel ständig brannte; es wird als Symbol der ständigen Gegenwart Gottes im Volk Israel verstanden.

Ex cathedra

Lat. »vom Lehrstuhl aus«; eine Lehrentscheidung des Papstes, die er in seiner Eigenschaft als oberster Hirte und Lehrer der Gesamtkirche mit der erklärten Absicht trifft, kraft seiner apostolischen Vollmacht letztverbindlich zu entscheiden. ↗ Dogma, ↗ Unfehlbarkeit des Papstes.

Exarch, der

In der ↗ Orthodoxen Kirche Bez. für einen Bischof in der ↗ Diaspora, der den Kirchengemeinden vorsteht, die nicht im Territorium ihres Partriarchats liegen (z. B. das griechisch-orthodoxe Exarchat in Deutschland).

Exegese, die

Griech. exégesis = »das Erzählen, Erklären«; die Wissenschaft der Erforschung, Erklärung und Auslegung der Heiligen Schrift (↗ Bibel).

Exequien, die

↗ Exsequien.

Exerzitant, der

Jmd., der sich unter geistlicher Begleitung Übungen geistlichen Lebens unterzieht. ↗ Exerzitien.

Exerzitien, die

Lat. exercitium = »Übung«; geistliche Übung und Besinnung, die in Stille und unter Anleitung eine Einübung in Glauben und Gebet ermöglichen soll.

Exkommunikation, die

Lat. »Stellung außerhalb der Gemeinschaft«; früher »Kirchenbann« genannt; der strafweise Ausschluss eines Kirchenmitglieds aus dem kirchl. Gemeinschaftsleben, nicht jedoch aus der Kirche (die Zugehörigkeit zur Kirche wird durch die ↗ Taufe unwiderruflich erworben). Das kath. Kirchenrecht kennt die Exkommunikation, die mit dem Vergehen eintritt (»Tatstrafe« bzw. »excommunicatio latae sententiae«), weil sich der Betreffende gegen die kirchl. Gemeinschaft versündigt hat. Das ist z. B. der Fall bei Abtreibung, Glaubensabfall, Irrglauben, Abtrünnigkeit, einem Attentat auf den Papst, Bruch des ↗ Beichtgeheimnisses, Schändung der eucharistischen Gestalten von Brot und Wein. Daneben kann der Bischof oder der Papst aus bestimmten Gründen die Exkommunikation durch ausdrücklichen Urteilsspruch aussprechen (»Spruchstrafe« bzw. »excommunicatio ferendae sententiae«). Nach Kanon 1331 des Gesetzbuchs der lat. Kirche (↗ Codex Iuris Canonici) ist dem Exkommunizierten jeglicher Dienst bei der Feier der Eucharistie oder irgend-welchen anderen gottesdienstlichen Feiern untersagt. Er darf keinerlei kirchl. Ämter, Dienste oder Aufgaben mehr ausüben, ↗ Sakramente weder spenden noch empfangen. Gibt der Exkommunizierte seine beanstandete Haltung auf, bereut er seine Tat und tut Buße, so hat er ein Recht darauf, dass die Exkommunikation wieder aufgehoben wird.

Exodus

Griech. ex-hodós = »Auszug« (der Israeliten aus Ägypten); Bez. für das zweite Buch der Bibel (2. Buch Mose).

Exorzismus, der

Griech. exorkismós = »das Hinausbeschwören«; eine im Namen Gottes vorgenommene Vertreibung böser Mächte aus Menschen, Tieren oder Gegenständen. Die Evangelisten berichten immer wieder davon, dass Jesus unreine Geister austrieb. Auch seine Jünger erhalten die Macht dazu. Nach dem Kirchenrecht darf ein Exorzismus jedoch nur nach ausdrücklicher und besonderer Genehmigung des Bischofs vorgenommen werden, und zwar durch einen Priester, der sich durch Frömmigkeit, Klugheit und unbescholtenen Lebenswandel ausgezeichnet hat. Vor der Anwendung des Exorzismus sind eingehende medizinische und psychiatrische Behandlungsmöglichkeiten zu nutzen. Es wird zwischen diesem großen Exorzismus (Gebet zur Befreiung eines von der Macht des Bösen Überwältigten) und dem kleinen Exorzismus (dem Gebet zur Vorbereitung auf die Feier der Eingliederung in die Kirche) unterschieden.

Exorzist, der

Jmd., der im Namen Jesu böse Geister austreibt. Seit Papst Johannes Paul II. werden wieder spezielle Exorzisten in der Kirche ausgebildet, darunter war im Jahr 2005 erstmals eine Frau. ↗ Exorzismus, ↗ Niedere Weihen.

Expositur, die

Bez. für einen abgegrenzten Seelsorgebezirk, der jedoch kirchenrechtlich Teil einer Pfarrei ist.

Exsequien, die

Lat. ex sequi = »zu Grabe geleiten«; Begräbnisfeierlichkeiten, liturgische Bez. für die Riten zur Beisetzung eines Toten. Hierzu gehören die Toten- oder Auferstehungsmessen sowie die Begräbnisfeier.

Exsultet, das

Lat. »Frohlocket!«; das nach dem ersten Wort benannte feierliche Osterlob, das zu Beginn der ↗ Osternachtfeier nach dem Hereintragen der ↗ Osterkerze in die Kirche gesungen wird.

Extra omnes

Lat. »alle hinaus«; Worte des päpstlichen ↗ Zeremonienmeisters vor der Sitzung zur Wahl eines neuen Papstes. Mit den Worten »extra omnes« fordert der Zeremonienmeister nach der Eidesleistung der stimmberechtigten ↗ Kardinäle alle, die nicht zum ↗ Konklave gehören, auf, die ↗ Sixtinische Kapelle zu verlassen.

Ex voto

↗ Votivgabe.

Exzellenz, die

Lat. excellentia = »Vortrefflichkeit, Erhabenheit«; nach dem dt. Protokoll die standesgemäße Anrede für Bischöfe und den ↗ Nuntius, aber auch für Botschafter, Staatsoberhäupter und Regierungschefs.

F

Familiare, der/die

Lat. familiaris = »Hausgenosse«; Bez. für Männer oder Frauen, die in einer Ordensgemeinschaft leben und arbeiten, dem ↗ Orden selbst aber nicht angehören.

Farben

↗ Liturgische Farben.

Fast- und Abstinenztage, die

Fasttage gibt es nicht nur in der ↗ Fastenzeit, und die ↗ Abstinenz von Fleisch ist gleichfalls nicht auf die Fastenzeit begrenzt. Abstinenztag ist jeder Freitag im Kirchenjahr, weil er an den Tod Jesu Christi erinnert. Fast- und Abstinenztage zugleich sind aber nur zwei Tage im Jahr: ↗ Aschermittwoch und ↗ Karfreitag. Der erste Tag eröffnet die Zeit der Buße und Vorbereitung auf Ostern, der zweite Tag gedenkt des Sterbetages Jesu Christi.

Fastenbrechen, das

Die erste Speise nach der Fastenzeit wird als Fastenbrechen bezeichnet (vgl. engl. breakfast für das erste Essen nach der Nacht). Es ist nicht Bestandteil der Liturgie, wird aber in manchen Gemeinden und Klöstern gemeinschaftlich nach der Feier der Osternacht begangen. Auch im Islam ist das Fastenbrechen als Feier nach dem Fasten (= Ramadan) bekannt.

Fastenlaken, das

↗ Fastenvelum.

Fastensonntage, die

Die Sonntage in der ↗ Fastenzeit. Sie werden gelegentlich auch nach den Anfangsworten des ↗ Introitus, des Eingangsverses der Hl. Messe, benannt. Erster Fastensonntag: ↗ Invocabit (Invocabit me = »Er ruft mich an«), Zweiter Fastensonntag: Reminiscere (Reminiscere miserationum tuarum = »Denke an deine Güte«), Dritter Fastensonntag: Oculi (Oculi mei semper ad Dominum = »Meine Augen schauen immer auf zum Herrn«), Vierter Fastensonntag: ↗ Laetare (Laetare, Jerusalem = »Freu' dich, Jerusalem«), Fünfter Fastensonntag (früher: Erster Passionssonntag): ↗ Judica (Judica me, Deus = »Schaff' Recht mir, Gott«), ↗ Palmsonntag. Zu Zeiten, da man als Katholik die Fastensonntagsnamen wissen musste, lernte man sie mit einem auf die Schnepfenjagd bezogenen Spruch: »Invocabit – nimm den Hund mit; Reminiscere – putzt die Gewehre; Oculi – da kommen sie; Laetare – das ist das Wahre; Judica – sind sie auch noch da; Palmarum – lirum, larum; Osterzeit – wenig Beut'; Quasimodogeniti – halt, Jäger, halt, jetzt brüten sie«.

Fastentage, die

↗ Fastenzeit.

Fastentuch, das

↗ Fastenvelum.

Fastenvelum, das

↗ Velum. Im Mittelalter, mindestens seit dem Jahr 1000, verhängte während der Fastenzeit ein besonders gestaltetes Tuch den Durchgang des ↗ Lettners und damit den Anblick des Hauptaltars. Nur sonntags wurde das Tuch so gerafft, dass man den Priester am Altar sehen konnte. Seit 1976 produziert das Bischöfliche Hilfswerk ↗ Misereor moderne Hungertücher, die sich als künstlerisch gestaltete Zeitanzeige verstehen. Das Fastenvelum kennt viele Aliasbezeichnungen: Velum quadragesimale, Fastentuch, Fastenlaken, Hungertuch, Kummertuch, Schmachtlappen.

Fastenzeit, die

Auch: österliche Bußzeit; Bez. für die 40 Tage dauernde Vorbereitung auf das Osterfest (↗ Ostern), das höchste Fest im Kirchenjahr. Die Fastenzeit beginnt mit dem ↗ Aschermittwoch und endet mit der ↗ Osternacht, wobei die jeweiligen Sonntage keine Fasttage sind und deshalb nicht mitgezählt werden. Als äußeres Zeichen der ↗ Buße und Besinnung sollen die Gläubigen in dieser Zeit Verzicht auf persönliche Annehmlichkeiten üben, nur eine volle Mahlzeit pro Tag und zwei kleine Stärkungen zu sich nehmen. An allen Freitagen gilt das Gebot der ↗ Abstinenz, der Enthaltung von Fleischspeisen. Zwei Tage im Jahr sind Fast- und Abstinenztage zugleich: Aschermittwoch und Karfreitag.

Fastnacht, die

Urspr. der Abend vor dem Beginn der ↗ Fastenzeit; seit dem 15. Jh. auch die Woche davor. So unterschiedlich das Fastnachtsbrauchtum ist (Verkleidungen, Umzüge, Sitzungen, Repräsentanten wie Prinz Karneval), so regional verschieden sind auch die Bezeichnungen für die »närrischen Tage« in urspr. kath. Gegenden. Das Wort »Fastnacht« (regional auch: Fassenacht, Fasnacht, Fastelovend oder Fosenet) wird v. a. in Mainz und Umgebung verwendet, in den schwäbisch-alemannischen Gebieten ist von »Fasnet« die Rede. Vom »Fasching« spricht man insbes. im bayerisch-österreichischen Raum. Im Kölner Raum wird dagegen »Karneval« (oder Fasteleer) gefeiert. Die Auslegung, das Wort stamme vom Italienischen »carne vale« und bedeute »Fleisch, lebe wohl«, ist umstritten. Höhepunkte der Fastnachts- oder Karnevalswoche sind der Donnerstag vor ↗ Aschermittwoch (Weiberfastnacht), Rosenmontag und der Veilchendienstag, an dem der Karneval oft »feierlich« zu Grabe getragen wird. Die Fastnacht ist weltweit ein kath. Phänomen, weil sie Schwellenfest zur Fastenzeit nach katholischem Brauch ist.

Fátima

Portugiesische Stadt, zwischen Lissabon und Coimbra gelegen, der bekannteste Marienwallfahrtsort in Portugal. Hier hatten 1917 drei Hirtenkinder im Alter zwischen sieben und zehn Jahren berichtet, ihnen sei am 13. Mai die Gottesmutter Maria erschienen. Die Erscheinungen wiederholten sich bis Oktober jeweils am 13. eines jeden Monats. Dabei forderte Maria die Menschen zu ↗ Umkehr, ↗ Buße und ↗ Gebet auf. Sie sollten der Lehre der Kirche folgen und deren Gebote beachten. Bei der Erscheinung am 13. Juli soll die Gottesmutter Prophezeiungen ausgesprochen haben, die als »Geheimnisse von Fátima« bekannt wurden. 1930 erkannte die kath.

Kirche die ↗Marienerscheinungen als glaubwürdig an. ↗Fátima-Weltapostolat.

Fátima-Weltapostolat, das

Internationale Gemeinschaft, um die sog. Fátima-Botschaft der Gottesmutter Maria in Erinnerung zu halten und zu verbreiten (↗Fátima). Der 1947 in den Vereinigten Staaten gegr. Gemeinschaft gehören ↗Laien, Priester und Ordensleute an. Sie wurde 2006 vom ↗Vatikan offiziell anerkannt. Das Fátima-Weltapostolat ist nach eigenen Angaben in etwa 120 Ländern verbreitet und zählt rund 22 Mio. Beter.

FCJM

Abk. für Franciscanae Cordis Jesu et Mariae, ↗Franziskanerinnen von Salzkotten, kath. Frauenorden.

FCM

Abk. für Filles du Cœur de Marie, ↗Töchter vom Herzen Mariä, kath. Frauenorden.

FCr

Abk. für Filiae Sanctae Crucis, ↗Töchter vom heiligen Kreuz, kath. Frauenorden.

Fegefeuer, das

Mhd. vegen = »reinigen«; bildhafter Ausdruck für einen »Reinigungsort« (lat. purgatorium) der Verstorbenen, d.h. derjenigen verstorbenen Seelen, die sich noch im »Läuterungszustand« befinden und die volle Gemeinschaft mit Gott noch nicht erreicht haben. Das Kompendium des Katechismus der kath. Kirche lehrt: »Das Purgatorium ist der Zustand jener, die in der Freundschaft Gottes sterben, ihres ewigen Heils sicher sind, aber noch der Läuterung bedürfen, um in die himmlische Seligkeit eintreten zu können.« Papst Johannes Paul II. hatte im 1992 approbierten »Weltkatechismus« zur Präzisierung ein Zitat nach Gregor dem Großen aufgeführt: »Man muss glauben, dass es vor dem Gericht für gewisse leichte Sünden noch ein Reinigungsfeuer gibt, weil die ewige Wahrheit sagt, dass, wenn jemand wider den Heiligen Geist lästert, ihm ›weder in dieser noch in der zukünftigen Welt‹ vergeben wird (Mt 12,32).« Dieser Aussage darf man entnehmen, so Papst Johannes Paul II., dass in dieser Welt bestimmte Sünden, in der anderen Welt aber andere nachgelassen werden können. Das Fegefeuer darf nicht mit dem ↗Limbus verwechselt werden.

Feiertag, der

Im christlichen Feiertag verbindet sich das christliche Erbe mit dem menschlichen Bedürfnis nach Pausen vom Alltag. Somit wird im Feiertag das religiöse und kulturelle Gedächtnis der Kirche ausgedrückt. In der Gestaltung des Feiertags erinnert sich die Gemeinde an bestimmte Ereignisse aus dem Leben und Sterben Jesu sowie aus der Kirchengeschichte und feiert damit Gottes Heilshandeln. Zu den Feiertagen selbst: ↗Hochfest. ↗Marienfeste. Kirchenjahr. ↗Osterfestberechnung.

Ferula, die

Der Hirtenstab des Papstes, der statt der ↗Krümme des Bischofsstabs einen geraden, von einem ↗Kreuz gekrönten Schaft zeigt.

Fest der Heiligen Familie

Unter der »Heiligen Familie« versteht man Josef, Maria und das Jesuskind. Der 26. Dezember, der Tag nach dem Fest der Geburt Jesu, wird als Fest der Heiligen Familie begangen.

FFSC
Abk. für Institutum Fratrum Franciscalium a Santa Cruce loci Waldbreitbach, ↗ Franziskanerbrüder vom Heiligen Kreuz, kath. Männerorden.

FG
↗ Franziskanische Gemeinschaft.

Fiale, die
Ein sehr schlankes Türmchen, das bei gotischen Bauten auf den Strebepfeilern steht, aber auch ↗ Baldachine bekrönt und ↗ Konsolen schmückt. Die Fiale trägt auf ihrer Spitze meist eine ↗ Kreuzblume.

Filiae Sanctae Crucis
Abk. FCr; ↗ Töchter vom heiligen Kreuz.

Filiae Sanctae Pauli
Abk. FSP, auch: Paulus-Schwestern; ↗ Missionsschwestern vom heiligen Paulus.

Filialkirche, die
Bez. für einen weiteren Gottesdienstort in einer Gemeinde. Diese zusätzliche Kirche ist einer Gemeinde bzw. ↗ Pfarrei zugeordnet und von ihr abhängig.

Filles de la Charité (de Saint Vincent de Paul)
Abk. FdC; ↗ Vinzentinerinnen.

Filles du Cœur de Marie
Abk. FCM; ↗ Töchter vom Herzen Mariä.

FIMCAP
Abk. für Fédération Internationale des Mouvements de Jeunesse Catholique d'Action Paroissiale, internationaler Dachverband der kath. gemeindenahen Jugendverbände (↗ Katholische Junge Gemeinde).

Firmung, die
Lat. firmare = »festmachen, bestärken«; ein vom Bischof (oder einem von ihm beauftragten Priester) durch Salbung unter Handauflegung gespendetes ↗ Sakrament. Mit der Firmspendung bekräftigen die Kinder bzw. Jugendlichen (»Firmlinge«) ihren Glauben und ihre Zugehörigkeit zur Gemeinschaft der Kirche und empfangen »die Gabe Gottes, den Heiligen Geist«. Die Firmung gehört neben der ↗ Taufe und der Erstkommunion (↗ Eucharistie) zu den ↗ Initiationssakramenten.

Fisch, der
Frühchristliches Symbol für ↗ Christus. Der Fisch (griech. ichthys), dargestellt in zwei sich an der Schwanzflosse kreuzenden Linien, war das (historisch allerdings nicht belegte) geheime Erkennungszeichen der Urchristen und ist bis heute für viele Christen ein Symbol für ihren Glauben. Die Buchstaben des Wortes Ichthys (ausgesprochen: ichtüs) stehen für Iesous Christos Theou Hyios Soter (»Jesus, der Gesalbte, Gottes Sohn, Retter«).

Fischerring, der
Lat. anulus piscatoris; seit dem 14. Jh. der Amtsring (Siegelring) der Päpste. Auf der Ringplatte ist neben dem Apostel ↗ Petrus, der ein Fischernetz ins Boot zieht, ein Fisch dargestellt und der Name des Papstes eingraviert. Der Ring verweist auf das

↗Matthäusevangelium, wo Jesus auf die beiden fischenden Brüder Andreas und Petrus trifft und sie auffordert: »Folget mir nach. Ich will euch zu Menschenfischern machen« (Mt 4,18f.). Der Fisch erinnert zugleich an das geheime Erkennungszeichen der Urchristen, bis heute für viele Christen ein Symbol für ihren Glauben (↗Fisch). Nach dem Tod des Papstes zieht der ↗Camerlengo den Fischerring vom Finger des Papstes ab. Der Ring wird in der ersten Sitzung des ↗Kardinalskollegiums nach dem Tod des Papstes zerbrochen.

Flucht der Heiligen Familie, die

Das ↗Matthäusevangelium (Mt 2,13–23) erzählt von der Flucht der Heiligen Familie nach Ägypten: Die Eltern Josef und Maria flüchten mit ihrem neugeborenen Sohn Jesus, um ihn vor seiner Ermordung durch Soldaten des Königs Herodes zu schützen. Erst nach dem Tod des Herodes kehrt die Hl. Familie nach Nazaret zurück. Auf diese Weise symbolisiert diese Familie zugleich, was schon viele Jahrhunderte vorher Schicksal aller Israeliten war: Sie mussten aus Israel nach Ägypten fliehen. Die Flucht der Hl. Familie ist häufig durch Künstler dargestellt worden (↗Fest der Heiligen Familie).

Flügelaltar, der

Auch: Klapp(en)altar; ein Altaraufsatz, bei dem das feststehende Altarbild durch drei (Triptychon), fünf (Pentaptychon) oder mehrere (Polyptychon) Flügel ergänzt wird. Ein nur zweiflügeliges Altarbild wird als ↗Diptychon bezeichnet. Die beweglichen Flügel können umgeklappt und vor das zentrale Bild gebracht werden.

Weil sich ein Flügelaltar – je nach Ansicht – an den Werk- und Feiertagen verschieden darstellt, nennt man ihn auch »Wandelaltar«. Wenn das Hauptbild oder andere Teile der Vorder- oder Rückseiten der Flügel geschnitzt sind, spricht man auch vom »Schnitzaltar«.

FMM

Abk. für Fratres Misericordiae de Montabaur, ↗Barmherzige Brüder von Montabaur, kath. Männerorden.

FMMA

Abk. für Fratres Misericordiae Mariae Auxiliatricis, ↗Barmherzige Brüder von Maria-Hilf, kath. Männerorden.

FMS

Abk. für Institutum Fratrum Maristarum a Scholis, ↗Maristenbrüder, kath. Männerorden.

Fokolar-Bewegung, die

Ital. focolare = »Herdfeuer«; 1943 in Trient (Italien) von Chiara Lubich († 2008) gegr. geistliche Gemeinschaft. Ziel der christlich-charismatischen Vereinigung ist es, »den Geist der Geschwisterlichkeit und der Einheit in alle Bereiche des menschlichen Lebens hineinzutragen«. Neben dem Engagement in der ↗Ökumene setzt sich die Fokolar-Bewegung besonders für einen Dialog unter den Religionen ein. Die Bewegung ist heute in mehr als 180 Ländern aktiv und zählt nach eigenen Angaben rund 140.000 Mitglieder sowie über zwei Mio. »Freunde« und Anhänger.

Fons

↗Piscina.

Fr.

Abk. für ↗Frater; auch: engl. Abk. für Father = ↗Pater.

Franciscanae Cordis Jesu et Mariae

Abk. FCJM; ↗Franziskanerinnen von Salzkotten.

Franz von Assisi, heiliger

Auch: Franziskus; ital. Francesco d'Assisi, eigentlich Giovanni Bernadone (*1181 oder 1182 in Assisi, †3. Oktober 1226 in Portiuncula bei Assisi), Gründer des Franziskanerordens (↗Franziskaner). Er entstammte einer wohlhabenden Kaufmannsfamilie. Sein Vater, ein Tuchgroßhändler, nannte seinen Sohn »Francesco« (kleiner Franzose). Im Krieg zwischen Assisi und Perugia wurde Franz 1202 gefangengenommen, erkrankte schwer und geriet in eine Lebenskrise. Er bekehrte sich im Glauben, pflegte Aussätzige und verzichtete schließlich auf das väterliche Erbe, um als Bettler und Wanderprediger zu leben. Im Laufe der Zeit schlossen sich ihm immer mehr junge Männer an. Franz verpflichtete sie in einer ersten, auf Texten des ↗Neuen Testaments gründenden Regel zu einem Leben in Armut und Buße im Dienst an den Menschen und der Kirche. 1210 zog er mit seinen Brüdern nach Rom. Dort billigte Papst Innozenz III. (1198–1216) mündlich die »Armutsbewegung«. 1223 bestätigte Papst Honorius III. die endgültige Regel (»Regula bullata«) des Ordens der Minderen Brüder, die Franziskus mit einigen Vertrauten zusammen verfasst hatte. Bereits 1220 war Franz von der Leitung der Ordensgemeinschaft zurückgetreten. Am 3. Oktober 1226 starb er in Portiuncula (↗Portiuncula-Ablass) unterhalb von Assisi. Zwei Jahre später, 1228, sprach Papst Gregor IX. (1227–1241) Franz von Assisi heilig.

Franziskaner

Lat. Ordo Fratrum Minorum, Abk. OFM, Orden der Minderen Brüder, auch: Minderbrüder; Ordensgemeinschaft, die nach der Regel des hl. ↗Franz von Assisi lebt. Die Franziskaner gehören zur Gruppe der ↗Bettelorden und verpflichten sich zum Dienst an den Menschen und der Kirche in Armut und Buße. Der Orden ist tätig in Seelsorge, Schule, Wissenschaft und Mission. Ordenstracht: brauner Habit mit Kapuze und weißem Strick, oft auch Sandalen. Auseinandersetzungen über die Ordensregel führten im Verlauf der Geschichte zur Entstehung weiterer Ordensgemeinschaften. Heute wird zwischen drei voneinander unabhängigen und selbständigen Ordensgemeinschaften unterschieden: den Franziskanern (Orden der Minderen Brüder), hervorgegangen aus der Observanzbewegung (↗Franziskanerobservanten), den 1517 entstandenen ↗Konventualen (Abk. OFMConv), auch ↗Minoriten genannt (Ordenstracht: schwarzer Habit, weißer Strick), und den ↗Kapuzinern (Abk. OFMCap), die ein braunes Gewand mit langer Kapuze und weißem Strick tragen. Der weibliche Zweig geht auf die hl. Clara von Assisi zurück (↗Klarissen).

Franziskanerbrüder vom Heiligen Kreuz

Lat. Institutum Fratrum Franciscalium a Santa Cruce loci Waldbreitbach, Abk. FFSC; kath. Männerorden, der zur franziskanischen Ordensfamilie (↗Franz von Assisi) gehört. Die 1862 von Jakobus Wirth

(*1830, † 1871) gegr. Ordensgemeinschaft widmet sich u. a. der Kranken- und Altenpflege, kümmert sich um wohnungslose Menschen und arbeitet in der Seelsorge.

Franziskanerinnen

Lat. Ordo Sancti Francisci, Abk. OSF; Bez. für verschiedene kath. Frauenorden, die nach der Regel des hl. ↗ Franz von Assisi leben. Die meisten Ordensgemeinschaften widmen sich sozial-karitativen Aufgaben.

Franziskanerinnen von Salzkotten

Lat. Franciscanae Cordis Jesu et Mariae, Abk. FCJM; kath. Frauenorden, 1860 von der in Hallenberg/Westfalen geborenen Theresia Pfänder (*1827, † 1882) gegr. Gemeinschaft. Sie gehört zur franziskanischen Ordensfamilie (↗ Franz von Assisi). Die Schwestern widmen sich heute u. a. der Erziehung und Ausbildung von Kindern, sind in der Altenpflege tätig, betreuen Behinderte und Suchtkranke und arbeiten in der Seelsorge. Das Mutterhaus ist in Salzkotten (Nordrhein-Westfalen).

Franziskanerobservanten

Abk. OFMObs. Die heutigen Franziskaner sind aus der Observanzbewegung innerhalb des Franziskanerordens hervorgegangen. Kennzeichen dieser Bewegung war die Rückkehr zu einer strengen Beachtung (lat. ↗ Observanz) der ursprünglichen Ordensregel (Armutsideal, Niederlassung in Einsiedeleien, Wanderpredigt). Die Observanten erhielten regen Zulauf und wurden zur Mehrheit im Orden. Streitigkeiten führten 1517 zur Trennung durch Papst Leo X. Seitdem ist der Franziskanerorden in zwei selbständige Zweige geteilt: die Konventualen (↗ Minoriten) und die Observanten (↗ Franziskaner).

Franziskanische Gemeinschaft

Abk. FG; geistliche Gemeinschaft katholischer Christen, die im Sinne des hl. ↗ Franz von Assisi versuchen, ihren Glauben in der Familie, in der Nachbarschaft und am Arbeitslatz zu bezeugen. Die Mitglieder treffen sich regelmäßig zum Gebet und gemeinsamen Lesen der ↗ Bibel. Sie setzen sich u. a. für Randgruppen ein, engagieren sich für Menschenrechte und Umweltschutz.

Franziskus, heiliger

↗ Franz von Assisi.

Frater, der

Lat. ↗ »Bruder«.

Fraternitas Sacerdotalis Sancti Petri

Abk. FSSP; Priesterbruderschaft St. Petrus.

Fratres Misericordiae de Montabaur

Abk. FMM; ↗ Barmherzige Brüder von Montabaur.

Fratres Misericordiae Mariae Auxiliatricis

Abk. FMMA; ↗ Barmherzige Brüder von Maria-Hilf.

Frauengemeinschaft Charles de Foucauld

Abk. FCF; internationale Gemeinschaft ehelos lebender Frauen. Sie versuchen ihren Alltag aus einer kontemplativen Haltung heraus zu gestalten, die sich an dem 2005 seliggesprochenen Franzosen Charles ↗ de Foucauld († 1916) orientiert.

Die Frauen leben meist allein und bleiben in ihrem bisherigen Beruf und Umfeld tätig. Im Mittelpunkt ihrer regelmäßigen Treffen stehen Gebet, das Lesen der Heiligen Schrift und die Feier der ↗ Eucharistie. Ihre Mitglieder legen gegenüber der Gemeinschaft ein Versprechen ab. Die Frauengemeinschaft ist in 23 Ländern vertreten, hauptsächlich in Europa und Südamerika.

Frauenmissionswerk, das
↗ Päpstliches Missionswerk der Frauen.

Freisinger Bischofskonferenz
Zweimal jährlich stattfindende Konferenz der Bischöfe aus Bayern und aus der Diözese Speyer unter dem Vorsitz des Erzbischofs von München und Freising.

Freitagsgebot, das
Früher war damit das Gebot gemeint, an Freitagen – im Gedenken an den Kreuzestod Christi – kein Fleisch zu essen. Heute kann das Freitagsgebot verschiedene Formen annehmen: Verzicht auf Fleischspeisen, spürbare Einschränkung im Konsum, bes. bei Genussmitteln, Hilfeleistungen für den Nächsten.

Friedensgesetze, die
↗ Kulturkampf.

Friedhof, der
Christen wollten schon früh »in geweihter Erde« bestattet werden. Man bestattete in Katakomben, in Kirchen und um Kirchen herum. Der Friedhof musste mit einer Mauer oder einem Zaun gesichert sein, damit die Gräber geschützt (eingefriedet) waren. Mit der Bevölkerungszunahme im

19. Jh. mussten neue Friedhöfe am Stadtrand angelegt werden. Diese Friedhöfe befinden sich fast ausnahmslos in kommunaler Hand.

Fronleichnam
Mhd. fron = »Herr« und lichnam = »lebendiger Leib«; ↗ Hochfest am Donnerstag nach dem ↗ Dreifaltigkeitssonntag, zehn Tage nach ↗ Pfingsten, zur besonderen Verehrung des Altarsakramentes, der bleibenden Gegenwart Christi im ↗ Sakrament der ↗ Eucharistie. Seit dem 13. Jh. wurde als sichtbares Zeichen für den Glauben an die Gegenwart Christi das eucharistische Brot (↗ Hostie) in einem Schaugefäß (↗ Monstranz) durch die Straßen getragen. Solche Fronleichnamsprozessionen gibt es auch zu Wasser, beispielsweise in Köln-Mülheim, in Duisburg und im Kanton Luzern. Erzdiakon Robert von Lüttich führte aufgrund der Visionen der Augustinernonne und Mystikerin Juliana von Lüttich das Fest 1246 in der Diözese Lüttich ein. Papst Urban IV. (1261–1264) legte 1264 fest, Fronleichnam am zweiten Donnerstag nach Pfingsten zu feiern. Papst Johannes XXII. (1316–1334) sorgte 1317 dafür, dass das Fest in der ganzen abendländischen Kirche begangen wird. Die erste Fronleichnamsprozession fand in der zweiten Hälfte des 13. Jh. in Köln statt. Bis heute werden Prozessionswege und Stationen mit Fahnen und Blumenteppichen geschmückt.

FSC
Abk. für Institutum Fratrum Scholarum Christianarum, ↗ Brüder der christlichen Schulen (auch: Schulbrüder), kath. Männerorden.

FSM

Abk. für Institutum Fratrum Maristarum a Scholis; ↗ Maristenbrüder.

FSP

Abk. für Filiae Sanctae Pauli, ↗ Missionsschwestern vom heiligen Paulus, Paulus-Schwestern, kath. Frauenorden.

FSSP

Priesterbruderschaft St. Petrus.

Fürbitte, die

Persönliches oder gemeinsames ↗ Gebet für andere; Fürbitten von Priester und Gemeinde sind Teil der Hl. Messe.

Fürstbischof, der

Ein »gefürsteter Bischof« war jener, der in Personalunion Leiter eines Bistums und zugleich Landesherr über ein Territorium war. Im Heiligen Römischen Reich Deutscher Nation wurde diese Regelung mit der ↗ Säkularisation 1803 obsolet. In Montenegro überdauerte sie bis 1918. Eingeführt worden war die Erhebung der Bischöfe in den Rang von Reichsfürsten durch die Politik der deutschen Könige im Frühmittelalter, die auf diese Weise den Erbgang und Einfluss von Adelsfamilien minimierten. Die bedeutendsten drei geistlichen Fürsten in Mainz, Köln und Trier wurden 1356 durch die Goldene Bulle neben den vier weltlichen Kurfürsten zu geistlichen Kurfürsten erhoben und nahmen so an der Kaiserwahl teil.

Fußwaschung, die

↗ Gründonnerstag.

G

Gabenbereitung, die
Herbeibringen von Brot und Wein vor der Wandlung in einer Eucharistiefeier.

Gabriel
Hebr. Gavri-El = »Gott ist mein Held«; Gabriel kommt im ↗Alten Testament im Buch Daniel, im ↗Neuen Testament im ↗Lukasevangelium als ↗Erzengel vor. Er wird als Interpret von Visionen und als Bote Gottes gesehen. Dargestellt wird er im Bereich der kath. Kirche vielfach mit einer Lilie, weil er Zacharias die Geburt des Johannes und Maria die Geburt Jesu verkündet hat.

Galero, der
↗Kardinalshut.

Garten Eden, der
↗Paradies.

Gaudete
Erstes Wort des ↗Introitus (lat. gaudete = »Freuet euch allezeit!«), des Eröffnungsverses in der Hl. Messe, am dritten Adventssonntag, deshalb auch »Sonntag Gaudete«. Anstelle des in der Adventszeit üblichen violetten Messgewandes kann der Priester auch ein rosa Messgewand tragen als Zeichen der Vorfreude auf das Weihnachtsfest. Der Sonntag Gaudete hat im Sonntag ↗Laetare seine Entsprechung. Beide Sonntage in der Fasten- bzw. Adventzeit nehmen das bevorstehende Heilsereignis, Ostern bzw. Weihnachten, schon in der Vorzeit in den Fokus, sind erfüllt von Vorfreude.

GCL
↗Gemeinschaft christlichen Lebens.

Gebet, das
Zwiesprache des Menschen mit Gott (↗Beten), bei der nicht nur Bitten und ↗Fürbitten, sondern auch ↗Anbetung und Dank vorgebracht werden. Kath. Gläubige beginnen das Gebet mit den Worten »Im Namen des Vaters und des Sohnes und des Heiligen Geistes« und bekreuzigen sich zu Beginn und am Ende (↗Kreuzzeichen). Im Rahmen der Hl. Messe werden Gebete meist kniend oder stehend vorgebracht. Traditionelle Gebetshaltungen sind das Falten der Hände, das Verschränken der Arme vor der Brust oder man streckt die Arme mit nach oben geöffneten Händen aus. Das ↗Brevier bietet eine Zusammenstellung der wesentlichen Gebete in verkürzter Form. Durch Gebete und ein an Gott orientiertes Leben zeigt sich die Anerkennung des lebendigen Gottes, seines absoluten Unterschiedes zu jedem Geschöpf, seiner Heiligkeit und Allmacht. Zu einzelnen Gebeten vgl. auch ↗Angelus Domini, das ↗Ewige Gebet, ↗Magnificat, ↗Novene, ↗Rosenkranz, ↗Stundengebet und ↗Vaterunser.

Gebet des Herrn, das
↗Vaterunser.

Gebetsapostolat, das

Bewegung, die 1844 in Frankreich entstand und sich rasch ausbreitete. Das Hauptanliegen ist, in einer Grundhaltung des Gebets den normalen Alltag mit seinen Höhen und Tiefen in bewusster Verbundenheit mit Jesus zu leben und so apostolisch in die Welt hineinzuwirken. Neue Impulse hat das Gebetsapostolat durch die ↗ Charismatische Erneuerung erhalten. Es ist weltweit in 1600 Diözesen verbreitet und steht unter der geistlichen Leitung des Jesuitenordens.

Gedächtnis, das

Das Gedächtnis der Verstorbenen, auch Memorialwesen (von lat. memoria = »Gedächtnis«), Erinnerung oder Rememoratio (lat. »Wiedererinnerung«) genannt, ist ein Teil der menschlichen Geschichte. Das Totengedenken lässt sich bis in die Antike zurückverfolgen. Die christliche Zeit wird geprägt durch den Glauben, dass der Tod nicht das Ende des Lebens bedeutet. Denn Christen hoffen darauf, am ↗ Jüngsten Tag aufzuerstehen und auf ewig in der Anschauung Gottes zu leben. Insofern gilt der Todestag auch als »dies natalis«, als Tag der Geburt des neuen Lebens, der eigentliche Geburtstag. Bis zum Jüngsten Tag soll des Verstorbenen gedacht werden, damit er mit den Lebenden zusammen das ewige Leben erreicht. Das Gedächtniswesen sollte zugleich dazu beitragen, die Folgen irdischer Sünden des Verstorbenen zu tilgen, die dieser selbst nicht mehr tilgen kann. »Seelgerät« nannte man die testamentarischen Stiftungen in diesem Sinn, »Memorialdienste« die Verpflichtungen der Lebenden zu Gottesdiensten und Gebeten für den Toten. Auch die Beteiligung an Bruderschaften und Gebetsverbrüderungen dienten der Heilsvorsorge und der späteren Erinnerung an den frommen Stifter.

Gedächtnis der Schmerzen Mariens

Als Messias hat Jesus Christus Schmerz und Leid bis zum Opfertod hingenommen. Seine Mutter Maria hat als erste Christin mitgelitten. Daran erinnert das Fest des Gedächtnisses der Schmerzen Mariens am 15. September, auch Fest der Sieben Schmerzen Mariä genannt. Als die Sieben Schmerzen Mariens gelten: 1. Spruch Simeons, 2. Flucht nach Ägypten, 3. dreitägiger Verlust des Jesusknaben in Jerusalem, 4. Kreuzweg Jesu, 5. Kreuzigung Jesu, 6. Kreuzabnahme, 7. Grablegung Jesu.

Geflügelter Mensch

Symbolfigur des Evangelisten ↗ Matthäus. ↗ Engel.

Gegenreformation, die

Bez. zur Beschreibung der Reaktion der katholischen Kirche auf die Reformation durch Martin Luther. Von etwa 1540 bis in das 18. Jh. bemühte sich die katholische Kirche, politisch und religiös den Protestantismus einzudämmen und zurückzudrängen. Ob Diplomatie oder Kirchenbau, alles diente der Rekatholisierung. Zu unterscheiden ist die Gegenreformation von der ↗ Katholischen Reform.

Geheimsekretär, der

Titel eines ↗ Kaplans, der einem ↗ Diözesanbischof als persönlicher Sekretär zur Seite steht und deshalb zur besonderen Verschwiegenheit verpflichtet ist.

Geist, der
↗ Heiliger Geist.

Geistliche Bewegungen und Gemeinschaften
Bez. für kath. Bewegungen und Gemeinschaften, deren Mitglieder ihr Leben und ihren Alltag bewusst und sichtbar als Christen gestalten und auf diese Weise ihren Glauben in die Gesellschaft hineintragen wollen. Die vor allem nach dem ↗ Zweiten Vatikanischen Konzil entstandenen Gemeinschaften bestehen überwiegend aus ↗ Laien. Der Päpstliche Laienrat hat derzeit rund 120 überregional organisierte geistliche Bewegungen und Gemeinschaften anerkannt.

Geistlicher
Auch: ↗ Kleriker; Bez. für ↗ Diakone, Priester (auch Ordenspriester) und Bischöfe. Die Aufnahme in den Klerus erfolgt mit der Diakonatsweihe. Alle übrigen Gläubigen werden als ↗ Laien bezeichnet.

Geistlicher Rat
1. Auch: Ordinariatskonferenz, ein Beratungsgremium des Diözesanbischofs. Ihm gehören alle ↗ Weihbischöfe der Diözese, der ↗ Generalvikar und in manchen Diözesen alle Angehörigen des ↗ Domkapitels an.
2. In vielen Diözesen Ehrentitel für Priester, die sich auf besondere Weise verdient gemacht haben. Den Titel verleiht i. d. R. der Ortsbischof.

Gelübde, das
Feierliches, vor Gott abgelegtes Versprechen. Mitglieder einer Ordensgemeinschaft legen ein feierliches Ordensgelübde ab und versprechen – entweder befristet (»zeitliches Gelübde«) oder lebenslang bindend (»ewiges Gelübde«) – Armut, Ehelosigkeit und Gehorsam. ↗ Evangelische Räte.

Gemeinde, die
↗ Pfarrgemeinde.

Gemeindeassistent(in), der (die)
Titel der ↗ Gemeindereferent(inn)en während der Ausbildungsphase. Seit der ↗ Würzburger Synode Berufsbezeichnung für in der ↗ Pastoral tätige Religionspädagogen, früher Seelsorgehelfer genannt.

Gemeindereferent(in), der (die)
Hauptamtliche Mitarbeiter(innen) in einer Pfarrgemeinde. Voraussetzung für diesen Beruf ist eine theologische und gemeindepraktische Ausbildung. Der Aufgabenschwerpunkt liegt in der Unterstützung des Pfarrers und umfasst alle seelsorglichen Bereiche außer der Spendung der ↗ Sakramente. Einsatzgebiete sind die ↗ Katechese in Schule und Gemeinde, Erwachsenenbildung, Haus- und Krankenbesuche, karitative und soziale Dienste. Die Einführung von Gemeindereferent(inn)en war ein Ergebnis der ↗ Würzburger Synode.

Gemeindeverband, der
Rechtsträger von kath. Kirchengemeinden (Körperschaft des öffentlichen Rechts), die sich innerhalb eines Stadt- oder Kreisdekanats zusammenschließen. Verbandsorgane sind die Verbandsvertretung und der Verbandsausschuss. Vorsitzender dieser Gremien ist der ↗ Stadt- bzw. Kreisdechant. Der Gemeindeverband ist der

rechtliche, finanzielle und wirtschaftliche Verantwortungsträger für alle auf Stadtebene verorteten kirchl. Dienste, Leistungen und Einrichtungen (z. B. Katholisches Jugendamt, Katholische Familienbildungsstätte, Beratungsdienste) und steht damit im Dienste der überpfarrlichen Seelsorge und Bildungsarbeit. Als Verband der Kirchengemeinden übernimmt der Gemeindeverband auch umfassende Verwaltungsaufgaben und Dienstleistungen im Bereich der Personalverwaltung, der Finanzbuchhaltung sowie Haus- und Liegenschaftsverwaltung für Kirchengemeinden. Er ist damit für diese ein kirchl. Dienstleister und Zweckverband.

Gemeinsame Synode, die
↗ Würzburger Synode.

Gemeinschaft Charles de Foucauld
Die 1952 in Frankreich gegr. Gemeinschaft kath. Laien orientiert sich an dem 2005 seliggesprochenen Franzosen Charles ↗ de Foucauld, der als eine der großen Gestalten der ↗ Spiritualität des 20. Jh. gilt. Die Gemeinschaft zählt nach eigenen Angaben weltweit rund 5.000 bis 6.000 Mitglieder, die bewusst ein Leben orientiert am ↗ Evangelium führen und sich bes. für die Benachteiligten, Armen und Verfolgten einsetzen wollen. In Deutschland existiert die Gemeinschaft seit 1965.

Gemeinschaft Chemin Neuf
Franz. = »Neuer Weg«; versteht sich als eine »katholische Lebensgemeinschaft mit ökumenischer Berufung«. Die Mitglieder der 1973 in Lyon (Frankreich) aus einer Gebetsgruppe entstandenen Gemeinschaft »eint ihr Glaube an Jesus Christus und der gemeinsame Wunsch, dem Evangelium und der Welt zu dienen«. Sie leben ihr Christsein im Beruf, in gemeinschaftlichen Diensten und übernehmen soziale Aufgaben. Der Gemeinschaft gehören nach eigenen Angaben über 1.200 Mitglieder in 24 Ländern an.

Gemeinschaft Christlichen Lebens
Abk. GCL; weltweite geistliche Gemeinschaft in der kath. Kirche, deren Mitglieder sich »bewusst auf den Weg des Glaubens einlassen und ihn mitten in ihrem Alltag« alleine oder mit anderen verwirklichen wollen. Hervorgegangen ist die CGL aus von Jesuiten gegr. Laiengruppen (Congregatio Mariana, Abk. MC), denen der Weg zu einer geistlich geprägten Lebensweise gewiesen werden sollte, wie sie vom Gründer des Jesuiten-Ordens, Ignatius von Loyola (1491–1556), gelehrt wurde. Diese Marianischen Kongregationen breiteten sich ab 1563 aus und wurden von Papst Gregor XIII. (1572–1585) schließlich als kirchliche Vereinigung anerkannt. Nach Aufhebung des Jesuiten-Ordens (1773) wurden die Gruppen den Ortsbischöfen unterstellt und rückte stärker die Marienfrömmigkeit in den Mittelpunkt. Papst Pius XII. (1939–1958) förderte die Marianischen Kongregationen und forderte sie auf, die von Ignatius von Loyola entwickelten geistlichen Übungen (↗ Exerzitien) wiederzuentdecken. Dieser Erneuerungsprozess führte 1953 zur Gründung der »Weltföderation der Marianischen Kongregationen«. 1967 gaben sich die erneuerten Gruppen den Namen »Gemeinschaft Christlichen Lebens«. Nach eigenen Angaben gibt es in Deutschland rund 150 CGL-Gruppen. Die Jugend-CGL

als »angegliederte Vereinigung« zählt einige tausend Mitglieder.

Gemeinschaft Emmanuel

1972 in Paris aus einer Gebetsgruppe entstandene kath. Vereinigung, deren Mitglieder das Wort Gottes (↗ Evangelium) bewusst leben und zeitgemäß weitergeben wollen. Der Name Emmanuel (d. h. »Gott mit uns«) bringt für die Gemeinschaft zum Ausdruck, »dass Gott für jeden Menschen ein offenes Herz« hat. Die Gemeinschaft Emmanuel gibt es weltweit in über 70 Ländern. Sie zählt nach eigenen Angaben über 7.500 Mitglieder, darunter rund 300 in Deutschland. Neben den regelmäßigen Treffen der Gruppen lädt die Gemeinschaft u. a. zu Gebetskreisen und Seminaren ein, veranstaltet Akademien und unterstützt Entwicklungshilfeprojekte.

Gemeinschaft Sant'Egidio

↗ Sant'Egidio.

Gemeinschaft von Jerusalem

Frz.: Fraternité Monastique de Jérusalem; die Ordensgemeinschaft wurde 1975 von Pierre-Marie Delfieux in Paris gegründet, der zunächst Hochschulpfarrer war und anschließend zwei Jahre als Einsiedler in der Wüste lebte. Die Brüder und Schwestern der Gemeinschaft, die jeweils an einem Ort in getrennten Häusern wohnen, gehen halbtags einem Beruf nach und verdienen so ihren Lebensunterhalt. Gemeinsam ist ihnen das Stundengebet und die Feier der Heiligen Messe. Die Gemeinschaft lebt die »traditionelle Werte des Mönchtums« und ist zugleich »der modernen Welt gegenüber offen«. Ordensregel ist das von Pierre-Marie Delfieux verfasste

»Lebensbuch« (Livre de vie). Die rund 200 Schwestern und Brüder zählende Gemeinschaft hat Niederlassungen in Frankreich, Belgien, Italien sowie Kanada. In Deutschland hat die Gemeinschaft von Jerusalem seit 2009 eine Niederlassung in Köln.

Generalabsolution, die

Lat. »allgemeine Lossprechung«; Bez. für die ↗ Absolution einer ganzen Gruppe von Menschen in Lebensgefahr (z. B. im Krieg). Ist die Notlage vorbei, muss die jeweilige Einzelbeichte nachgeholt werden.

Generalabt, der

↗ Abtprimas.

Generalat, das

Die höchste beschlussfassende Instanz einer röm.-kath. Ordensgemeinschaft und Sitz des oder der ↗ Generaloberen; hier befindet sich auch die Hauptverwaltung der Ordensgemeinschaft.

Generalkalender, der

Auch: Allgemeiner Römischer Kalender. Bez. für den offiziellen Festkalender der katholischen Kirche, der für jedes Jahr im Voraus neu erstellt wird. Er enthält die Hochfeste, Herren-, Marien- und Heiligenfeste. Dieser weltweit gültige Kalender wird ergänzt durch die ↗ Regionalkalender.

Generalkapitel, das

In manchen Orden (z. B. Prämonstratenser) Bez. für die ranghöchste Mitgliederversammlung mit gesetzgebender Kraft. ↗ Generalkongregation (2.).

Generalkongregation, die

1. Während der ↗Sedisvakanz des Päpstlichen Stuhls gibt es zwei Arten von ↗Kongregationen der Kardinäle zur Vorbereitung der Papstwahl: eine Generalkongregation und eine ↗Sonderkongregation. Die Generalkongregation besteht aus allen Kardinälen, die sich täglich treffen, um die Angelegenheiten des ↗Vatikans zu regeln. Im Vordergrund stehen Regelungen zur Beisetzung des Papstes und die Vorbereitung des ↗Konklaves.

2. Versammlung hochrangiger Repräsentanten eines Ordens, z.B. zur Wahl eines/r Generaloberen. ↗Generalkapitel.

Generalobere, der/**-oberin**, die

Steht an der Spitze des ↗Generalats oder Generalkapitels und wird von ihm gewählt. ↗Obere, ↗Oberin.

Generalsuperior, der

↗Superior.

Generalvikar, der

Lat. vicarius generalis; Stellvertreter (lat. alter ego = »anderes Ich«) des ↗Diözesanbischofs als Verwaltungsleiter des ↗Bistums. Der Generalvikar handelt in diesem Bereich an Stelle des Bischofs und mit gleicher Vollmacht wie dieser. Er wird vom Bischof frei ernannt und kann von ihm jederzeit wieder abberufen werden. Dieses Amt gibt es seit dem 13./14. Jh. Mit der Amtszeit des Bischofs endet auch die des Generalvikars.

Generalvikariat, das

Die vom ↗Generalvikar geleitete Verwaltungsbehörde eines ↗Bistums, auch Ordinariat genannt (nach dem ↗Ordinarius,

dem ↗Diözesanbischof). Das Generalvikariat ist aufgeteilt in verschiedene Dezernate und Abteilungen.

Genesis, die

Griech. génesis = »Schöpfung«; Bez. für das erste Buch im ↗Alten Testament (1. Buch Mose), das mit der Schöpfungsgeschichte beginnt. ↗Adam und Eva.

Genossenschaft der Töchter der christlichen Liebe

↗Vinzentinerinnen.

Gesellenverein, der

↗Kolpingwerk.

Gesellschaft der Missionare von Afrika

↗Weiße Väter.

Gesellschaft des Göttlichen Heilands

↗Salvatorianer.

Gesellschaft des göttlichen Wortes

Lat. Societas Verbi Divini, Abk. SVD; ↗Steyler Missionare.

Gesellschaft des heiligen Franz von Sales

↗Salesianer Don Boscos.

Gesellschaft Jesu, die

Lat. Societas Jesu. ↗Jesuiten.

Gesellschaft katholischer Publizisten

(Abk. GKP) Die 1948 gegründete GkP ist ein freier Zusammenschluss von Journalisten, Verlegern, Kommunikationswissenschaftlern und Mitarbeitern in verschiedenen Bereichen der Medien sowie in der Öffentlichkeit, »die aus christlicher Verantwortung auch im Beruf ihren Dienst für Gesellschaft und Kirche leisten wollen«. Neben der Vertretung der Interessen ihrer Mitglieder in der kirchlichen und gesellschaftlichen Öffentlichkeit nimmt die GKP regelmäßig Stellung zu publizistischen und medienpolitischen Fragen. Zur beruflichen Bildung und Weiterbildung bietet sie Informationen und Veranstaltungen auf regionaler und nationaler Ebene an. Nach eigenen Angaben gehören der GKP rund 500 Mitglieder an.

Gestellung, die

Von: stellen, bereitstellen; bezeichnet die Bereitschaft von Ordensgemeinschaften, Mitglieder ihres ↗ Ordens für Aufgaben im ↗ Bistum zur Verfügung zu stellen, z.B. für die Leitung von Pfarrgemeinden, für die Krankenhausseelsorge oder Beratungsdienste. Das Bistum bezahlt dafür an die Ordensgemeinschaft ein sog. Gestellungsgeld.

Gewissen, das

Die Instanz im Menschen, die mit der Fähigkeit ausgestattet ist, das eigene Verhalten ethisch zu beurteilen. Im Gewissen manifestieren sich die Freiheit des Menschen und seine Verantwortung vor Gott und den Menschen. Ein gebildetes Gewissen müht sich um Wahrheit und Wahrhaftigkeit, und Gewissensbildung ist eine, wenn nicht die Hauptaufgabe christlicher Erziehung. Einerseits wird das Gewissen als »norma normata« verstanden, als Instanz, die an die Vorgaben des Glaubens gebunden ist. Dennoch kommt nach kath. Lehre in letzter Instanz die höchste Autorität dem persönlichen Gewissen zu, auch wenn es von der Glaubenslehre

abweicht. ↗ Königsteiner Erklärung. ↗ Epikie.

GkP

↗ Gesellschaft katholischer Publizisten.

GL

Abk. für ↗ Gotteslob.

Glaube, der

Bez. für das Feststehen in dem, was man erhofft, das Überzeugtsein von Dingen, die man nicht sieht. Glaube gründet auf hebr. Emunah (= »Vertrauen«), das auf hebr. aman (↗ Amen) beruht; auch hier drückt sich die Metapher des Feststehens aus. Wurzel des christlichen Glaubens ist das Überzeugtsein von der Heilsoffenbarung Gottes in Jesus Christus. Für den einzelnen Christen ist der Glaube die gelebte Beziehung zu Gott und steht in untrennbarem Zusammenhang mit ↗ Hoffnung und ↗ Liebe (vgl. 1 Kor 13,13).

Glaubensbekenntnis

↗ Apostolisches Glaubensbekenntnis. ↗ Credo. ↗ Großes Glaubensbekenntnis.

Glocke, die

Seit dem 6. Jh. sind Kirchenglocken bezeugt. Sie laden die Gläubigen zu den Gottesdiensten ein, begrüßen den Morgen, Mittag und Abend, zeigen die Uhrzeit durch Glockenschlag an und begleiten auf dem Weg zum Grab. Im mittelalterlichen Gemeinwesen hatten sie zusätzlich eine Wach- und Schutzfunktion. Die Glocken verstummen nach dem Gottesdienst am Gründonnerstag und ertönen erst wieder zum Gloria in der Osternacht. Volkstümlich sagte man, die Glocken seien nach

Rom geflogen. Deswegen werden am Karfreitag und zur Osternacht die Gläubigen traditionell mit Ratschen zum Gottesdienst gerufen.

Glockenbeiern, das

Eine spezifische Form des Glockenspiels, ermöglicht durch Schräghängen der Kirchenglocken, deren Klöppel jeweils so an ein Seil gebunden wird, dass sich durch Anzug des Seils ein Ton erzeugen lässt. Die Seile für alle Glocken werden an einem Spieltisch zusammengeführt. Hier kann man nach den vorhandenen Glockenstimmen eine Melodie spielen. Jeder Ort hat seine unverwechselbare Melodie. Das Beiern ist Aufgabe der Beiermänner, die zu ↗ Ostern und ↗ Weihnachten, ↗ Fronleichnam und zum Schützenfest spielen.

Glockenturm, der

Auch: Kirchturm; seit dem frühen Christentum sind Türme an Kirchenbauten bezeugt. Meist ist der Glockenturm in den Kirchenbau integriert. Es gibt auch freistehende Glockentürme, wie z. B. in Italien oder in Skandinavien. Romanik und Gotik stellen die Glockentürme wie ein Bollwerk an die Westfassade der Kirche. Bei den meisten kath. Kirchen wird der Glockenturm durch den Kirchturmhahn gekrönt, der anzeigt, woher der Wind kommt. Der Hahn ist wachsam und begrüßt den Morgen. Er ist aber auch ein Hinweis auf das Verleugnen des Gottessohnes, wie durch ↗ Petrus geschehen (Mt 26,34.74f.).

Gloria, das

Lat. gloria = »Ruhm, Ehre«; die nach dem lat. Anfangswort bezeichnete Lobpreisung der Herrlichkeit Gottes (Gloria in excelsis Deo = »Ehre sei Gott in der Höhe«), Bestandteil der kath. Messfeier.

Gloriole, die

↗ Heiligenschein.

Gnadenbild, das

Gemaltes oder plastisches Bild einer göttlichen Person oder von Heiligen, die von den Gläubigen als wundertätig verehrt werden. Im Kirchenraum werden sie oft durch besondere Aufstellungsorte, künstlerisch gestaltete Umrahmungen und davor brennende Kerzen hervorgehoben.

Gnostik, die

Griech. gnósis = »Erkenntnis«; Gnostik oder Gnostizismus (die Anhänger nennt man Gnostiker) ist eine Sammelbezeichnung für die Lehren des Altertums, in denen Erlösung durch Selbsterkenntnis, ein dualistisches Weltbild und die damit verbundene Abwertung des Körperlichen kennzeichnend waren. Für die junge Kirche stellte ein gnostisch gefärbter christlicher Glaube eine ernsthafte Konkurrenz dar. Um sich davon abzugrenzen, musste sie sich mit ihren eigenen Erlösungsvorstellungen (↗ Erlösung) differenziert auseinandersetzen.

Goldene Regel

Bez. für das bei ↗ Matthäus empfohlene sittliche Verhalten gegenüber den Mitmenschen: »Alles, was ihr wollt, dass euch die Leute tun, das tut ihnen auch« (Mt 7,12, vgl. auch Lk 6,31). Im Talmud kommt die Goldene Regel ebenfalls vor (vgl. den Babylonischen Talmud, Schabbat 31a). Umgangssprachlich in verneinender Form üblich: »Was du nicht willst, das man dir tu', das füg' auch keinem anderen zu.«

Golgatha

Auch: Golgota, hebr. gulgolet = »Schädel«; Bez. für den außerhalb der alten Stadtmauer Jerusalems gelegenen Hügel, auf dem Jesus gekreuzigt wurde. Im ↗Neuen Testament als »Schädelstätte« bezeichnet (Mt 27,33; Mk 15,22; vgl. auch Lk 23,33).

Gotik, die

Bau- und Kunststil des hohen Mittelalters, der sich in der Mitte des 12. Jh. aus der Romanik entwickelte und den Höhepunkt der mittelalterlichen Baukunst darstellt. Zu den Kennzeichen gotischer Kathedralen gehört der von lichtdurchstrahlten, bemalten Fensterflächen bestimmte Raum und der typische Spitzbogen. Die Gotik endet im 16. Jh., wird aber in Italien bereits um die Mitte des 15. Jh. von der Renaissance abgelöst.

Gott

Lat. deus, griech. theós, hebr. elohim und ↗JHWH; die im ↗Glauben als Person erfahrene, heilige, transzendente, allumfassende Macht. Die christliche ↗Theologie beschreibt Gott in der Einheit von Vater, Sohn und Heiligem Geist als einen Gott in drei Personen. ↗Dreifaltigkeit.

Gottesdienst, der

Bez. für unterschiedliche, zumeist festgelegte Formen der gemeinschaftlichen Gottesverehrung durch Gesang und Gebet (z. B. Hl. Messe).

Gotteslob, das

Abk.: GL; Titel des 1975 eingeführten kath. Gesang- und Gebetbuchs in den deutschsprachigen Diözesen außer denen der Schweiz.

Gottesmutter, die

↗Theotokos. ↗Maria. ↗Marienfeste.

Graduale, das

Lat. gradus = »Stufe, Rang«; Zwischengesang, in der Hl. Messe vor der Liturgiereform Bez. für den Wechselgesang zwischen Epistel- und Evangelienlesung (↗Epistel); auch Bez. für das Buch mit den lat. Gesängen für die Messfeier.

Gregorianische Kalenderreform

Unser Kalender hat sich aus dem römischen Kalender entwickelt, der auf dem Mondjahr beruht und aus dem Orient beeinflusst war. Er wurde durch das gelegentliche Einschalten von Monaten berichtigt. Diese Ungenauigkeiten suchte Julius Caesar 46 v. Chr. durch die Einführung eines berichtigten Kalenders zu ändern, der später nach ihm Julianischer Kalender genannt wurde. Der julianische übernahm aus dem ägyptischen Kalender die Hinzufügung eines Tages in den durch vier teilbaren Jahren. Das Jahr dauerte nun 365, jedes vierte 366 Tage. Die durchschnittliche Jahreslänge war aber mit 365,25 Tagen um 11 Minuten und 12 Sekunden zu groß gegenüber dem Sonnenjahr mit 365,2422 Tagen. Bis in die zweite Hälfte des 16. Jh. hatte diese Differenz zu einer Verschiebung von zehn Tagen zwischen dem kosmischen Jahr und dem Kalender geführt. 1582 glich Papst Gregor XIII. dies dadurch aus, dass (in Rom,

Italien, Spanien und Portugal) auf den 4.10. der 15.10. folgte. Gleichzeitig wurde ein präziseres Einschaltungsverfahren eingeführt: Der im Vierjahresrhythmus anfallende Schalttag fällt bei vollen Jahrhunderten aus, ausgenommen die durch 400 teilbaren (z.B. 1600, 2000 ...). Die mittlere Jahreslänge wurde auf 365,2425 Tage festgesetzt. Diese als »neuer Stil« bezeichnete Zeitrechnung gab dem neuen Kalender die Bezeichnung Gregorianischer Kalender. Er wurde im Folgenden in den meisten kath. Ländern eingeführt: Frankreich 1582, Schweiz und kath. Deutschland 1584, Polen 1586, Ungarn 1587. Die evangelischen Länder lehnten den »papistischen Kalender« zunächst ab und folgten erst später, so die dt. Länder 1700. China hat die »westliche« Zeitzählung erst 1912 bzw. 1949 übernommen. Die ↗orthodoxen Kirchen halten sich nach wie vor an den alten Julianischen Kalender und feiern dadurch z.B. Weihnachten etwa 12 Tage später als die Westkirche.

Gregorianischer Gesang

Auch: Gregorianischer Choral; nach Papst Gregor I. (590–604) bezeichneter einstimmiger, unbegleiteter liturgischer Gesang (Solo- oder Chorgesang) der Westkirche (urspr. nur) in lat. Sprache; bis heute Teil von Gottesdiensten.

Gregoriusorden, der

Eine der höchsten Auszeichnungen, die der Papst an ↗Laien verleiht. Am 1. September 1831 stiftete ihn Papst Gregor XVI. als ↗Ritterorden »für den Eifer in der Verteidigung der katholischen Religion«. Schon 1834 wurde er allg. für die Verdienste um die Kirche verliehen. Benannt ist der Orden nach Papst Gregor I., der den Ehrentitel »der Große« trägt. Der Orden, der erst seit 1993 auch an Frauen (sog. »Damen«) verliehen wird, zeigt auf einem achtzackigen goldenen, rot emaillierten Kreuz auf der Vorderseite des blauen Mittelschildes das Bild Gregors des Großen. Der Gregoriusorden wird in drei verschiedenen Klassen verliehen: 1. Ritter (Dame), 2. Komtur mit Stern, 3. Großkreuzritter (-damen). ↗Päpstliche Orden und Ehrenzeichen.

Großes Glaubensbekenntnis

Das Große Glaubensbekenntnis oder Nizäno-Konstantinopolitanum, ausgerichtet am Bekenntnis von Nicäa, wird von den christlichen Kirchen seit 451 anerkannt und vertreten. Vgl. ↗Apostolisches Glaubensbekenntnis, ↗Credo.

Der lateinische Text lautet:
Credo
in unum Deum,
Patrem omnipotentem,
factorem caeli et terrae,
visibilium omnium et invisibilium.
Et in unum Dominum Iesum Christum,
Filium Dei unigenitum,
et ex Patre natum ante omnia saecula.
Deum de Deo, Lumen de Lumine,
Deum verum de Deo vero,
genitum non factum,
consubstantialem Patri;
per quem omnia facta sunt.
Qui propter nos homines et propter nostram salutem
descendit de caelis.
Et incarnatus est
de Spiritu Sancto ex Maria Virgine,
et homo factus est.

Crucifixus etiam pro nobis sub Pontio Pilato,
passus et sepultus est,
et resurrexit tertia die, secundum Scripturas,
et ascendit in caelum,
sedet ad dexteram Patris.
Et iterum venturus est cum gloria,
iudicare vivos et mortuos,
cuius regni non erit finis.
Et in Spiritum Sanctum,
Dominum et vivificantem,
qui ex Patre filioque procedit.
Qui cum Patre et Filio simul adoratur et conglorificatur:
qui locutus est per prophetas.
Et unam, sanctam, catholicam et apostolicam Ecclesiam.
Confiteor unum baptisma in remissionem peccatorum.
Et expecto resurrectionem mortuorum,
et vitam venturi saeculi. Amen.

Der deutsche Text lautet:
Wir glauben an den einen Gott,
den Vater, den Allmächtigen,
der alles erschaffen hat, Himmel und Erde,
die sichtbare und die unsichtbare Welt.
Und den einen Herrn Jesus Christus,
Gottes eingeborenen Sohn,
aus dem Vater geboren vor aller Zeit:
Gott von Gott, Licht vom Licht,
wahrer Gott vom wahren Gott,
gezeugt, nicht geschaffen,
eines Wesens mit dem Vater;
durch ihn ist alles geschaffen.
Für uns Menschen und zu unserem Heil
ist er vom Himmel gekommen,
hat Fleisch angenommen
durch den Heiligen Geist von der Jungfrau Maria

und ist Mensch geworden.
Er wurde für uns gekreuzigt unter Pontius Pilatus,
hat gelitten und ist begraben worden,
ist am dritten Tage auferstanden nach der Schrift
und aufgefahren in den Himmel.
Er sitzt zur Rechten des Vaters
und wird wiederkommen in Herrlichkeit,
zu richten die Lebenden und die Toten;
seiner Herrschaft wird kein Ende sein.
Wir glauben an den Heiligen Geist,
der Herr ist und lebendig macht,
der aus dem Vater und dem Sohn hervorgeht,
der mit dem Vater und dem Sohn angebetet und verherrlicht wird,
der gesprochen hat durch die Propheten,
und die eine, heilige, katholische und apostolische Kirche.
Wir bekennen die eine Taufe
zur Vergebung der Sünden.
Wir erwarten die Auferstehung der Toten
und das Leben der kommenden Welt.
Amen.

Großpönitentiar, der

Amtsbezeichnung für den Leiter der ⌐Apostolischen Pönitentiarie, einen der drei höchsten Gerichtshöfe der kath. Kirche. Der Großpönitentiar bleibt im Gegensatz zu den meisten Trägern kurialer Leitungsämter auch während der ⌐Sedisvakanz des ⌐Heiligen Stuhls in seinem Amt.

Gründonnerstag

Abgeleitet von ahd. greinen = »weinen«; am Gründonnerstag, dem Donnerstag in der ⌐Karwoche, gedenkt die Kirche des letzten ⌐Abendmahls, das Jesus Christus mit seinen Jüngern hielt, und damit der Einsetzung der ↗Eucharistie. Nach dem ↗Gloria im Gottesdienst verstummen Orgel und Glocken. Im Anschluss an die Predigt kann die ↗Fußwaschung von zwölf ausgesuchten Laien durch den Priester erfolgen. Mit dieser symbolischen Handlung wird daran erinnert, dass Jesus am Vorabend seines Kreuzestodes seinen Jüngern als Zeichen vorbehaltloser Dienstbereitschaft am Nächsten (Joh 13,1–17) die Füße gewaschen hat. Nach der Messfeier werden Blumenschmuck und Kerzen weggeräumt. In bes. gestalteten Betstunden oder im stillen Gebet gedenken die Gläubigen des Ölberggeschehens, d. h. der bevorstehenden Passion Jesu.

Guardian, der

Lat. guardianus = »Wächter, Hüter«; Vorsteher in einem Franziskaner- oder Kapuzinerkonvent (↗Franziskaner, ↗Kapuziner).

Guter Hirt(e)

Der Gute Hirte (griech. ho poimén ho kalós, lat. pastor bonus) ist im Christentum eine der ältesten und populärsten Bezeichnungen für Jesus Christus. In einer der Gleichnisreden des ↗Johannesevangeliums (Joh 10,1–18) spricht Jesus von sich selbst: »Ich bin der gute Hirte« (10,11.14) und erläutert das Bildwort unter verschiedenen Aspekten: Der gute Hirte unterscheidet die Schafe und kennt sie beim Namen. Die Schafe erkennen ihn an der Stimme. Bis zur Hingabe des eigenen Lebens setzt sich der gute Hirte (im Gegensatz zum Miethüter) für die Herde ein. Der Hirtentitel erscheint auch indirekt in der Erzählung vom verlorenen und geretteten Schaf (Mt 18,12–14), wenn die Hauptperson mit Jesus identifiziert wird: Nicht den 99 Gerechten, sondern dem einen Verlorenen (Sünder) gilt seine Sorge und sein Nachgehen. Das Hirtengleichnis stellt eine Beziehung dar. Es konstituiert ein personales Verhältnis zwischen dem Einen und den Vielen. Diese sind einerseits passive Objekte der Hirtensorge, auch bis zu dessen Selbsthingabe. Indem sie aber die Stimme ihres Hirten von anderen Stimmen unterscheiden und nur ihm folgen, erscheinen sie andererseits auch als aktiv und »mündig«. Der Hirte hat sowohl Pflichten als auch Vollmachten. Er leitet und »regiert« die Herde, muss dies aber so tun, dass sie Weidegründe und Wasserquellen findet und nicht in Gefahr gerät.

H

Habemus papam

Lat. »Wir haben einen Papst«; mit diesen Worten stellt der ranghöchste ↗ Kardinaldiakon auf der Benediktionsloggia der ↗ Peterskirche in Rom den neu gewählten Papst vor. Der vollständige traditionelle Text lautet: »Annuntio vobis gaudium magnum. Habemus papam: Eminentissimum ac Reverendissimum Dominum (Vorname), Sanctae Romanae Ecclesiae Cardinalem (Nachname), qui sibi nomen imposuit (gewählter Papstname).« (»Ich verkünde euch große Freude, wir haben einen Papst: Seine Eminenz, den hochwürdigen Herrn [Vorname], der Heiligen Römischen Kirche Kardinal [Nachname], welcher sich den Namen [gewählter Papstname] gegeben hat.«)

Habit, der

Lat. »Kleidung, Gewand«; Bez. für die Tracht von Ordensgemeinschaften; bei den Männerorden besteht der Habit aus einem ↗ Talar, der durch einen Strick, Gürtel oder ein ↗ Zingulum (Stoffgürtel oder Bauchbinde), gehalten wird. Einige Orden (z. B. ↗ Benediktiner) tragen dazu ein ↗ Skapulier oder eine ↗ Mozetta (z. B. Augustiner-Chorherren). Für viele Frauenorden gehört ein Schleier zum Habit. Das Aussehen der Ordenstracht haben die einzelnen Ordensgemeinschaften in ihren Regeln, Konstitutionen oder Satzungen genau festgelegt. Ein brauner Habit lässt zumeist auf einen franziskanischen (↗ Franziskaner), ein weißer auf einen dominikanischen (↗ Dominikaner) Orden schließen.

Hahn, der

Auch Wetterhahn; findet sich auf vielen Türmen von (nicht nur katholischen) Kirchen; erinnert an das Wort Jesu an Petrus: »Ehe der Hahn kräht, wirst du mich dreimal verleugnen« (Matthäus 26,34).

Halleluja, das

Hebr. »Lobet Gott!«; auch: ↗ Alleluja; Jubel- und Gebetsruf im ↗ Alten Testament, bes. in den ↗ Psalmen; in die christliche Liturgie übernommener österlicher Jubelruf der Kirche, der in der Hl. Messe v. a. vor der Verkündigung des ↗ Evangeliums gesungen wird, allerdings nicht in der ↗ Fastenzeit.

Hallenkirche, die

Eine Kirche, bei der die Seitenschiffe die gleiche Höhe haben wie das Mittelschiff, das infolgedessen ohne eigene Fenster bleibt.

Handauflegung, die

Schon im ↗ Alten Testament werden Segenshandlungen durch Handauflegung vollzogen, z. B. wenn Jakob Ephraim und Manasse segnet (Gen 48,13ff.). Auch Jesus von Nazaret praktizierte die Handauflegung, etwa wenn er Kinder segnete (Mt 19,13ff.). Die ↗ Apostelgeschichte berichtet von der Handauflegung im Rahmen der Einsetzung in ein Amt, beispielsweise bei

Stephanus (Apg 6,5ff.), und bei der Erweckung von Gnadengaben (1 Tim 4,14; 2 Tim 1,6). Die kath. Kirche praktiziert die Handauflegung v. a. im Zusammenhang mit der Sakramentenspendung (Taufe, Firmung, Diakonen-, Priester- und Bischofsweihe).

Handkommunion, die

Die Handkommunion als Alternative zur sonst üblichen Mundkommunion tauchte nach Jahrhunderten erstmals Ende der 1960er Jahre wieder in der kath. Kirche auf. Zuerst wurde sie während der Konzilszeit in den deutschsprachigen Ländern ohne Erlaubnis und gegen den Widerstand von Papst Paul VI. eingeführt. Mit seiner ↗ Enzyklika »Ecclesia de Eucharistia« vom 17. April 2003 hat Papst Johannes Paul II. die Bedeutung der Eucharistie für die Kirche herausgestellt und auch den ↗ Kommunionempfang geregelt: »Obwohl jeder Gläubige immer das Recht hat, nach seiner Wahl die heilige Kommunion mit dem Mund zu empfangen, soll in den Gebieten, wo es die Bischofskonferenz erlaubt und der Apostolische Stuhl rekognosziert hat, auch demjenigen die heilige Hostie ausgeteilt werden, der das Sakrament mit der Hand empfangen möchte. Man soll aber sorgfältig darauf achten, dass der Kommunikant die Hostie sofort vor dem Spender konsumiert, damit niemand mit den eucharistischen Gestalten in der Hand weggeht. Wenn eine Gefahr der Profanierung besteht, darf die heilige Kommunion den Gläubigen nicht auf die Hand gegeben werden« (92). Dieser Text bildet den Hintergrund für die Instruktion »Redemptionis Sacramentum« vom 25. März 2004, die als Ergänzung und disziplinäre Konkretisierung bereits in der Enzyklika angekündigt worden war.

Handmaids of the Holy Child Jesus

Abk. HHCJ, engl. ↗ Dienerinnen des heiligen Kindes Jesus.

Häresie, die

Griech. haíresis = »Auswahl, Sekte«; eine von der offiziellen Kirchenlehre abweichende Auffassung, auch: Irrlehre bzw. Ketzerei. Während bei der Häresie Einzelne oder eine Gruppe vom Glauben der Mehrheit abweichen, spaltet sich beim ↗ Schisma ein größerer Teil der Kirche ab, um sich als neue Kirche zu verselbständigen.

Häretiker, der

Eine Person, deren Lehre in gravierenden Punkten von der offiziellen Kirchenlehre abweicht. ↗ Häresie.

Hausprälat, der

↗ Ehrenprälat.

Heiland, der

Ahd. heilant = »der heilt, erlöst«; Bez. für Jesus Christus als Heilsbringer (↗ Messias), Erlöser und Retter.

Heilig

Ahd. heilag, heilig = »geweiht, heilbringend, zum Heil bestimmt«; Heiligkeit ist die Eigenschaft Gottes (Num 27,14), »heilig« bezeichnet das göttlich Vollkommene. Im allg. Sprachgebrauch wird »heilig« oder »das Heilige« benutzt i. S. v. »das, was zur göttlichen Macht gehört oder von ihr erfüllt ist« (vgl. ↗ sakral im Gegensatz zu profan = »weltlich«).

Heilige

In der Heiligen Schrift (geforderte) Anrede an alle Christen; in späteren Jahren v. a. Bez. für Verstorbene, die wegen ihres Glaubens hingerichtet worden waren (↗ Martyrer) oder die ihren Glauben durch ihr Leben besonders bekannt hatten (↗ Bekenner). Es geht um Menschen, deren Leben als geglückt gelten darf, weil darin etwas von der Nähe Gottes deutlich wurde. Heiliggesprochen wurde man im ersten Jahrtausend durch faktische Verehrung des Volkes. Ulrich von Augsburg war 993 der Erste, der vom Papst heiliggesprochen wurde. Seit 1234 behält sich der Heilige Stuhl eine förmliche Kanonisierung vor, die heute in zwei Stufen erfolgt: Der ↗ Heiligsprechung geht die ↗ Seligsprechung voran. Im Gegensatz zu Seligen werden Heilige in der ganzen Kirche, also weltweit, verehrt und um Fürsprache angerufen. Heiligenbildern sind i. d. R. ikonographische Attribute beigegeben, die eine Identifizierung des oder der Heiligen ermöglichen (z. B. wird die hl. Barbara mit einem Turm dargestellt).

Heilige Drei Könige

Nach dem ↗ Matthäusevangelium (Mt 2, 1–12) die Weisen (auch: Magier oder Sterndeuter) aus dem Morgenland, die einen Stern sahen, dem sie bis zum Geburtsort Jesu in Betlehem folgten, um dem neugeborenen »König der Juden« zu huldigen. Aufgrund der drei symbolischen Geschenke – Gold, Weihrauch, Myrrhe – ging man schon im 3. Jh. davon aus, dass es sich um drei Weise handelte. Unter Verweis auf Psalm 72, 10, wonach »Könige von Tarsis, Saba und Seba« Gaben bringen, wurden aus den Weisen alsbald Könige. Seit dem 9. Jh. sind die Namen Caspar, Balthasar und Melchior belegt. Die drei stehen sowohl für die unterschiedlichen Lebensalter – Jüngling (Melchior), Mann/Erwachsener »in den besten Jahren« (Balthasar) und Greis (Caspar) – als auch für die damals bekannten drei Kontinente: Asien, Europa und Afrika, weshalb zunächst Caspar, dann Melchior als »Mohr« galt. Die angeblichen Reliquien der Heiligen Drei Könige, aufgefunden von Kaiserin Helena (* 248/249, † 328/329), der Mutter des ersten christlichen römischen Kaisers Konstantin (* 280, † 337), befanden sich seit dem 4. Jh. in Mailand. Nachdem Kaiser Friedrich Barbarossa 1162 die Stadt erobert und zerstört hatte, bemächtigte er sich auch dieser Gebeine. Er überließ sie seinem Kanzler, dem Kölner Erzbischof Rainald von Dassel (1159–1167), der die Reliquien 1164 feierlich nach Köln überführte. Dort wurde 1180 bis 1225 von Nikolaus von Verdun, dem »Meister von Verdun«, ein kostbarer Reliquienschrein angefertigt, der sich noch heute im Kölner Dom befindet.

Heilige Familie

Maria, Josef und das Jesuskind. ↗ Fest der Heiligen Familie, ↗ Flucht der Heiligen Familie.

Heilige Messe

↗ Messe.

Heilige Nacht

Lat. nox sacratissima = »heiligste Nacht«; Bez. für zwei Nächte im kirchlichen Festjahr: die Nacht von Karsamstag auf ↗ Ostern sowie – allg. eingebürgert – die Nacht vom 24. Dezember auf ↗ Weihnachten bzw. für den ganzen 24. Dezember. Ihren Charakter haben die beiden Nächte dadurch empfangen, dass sie die Nächte sind, die Christen durchwachen sollen, um im Symbol der aufgehenden Sonne Jesus Christus zu erblicken, der als Menschgewordener bzw. Auferstandener erscheint.

Heilige Öle

Die Öle, die in der kath. Kirche vor allem für Salbungen bei der ↗ Taufe, der ↗ Firmung, der Priester- und Bischofsweihe (↗ Weihesakrament) und der ↗ Krankensalbung gebraucht werden. Es wird unterschieden zwischen dem Katechumenenöl (zur Salbung der Taufbewerber), dem Krankenöl (zur Feier der ↗ Krankensalbung) und dem ↗ Chrisam (für Taufe und Firmung, Priester- und Bischofsweihe, Altar- und Kirchweihe, ↗ Sakramentalien). Die Heiligen Öle werden vom Bischof während der Karwoche in einem festlichen Gottesdienst (sog. Chrisam-Messe) geweiht. Verwendet wird Olivenöl, dem im Falle des Chrisams Duftstoffe (Balsam) beigemischt werden. Dem aus den Früchten des Olivenbaums gewonnenen Öl wird von alters her eine besondere Kraft zugeschrieben. Es bringt die stärkende und heilende Zuwendung Gottes und die Gemeinschaft mit Christus (dem Gesalbten) zum Ausdruck.

Heilige Schrift

Andere Bez. für die ↗ Bibel.

Heilige Woche

↗ Karwoche.

Heiligenkalender, der

Bez. für ein Verzeichnis der Heiligengedenktage aus dem Festkalender, das sich nach dem General-, Regional- und dem oder den jeweiligen ↗ Diözesankalendern richtet.

Heiligenschein, der

Auch: Gloriole, ↗ Nimbus; ein Lichtkreis, eine Lichtscheibe oder ein Strahlenkranz zur Kennzeichnung göttlicher oder heiliger Personen. Ein Heiligenschein, der die ganze Figur kreisförmig umgibt, heißt Aureole, der mandelförmige Heiligenschein wird Mandorla genannt; die Ganzkörperheiligenscheine dienen in der christlichen Kunst fast ausschließlich als Attribute für Christus und Maria.

Heiligenstädter Schulschwestern

↗ Schwestern von der heiligen Maria Magdalena Postel.

Heiliger Abend

Auch: Heiligabend; die Nacht vom 24. auf den 25. Dezember (↗ Weihnachten). Der Begriff leitet sich ab von lat. nox sacratissima = »heiligste Nacht«, was sich aber neben der Nacht auf Weihnachten auch auf die ↗ Osternacht bezieht. ↗ Sonnenuntergang.

Heiliger Geist

Die dritte Person des dreieinigen Gottes (↗ Dreifaltigkeit); wird in der Kunst häufig in Form einer fliegenden Taube dargestellt, die meist von einem Strahlenkranz umgeben ist oder Strahlen auf ein heiliges Geschehen aussendet. Im Mittelalter wurde die Dreifaltigkeit auch durch einen Männerkopf mit drei Gesichtern ausgedrückt. Weitere Symbole für das Wirken des Heiligen Geistes sind Feuer und Flammen, häufig dargestellt als Feuerzungen. Davon ist auch im »Pfingstbericht« der ↗ Apostelgeschichte die Rede: »Dann sah man etwas wie Feuer, das sich zerteilte, und auf jeden von ihnen ließ sich eine Feuerzunge nieder. Alle wurden vom Heiligen Geist erfüllt und begannen in verschiedenen Sprachen zu reden, jeder, wie es ihm der Geist Gottes eingab« (Apg 2,3). ↗ Gaben des Heiligen Geistes.

Heiliger Rock

Das Gewand Jesu, das nach dem ↗ Johannesevangelium (Joh 19,23) von den Soldaten unterm Kreuz verlost wurde und seit dem 12. Jh. als bedeutendste ↗ Reliquie im Trierer Dom aufbewahrt wird, verschlossen in einem Holzschrein unter einem klimatisierten Glaszelt in der Heilig-Rock-Kapelle. Wie das Gewand Christi nach Trier kam und ob es echt ist, kann wissenschaftlich nicht festgestellt werden. Für Gläubige ist die Reliquie ein Symbol für Christus und die Einheit der Kirche. Der Überlieferung nach hat die hl. Helena (*248/249, †328/329), die Mutter Konstantins des Großen, den Heiligen Rock bei ihrer Pilgerfahrt in Jerusalem gefunden und anschließend der Trierer Kirche geschenkt. Regelmäßige ↗ Wallfahrten seit 1513 machten die Reliquie weit über die Grenzen Triers hinaus bekannt. Die letzte große Heilig-Rock-Wallfahrt, bei der das Gewand Christi zu sehen war, fand 1996 statt und führte über eine Million Pilger nach Trier. Seitdem veranstaltet das Bistum Trier einmal jährlich die »Heilig-Rock-Tage«, ein zehntägiges diözesanes

Glaubensfest mit gottesdienstlichen Feiern und Veranstaltungen.

Heiliger Stuhl

Auch: ↗ Apostolischer Stuhl, Päpstlicher Stuhl; Bischofssitz des Papstes als Nachfolger des Apostels ↗ Petrus in Rom. Gemeint ist:

1. das Amt des Papstes und Bischofs von Rom mit den in seinem Auftrag handelnden römischen Verwaltungsbehörden (↗ Kurie);

2. der Apostolische Stuhl (und damit der Papst) als Völkerrechtssubjekt, der am Völkerrechtsverkehr teilnimmt, diplomatische Beziehungen zu anderen souveränen Ländern unterhält, Verträge und Abkommen schließt und Mitglied internationaler Nichtregierungsorganisationen ist.

Zu unterscheiden ist zwischen dem Heiligen Stuhl und dem 1929 gegr. Staat der ↗ Vatikanstadt mit eigenem Staatsgebiet, Staatsvolk und Staatsgewalt. Bei den Vereinten Nationen ist der Heilige Stuhl (und nicht der Vatikanstaat) als permanenter Beobachter zugelassen. Er darf bei der Jahresvollversammlung in die Debatte eingreifen und hat auch das Recht zu antworten, soweit es um ihn selbst geht.

Heiliges Jahr
↗ Jubeljahr.

Heiliges Land

Allg.-kirchl. Bezeichnung für den geographischen Raum im Nahen Osten, in dem die Frühgeschichte Israels und des Urchristentums lokalisiert wird.

Heiliges Offizium
↗ Inquisition.

Heiligsprechung, die
Lat. ↗ Kanonisation; in der kath. Kirche die feierliche und endgültige Erklärung, dass ein Verstorbener rechtmäßig als ↗ Heiliger verehrt und deshalb allgemein und öffentlich um seine Fürbitte bei Gott angerufen werden darf. Der Heiligsprechung geht ein abgeschlossenes, kirchenrechtl. genau geordnetes Verfahren (Heiligsprechungsprozess) voraus; zu den Voraussetzungen gehört u. a., dass zuvor bereits eine ↗ Seligsprechung des oder der Betreffenden erfolgt ist. Die Heiligsprechung erfolgt in einem liturgischen Akt, der seit 1234 allein dem Papst vorbehalten ist. ↗ Seligsprechung.

Heiligtum, das
Als Heiligtum können Wallfahrtsstätten, Gegenstände der Verehrung, besondere Kirchen u. Ä. bezeichnet werden.

Heiltum, das
Bez. für verehrte Reliquien oder Bildwerke im kirchl. Raum, denen Heilswirkung nachgesagt wird.

Heimatprimiz, die
↗ Primiz.

Heimsuchungsschwestern
↗ Salesianerinnen.

Heliand
↗ Bund der Deutschen Katholischen Jugend.

Herrenfest, das
↗ Hochfest.

Herrengebet, das
↗ Vaterunser.

Herrentag, der
↗ Sonntag.

Herrgottswinkel, der
Meist in der Ecke der Küche befand sich früher in katholischen Haushalten fast immer ein Kreuz mit der plastischen Darstellung des Gekreuzigten. Dieser Herrgottswinkel war der Mittelpunkt des Hauses. Im Blick darauf wurde das Tischgebet verrichtet, unter seinen Augen betete man bei Sturm, Hagel und Gewitter und wenn ein Familienmitglied auf den Tod erkrankte. Meist in Verbindung mit dem Herrgottswinkel wurde auch der ↗ Maialtar aufgebaut.

Herz-Jesu-Fest, das
↗ Hochfest, das am dritten Freitag nach ↗ Pfingsten gefeiert wird. In der Herz-Jesu-Verehrung wird ↗ Jesus Christus unter dem Symbol seines Herzens als die personifizierte Liebe verehrt. Bezugstext ist Joh 19,34: das durchbohrte Herz des Gekreuzigten als Quelle der ↗ Sakramente und der Kirche. Deshalb heißt es in der ↗ Präfation des Hochfestes vom Heiligsten Herzen Jesu: »Aus seiner geöffneten Seite strömen Blut und Wasser, aus seinem durchbohrten Herzen entspringen die Sakramente der Kirche. Das Herz des Erlösers steht offen für alle, damit sie freudig schöpfen aus den Quellen des Heiles.« Entstanden ist die Herz-Jesu-Verehrung in der Mystik des Spätmittelalters, verstärkt wurde sie durch die Visionen (1673 und 1675) der französischen Nonne Margareta Maria Alacoque. Diese volksfromme Form der

Spiritualität wurde durch die Jesuiten, v. a. im Rahmen ihrer Volksmission, verbreitet. Im 18. und 19. Jh. war die Herz-Jesu-Verehrung bes. aktuell. Das Fest wurde im Jahr 1856 von Papst Pius IX. eingeführt.

Herz-Jesu-Freitag, der

Wird an jedem ersten Freitag im Monat begangen. In der Hl. Messe beten die Gläubigen bes. um Priester- und Ordensnachwuchs. Das ↗ Allerheiligste wird ausgesetzt und der sakramentale Segen gespendet.

Herz-Jesu-Missionare

Lat. Missionarii Sacratissimi Cordis Iesu, Abk. MSC; kath. Männerorden, gegr. 1854 von dem französischen Priester Jules Chevalier (*1824, †1907). In 50 Ländern arbeiten die Missionare als Seelsorger, Erzieher und Handwerker.

Herz-Jesu-Priester

Lat. Congregatio Sacerdotum a Sacro Corde Iesu, Abk. SCJ; kath. Männerorden. Die Herz-Jesu-Priester werden nach ihrem Gründer Pater Léon Dehon (*1843, †1925) auch Dehonianer genannt. Die 1878 in Frankreich gegr. Ordensgemeinschaft versteht sich als »apostolische Gemeinschaft, die seelsorgerische und soziale Aufgaben wahrnimmt«. Herz-Jesu-Priester wirken weltweit in mehr als 40 Ländern. Sie sind u. a. in der Priesterausbildung tätig, bieten ↗ Exerzitien an und unterhalten Krankenhäuser und Schulen.

HHCJ

Abk. für ↗ Handmaids of the Holy Child Jesus, ↗ Dienerinnen des heiligen Kindes Jesu, kath. Frauenorden.

Hierarchie, die

Die Über- und Unterordnung der Amtsträger in der kath. Kirche, bezogen auf den Papst, die Bischöfe, Priester und ↗ Diakone. Die Hierarchie ist eine Organisationsstruktur wie auch eine Gliederung von Aufgaben und Verantwortlichkeiten. Papst und Bischöfe nehmen aufgrund ihrer Leitungs- und Lehraufgaben und Jurisdiktion eine übergeordnete Stellung ein.

Hilfsbischof, der

↗ Weihbischof, ↗ Titularbischof.

Himmel, der

Nach traditioneller Vorstellung ist der Himmel die Sphäre Gottes jenseits und außerhalb der bekannten Welt. Nach heutiger Vorstellung ist der Himmel kein Ort, sondern ein Zustand, bei dem ein verstorbener Mensch unverstellt und ungehindert mit Gott eins ist. »Jenseits« oder »Transzendenz« bezeichnen eben diesen Zustand, der unserer menschlichen Erfahrung unzugänglich ist, solange wir leben. Der Himmel ist damit weder ein bestimmter Ort im Jenseits noch ein Zustand der ewigen Ruhe. Den Gegensatz zum Himmel, einen Zustand der unauflösbaren Gottesferne, bildet die ↗ Hölle. (↗ Traghimmel.)

Hiob

»Hiob« oder »Ijob« ist die Hauptgestalt des gleichnamigen alttestamentlichen Buches (↗ Altes Testament): ein heidnischer Gottesgläubiger, dessen Frömmigkeit und Gerechtigkeitsempfinden durch furchtbare Leiden (z. B. Krankheiten, Zerstörung des Besitzes) mehrfach hart geprüft wird. In verschiedenen Gesprächen mit seinen Freunden und mit Gott selber wird die Bedeutung des ungerechten Leidens analysiert. Hiob klagt Gott an und bekennt sich gleichzeitig gläubig zu ihm. Zum Ende des Buches stellt Gott ihm seine Familie und seinen Besitz wieder her. Ungeklärt bleibt allerdings die Frage, woher das Leid kommt, worin es seine Ursache hat; abgelehnt wird die damalige Auffassung, Leid sei die Folge von ↗ Sünde.

Hirt, der Gute
↗ Guter Hirt.

Hirtenbrief, der
Rundschreiben von Bischöfen an die Gläubigen zu lehramtlichen und seelsorglichen Fragen oder Stellungnahmen zu brennenden Zeitfragen.

Hirtenstab, der
↗ Krummstab, ↗ Ferula.

Hochaltar, der
Auch heute noch gebräuchliche Bez. für den Hauptaltar in einer kath. Kirche, im Unterschied zu den Zelebrations-, Seiten- und Nebenaltären. Der Hochaltar ist i. d. R. nicht nur der größte Altar, sondern steht auch an der Stirnseite des Chors, der meist nach Osten ausgerichtet ist.

Hochamt, das
Lat. missa solemnis; eine bes. feierliche Hl. Messe an Sonntagen; als Messe mit Priester, ↗ Diakon und ↗ Subdiakon Dreiherrenamt, als Bischofsmesse ↗ Pontifikalamt genannt.

Hochfest, das
Hochfeste sind die höchsten Feste im kath. Kirchenjahr. Sie rücken besondere Glaubensinhalte oder bedeutende ↗ Heilige in den Mittelpunkt und haben Vorrang vor allen anderen kirchl. Festen oder Gedenktagen. Die kath. Kirche begeht folgende Hochfeste: *Hochfeste des Herrn:* ↗ Weihnachten (25. Dezember), Erscheinung des Herrn (6. Januar, ↗ Dreikönigsfest, ↗ Epiphanie), Verkündigung des Herrn (25. März), die drei österlichen Tage ↗ Gründonnerstag, ↗ Karfreitag, ↗ Ostern (beweglicher Festtermin), ↗ Christi Himmelfahrt (40 Tage nach Ostern), ↗ Pfingsten (50 Tage nach Ostern), ↗ Dreifaltigkeitsfest (Sonntag nach Pfingsten), ↗ Fronleichnam (Donnerstag der zweiten Woche nach Pfingsten), ↗ Herz-Jesu-Fest (Freitag der dritten Woche nach Pfingsten), ↗ Christkönigsfest (letzter Sonntag im Kirchenjahr); *Hochfeste der Gottesmutter Maria:* Hochfest der ohne Erbsünde empfangenen Jungfrau und Gottesmutter Maria (8. Dezember), Hochfest der Gottesmutter Maria (1. Januar), ↗ Hochfest der Aufnahme Mariens in den Himmel (15. August); *Hochfeste der Heiligen:* Hochfest des hl. Josef (19. März), Geburt des hl. Johannes des Täufers (24. Juni), Hochfest der ↗ Apostel Petrus und Paulus (29. Juni), ↗ Allerheiligen (1. November).

Hochfest der Aufnahme Mariens in den Himmel
Auch: Hochfest Mariä Aufnahme in den Himmel, gefeiert am 15. August. Die Feier der leiblichen Aufnahme Mariens in den Himmel, das Fest ↗ Mariä Himmelfahrt bzw. In Assumptione ↗ B.M.V., war in der Ostkirche schon vor dem Konzil von Chal-

cedon im Jahr 451 üblich. Die Westkirche hat dieses Fest spätestens im 7. Jh. übernommen. Die Aufnahme Mariens mit Leib und Seele in den Himmel wurde am 1. November 1950 durch Papst Pius XII. zum ↗ Dogma erhoben. ↗ Unfehlbarkeit.

Hochfest der ohne Erbsünde empfangenen Jungfrau und Gottesmutter Maria

Fest der Unbefleckten Empfängnis der allerseligsten Jungfrau ↗ Maria am 8. Dezember. In der kath. Kirche gilt dieses ↗ Marienfest als das bedeutendste, beinhaltet es doch die Besonderheit Mariens, die über sie hinaus und auf Christus verweist. ↗ Unbefleckte Empfängnis Mariä.

Hochgebet, das

Das zentrale Lob- und Dankgebet der ↗ Eucharistiefeier, das die Heilstaten Gottes in Erinnerung ruft, den Heiligen Geist herabruft und die Einsetzungsworte Jesu bei der ↗ Wandlung von Brot und Wein vergegenwärtigt.

Hochwürden

Auch: Hochwürdiger Herr; früher die übliche Anrede für einen kath. Priester; die Anrede von Bischöfen und ↗ Prälaten lautete »Hochwürdigster Herr«.

Hoffnung, die

Die zweite der drei »göttlichen Tugenden«, die der Apostel ↗ Paulus im 1. Brief an die Korinther nennt: »Für jetzt bleiben Glaube, Hoffnung, Liebe, diese drei; doch am größten unter ihnen ist die Liebe« (1 Kor 13,13). Hoffnung bezeichnet in diesem Zusammenhang eine positiv wertende Zukunftserwartung. Eine noch nicht einge-

tretene positive Möglichkeit wird für realisierbar gehalten. Prospektiv (vorwegnehmend) wirkt eine solche Idee motivierend und stimulierend.

Hölle, die

Nach biblischer Lehre und Aussagen Jesu Christi gibt es ↗ Himmel und Hölle, in denen die Menschen nach Tod und Gericht Aufnahme finden. Während das Bild vom Feuer für die Hölle in früheren Jahrhunderten den Ort der Qual symbolisierte, spricht man heute überwiegend nicht mehr von einem Ort, sondern von einem Zustand. Die Höllenqualen bestehen im Zustand der selbstverursachten endgültigen und auf ewig unüberbrückbaren Gottesferne. In der Hoffnung auf die Gnade Gottes ist – im Gegensatz zur Heiligsprechung – von keinem Menschen festgestellt, er sei der Hölle anheimgefallen.

Höllensturz, der

↗ Engelsturz.

Homiletik, die

Wissenschaft von der Predigtlehre; ↗ Predigt.

Homilie, die

Griech. homília = »Zusammensein, Gemeinschaft, Unterricht«; kirchenlat. homilia = »Rede zum Volk«; Bez. für die Auslegung eines Bibeltextes durch den Priester oder Diakon im Gottesdienst. ↗ Predigt.

Horen, die

Lat. hora = »Stunde«; Bez. für die nach einzelnen Tagesstunden benannten Feiern des ↗ Stundengebets: Laudes (Morgenlob),

Terz (zur dritten Stunde), Sext (zur sechsten Stunde), Non (zur neunten Stunde), Vesper (Abendgebet zum Abschluss des Arbeitstages) und ↗Komplet (Nachtgebet). Dabei zählt man den Tag von morgens sechs bis abends sechs Uhr (die dritte Stunde ist also neun Uhr). Hinzu kommt die zeitlich nicht festgelegte Lesehore, die an die Stelle der früheren ↗Matutin, des Gebets vor dem Morgenlob, getreten ist.

Hosanna, das

Auch: Hosianna; aram. »Hilf doch!«; alttestamentlicher Gebets- und Freudenruf, der in die Liturgie als Heils- oder Huldigungsruf übernommen wurde. In der ↗Eucharistiefeier ist das Hosanna mit dem ↗Sanctus verbunden (»Hosanna in der Höhe. Hochgelobt sei, der da kommt im Namen des Herrn. Hosanna in der Höhe«).

Hospitaliter, die

↗Johanniterorden.

Hostie, die

Lat. hostia = »Opfer«; Oblate aus reinem Weizenmehl und Wasser, die bei der Hl. Messe (↗Eucharistiefeier) konsekriert, d.h. in den Leib Christi verwandelt wird.

Hostiendose, die

Auch: ↗Pyxis; Aufbewahrungs- und Transportgerät für die ↗Hostien, die bei der Messfeier und ↗Kommunion benutzt werden. Der Hostienkelch wird auch ↗Ziborium genannt.

Humanae vitae

Bez. einer Enzyklika Papst Pauls VI. von 1968 »Über die rechte Ordnung der Weitergabe des menschlichen Lebens«, darin wird die Unvereinbarkeit künstlicher Empfängnisverhütung mit der kirchlichen Lehre festgehalten. ↗Königsteiner Erklärung.

Humerale, das

Auch: ↗Amikt; lat. humerus = »Schulter«; das Schultertuch, das als Teil des liturgischen Gewandes unter der ↗Albe getragen wird.

Hungertuch, das

↗Fastenvelum.

Hw.

Veraltete Abk. für ↗Hochwürden.

Hymnus, der

Feierlicher Lob- und Preisgesang in der ↗Liturgie.

Ichthys
↗ Fisch.

Ignatianisch
Bezogen auf bzw. inspiriert von Ignatius von Loyola, Gründer des Jesuitenordens.

IHS
Die ersten drei Buchstaben des griechischen Wortes für Jesus; sie werden auch als Abk. verstanden für »Jesus, Erlöser der Menschen« (lat.: Iesus Hominum Salvator) oder volkstümlich gedeutet als »Jesus, Heiland, Seligmacher« bzw. lat. »In Hoc Salus« (»In ihm ist das Heil«) oder »In Hoc Signo [vinces]« (»In diesem Zeichen wirst du siegen«); als ↗ Christusmonogramm wird das IHS vor allem von den Jesuiten in ihrem Ordenswappen gebraucht.

Ijob
↗ Hiob.

Ikone, die
Griech. eikón = »Bild«; Bez. für Kultbilder der ↗ Orthodoxen Kirchen. Die meist auf Holz gemalten, mit Goldhintergrund versehenen Tafelbilder haben für die Theologie und Spiritualität der ↗ Ostkirchen eine große Bedeutung. Nach ostkirchlichem Denken bildet die Ikone nicht nur etwas ab; sie enthält das Wesen des Dargestellten und gilt deshalb als heilig (↗ Bilderstreit). Die Motive und die Maltechnik sind fest vorgegeben. Dargestellt werden Jesus Christus, seine Mutter ↗ Maria sowie ↗ Apostel und ↗ Heilige.

Ikonodulen, die
Bilderverehrer (↗ Bilderstreit).

Ikonoklasten, die
Gegner der Bilderverehrung (↗ Bilderstreit).

Immaculata
↗ Unbefleckte Empfängnis.

Immaculataschwestern vom Seraphischen Apostolat
Abk. ISA, 1919 gegr. kath. Frauenorden, der zur franziskanischen Ordensfamilie (↗ Franz von Assisi) gehört. Die Schwestern der in Brandenburg (bei Ulm) beheimateten Gemeinschaft widmen sich der Jugend-, Behinderten- und Altenhilfe, sind in der Seelsorge tätig und bieten ↗ Exerzitien an.

Imprimatur, das
Lat. »es darf gedruckt werden« (auch: Imprimi potest); kirchl. Druckerlaubnis für Bücher, die sich mit Fragen des Glaubens oder des christlichen Lebens befassen. Die Druckerlaubnis erfolgt durch einen Bischof.

Inauguration, die
Lat. inauguratio = »Anfang«; feierliche Amtseinführung.

Index, der

Lat. Index librorum prohibitorum = amtl. »Verzeichnis der [vom Apostolischen Stuhl] verbotenen Bücher«; Index ist die Kurzbezeichnung für das von 1559–1966 geltende Verzeichnis zum Bücherverbot.

Indulgenz, die

Lat. indulgentia = »Nachsicht, Gnade«; im römischen Recht Straferlass entsprechend der Amnestie moderner Staaten, im kirchlichen Verständnis steht Indulgenz für ↗ Ablass.

Indult, der

Im Kirchenrecht die Befreiung von einer allgemein gültigen Rechtsnorm im Einzelfall (im Sinne eines Gnadenerweises).

Infallibilität, die

↗ Unfehlbarkeit des Papstes.

Inful, die

Lat. infula = »Binde, Band«; heute gleichbedeutend mit ↗ Mitra.

Initiationssakramente

Die drei ↗ Sakramente, die einen Christen zum vollberechtigten Kirchenmitglied machen: ↗ Taufe, ↗ Erstkommunion, ↗ Firmung.

Inkardination, die

Lat. »in einen kirchlichen Stand erheben«; Eingliederung eines kath. Geistlichen in ein bestimmtes ↗ Bistum. Dieses Bistum ist dann das »Heimatbistum« des Geistlichen, der dem jeweiligen Bischof gegenüber zum Gehorsam verpflichtet ist; gilt ähnlich in Bezug auf Ordensgemeinschaften.

Inkardinieren

Jmd. mit Rechten und Pflichten in eine Diözese oder einen ↗ Orden eingliedern (↗ Inkardination).

Inkarnation, die

Lat. incarnatio = »Fleischwerdung, Einfleischung« von lat. caro (Genitiv carnis) = »Fleisch«. Die theologischen Debatten um die Natur Jesu Christi in den ersten Jahrhunderten führten zur Dogmatisierung der Auffassung: Jesus von Nazaret war Gott und Mensch zugleich. Die Mutter Jesu wurde durch das Konzil in Ephesus im Jahr 431 als Gottesmutter (↗ Theotokos) bezeichnet. Im ↗ Großen Glaubensbekenntnis heißt es darum: »Für uns Menschen und zu unserem Heil ist er vom Himmel gekommen, hat Fleisch angenommen durch den Heiligen Geist von der Jungfrau Maria und ist Mensch geworden«.

Inquisition, die

Lat. inquisitio = »[gerichtliche] Untersuchung«; kirchl. Untersuchung mit dem Ziel, Ketzerei (↗ Häresie) aufzuspüren und zu verfolgen. Im Mittelalter entstand die Inquisition als eigene Untersuchungsbehörde, um die Kirche vor der vermeintlichen Gefährdung durch Glaubensabweichler zu schützen und Ketzer zu bestrafen. Das Inquisitionsverfahren gestattete die Anwendung der Folter, um die Beschuldigten zu einem Geständnis zu zwingen. Da die Inquisitoren selbst die Todesstrafe nicht vollstrecken konnten, wurden die Verurteilten den weltlichen Behörden überstellt. Die 1542 von Papst Paul III. (1534–1549) gegr. Congregatio Romanae et universalis inquisitionis (»Kongregation für römische und weltweite Inquisition«) befasste sich vorwiegend mit der Rechtgläubigkeit in der Kirche. Sie stellte zum Zeitpunkt ihrer Gründung insofern schon einen Fortschritt dar, als sie strenge Regeln für die Untersuchung und den Prozess aufstellte, um Willkür und Vorverurteilung zu verhindern. 1908 wurde die römische Inquisition von Papst Pius X. (1903–1914) in Sacra Congregatio Sancti Officii, kurz: Sanctum Officium (»Heiliges Offizium«), umbenannt. Im Rahmen der Kurienreform durch Papst Paul VI. verlor das Heilige Offizium 1965 seine Sonderstellung und wurde in »Kongregation für die Glaubenslehre« umbenannt. Die Kongregation besteht heute aus 25 Mitgliedern (Kardinäle, Erzbischöfe und Bischöfe aus 14 verschiedenen Nationen). Hinzu kommen 38 Mitarbeiter und 28 Konsultoren (Berater, i. d. R. Theologieprofessoren unterschiedlicher Fachrichtungen). Unter der Leitung von Joseph Kardinal Ratzinger, dem späteren Papst Benedikt XVI., öffnete die Glaubenskongregation 1992 die Archive der Inquisition für die wissenschaftliche Forschung. Anlässlich des Heiligen Jahres bat Papst Johannes Paul II. am 12. März 2000 in einem öffentlichen Schuldbekenntnis um Vergebung für die Verfehlungen und Irrtümer in der Geschichte der Kirche.

INRI

Lat. Abk. für Iesus Nazarenus Rex Iudaeorum = »Jesus von Nazaret, König der Juden«; gemäß Johannesevangelium (Joh 19,19) die vom römischen Statthalter Pontius Pilatus verfasste Schrifttafel, die am Kreuz Jesu angebracht war (lat. titulus crucis).

Insignien, die

Lat. eigentl. »Abzeichen, Ehrenzeichen«; Zeichen staatlicher oder ständischer Macht und Würde. Bischöfliche Insignien sind das ⁊ Brustkreuz, der Bischofsring, der ⁊ Hirten- oder Krummstab und die ⁊ Mitra.

Institut Schönstatt

Bez. der Schönstatt-Patres; ⁊ Schönstatt-Bewegung.

Institutum Fratrum Franciscalium a Santa Cruce loci Waldbreitbach

Abk. FFSC; ⁊ Franziskanerbrüder vom Heiligen Kreuz.

Institutum Fratrum Maristarum a Scholis

Abk. FMS; ⁊ Maristenbrüder.

Institutum Fratrum Scholarum Christianarum

⁊ Brüder der christlichen Schulen.

Institutum Oblatorum S. Francisci Salesii

⁊ Oblaten des heiligen Franz von Sales.

Institutum Schoenstattense Sororum Marialium

Schönstatt-Marienschwestern; ⁊ Schönstatt-Bewegung.

Interdikt, das

Lat. »Untersagung«; im Kirchenrecht mögliche Beugestrafe mit Ausschluss von den Sakramenten, praktisch vergleichbar der ⁊ Exkommunikation. Bei bestimmten Vergehen tritt das Interdikt von selbst durch die Tat ein, ohne eigens festgestellt werden zu müssen (»Tatstrafe«).

Interkonfessionelle Ehe
↗ Konfessionsverbindende Ehe.

Intersitz, das
↗ Magisterium.

Introitus, der
Lat. introitus = »Eingang, Einzug«; Bez. für den Eröffnungsgesang in der Hl. Messe. Viele Sonntage sind nach dem ersten Wort des Introitus benannt (z. B. ↗ Gaudete, ↗ Invocabit, ↗ Laetare).

Investitur, die
Lat. vestire = »bekleiden«; die Einsetzung von Klerikern in ihr geistliches Amt.

Investiturstreit, der
Im 11. Jh. Auseinandersetzung zwischen Papst und Kaiser um die Amtseinsetzung von Bischöfen und Äbten (die zugleich weltliche Fürsten waren), zugleich ein Streit um den Vorrang von geistlicher oder weltlicher Macht. Als Höhepunkt gilt der Gang nach Canossa: Der vom Papst mit Kirchenbann belegte König Heinrich IV. zog 1076 von Speyer nach Canossa und erreichte dort die Lösung vom Bann. Der Investiturstreit endete mit dem Konkordat von Worms 1122; fortan oblag der Kirche die Einsetzung ins Amt, dem König hingegen die Belehnung mit dem weltlichen Besitz.

Invocabit
Erstes Wort des Eingangsgesangs der Hl. Messe (↗ Introitus) am Ersten Fastensonntag (Invocabit me = »Er ruft mich an«), deshalb auch: Sonntag Invocabit.

Inzensation, die
Lat. incensum = »Räucherwerk, Weihrauch«; in feierlichen Gottesdiensten das Beräuchern mit ↗ Weihrauch.

IOR
Abk. für Istituto per le Opere di Religione = »Institut für die religiösen Werke«; ↗ Vatikanbank.

i.p.i.
Abk. für lat. in partibus infidelium (»in den Ländern der Ungläubigen«). Weihbischöfe bzw. Titularbischöfe, also Bischöfe ohne eigenes ↗ Bistum, werden auf den Namen eines untergegangenen Bistums geweiht, das meistens heute nicht mehr christlich besiedelt ist (z. B. in Nordafrika oder Kleinasien). ↗ Weihbischof.

ISA
Abk. für ↗ Immaculataschwestern vom Seraphischen Apostolat.

ISCH
Abk. für Institut Schönstatt, Bez. der Schönstatt-Patres; ↗ Schönstatt-Bewegung.

ISSM
Abk. für Institutum Schoenstattense Sororum Marialium, Schönstatt-Marienschwestern; ↗ Schönstatt-Bewegung.

Istituto per le Opere di Religione
↗ Vatikanbank.

J

Jahreskreis, der

Im allgemeinen Sinn Bez. für die verschiedenen Phasen des Jahres; im kirchlichen Festkalender Bez. für zwei Phasen: »Zeit im Jahreskreis« heißt die Phase zwischen dem Weihnachts- und dem Osterfestkreis (↗ Weihnachten, ↗ Ostern) und ebenfalls die Zeit zwischen dem Osterfestkreis und dem Weihnachtsfestkreis.

Jakobsweg, der

Der ↗ Apostel Jakobus d. Ä. soll in Spanien missioniert haben. Der Legende nach wurde sein Grab 818–834 in Galizien entdeckt und zum Mittelpunkt des dann Santiago de Compostela (sprachlich abgeschliffen von Sanct Jacobus und campus stellae: »Sternenfeld«) genannten Ortes, wohin sich bald eine ↗ Wallfahrt richtete. Die Wallfahrtswege nach Santiago finden sich in ganz Europa und sind in zahlreichen Fällen in den letzten Jahres renoviert worden. Die Wallfahrt nach Santiago gilt nicht nur für Katholiken als ein Weg »nach innen« oder zu Gott hin.

Jerusalemer Bibel, die

Bibelausgabe mit dem besonders ausführlichen und kenntnisreichen Kommentar der französischen Dominikaner von Jerusalem; bis zur Mitte der 1980er Jahre mit der Herder-Bibelübersetzung, seitdem (unter dem Namen »Neue Jerusalemer Bibel«) mit der Einheitsübersetzung.

Jesuiten

Lat. Societas Jesu = »Gesellschaft Jesu«, Abk. SJ; größter Männerorden der kath. Kirche, hervorgegangen aus einer von dem Spanier Ignatius von Loyola 1534 gegr. religiösen Gemeinschaft. Hauptziel der Jesuiten ist die Ausbreitung, Festigung und Verteidigung des kath. Glaubens durch Mission, Predigt, Seelsorge, Unterricht, wissenschaftliche Arbeit und geistliche Übungen (↗ Exerzitien). Jesuiten müssen eine lange und gründliche Ausbildungszeit durchlaufen. Nach zweijährigem ↗ Noviziat folgt ein fünfjähriges Studium und nach der Priesterweihe ein Aufbaustudium von mindestens zwei weiteren Jahren. Jesuiten verzichten auf klösterliche Abgeschiedenheit und eine spezifische Ordenskleidung. ↗ Professen legen ein zusätzliches Gehorsamsgelübde ab, sich vom Papst zu jeder Arbeit senden zu lassen, die dieser ihnen aufträgt.

Jesuitengesetz, das

Ein 1872 von Bismarck erlassenes Gesetz, das die Tätigkeit des Jesuitenordens im Dt. Reich verbot – eine Maßnahme unter anderen, um den politischen Einfluss der kath. Kirche zu brechen. In der Schweiz galt das Jesuitenverbot bis 1973. ↗ Kulturkampf.

Jesuitenstil, der

↗ Barock.

Jesus Christus

Der menschgewordene Sohn Gottes; die Bez. setzt sich zusammen aus der griech. Form des hebr. Namens Jehoschua oder Josua (= ↗ »JHWH ist Heil« bzw. »JHWH hilft«) und der Beifügung Christus (griech. »der Gesalbte«), der griech. Form des hebr. ↗ Messias. Nach christlicher Glaubenslehre ist Jesus Christus der von Gott gesandte Erlöser der Welt.

JHWH

Mit diesen vier Buchstaben (dem sog. Tetragramm) wird der hebr. Name für Gott wiedergegeben. Nach jüdischer Tradition darf der Gottesname nicht ausgesprochen werden. Die christliche Theologie hat aus Respekt vor dieser Ansicht die Umschreibung mit vier Buchstaben übernommen und ersetzt damit die obsolete Bezeichnung »Jahwe«. Aussprechen kann man das Tetragramm mit »der Herr«.

Joch, das

In romanischen und gotischen Kirchen der Raum zwischen vier im Quadrat oder Rechteck stehenden Pfeilern, meist auch eine eigene Gewölbeeinheit. Außerdem: hölzernes Geschirr für Rinder. Das Joch steht auch symbolisch für den ↗ Guten Hirten (vgl. Mt 11,29.30); ↗ Pallium.

Johannes / Johannes Ev.

Einer der vier ↗ Evangelisten (Symbol: Adler). Der Evangelist Johannes ist nicht identisch mit dem gleichnamigen Apostel, der nach dem Tod Jesu zusammen mit ↗ Petrus und Jakobus in der Jerusalemer Urgemeinde eine führende Rolle innehatte.

Johannes B. / Johannes Bapt.

Johannes der Täufer (Baptist).

Johannesevangelium, das

Abk. Joh; das vierte und jüngste ↗ Evangelium im ↗ Neuen Testament; Verfasser, Ort und Zeit der Abfassung sind nicht sicher geklärt, wahrscheinlich ist es im letzten Jahrzehnt des 1. Jh. n. Chr. in Syrien oder Kleinasien entstanden; in Sprache und Gedankenführung sowohl vom griech. als auch vom jüd. Denken und Leben geprägt. Die Herrlichkeit Gottes offenbart sich in Jesus Christus, dem fleischgewordenen Wort Gottes, der zur Glaubensentscheidung herausfordert.

Johannesgemeinschaft, die

1944 von dem Schweizer Theologen Hans Urs von Baltharsar (*1905, †1988) und der Ärztin Adrienne Kaegi-von Speyr (*1902, †1967) gegr. ↗ Säkularinstitut, zunächst für Frauen, später auch für Männer (↗ Laien und Priester).

Johanniterorden

Auch: Johannniter oder Hospitaliter genannt; Bez. für den ältesten geistlichen Ritterorden, der im 11. Jh. als Hospitalbruderschaft in Jerusalem entstand und sich nach der ↗ Reformation in den ↗ Malteserorden und den Johanniterorden aufspaltete. Zwar wurde die Ordensprovinz (↗ Ballei) des Johanniterordens in Brandenburg 1811 aufgelöst, nicht aber die Gemeinschaft der Ritter als Personenverband. Er ging 1852 im evangelischen Preußischen Johanniterorden zur Krankenpflege auf, dem heute rund 4.000 Mitglieder (Ritter) angehören. Sitz: Berlin.

Jubeljahr, das

Urspr. »Jobeljahr« von hebr. jobel = »Widder, Ziege«, dann »Klang des Schofars«, des rituellen Widderhorns, das ein Jubeljahr ankündigte; nach sieben mal sieben ↗ Sabbatjahren wurde ein Jubeljahr (auch: Erlassjahr) ausgerufen, das den Sklaven Freiheit brachte (Lev 25,9). Die mittelalterliche Kirche hat das Jubeljahr als Heiliges Jahr übernommen, das urspr. alle 50 Jahre, später in kürzeren Abständen von 25 Jahren angesetzt wurde. Das Heilige Jahr wird als geistliches Ereignis mit Wallfahrten und Ablässen (↗ Ablass) begangen.

Judica

Erstes Wort des ↗ Introitus am Fünften Fastensonntag (früher: Erster Passionssonntag), mit dem die ↗ Passionszeit beginnt (lat. Judica me, Deus = »Schaff' Recht mir, Gott«), deshalb auch: Sonntag Judica.

Jünger, der

Griech. ho mathetos, lat. discipulus, ahd. jungiro = »Lehrling«; Bez. für jene Menschen im NT, die sich Jesus anschlossen und ihm folgten. Aus dem Kreis der Jünger erwählte Jesus die zwölf ↗ Apostel. Während die Apostel ausschließlich Männer waren, gehörten zur Schar der Jünger auch Frauen (Jüngerinnen), die in einigen Fällen namentlich bekannt sind (z. B. Maria von Magdala).

Jüngster Tag

Jener Tag, der am Ende der Schöpfung steht, an dem das ↗ Jüngste Gericht stattfindet. ↗ Apokalypse, ↗ Eschatologie.

Jüngstes Gericht

Seit der jüdischen ↗ Apokalyptik gibt es die Vorstellung von einem endzeitlichen Gericht Gottes, dem sich jeder Mensch stellen muss. Der »Tag Jahwes« im ↗ Alten Testament (Amos 5,18–20) wird im ↗ Neuen Testament zum Weltgericht Christi, der die Guten von den Schlechten trennt (Mt 25,31ff.). Während im frühen Christentum das Weltgericht am Jüngsten Tag symbolisch dargestellt wurde (Scheiden von Böcken und Schafen, klugen und törichten Jungfrauen) entwickelte sich seit dem 8. Jh. zunächst in der byzantinischen Kunst ein Bildprogramm, das den thronenden Christus als Weltenrichter und Engel und Teufel beim Aussortieren der Gerichteten zeigt. Die weltweit bekannteste Darstellung dürfte das Weltgericht Michelangelos in der ↗ Sixtinischen Kapelle im Vatikan sein. ↗ Jüngster Tag, ↗ Apokalypse.

Jurisdiktion, die

Im Allgemeinen die Rechtshoheit innerhalb eines Gebietes, im Speziellen der katholischen Kirche die Rechts- und Verwaltungshoheit eines Bischofs in seiner Teilkirche, meist einem ↗ Bistum, seinem Jurisdiktionsbezirk.

Justitia et Pax

Lat. »Gerechtigkeit und Friede«; 1967 gegr. Päpstlicher Rat zur Förderung von Frieden, Gerchtigkeit und Menschenrechten. Aufgabe ist die Vernetzung kirchlicher Akteure im Bereich der sozialen und der politischen Arbeit und die Mitarbeit an politischen Konzepten. Träger der deutschen Sektion von Justitia et Pax sind DBK und ZdK.

K

KAB
Abk. für ↗ Katholische Arbeitnehmer-Bewegung.

Kalenderreform
↗ Gregorianische Kalenderreform.

Kalotte, die
Teilfläche einer Kugel, in der Architektur einer Kuppel; auch: klerikales Kleidungsstück, Scheitelkäppchen oder ↗ Pileolus.

Kamauro, der
↗ Camauro.

Kamillianer
Auch: Camillianer; lat. Ordo Sancti Camilli = »Orden des heiligen Kamillus«, Abk. OSCam; offiziell lautet der Name der Ordensgemeinschaft Ordo Clericorum Regularium Ministrantium Infirmis = »Orden der Diener der Kranken«, Abk. MI oder OSC; 1582 von Camillo de Lellis (*1550, † 1614) in Rom gegr. Gemeinschaft von Krankenpflegern, aus der mit Erlaubnis von Papst Sixtus V. (1585–1590) am 18. März 1586 der Orden der Kamillianer (Gesellschaft der Krankendiener) hervorging. Neben den Gelübden der Armut, Ehelosigkeit und des Gehorsams (↗ Evangelische Räte) legen die Kamillianer noch ein viertes Gelübde ab: den Kranken zu dienen, auch unter Einsatz ihres Lebens. Erkennungszeichen der Kamillianer ist ein großes rotes Kreuz auf der schwarzen Ordenstracht. Sie sind tätig als Krankenhausseelsorger und Pfarrer, Sozialarbeiter, Kranken- und Altenpfleger, Ärzte und Psychologen sowie in der Mission. Weltweit zählt die Ordensgemeinschaft 1.100 Mitglieder in 15 Ordensprovinzen. In Deutschland (Deutsche Provinz) arbeiten rund 20 Kamillianer in den Niederlassungen Essen, Freiburg und Mönchengladbach. Der weibliche Zweig (Die Töchter des hl. Kamillus) wurde 1892 von Kamillianer-Pater Luigi Tezza (*1841, † 1923) und Josefina Vannini (*1859, † 1911) gegründet, die beide von Papst Johannes Paul II. seliggesprochen wurden. In Deutschland sind die Kamillianerinnen in den Niederlassungen Düren und Asbach/Westerwald tätig.

Kamillianerinnen
↗ Kamillianer.

Kämmerer, der
↗ Camerlengo.

Kanon, der
Lat. canon = »Regel, Norm, Richtschnur«; Abk. Can. oder can.; Bez. für:
1. eine einzelne Rechtsvorschrift im kath. Kirchenrecht (↗ Codex Iuris Canonici);
2. den unveränderlichen Teil der Hl. Messe, das Eucharistische ↗ Hochgebet (vom ↗ Sanctus bis zum ↗ Pater noster);
3. den festgelegten Textkorpus der Bibel (↗ Kanonisation).

»In den Kanon aufnehmen« meint die Anerkennung einer Schrift oder eines Rechtsgrundsatzes. ↗ Kanonisation.

Kanoniker, der

Auch: Kanonikus; Mitglied eines Stifts-
bzw. ↗Domkapitels (Chorherr) oder einer
anderen nichtklösterlichen kirchl. Gemeinschaft. Das Zusammenleben der Gemeinschaft sowie die Feier der Gottesdienste (↗Kapitelamt) sind bestimmten
Regeln (↗Kanon) unterworfen.

Kanonisation, die

Auch: Kanonisierung; Bez. für die ↗Heilig-
bzw. ↗Seligsprechung (Aufnahme in den
Kanon, d. h. das Verzeichnis der Heiligen),
aber auch für die Anerkennung der Heiligen Schriften des Alten und Neuen Testaments (»in den ↗Kanon aufnehmen«).

kanonisch

Lat. canon = »Regel, Norm«; das Kirchenrecht innerhalb der katholischen Kirche
wird Kanonisches Recht genannt. Davon
abgeleitet wird das »kanonische Alter«, je-
nes Alter, das das Kirchenrecht (↗Codex
Iuris Canonici) für bestimmte Ämter vor-
schreibt. Kanonische Texte dagegen sind
jene Texte, die offiziell durch die Kirche
in den Kanon des ↗Alten oder ↗Neuen
Testamentes aufgenommen wurden.

Kanonisches Recht

Kirchenrecht

Kanontafeln, die

Vergleichende Verzeichnisse von einander
entsprechenden Textstellen der verschiedenen Evangelien. In mittelalterlichen
Handschriften werden die häufig orna-
mental gestalteten Kanontafeln den Evangelien vorangestellt. ↗Synopse.

Kantor(in), der (die)

Lat. »Sänger«; Vorsänger bei der Liturgie;
oft auch Bez. für den Leiter des Kirchen-
chors und Organisten.

Kanzel, die

Bis zum ↗Zweiten Vatikanischen Konzil
war die Kanzel der erhöhte Ort in der Kirche, von dem aus ein ↗Diakon oder Priester predigte (↗Homilie). Sie besteht aus
einem Kanzelfuß und einem Kanzelkorb,
zu dem eine Treppe hinaufführt; der
Schalldeckel über der Kanzel dient der
besseren Akustik. Seit dem Konzil dienen
Priestersitz oder ↗Ambo als Predigtort.
Die Kanzel ist zugunsten eines weniger
hierarchischen Predigtstils funktionslos
geworden.

Kanzler, der

In der bischöflichen Verwaltung (↗Kurie)
die mit Führung und Aufbewahrung der
Akten beauftragte Person. Dem Kanzler
obliegt häufig auch die Aufgabe des No-
tars der Kurie.

Kapelle, die

Andachtsort, meist kleine Kirche (ohne
Pfarrrechte) oder Teil einer größeren Kirche. (Zur Wortentstehung s. ↗Cappa.)

Kapellenkranz, der

↗Chorumgang.

Kapitel, das

Lat. capitulum = »Köpfchen«; rechtsfähi-
ges Kollegium von Priestern an einer
Stifts- oder Domkirche (↗Domkapitel);
auch: Versammlung der Mitglieder eines
geistlichen Ordens (↗Konvent).

Kapitelsamt, das
Gottesdienstfeier der Mitglieder eines Stifts- oder Domkapitels.

Kapitelsaal, der
Versammlungs- und Tagungsraum des Domkapitels an einer Kathedralkirche.

Kapitularvikar, der
Früherer Begriff für einen vom ↗ Domkapitel gewählten Priester, der in der Zeit der Sedisvakanz bis zur Amtseinführung eines neuen Bischofs die Diözese leitet; die heute allgemein gebräuchliche Bezeichnung: ↗ Diözesanadministrator.

Kaplan, der
Lat. capellanus = wörtlich: »Kapellengeistlicher«; in einer kath. Gemeinde tätiger Priester, der dem ↗ Pfarrer als Helfer und Vertreter zur Seite steht. ↗ Cappa.

Kaplan Seiner Heiligkeit, der
Auch: ↗ Ehrenkaplan. ↗ Päpstliche Ehrentitel.

Kappung, die
(Kirchensteuer-)Kappung meint bei hohen Einkommen den Teilerlass von Kirchensteuern auf Antrag. Durch die progressive Wirkung des staatlichen Steuertarifs ergeben sich bei hohen Einkommen unverhältnismäßig hohe Belastungen, daher sehen die Kirchensteuergesetze in solchen Fällen eine Kappung vor, d. h. die Begrenzung der Kirchensteuer auf einen bestimmten Prozentsatz des zu versteuernden Einkommens. Als Bemessungsgrundlage der Kappung gilt nicht 9 Prozent der Lohn- oder Einkommensteuer (Kirchensteuer), sondern je nach Bundesland zwischen 2,75 bis max. 4 Prozent des zu versteuernden Einkommens.

Kapuziner
Lat. Ordo Fratrum Minorum Cappucinorum, Abk. OFMCap.; Ordensgemeinschaft (Männerorden), die 1528 als Reformbewegung des Ordens der ↗ Franziskaner entstand. Die Namensgebung der Kapuziner geht auf die Kapuze an ihrem braunen Habit zurück. An einem weißen Gürtel tragen sie einen Rosenkranz. Die Ordensmitglieder wirken in allen Erdteilen in der Seelsorge und Mission. ↗ Klarissen-Kapuzinerinnen.

Kapuzinerinnen von der Ewigen Anbetung
↗ Klarissen-Kapuzinerinnen.

Kapuzinerpredigt, die
Umgangssprachlich für eine volkstümliche, bisweilen drastische Predigt.

Kardinal, der
Abgeleitet von lat. cardo = »Türangel«: »im Angelpunkt stehend, wichtig«; nach dem Papst der ranghöchste Würdenträger der röm.-kath. Kirche. Kardinäle unterstützen den Papst in der Leitung der Römischen ↗ Kurie und in den Bistümern der Weltkirche und haben seit 1179 das ausschließliche Recht der Papstwahl; an der Wahl eines Papstes dürfen jedoch nur die Kardinäle teilnehmen, die jünger als 80 Jahre sind. Altersunabhängig können sie an den Vollversammlungen der Kardinäle (↗ Konsistorium) teilnehmen. Durch die Ernennung zum Kardinal sollen Verdienste eines Ortsbischofs, eines Kurienmitglieds oder eines Theologen gewürdigt

werden. Oft ist ein Bischofssitz oder Kurienamt traditionell mit der Kardinalswürde verbunden (in Deutschland z. B. die Erzbistümer Köln, München-Freising und Berlin in der Nachfolge Breslaus). Die Kardinäle werden vom Papst auf Lebenszeit ernannt und feierlich in einem Konsistorium »kreiert«. Sie sollen sich »in Glaube, Sitte, Frömmigkeit sowie durch Klugheit in Verwaltungsangelegenheiten« auszeichnen. Nach dem Kirchenrecht muss ein Kardinal bei seiner Ernennung lediglich zum Priester geweiht sein; i. d. R. sind die ernannten Kardinäle jedoch bereits geweihte Bischöfe. Es gibt auch Ausnahmen, wie z. B. den Münchener Theologie-Professor Dr. Leo Scheffczyk (*1920, †2005). Seit 1630 führen Kardinäle den Titel »Eminenz«. Zur Amtstracht gehört der purpurrote Kardinalsrock (»Kardinalspurpur«), dessen Farbe die Treue zum Papst bis hin zum Blutvergießen symbolisieren soll. Der Titel »Kardinal« wird zwischen Vor- und Nachnamen geführt (z. B. Karl Kardinal Lehmann).

Kardinal »in pectore«, der
Lat. in pectore = »in der Brust, im Herzen«; Bez. für einen Kardinal, den der Papst ernannt hat, dessen Namen er aber nicht bekannt gibt. Ein Grund für die Geheimhaltung kann sein, dass der Kandidat aufgrund der politischen Situation in seinem Land mit Repressalien rechnen müsste, wenn die Ernennung bekannt gegeben würde. Erst wenn der Papst den Namen in einem weiteren ↗ Konsistorium mitteilt, hat der Kardinal »in pectore« die Rechte und Pflichten eines Kardinals – und zwar dann von dem Zeitpunkt an, zu dem ihn der Papst »in pectore« ernannt hat. Stirbt der Papst, ohne den Namen des von ihm »in pectore« erwählten Kandidaten öffentlich gemacht zu haben, erlischt die Ernennung.

Kardinalbischof, der
↗ Kardinalsklassen.

Kardinal-Camerlengo, der
↗ Camerlengo.

Kardinaldekan, der
Auch: Kardinalkämmerer; ranghöchster Kardinalbischof und Vorsitzender des ↗ Kardinalskollegiums. Das Amt geht auf das 12. Jh. zurück. Der Kardinaldekan wird aus der Mitte der Kardinalbischöfe gewählt; er ist »Erster unter Gleichen« (lat. primus inter pares) und ohne irgendeine Jurisdiktionsgewalt. Seine Wahl muss vom Papst bestätigt werden. Der Kardinaldekan muss seinen Wohnsitz in Rom haben und hat das Recht, den Papst zum Bischof zu weihen, falls dieser bei seiner Wahl noch nicht Bischof sein sollte. Der Dekan des Kardinalskollegiums ist traditionsgemäß ↗ Titularbischof von Ostia.

Kardinaldiakon, der
↗ Kardinalsklassen.

Kardinalkämmerer, der
↗ Kardinaldekan.

Kardinalpräfekt, der
Leiter einer ↗ Kurienkongregation.

Kardinalpriester, der
↗ Kardinalsklassen.

Kardinalprotodiakon, der

Früher auch: Kardinalerzdiakon; der Erste in der Klasse der Kardinaldiakone (↗ Kardinalsklassen). Er verkündet nach dem Dankgebet der Kardinäle am Ende des ↗ Konklaves auf der Benediktions-Loggia der ↗ Peterskirche den wartenden Menschen den Namen des neu gewählten Papstes und den Namen, den dieser sich als Papst gegeben hat (↗ Habemus papam). Bei der »Amtseinführung als universaler Hirte der Kirche« legt er dem Neugewählten das ↗ Pallium um.

Kardinalshut, der

Auch: Galero; als Zeichen ihrer Kardinalswürde erhielten die ↗ Kardinäle bis 1969 vom Papst bei ihrer feierlichen Ernennung den roten Kardinalshut. Unter dem Hut trugen sie den roten ↗ Pileolus. Rot ist als Farbe der ↗ Martyrer den Kardinälen vorbehalten. Heute überreicht der Papst als äußeres Zeichen der Ernennung öffentlich die Ernennungsurkunde, das Kardinalsbirett (↗ Birett) und den Kardinalsring.

Kardinalsklassen

Das ↗ Kardinalskollegium ist in drei Klassen eingeteilt: Kardinalbischöfe, Kardinalpriester und Kardinaldiakone. Diese Titel stellen eine symbolische Bindung der Kardinäle an die Kirche von Rom dar und erinnern zugleich daran, dass die Päpste ursprünglich vom Klerus Roms gewählt wurden. Den *Kardinalbischöfen* sind als ↗ Titularbistümer die sieben Rom umgebenden (↗ suburbikarischen) Bistümer anvertraut: Ostia, Palestrina, Porto und Santa Rufina, Albano, Velletri-Segni, Frascati, Sabina-Poggio Mirteto. Da es aber nur sechs Kardinalbischöfe gibt, übernimmt

der ↗ Kardinaldekan zusätzlich zu seinem anderen suburbikarischen Bischofssitz auch das Titularbistum Ostia. Alle Kardinalbischöfe versehen ihren Dienst ausschließlich in der Römischen ↗ Kurie. Auf einer Stufe mit den Kardinalbischöfen stehen auch die mit Rom unierten ↗ Patriarchen. Die *Kardinalpriester* stellen die größte Gruppe innerhalb des Kardinalskollegiums. Ihnen ist jeweils eine sog. ↗ »Titelkirche« in Rom zugewiesen. *Kardinaldiakone* erhalten jeweils eine römische Diakonie als protokollarischen Sitz. Nach frühestens zehn Jahren haben sie das Recht, den Papst um die Erhebung in den Stand eines Kardinalpriesters zu bitten.

Kardinalskollegium, das

Alle Kardinäle zusammen bilden das Kardinalskollegium, das auch als »Senat« des Papstes bezeichnet werden kann und ihn in der Leitung der Gesamtkirche berät und unterstützt; der Vorsitzende des Kardinalskollegiums ist der ↗ Kardinaldekan. Das Kardinalskollegium ist nicht identisch mit dem Gremium, das den Papst wählt, da das Recht zur Papstwahl nur Kardinäle haben, die nicht älter als 80 Jahre sind.

Kardinalstaatssekretär, der

Amtlich auch »Staatssekretär Seiner Heiligkeit« genannt. Er leitet das ↗ Staatssekretariat des ↗ Heiligen Stuhls und somit die wichtigste Behörde der Römischen ↗ Kurie. Der Kardinalstaatssekretär wird vom Papst ernannt und nimmt gleichsam als »Regierungschef« des Vatikans die zweithöchste Position in der kath. Hierarchie ein.

Kardinalswappen, das

Das Wappen eines Kardinals ist erkennbar an dem roten Kardinalshut über dem Wappenschild und den 15 roten Quasten, die beidseitig vom Hut an Schnüren herabhängen. ↗ Bischofswappen.

Kardinaltugenden, die

Von lat. cardo = »Türangel, Dreh- und Angelpunkt« und mhd. tugent = »Tauglichkeit«; vier (bei den Autoren wechselnde) Haupttugenden kennt bereits das Altertum. Der älteste Beleg findet sich bei Aischylos 467 v. Chr. Die Idee wird im 4. Jh. n. Chr. vom Christentum übernommen. Ambrosius von Mailand verwendet erstmals den Begriff. Als die vier Kardinaltugenden bilden sich heraus: Iustitia (Gerechtigkeit), Fortitudo (Tapferkeit), Sapientia (Weisheit) und Temperantia (Mäßigung). Der Apostel Paulus kennt drei theologische Tugenden: Fides (Glaube), Spes (Hoffnung) und Caritas (Liebe), die zusammen mit den Kardinaltugenden sieben Tugenden ergeben: Weisheit (oder Klugheit), Gerechtigkeit, Tapferkeit, Mäßigung, Glaube, Hoffnung und Liebe. Diese sieben Tugenden werden oft den sieben ↗ »Todsünden« gegenübergestellt.

Kardinalvikar, der

Der ↗ Generalvikar des Papstes für die Diözese Rom. Ihm obliegt es auch, der Bevölkerung von Rom den Tod des Papstes offiziell mitzuteilen. Anders als bei bischöflichen Generalvikaren erlischt das Amt des Kardinalvikars nicht mit der ↗ Sedisvakanz.

Karfreitag, der

Ahd. kara = »Trauer, Wehklage«; der Freitag vor ↗ Ostern, Tag der Kreuzigung Jesu Christi. Der Karfreitag wird als Fasttag und, im Zeichen der Trauer, in Stille und Besinnlichkeit begangen. Am Nachmittag versammeln sich kath. Christen zum ↗ Wortgottesdienst mit Verlesung der Passionsgeschichte, zur Kreuzverehrung (das mit einem violetten Fastentuch bedeckte Kreuz wird enthüllt und durch Kniebeugen verehrt) und zur anschließenden Kommunionfeier. In vielen Gemeinden finden am Morgen des Karfreitags Kreuzwegandachten (↗ Kreuzweg) statt. ↗ Karwoche.

Karmelit(inn)en

Lat. Ordo Fratrum Beatae Mariae Virginis de Monte Carmelo, Abk. OCarm; Ordensgemeinschaft (Männer- und Frauenorden) – hervorgegangen aus einer von Kreuzfahrern im 12. Jh. gegr. Einsiedlerkolonie auf dem Berg Karmel –, die sich vor allem der Marienverehrung widmet. 1452 Gründung des weiblichen Zweiges (Karmelitinnen); nach den Reformen Teresas von Avila und Johannes' vom Kreuz 1593 Gründung und päpstliche Anerkennung eines eigenen, streng kontemplativ ausgerichteten Ordens der Unbeschuhten Karmeliter; Ordenstracht: braunes Gewand mit Überwurf und Kapuze, bei feierlichen Anlässen weißer Mantel und weiße Kapuze.

Karneval, der

↗ Fastnacht.

Kartäuser(innen)

Lat. Ordo Cartusiensis, Abk. OCart; Ordensgemeinschaft (Männer- und Frauenorden) – 1084 bei Grenoble (in der Chartreuse) durch den hl. Bruno von Köln gegründet –, deren Regel den Ordensmitgliedern ein strenges Einsiedlerleben mit Schweigegebot und Verzicht auf Fleischspeisen auferlegt; Ordenstracht: weißes Gewand, weißer Ledergürtel und weißer Überwurf mit Kapuze.

Karwoche, die

Auch: Heilige Woche; Bez. für die Woche vor ↗Ostern mit Palmsonntag, Gründonnerstag, Karfreitag und -samstag. Die Vorsilbe »Kar-« stammt aus dem Althochdeutschen und bedeutet »Trauer, Klage« oder »Kummer«. Die Karwoche beginnt eine Woche vor Ostern mit dem ↗Palmsonntag; in Erinnerung an den Einzug Jesu in Jerusalem treffen sich die Gläubigen vor der Kirche zur Segnung der Palmen (in Deutschland meist Buchsbaumzweige) und ziehen dann in einer Prozession zum Gotteshaus. Am ↗Gründonnerstag gedenkt die Kirche des letzten Abendmahls, das Jesus mit seinen Jüngern hielt, und des Geschehens am Ölberg. Der ↗Karfreitag ist der Gedächtnistag der Kreuzigung Jesu; in vielen Gemeinden finden am Morgen Kreuzwegandachten (↗Kreuzweg) statt. Der Karsamstag schließlich ist der Gedächtnistag der Grabesruhe des Herrn. Es findet keine Messfeier statt; die Altäre in den Kirchen sind frei von Kerzen und Blumen. Erst in der Nacht zum ersten Ostertag oder in der Frühe des Ostermorgens kommen die Christen zur Feier der ↗Auferstehung zusammen.

Kasel, die

Auch: Casel; lat. casula = »Häuschen«; Kapuzenmantel; liturgisches Obergewand

(↗Messgewand), das der Priester während der Hl. Messe trägt.

Katakomben, die

Von griech. katá = »herab« und týmbos = »Grab«; die Bez. ist abgeleitet von dem römischen Flurnamen »ad catacumbas« für einen Steinbruch an der Via Appia am Ort der Kirche San Sebastiano fuori le mura. Dort befindet sich eine antike Begräbnisstätte. Katakomben sind unterirdische Begräbnisanlagen der ersten Christen (z. B. Priscilla- und Domitillakatakombe in Rom), mit ausgedehnten, sich verzweigenden Gängen in mehreren Stockwerken übereinander. Die Toten wurden in Grabnischen beigesetzt.

Katechese, die

Griech. katechéo = »mündlich unterrichten«; die Unterweisung in der christlichen Botschaft mit dem Ziel der Vermittlung des Glaubens, auch: Vorbereitung auf den Empfang von bestimmten ↗Sakramenten.

Katechet(in), der (die)

Eine Person, die beauftragt ist, andere in der christlichen Botschaft zu unterweisen oder auf den Empfang bestimmter ↗Sakramente vorzubereiten (↗Katechese).

Katechismus, der

Verbindlicher Leitfaden der christlichen Glaubenslehre zur religiösen Unterweisung in Kirche und Familie (↗Katechese).

Katechismus der Katholischen Kirche, der

Abk: KKK, inoffiziell auch: Weltkatechismus, von Papst Johannes Paul II. 1992 veröffentlicht. Er ist eine »Darlegung des

Glaubens der Kirche und der katholischen Lehre, wie sie von der Heiligen Schrift, der apostolischen Überlieferung und vom Lehramt der Kirche bezeugt oder erleuchtet wird« (*Fidei depositum*, Nr. 4). Er soll die vielfachen nationalen oder lokalen Katechismen nicht verdrängen, aber ihre Maßgabe sein.

Katechumenat, das/der

Bez. für die Vorbereitungszeit der ↗ Katechumenen auf die Taufe sowie für die Form der Unterweisung. Bis zum 6. Jh. waren es v. a. Erwachsene, die zum Christentum übertraten. Während der Vorbereitungszeit, die bis zu drei Jahre dauern konnte, wurden sie im Glauben unterwiesen und über drei Stufen zur vollen Teilnahme an der ↗ Eucharistie geführt. Heute dauert das Katechumenat je nach ↗ Bistum unterschiedlich lang.

Katechumene, der

Griech. katechoúmenos = »jmd., der im Glauben unterwiesen wird«; Taufbewerber. ↗ Taufe.

Katechumenenöl, das

Taufbewerber (↗ Katechumenen) werden auf ihrem Weg zur Taufe mit dem Katechumenenöl gesalbt. Das Öl weist hin auf die Kraft Christi, die die Taufbewerber in ihrem Bemühen, ein christliches Leben zu führen, stärken soll. ↗ Heilige Öle.

Kategorialseelsorge, die

Im Gegensatz zur pfarreilichen Seelsorge Einsatz eines Seelsorgers bzw. einer Seelsorgerin in bestimmten Einrichtungen, z. B. beim Militär, im Krankenhaus, in der Schule, in der Exerzitienarbeit o. Ä.

Katharinenschwestern

Lat. Congregatio Sanctae Catharinae, Abk. CSC; kath. Frauenorden. Die 1571 in Braunsberg/Ostpreußen (heute Braniewo, Polen) gegr. Ordensgemeinschaft ist eine der ältesten sozial aktiven Frauengemeinschaften. Gründerin ist die 1999 seliggesprochene Regina Protmann (*1552, † 1613). Die Katharinenschwestern sind weltweit in Krankenhäusern, Altenheimen, Kindergärten, Schulen und Kinderheimen tätig und unterhalten Sozial- und Pflegestationen.

Kathedra, die

Auch: Cathedra; griech. kathédra = »Lehrstuhl«; der Bischofsstuhl in der ↗ Kathedrale, der auf die Lehr- und Verkündigungsvollmacht des Bischofs verweist.

Kathedrale, die

Bez. für die Bischofskirche; in ihr steht die ↗ Kathedra, der Bischofssitz. Der Begriff ↗ Dom kann synonym verwendet werden, umfasst jedoch auch Kirchen, die keine Bischofskirchen sind oder waren, aber eine herausragende Bedeutung haben (z. B. Altenberger Dom). Auch das Freiburger ↗ Münster ist eine Bischofskirche, also eine Kathedrale oder ein Dom; die Bez. »Münster« geht darauf zurück, dass diese Kirche als Stadt-, Pfarr- und Bürgerkirche erbaut und erst 1827, mit Gründung des Erzbistums Freiburg, zur Bischofskirche wurde.

Kathedralkapitel, das

↗ Domkapitel.

Katholikentag, der

Bez. für die vom ↗ Zentralkomitee der deutschen Katholiken (ZdK) organisierten und veranstalteten Treffen katholischer Christen. Katholikentage verstehen sich als Foren des Gesprächs zwischen Kirche und Gesellschaft, bei denen religiöse, politische und gesellschaftliche Fragen erörtert werden. Sie finden seit 1948 i. d. R. alle zwei Jahre – im Wechsel mit den Evangelischen Kirchentagen – statt. Begründet wurde das traditionelle Treffen 1848 mit der ersten »Generalversammlung der Katholiken Deutschlands«. Damals nahmen die Katholiken für sich die bürgerlichen Freiheiten in Anspruch, die in der »Märzrevolution« desselben Jahres errungen worden waren. Auf der Grundlage von Versammlungs-, Vereins- und Pressefreiheit begannen sie sich zu organisieren und forderten Religions- und Gewissensfreiheit. Während des sog. ⊅ Kulturkampfs in der zweiten Hälfte des 19. Jh. artikulierte sich auf den Katholikentagen v. a. der Widerstand der Katholiken gegen Reichskanzler Bismarck und den Liberalismus. In der Zeit des Nationalsozialismus fanden keine Katholikentage statt. Das 1933 im schlesischen Gleiwitz geplante Treffen wurde abgesagt, nachdem der preußische Ministerpräsident und Innenminister Hermann Göring zuvor eine Treueerklärung für »Führer und Reich« verlangt hatte. Erst 1948 fand wieder ein Katholikentag statt – es war der bis dahin 72. Seit 1952 ist das im gleichen Jahr gegr. ZdK der Veranstalter der Katholikentage. Von Katholikentagen gingen bereits zahlreiche Impulse aus, u. a. für die Entwicklung einer kath.-sozialen Bewegung, für den Wiederaufbau nach dem Zweiten Weltkrieg und die Integration der Heimatvertriebenen. Zuletzt prägten v. a. junge Christen mit ihrem Eintreten für Frieden und Umweltschutz und ökumenischen Diskussionen die Katholikentreffen.

Katholisch

Griech. katholikós = »allgemein«; auch: »allumfassend, weltweit«; seit dem 2. Jh. Bez. für die universelle Sendung der Kirche.

Katholisch.de

Offizielles Internetportal der katholischen Kirche in Deutschland. Die Redaktion arbeitet im Auftrag der Deutschen Bischofskonferenz und versteht sich als ein subsidiärer Dienst für alle deutschen Diözesen, Orden sowie katholischen Einrichtungen und Verbände. Das Portal soll Wegweiser für das katholische Deutschland sein und über die vielfältigen katholischen Internetangebote informieren, es soll kirchliche Inhalte gliedern und bündeln und ein qualifiziertes Suchsystem bieten. Darüber hinaus sind regelmäßig aktuelle Dossiers zu unterschiedlichen Themen zu finden. Das Portal will mit seinem Angebot Menschen erreichen, die Informationen über Religion, kirchliche Positionen zu gesellschaftspolitischen Fragen und Themen oder Hinweise zum kirchlichen Leben suchen. Die Redaktion hat ihren Sitz in Köln.

Katholische Arbeitnehmer-Bewegung

Abk. KAB; größter kath. Sozialverband Deutschlands; versteht sich als »Stimme der Arbeitnehmerinnen und Arbeitnehmer in der Kirche« und will die Interessen der Mitglieder von einem christlich-sozialen Standpunkt aus in Kirche und Gesellschaft einbringen. Die KAB ging aus den kath. Arbeitervereinen des 19. Jh. hervor.

1971 wurde der Bundesverband als Zusammenschluss mehrerer regionaler kath. Arbeitnehmerverbände mit Sitz in Köln gegründet. Die KAB zählt bundesweit rund 200.000 Mitglieder.

Katholische Briefe

Bez. für bestimmte Schriften des Neuen Testaments: Briefe, die nicht an eine bestimmte Empfängergemeinde oder an eine einzelne Empfängerperson gerichtet sind, sondern an alle Gläubigen (z. B. die Johannesbriefe). ↗»Katholisch« ist hier nicht im konfessionellen Sinn gebraucht, sondern im ursprünglichen Sinn von »allgemein, umfassend«.

Katholische Frauengemeinschaft Deutschlands

Abk. kfd; nach eigenen Angaben mit über 620.000 Mitgliedern in rund 5.700 pfarrlichen Gruppen der größte Frauenverband und der größte kath. Verband Deutschlands. Die kfd will u. a. »das Selbstbewusstsein von Frauen und weibliche Solidarität fördern«, »Mitverantwortung für die Heils- und Seelsorge der Kirche übernehmen« und »die gleichberechtigte Beteiligung von Frauen an Entscheidungen in Gesellschaft, Kirche, Politik und Wirtschaft durchsetzen«. Gegründet wurde die kfd 1928 als »Zentralverband der katholischen Müttervereine«. 1939 verboten die Nationalsozialisten den Verband. 1951 erfolgte die Wiedergründung unter dem Namen »Zentralverband der katholischen Frauen- und Müttergemeinschaften«. 1968 verabschiedete der Verband, dessen Zentrale ihren Sitz in Düsseldorf hat, eine neue Satzung und gab sich den Namen »Katholische Frauengemeinschaft Deutschlands«.

Katholische Integrierte Gemeinde

Abk. K.I.G. Nach längerem Vorlauf 1968 in München entstandene Bewegung, die Menschen ganz unterschiedlicher Herkunft und Prägung zusammenführt. Es geht um einen bewusst gelebten Glauben in Gemeinschaft; Vorbild für dies Gemeinschaftsleben ist aber nicht das Kloster, sondern die Gemeinde und das Bild des Leibes mit vielen Gliedern. Es wirken Einzelne und Paare, Kleriker und Laien, Familien mit Kindern und Jugendlichen zusammen. Die Mitglieder legen keine Gelübde ab und bleiben zivilrechtlich selbständig. »Personen, die der Katholischen Integrierten Gemeinde zugehörig sind, verknüpfen in den verschiedenen Bereichen ihr Leben auf vielfältige Weise miteinander, je nach ihren Möglichkeiten und ihrer Berufung. Sie ergreifen gemeinsame Initiativen, insbesondere auf dem Gebiet der handwerklichen und künstlerischen Gestaltung, der Wirtschaft, der Medizin und der Pädagogik. Sie wohnen – soweit möglich und sinnvoll – gemeinsam in Integrationshäusern« (Statuten in der Diözese Münster). Es gibt kein Gemeinschaftseigentum, aber gemeinsame Unternehmungen wie Privatschulen oder Wirtschaftsbetriebe. Die K.I.G. sieht sich als Partnerin und Unterstützerin des Gemeindelebens in den Diözesen, das es mittragen und unterstützen will. Am Anfang der K.I.G. stand u. a. die Frage, warum die Kirche mit ihren Millionen Getauften die Diktaturen des 20. Jh. und die Katastrophe der Shoah nicht verhindern konnte. Ein wichtiges Anliegen ist darum die Sensibilisierung für die christliche Verantwortung für Frieden und Verständigung. Es bestehen K.I.G. den Diözesen München-Freising, Paderborn,

Münster, Augsburg, Rottenburg-Stuttgart, Rom, Frascati, Wien, Morogoro und Daressalam (Tansania). Weitere Gemeinden sind im Aufbau in Jerusalem und Budapest.

Katholische Junge Gemeinde

Abk. KJG; einer der großen kath. Kinder- und Jugendverbände in Deutschland. Bundesweit zählt sie über 80.000 Mitglieder. Ziel der KJG ist es, Kindern und Jugendlichen ein Forum zu bieten, in dem sie ihre Interessen in Kirche und Gesellschaft demokratisch einbringen und vertreten können. Die KJG ist mit anderen kath. Jugendverbänden im ↗ Bund der Deutschen Katholischen Jugend (BDKJ) zusammengeschlossen. Auf internationaler Ebene ist sie Mitglied der Fédération Internationale des Mouvements de Jeunesse Catholique d'Action Paroissiale (FIMCAP), dem internationalen Dachverband der kath. gemeindenahen Jugendverbände.

Katholische Nachrichten-Agentur

Abk. KNA; kath. Medienagentur Deutschlands, die v. a. aus dem gesamten Spektrum der Kirche, aber auch über soziale und kulturelle Themen berichtet. Sitz der Zentralredaktion ist Bonn.

Katholische öffentliche Bücherei

In rund 3.500 kath. Kirchengemeinden gibt es heute kath. öffentliche Büchereien. Sie sind zumeist aus kirchl. Vereins- und Pfarrbüchereien hervorgegangen und haben sich im ↗ Borromäusverein zusammengeschlossen. Der Borromäusverein berät seine Mitglieder bei der Anschaffung neuer Medien und bietet Aus- und Fortbildungen für die Büchereimitarbeiter an. Bundesweit arbeiten in den kath. öffent-

lichen Büchereien mehr als 23.000 ausschließlich ehrenamtliche Büchereimitarbeiter(innen).

Katholische Reform

Im Unterschied zur ↗ Gegenreformation bezeichnet die Katholische Reform die innerkirchliche Erneuerungsbewegung nach der Reformation, einsetzend mit dem Konzil von Trient (↗ Tridentinum).

Katholische Soziallehre

Eine Zusammenstellung der Aussagen der kath. Kirche über die Grundlagen und Normen des Zusammenlebens der Menschen innerhalb der Gesellschaft bzw. zu Problemen der sozialen Gerechtigkeit. Die Katholische Soziallehre beruht auf den drei Grundsätzen: ↗ Personalität, ↗ Solidarität und ↗ Subsidiarität.

Katholische Universität

↗ Eichstätt-Ingolstadt.

Katholischer Deutscher Frauenbund

Abk. KDFB; kath. Frauenverband, dessen wesentliches Ziel nach eigenen Angaben darin besteht, »die Präsenz von Frauen in der Politik zu erhöhen«. Er unterstützt deshalb Frauen, die bereit sind, in Gesellschaft und Politik Verantwortung zu übernehmen, mischt sich in die Politik ein und nimmt zu aktuellen gesellschaftspolitischen Entwicklungen Stellung. Der Katholische Frauenbund (ab 1983: Katholischer Deutscher Frauenbund) wurde 1903 in Köln gegründet als »Zusammenschluss katholischer Frauen aller Schichten, Berufe und Altersstufen, im Geiste der katholischen Frauenbewegung, zum Dienst an Kirche und Volk, insbes. zur Vertiefung des katholischen Frauenideals in Familie, Beruf und öffentlichem Leben«. Vorrangiges Ziel des Dachverbands der kath. Frauenbewegung war die Frauenbildung. Der KDFB zählt heute rund 220.000 Mitglieder.

Katholisches Bibelwerk e.V.

1933 als »Katholische Bibelbewegung e. V.« von Laien und Theologen in Stuttgart gegründet; 1938 erfolgte die erzwungene Umbenennung in »Bibelwerk«, weil die Nationalsozialisten den Begriff »Bewegung« ausschließlich für sich reklamierten. Zielsetzung des rund 25.000 Mitglieder zählenden Vereins ist es bis heute, die Verbreitung der ↗ Heiligen Schrift zu fördern, Informationen zur Bibel zu vermitteln und den Gläubigen das »Buch der Bücher« auf unterschiedliche Weise zu erschließen.

Katholisches Büro Berlin

»Das Kommissariat der deutschen Bischöfe – Katholisches Büro in Berlin«, so der vollständige Name, ist eine gemeinsame Dienststelle der ↗ Deutschen Bischofskonferenz und des ↗ Verbands der Diözesen Deutschlands. Das Katholische Büro ist die Verbindungs- und Informationsstelle zur Bundesregierung und den politischen Parteien. Seine Aufgabe ist es, das politische und gesellschaftliche Leben in Deutschland zu beobachten, die Vorbereitung von Gesetzen und politischen Entscheidungen sachkundig zu begleiten und in diesem Rahmen den Standpunkt und die Meinung der kath. Kirche öffentlich darzustellen und zu vertreten.

Kathpress

Österreichische Nachrichtenagentur, arbeitet im Auftrag der Österreichischen Bischofskonferenz.

KAVO

Abk. für Kirchliche Arbeits- und Vergütungsordnung; regelt das Dienst- und Arbeitsverhältnis der kirchl. Mitarbeiter(innen), entspricht im Wesentlichen den Bestimmungen des Bundesangestelltentarifs (BAT) bzw. des Tarifvertrags für den öffentlichen Dienst (TVöD).

KDFB

Abk. für ↗ Katholischer Deutscher Frauenbund.

Kelch, der

Lat. calix; das Trinkgefäß, in dem bei der Hl. Messe Wein in das Blut Christi verwandelt wird (↗ Konsekration). Der Kelch soll ebenso wie die Hostienschale (↗ Patene) aus edlem und dauerhaftem Material hergestellt sein und keine Flüssigkeit eindringen lassen. Viele Kelche sind kunstvoll verziert. ↗ Kelchkommunion.

Kelchkommunion, die

Die Austeilung des konsekrierten Messweins an die Gläubigen im Rahmen der ↗ Eucharistie. ↗ Kommunion.

Kenotaph, der

Griech. kenotáphion, zu: kenós = »leer« und táphos = »Grab«; Ehrengrab für einen Verstorbenen, dessen Gebeine an einem anderen Ort bestattet wurden.

Kerze, die

Die Kerze ist nicht nur Lichtspender, sondern eine vieldeutige Metapher, die für Christen auch ↗Christus symbolisiert. Die frühen Christen hatten das Anzünden von Kerzen aus dem antiken Totenkult übernommen. Seither gehören Kerzen zum Totengeleit, zur Aufbahrung und Grabpflege. Bei Gottesdiensten brennen sie als Zeichen der Gegenwart Christi. So stiften Gläubige Kerzen (»Kerzenopfer«) und entzünden sie insbes. vor Kreuzen, Heiligenbildern oder auf Gräbern.

Ketzerei, die

Das Wort leitet sich von den im Mittelalter von der katholischen Kirche bekämpften Katharern her. ↗Häresie.

Kevelaer

Bedeutender Marienwallfahrtsort in Nordrhein-Westfalen (Bistum Münster). Seit über 400 Jahren wird hier von Pilgern das ↗Gnadenbild mit dem Titel »Trösterin der Betrübten« verehrt.

kfd

Abk. für ↗Katholische Frauengemeinschaft Deutschlands.

KHG

Abk. für Katholische Hochschulgemeinde.

K.I.G.

Abk. für ↗Katholische Integrierte Gemeinde.

Kindermissionswerk, das

Das Kindermissionswerk geht auf die Initiative einer Jugendlichen aus Aachen, Auguste von Sartorius (*1830, †1895), zurück.

Betroffen von der Not der Kinder in China und Afrika, griff sie eine Idee auf, die 1843 in Frankreich geboren worden war. Unter dem Namen »Œuvre de la Ste. Enfance« hatte der Bischof von Nancy, Charles Auguste de Forbin-Janson, dort ein Kindermissionswerk ins Leben gerufen. Am 2. August 1846 gründete Auguste von Sartorius das dt. Kindermissionswerk unter dem Namen »Verein der Kindheit« und wurde dessen erste Leiterin. Heute ist das dt. Kindermissionswerk von den rund 110 Kinderwerken der kath. Kirche das weltweit größte. Es unterstützt jährlich rund 3.600 Projekte für »Kinder in Not« in Asien, Afrika und Lateinamerika, aber auch in den Ländern Osteuropas. Die Hilfe kommt u. a. Waisenkindern, behinderten Kindern, Straßenkindern, Kindern in Kriegsgebieten und Flüchtlingslagern sowie Opfern von Naturkatastrophen zugute. Zudem unterstützt das Kindermissionswerk Alphabetisierungsprogramme und Basisgesundheitsdienste, Hausbauprojekte für kinderreiche Familien und Dorfentwicklungsprogramme. Besonders intensiv ist die Zusammenarbeit des Werkes mit der Bundesregierung und der Europäischen Union. Die finanziellen Mittel für die Projektarbeit kommen zu über 60 Prozent aus der Sternsingeraktion (↗Sternsingen).

Kindertagesstätte, die

Einrichtung, in der Kinder halb- und ganztägig betreut und pädagogisch gefördert werden. Der noch weitverbreitete Begriff »Kindergarten«, der in viele Sprachen übernommen wurde, stammt von dem Pädagogen Friedrich Wilhelm August Fröbel (*1782, †1852), der 1840 in Blankenburg (Thüringen) den ersten Kindergarten gründete. In den kath. Tageseinrichtungen für Kinder verstehen die pädagogischen Fachkräfte Bildung als wichtigen Baustein für die Entfaltung der Persönlichkeit jedes einzelnen Kindes. Inhaltlich führt das Konzept Vorgaben der Bildungspläne der Bundesländer aus und bietet darüber hinaus Ausführungen zu den anthropologischen Grundlagen der Erziehung, zu gesellschaftlichen Rahmenbedingungen, Auftrag und Rolle der Erziehenden, Beobachtung und Dokumentation, Erziehungspartnerschaft mit Eltern, Übergang zur Schule und zur Evaluation der pädagogischen Arbeit.

Kirche, die

Griech. ekklesía = »Versammlung« und »die Herausgerufenen«; bezeichnet:

1. die Versammlung, die JHWH, der Gott Israels, selbst geschaffen hat; als solche ist »ekklesia« die Versammlung Gottes und somit weder Gruppe noch Fraktion noch Verein noch Sekte. Sie ist öffentliche Versammlung des um den Sinai versammelten Gottesvolkes (der Israeliten). Der eigentl. Ursprung der »ekklesia Gottes« ist damit das ↗ Alte Testament.

2. gemäß dem ↗ Neuen Testament den eigentl. Existenzort von Kirche, nämlich die Feier der ↗ Eucharistie (Gottesdienst), zu der sich die christliche Gemeinde versammelt. Darin unterscheidet sie sich von den vielen Versammlungen der Gesellschaft, von ihren Parlamenten, Räten, Ausschüssen, Kommissionen und Gremien. Ihre Mitte, die alles trägt und die sie selbst nicht machen kann, ist Jesus Christus.

3. das Gott geweihte Gebäude (»Gotteshaus«), in dem sich die christliche Gemeinde zum Gebet, zum Hören auf Gottes Wort und zur Feier der ↗ Eucharistie versammelt (das Wort »Kirche« kommt von griech. kyriakón oder kyriaké = »das dem Herrn gehörige Haus«).

Kirche in Not/Ostpriesterhilfe

Internationales kath. Hilfswerk, das bei der Aus- und Weiterbildung von ↗ Seminaristen und Priestern, bei Bau und Renovierung von Ausbildungsstätten und Kirchen, beim Übersetzen und Verlegen der Bibel und anderer religiöser Literatur sowie bei der Ausstrahlung religiöser Rundfunkprogramme hilft. Kirche in Not/Ostpriesterhilfe wurde 1947 von dem niederländischen ↗ Prämonstratenser-Pater Werenfried van Straaten (*1913, †2003) gegründet. Er organisierte damals Hilfe für die vielen Heimatvertriebenen aus den dt. Ostgebieten und rief die ehem. Kriegsgegner Deutschlands zur Versöhnung auf. Der Pater sammelte auch Nahrungsmittel und Kleidung. Dass er bei flämischen Bauern v. a. Speck erhielt, trug ihm den Namen »Speckpater« ein. 1952 begann die Hilfe für die verfolgte Kirche in Osteuropa. Heute hilft das Werk in mehr als 130 Ländern, in denen die Kirche verfolgt wird oder nicht genügend Mittel für ihre seelsorgerischen Aufgaben hat. 1984 wurde es vom ↗ Heiligen Stuhl per Dekret der ↗ Kongregation für den Klerus als »öffentliche und universale Vereinigung von Gläubigen« anerkannt. Die internationale Zentrale hat ihren Sitz in Königstein im Taunus, die dt. Sektion in München.

Kirchenbanken, die

Bez. für Banken in Deutschland, die mit den beiden großen Kirchen eng verbunden sind. 2009 gab es neben vier evangelischen Kirchenbanken (KD-Bank eG – die Bank für Kirche und Diakonie, Duisburg; Evangelische Darlehnsgenossenschaft eG, Kiel; Evangelische Kreditgenossenschaft eG, Kassel, und die Landeskirchliche Kredit-Genossenschaft Sachsen eG, Dresden) auch fünf katholische: die Bank im Bistum Essen eG, Essen; die Bank für Kirche und Caritas eG, Paderborn; die Darlehnskasse Münster eG, Münster; die Liga Bank eG, Regensburg und die Pax-Bank eG, Köln. Alle Kirchenbanken haben die Rechtsform einer eingetragenen Genossenschaft (eG) und gehören dem Bundesverband der Deutschen Volks- und Raiffeisenbanken e. V. an. Ihre Mitglieder sind überwiegend Einrichtungen der kath. Kirche sowie Privatpersonen, die i. d. R. in einer kirchl. Einrichtung angestellt sind. Gegenüber herkömmlichen Geschäftsbanken zeichnen sich Kirchenbanken durch eine günstigere Kostenstruktur aus. Die Kontoführung ist zumeist gebührenfrei, Spareinlagen werden höher verzinst, Darlehen günstiger vergeben. Aufgrund ihres Kundenkreises sehen Kirchenbanken eine bes. Verpflichtung darin, ethisch und nachhaltig orientierte Finanzprodukte anzubieten.

Kirchenbann, der

↗ Exkommunikation.

Kirchengebote

Den Zehn Geboten nachempfundene Regeln der Kirche für ihre Mitglieder. Im Katechismus der Katholischen Kirche (1993) sind sie so formuliert (Nr. 2041ff.):

1. Du sollst an Sonn- und Feiertagen der Heiligen Messe andächtig beiwohnen.
2. Du sollst deine Sünden jährlich wenigstens einmal beichten.
3. Du sollst wenigstens zur österlichen Zeit sowie in Todesgefahr die Heilige Kommunion empfangen.
4. Du sollst die gebotenen Feiertage halten.
5. Du sollst die gebotenen Fasttage halten.

Kirchengemeinde, die

↗ Pfarrei.

Kirchengemeindeverband, der

Als Körperschaft öffentlichen Rechts ist der ↗ Gemeindeverband, getragen von mehreren Pfarrgemeinden, der Rechtsträger für gemeinsame Einrichtungen wie regionale Bildungswerke, ↗ Caritasverbände, soziale Beratungsstellen, Migrationshilfen, Schulreferate usw.

Kirchenjahr, das

Bez. für die sich aus dem christlichen Festkalender ergebende Ordnung eines Jahres (Festjahr). Es ist im Wesentlichen bestimmt durch den Sonntag, die wöchentliche Gedächtnisfeier des Todes und der ↗ Auferstehung Jesu, die seit der Zeit der ↗ Apostel begangen wird. Das höchste Fest des Kirchenjahres ist das Osterfest, das jeweils am ersten Sonntag nach dem ersten Frühlingsvollmond gefeiert wird. Dieses und alle Feste, die von ↗ Ostern abhängig sind, also ↗ Christi Himmelfahrt, ↗ Pfingsten, ↗ Dreifaltigkeitssonntag und ↗ Fronleichnam, werden deshalb bewegliche Feste genannt. Das Kirchenjahr beginnt mit dem ↗ Advent (erster Adventssonntag), der Vorbereitungszeit auf die Feier der Ankunft Jesu (↗ liturgische Farbe: Violett). Es folgt die Weihnachtszeit vom 25. Dezember (Fest der Geburt Jesu) bis zum Sonntag nach ↗Epiphanie (6. Januar), an dem das Fest der Taufe Jesu gefeiert wird (liturgische Farbe: Weiß). Vierzig Tage vor Ostern läutet der ↗Aschermittwoch die österliche Fasten- und Bußzeit ein. Die Woche vor Ostern heißt ↗Karwoche oder Heilige Woche. Sie beginnt mit dem ↗Palmsonntag, der Erinnerung an Jesu Einzug in Jerusalem (liturgische Farbe: Rot); der ↗Gründonnerstag (liturgische Farbe: Weiß) ist das Gedächtnis der Einsetzung der ↗Eucharistie und der Priesterweihe; der ↗Karfreitag ist der Gedächtnistag des Todes Christi (liturgische Farbe: Violett). Höhepunkt der Feier der drei österlichen Tage und des ganzen Kirchenjahres ist die Feier der Auferstehung Jesu in der ↗Osternacht (liturgische Farbe: Weiß). Mit dem Osterfest beginnt die fünfzigtägige Osterzeit. Das Fest ↗Christi Himmelfahrt wird 40 Tage nach Ostern begangen. Zehn Tage später folgt das ↗Pfingstfest, das Gedächtnis der Sendung des Heiligen Geistes, mit der die Geschichte der Kirche begonnen hat (liturgische Farbe: Rot) und mit der die Osterzeit endet. Eine Woche nach ↗Pfingsten feiert die Kirche den ↗Dreifaltigkeitssonntag (Trinitatis). Am Donnerstag danach folgt das Fest ↗Fronleichnam, das an die Gegenwart Christi in der ↗Eucharistie erinnert. Das Kirchenjahr endet mit dem ↗Christkönigsfest am Sonntag vor dem ersten Advent. Die Sonntage zwischen dem Fest der Taufe Jesu und der Fastenzeit und zwischen Pfingsten und Adventszeit werden als »Sonntage im Jahreskreis« gezählt (liturgische Farbe: Grün).

Kirchenlatein, das

↗Latein ist die Amtssprache der kath. Kirche für offizielle Verlautbarungen und in der Liturgie. Weil das Latein der Kirche zahlreiche Begriffe enthält, die es im klassischen Latein der alten Römer nicht gab, hat sich für diesen Sprachtyp der Begriff »Kirchenlatein« gebildet. Moderne Begriffe, für die das klassische Latein kein Wort kennt, erhalten durch eine eigene vatikanische Arbeitsstelle neulateinische Termini.

Kirchenlehrer

Lat. doctores ecclesiae; einige Theologen des Altertums hatten einen so großen Einfluss auf Kirche und Theologie, dass man sie als Kirchenväter bezeichnete. In der Westkirche waren dies anfangs Hieronymus, Ambrosius von Mailand, ↗Augustinus von Hippo und Papst Gregor der Große. Die Ostkirche kannte zunächst nur drei Kirchenväter: Johannes Chrysostomos, Basilius von Caesarea und Gregor von Nazianz, zu denen später noch Athanasius von Alexandrien gezählt wurde. In der katholischen Kirche wurden später Bedingungen eingeführt, um auch Theologen nach dem Altertum mit diesem Titel bezeichnen zu können. Die ↗Rota Romana verleiht, nach Prüfung durch den Papst, den Titel, den bislang 33 Personen führen, darunter drei Frauen: Katharina von Siena, Teresa von Avila und Thérèse von Lisieux.

Kirchenmusik, die

Ihren Ursprung hat die Kirchenmusik im jüdischen Synagogengottesdienst. Vermutlich wurden die ↗Psalmen anfangs von einem Priester oder ↗Diakon im

Wechsel mit der Gemeinde gesungen. Später übernahmen Klerikerchöre den Part der Gemeinde. Die Mehrstimmigkeit z. B. im Choral wird zu einem Kennzeichen der christlichen Musik. Mit dem ↗ Zweiten Vatikanischen Konzil wird die Kirchenmusik auf neue Grundlagen gestellt, z. B. tritt Latein im Kirchenlied zugunsten der Landessprache zurück.

Kirchenprovinz, die

Mehrere Bistümer zusammen bilden eine Kirchenprovinz mit einem ↗ Erzbistum und mehreren ↗ Suffraganbistümern. Die Kirchenprovinz wird von einem Erzbischof geleitet. In einigen kirchenrechtl. Angelegenheiten ist das Erzbistum als Berufungsinstanz zuständig, z. B. in der Ehegerichtsbarkeit.

Kirchenrecht, das

Das Recht der verfassten röm.-kath. Kirche regelt den Vollzug der kirchlichen Gemeinschaft: es ist damit ein geistliches und kein ziviles Recht. Kennzeichnend für das Kirchenrecht ist die Unterscheidung zwischen göttlichem und menschlichem Recht. Das gültige Gesetzbuch des lat. Kirchenrechts ist der ↗ Codex Iuris Canonici (Abk. CIC) in seiner 1983 in Kraft gesetzten Neufassung, die die Beschlüsse des ↗ Zweiten Vatikanischen Konzils reflektiert. Der CIC (1983) gliedert sich in sieben Bücher und enthält 1.752 Einzelvorschriften (Canones). Für die Anwendung des kirchl. Rechts sind die Gerichtshöfe der Römischen ↗ Kurie zuständig: Apostolische Signatur, oberster Gerichtshof und höchstes Verwaltungsgericht. Es gibt auch ein eigenes Kirchenrecht für die mit Rom unierten Ostkirchen (↗ Orthodoxe Kirchen), den Codex Canonum Ecclesiarum Orientalium.

Kirchenschiff, das

Das ↗ Evangelium von der Stillung des Sturms auf dem See Genezareth (vgl. Mt 8, 23–27; Mk 4, 35–41; Lk 8, 22–25) steht Pate für die Idee von der Kirche als Schiff. Die Form des romanischen oder gotischen Kirchengebäudes – stellt man es sich auf den Kopf gestellt vor – erinnert ebenfalls an einen Schiffskörper.

Kirchenschweizer, der

↗ Domschweizer.

Kirchenstaat, der

Als Kirchenstaat wird das bis 1870 bestehende Herrschaftsgebiet des Papstes bezeichnet. Durch Schenkungen und Vermächtnisse der Kaiser und des Adels (z. B. des Frankenkönigs Pippin im Jahr 754) war der Bischof von Rom zu einem der größten Großgrundbesitzer in Italien geworden. Zu den als Patrimonium Petri (Vermögen des Petrus) bezeichneten Besitzungen gehörten Rom und das Umland sowie große Gebiete Süditaliens, Siziliens, Sardiniens und Nordafrikas. Unter Berufung auf eine angebliche Urkunde Kaiser Konstantins (»Konstantinische Schenkung«) beanspruchten die Päpste später die volle Souveränität über ihre Besitzungen. Papst Julius II. (1503–1513) gelang es, die Souveränität des Kirchenstaates auch gegenüber dem italienischen Adel durchzusetzen und ein zentralistisches Staatswesen zu organisieren. Dennoch blieb auch der Kirchenstaat von anderen Großmächten abhängig. Im Verlauf der Französischen Revolution und während der napoleonischen Herrschaft kam es zu immer weiteren Gebietsabtretungen. Nach dem Wiener Kongress (1814–1815) wurde der Kirchenstaat als Enklave innerhalb des Königsreichs Italien wieder errichtet, 1860 aber auf das einstige Gebiet des Patrimonium Petri reduziert und 1870 schließlich von Italien annektiert. Papst Pius IX. (1846–1878) betrachtete sich fortan als »Gefangener im Vatikan«. Erst 1929 wurde die »Römische Frage« nach der Stellung des Papstes und seines Verhältnisses zu Italien in den ↗ Lateranverträgen geregelt. Das Vertragswerk sichert dem Vatikan als Nachfolger des Kirchenstaates die volle Souveränität über das päpstliche Territorium (↗ Vatikanstadt) zu.

Kirchensteuer, die

Die Kirchensteuer ist in der Bundesrepublik Deutschland eine gesetzlich festgelegte Abgabe der Kirchenmitglieder. Sie sind zum Zahlen von Steuern verpflichtet, um die vielfältigen Aufgaben und finanziellen Lasten der Kirche mitzutragen. Die rechtliche Grundlage der Kirchensteuer, der wichtigsten Quelle der Kirchenfinanzen, bilden die in das Grundgesetz unverändert übernommenen staatskirchenrechtl. Artikel der Weimarer Verfassung von 1919. Darin wird den Kirchen – als Ersatz für die während der ↗ Säkularisation durch den Staat enteigneten Kirchengüter – u. a. garantiert, aufgrund der bürgerlichen Steuerlisten nach landesrechtlichen Bestimmungen Steuern zu erheben. Der meist neunprozentige Anteil an der Lohn- und Einkommensteuer (bei hohen Einkommen besteht die Möglichkeit der ↗ Kappung) wird über das staatliche Finanzamt eingezogen und an die Kirchen weitergegeben.

Der Staat erhält für diesen Dienst drei Prozent des Steueraufkommens. Für die Überwachung der Verteilung der Kirchensteuer und die Beschlussfassung über den Haushalt ist der jeweilige diözesane Kirchensteuerrat zuständig.

Kirchensteuerausschuss, der
↗ Kirchensteuerrat

Kirchensteuerrat, der

Auch: Kirchensteuerausschuss, Diözesansteuerausschuss; der Kirchensteuerrat einer Diözese wirkt mit bei der Verwaltung der Finanzen. Seine Aufgabe ist es, den Haushaltsplan der Diözese zu beschließen und seine Durchführung zu überwachen, die Jahresrechnung zu prüfen, in manchen Diözesen auch die Höhe der Kirchensteuer festzusetzen und über Anträge auf Erlass und Stundung der Kirchensteuer zu entscheiden. Dem Kirchensteuerrat gehören neben hauptamtlichen Mitarbeiter(inne)n aus den Finanzabteilungen (bzw. -kammern) der Diözesen gewählte Vertreter aus den Gemeinden an.

Kirchenväter, die

Ehrentitel für Kirchenlehrer und Kirchenschriftsteller der ersten acht Jahrhunderte, die entscheidend zur Lehre und zum Selbstverständnis des Christentums beigetragen haben.

Kirchenvorstand, der

Der Kirchenvorstand ist das gesetzliche Vertretungsorgan der Kirchengemeinde und verwaltet das Kirchenvermögen. Er trifft z. B. als Anstellungsträger der Gemeinde Personalentscheidungen und befindet über bauliche Maßnahmen. Die

Mitglieder des Gremiums werden von der Gemeinde gewählt, einige auch vom ↗ Pfarrer ernannt. Der Pfarrer ist automatisch Vorsitzender des Kirchenvorstands. Der Kirchenvorstand geht auf die Zeit des ↗ Kulturkampfs im 19. Jh. zurück. Er sollte v. a. den Pfarrer bei der allg. Verwaltung des Kirchenvermögens kontrollieren.

Kirchspiel, das
Veraltete Bez. für den zu einer ↗ Pfarrei gehörenden Bezirk.

Kirchturm, der
↗ Glockenturm.

Kirchturmhahn, der
↗ Glockenturm.

Kirchweih, die
Alljährliches Fest zur Erinnerung an die Einweihung der Kirche, oft in Verbindung mit einem Volksfest (auch: Kirchweihfest, Kirchenmesse, Kirmes, Kermes oder Kerbe). ↗ Heilige Öle.

Kirmes, die
↗ Kirchweih.

KJG
Abk. für ↗ Katholische Junge Gemeinde, kath. Jugendverband.

KKK
Abk. für: ↗ Katechismus der Katholischen Kirche.

KKV
↗ Verband der Katholiken in Wirtschaft und Verwaltung.

Klapp(en)altar, der
↗ Flügelaltar.

Klarissen
Lat. Ordo Sanctae Clarae, Abk. OSC; dem Orden der ↗ Franziskaner nahestehender kontemplativer Frauenorden (↗ Kontemplation), der nach den Regeln der hl. Clara von Assisi (*1194, †1253) lebt. Clara hatte die Ordensgemeinschaft 1212 gemeinsam mit ↗ Franz von Assisi gegründet. Der Frauenorden, der ein streng zurückgezogenes und beschauliches Leben führt, breitete sich rasch aus. Heute gibt es weltweit zahlreiche Konvente, auch in Deutschland, Österreich und Südtirol.

Klarissen-Kapuzinerinnen
Lat. Ordo Sanctae Clarae Capuccinarum, Abk. OSCCap (auch: OSClCap); dieser kontemplative Ordenszweig, meist Kapuzinerinnen von der Ewigen Anbetung genannt, entstand ab 1534, wurde 1538 als Kommunität anerkannt und dem zweiten Orden der Klarissen zugeordnet. Die Schwestern leben in Klausur nach der Regel der hl. Clara von Assisi und den Statuten der hl. Coletta von Corbie. Weltweit gibt es rund 2.000 Schwestern in etwa 150 Klöstern. ↗ Klarissen-Kapuzinerinnen von der Ewigen Anbetung.

Klarissen-Kapuzinerinnen von der Ewigen Anbetung
Frauenorden; ein Zweig der ↗ Klarissen-Kapuzinerinnen, der am 21. Juni 1860 von dem Kapuziner-Pater Bonifatius Söngen im Bistum Mainz gegründet wurde. Dem Ordenszweig gehören in Deutschland drei Klöster an.

Klaustrum, das

Lat. claustrum = »abgeschlossener Raum, verschlossener Ort«; abgeschlossener Bereich in einer Ordensgemeinschaft, ↗ Klausur.

Klausur, die

Lat. clausura = »Verschluss, Einschließung«; Bereich eines Klosters, der von Fremden nicht betreten werden darf. ↗ Klaustrum.

Kleeblattchor, der

Auch: Dreikonchenchor oder Trikonchos; typische Chorform bei spätromanischen Kirchen. Um das Quadrat der ↗ Vierung sind nach drei Seiten Halbkreise gelegt, die ↗ Konchen. An der vierten Seite schließt das Langhaus an. Ein Typ dieser Bauform, St. Maria im Kapitol in Köln, bildete die Vorlage für die ↗ Peterskirche in Rom.

Kleine Brüder Jesu

Kath. Männerorden; die Ordensgemeinschaft, die zur geistlichen Familie des seliggesprochenen Charles ↗ de Foucauld gehört, wurde 1933 von dem französischen Priester René Voillaume gegründet. Mit vier weiteren Priestern zog er in die Sahara nach El-Abiodh-Sidi-Cheikh und begann dort nach der ↗ Ordensregel, die Charles de Foucauld 1899 in Nazaret ausgearbeitet hatte, mit ihnen ein gemeinsames Leben zu führen. Ein tieferes Verständnis für die Schriften und das Anliegen Charles de Foucaulds führte nach dem Zweiten Weltkrieg zur Entstehung weiterer kleiner Gemeinschaften und einem völlig neuen Ordensleben. Statt hinter Klostermauern leben die Kleinen Brüder Jesu zu zweit oder zu dritt in Mietswohnungen, verdienen ihren Lebensunterhalt in Fabriken, auf dem Bau oder in der Landwirtschaft und pflegen engen Kontakt mit den Menschen ihrer Umgebung. »Arbeiten in Berufen der unteren Lohnstufen, die nicht im innerkirchlichen Bereich beheimatet sind, geschwisterliches Leben mit den Nachbarn und das Gebet« sind die drei Elemente, die das Ordensleben der Kleinen Brüder Jesu bis heute bestimmen. Die Gemeinschaft zählt weltweit rund 250 Mitglieder in 43 Ländern. Im deutschsprachigen Raum leben Kleine Brüder in Hamburg, Duisburg, Stuttgart, Nürnberg, Zürich, St. Pölten und Wien.

Kleine Brüder vom Evangelium

Kath. Männerorden; die Ordensgemeinschaft wurde 1957 von dem französischen Priester René Voillaume gegründet und ist stark von der Persönlichkeit und dem Lebensweg Charles ↗ de Foucaulds geprägt. Die kleinen Gemeinschaften von drei bis vier Brüdern versuchen, ein kontemplatives Leben (↗ Kontemplation) im Geiste Charles de Foucaulds mit einem sozialen und pastoralen Engagement mit und bei den Menschen am Rande der Gesellschaft zu verbinden. Die Ordensgemeinschaft zählt etwa 80 Brüder in 18 verschiedenen Ländern, von denen ein Drittel Priester sind. Seit 2005 gibt es eine Gemeinschaft der Kleinen Brüder in Leipzig. ↗ Kleine Brüder Jesu; ↗ Kleine Schwestern Jesu.

Kleine Schwestern Jesu

Kath. Frauenorden; die Gemeinschaft wurde 1939 von der in Frankreich geborenen Magdeleine Hutin (*1898, †1989) gegründet und gehört zur geistlichen Familie

Charles ↗ de Foucaulds. Die Schwestern leben in kleinen Gemeinschaften, zumeist in einfachen Mietwohnungen. Sie wollen die Lebens- und Arbeitsbedingungen der Armen, der »kleinen Leute«, ihre Hoffnungen, Freuden und Leiden teilen. Die Ordensgemeinschaft zählt weltweit 1.300 Schwestern in über 60 Ländern. In Deutschland sind sieben Gemeinschaften tätig, v. a. in sozialen Brennpunkten großer Städte.

Kleine Schwestern vom Evangelium

Kath. Frauenorden; die Ordensgemeinschaft wurde 1963 in Venezuela von dem französischen Priester René Voillaume gegründet und gehört zur geistlichen Familie Charles ↗ de Foucaulds. Die Kleinen Schwestern vom Evangelium leben in internationalen Gemeinschaften von jeweils drei oder vier Schwestern zusammen und wollen das ↗ Evangelium »nicht allein durch Worte verkünden«. Sie teilen u. a. das Leben von Gitanes in Frankreich, arbeiten mit Indios in Ecuador, Immigranten in Italien, Strafgefangenen in den USA und sind in Gesundheits- und Bildungsprojekten engagiert. Weltweit gehören rund 70 Schwestern der Ordensgemeinschaft an. In Deutschland gibt es derzeit noch keine Gemeinschaft der Kleinen Schwestern vom Evangelium. ↗ Kleine Brüder Jesu; ↗ Kleine Schwestern Jesu.

Kleriker, der

Der Begriff ist seit dem 3. Jh. bekannt. Er bezeichnet ↗ Diakone, Priester und Bischöfe, die durch besondere Weihen Anteil am Amt in der Kirche haben und zum ↗ Klerus gehören. Der Status ist verbunden mit Standespflichten und -rechten, z. B. tägli-

chem ↗ Stundengebet, ↗ Zölibat, Gehorsam gegenüber dem Bischof.

Klerus, der

Griech. klerós = »Los, Anteil, Erbteil«; das von Paulus beschriebene »Anteilhaben« oder »das gleiche Schicksal tragen« wie die Heiligen (Kol 1,12) wurde zur Berufsbezeichnung für den Stand der Geistlichen. ↗ Kleriker.

Kloster, das

Lat. claustrum = »abgeschlossener Raum«; der abgeschlossene Lebens- und Kulturbereich einer Ordensgemeinschaft.

Klosterurlaub, der

Auch: »Kloster auf Zeit« meint die Möglichkeit, eine Zeit lang in Klöstern (mit) zu leben. Angebote lassen sich im Internet z. B. unter www.orden-online.de und in der Schweiz unter www.kath.ch/kloster_auf_Zeit recherchieren.

KNA

↗ Katholische Nachrichten-Agentur.

Kniebeuge, die

Gestus der Verehrung Gottes, beim Betreten und beim Verlassen einer Kirche, vor dem Tabernakel, nach der Wandlung vor dem Altar.

Koadjutor, der

Lat. »Mitgehilfe«; ein vom Papst ernannter Bischof, der einem amtierenden Bischof bzw. Erzbischof zur Seite gestellt wird und zugleich das Recht der Nachfolge besitzt. Er muss vom Diözesanbischof zum ↗ Generalvikar bestellt werden und unterstützt ihn in der gesamten Leitung der

Diözese, vertritt ihn auch bei dessen Abwesenheit oder Verhinderung. Kommt es zu einer ↗Sedisvakanz des bischöflichen Stuhls, weil der ↗Diözesanbischof zurücktritt oder stirbt, übernimmt der Koadjutor sofort die Leitung der Diözese und ist neuer Diözesanbischof. In diesem Fall bleibt das möglicherweise bestehende Wahlrecht des ↗Domkapitels außer Betracht. So wurde z.B. Joseph Höffner am 6. Januar 1969 zum Koadjutor des Erzbischofs von Köln bestellt, um den damals fast erblindeten Joseph Kardinal Frings zu unterstützen.

KÖB
Abk. für katholische öffentliche Bücherei.

Koinonia, die
Griech. »Gemeinschaft«, lat. »communio«.

Kollar, das
Lat. collaris = »Halstuch«; steifer, schwarzweißer Halskragen, Bestandteil der Alltagskleidung von Priestern.

Kollektant, der
Die Person, die während der Liturgie die Geldgaben (↗Kollekte) der Gemeinde einsammelt und zum Altar trägt.

Kollekte, die
Lat. colligere = »zusammenlesen, sammeln«; Sammlung freiwilliger (Geld-)Spenden während der Gabenbereitung zugunsten kirchlicher oder karitativer Zwecke.

Kolping
Internationales Kolpingwerk; kath. Sozialverband, hervorgegangen aus dem »Katholischen Gesellenverein«, der 1849 in Köln von dem seliggesprochenen Priester Adolph Kolping gegründet worden war. Kolpings Sorge galt den wandernden Handwerksgesellen, die sich zu Beginn der Industrialisierung oft in wirtschaftlicher Not und großer Orientierungslosigkeit befanden. In den »Gesellenvereinen« baute er mit ihnen zusammen familienähnliche Gemeinschaften auf, die Heimat boten und die Chance, sich beruflich und persönlich zu entwickeln. Zugleich trat Kolping für soziale Gerechtigkeit ein. In der Zeit des Nationalsozialismus wurde der »Katholische Gesellenverein« in »Kolpingwerk« umbenannt und zählt heute weltweit über 500.000 Mitglieder. Die Arbeit des Kolpingwerkes vollzieht sich v.a. in Gruppen und sog. Kolpingsfamilien auf Pfarr- und Ortsebene.

Kolumbarium, das
Ort zur Aufbewahrung von Urnen. Manche Kirchen, die nicht mehr für Gottesdienstzwecke gebraucht werden, werden zu Kolumbarien umgewidmet.

Kommende, die
Lat. commendare = »anvertrauen, empfehlen«; einzelne Niederlassung der Ritterorden, z.B. ein Kloster der Ordensritter. ↗Ballei.

Kommunion, die
Lat. communio = »Gemeinschaft«; Bez. für den Empfang der ↗Eucharistie, also des Leibes und Blutes Christi in Gestalt von Brot und Wein. Die Austeilung der Kommunion erfolgt i.d.R. während der Hl. Messe (↗Eucharistiefeier). Sie ist aber auch außerhalb dieser Feier möglich (Krankenkommunion). Die Form des

Kommunionempfangs ist unterschiedlich. Meistens wird nur das heilige Brot, die ↗ Hostie, ausgeteilt. Bei Eucharistiefeiern mit kleineren Gruppen ist auch die ↗ Kelchkommunion (»Kommunion unter beiderlei Gestalt«) üblich.

Kommunionhelfer

Bez. für ↗ Laien, die dem Priester während der Hl. Messe bei der Austeilung der ↗ Kommunion behilflich sind. Für diesen Dienst erhalten die Kommunionhelfer eine besondere Beauftragung des Bischofs.

Kommunität, die

Sammelbegriff mit der Grundbedeutung »Gemeinschaft«, bezeichnet i. d. R. die Ordensleute, die zur selben Niederlassung gehören, von dort aus ihren Aufgaben nachgehen und beispielsweise Mahlzeiten, Gottesdienste und Erholungszeiten gemeinsam verbringen.

Komplet, die

Lat. completare = »vollenden«; das Nachtgebet der Kirche. ↗ Horen, ↗ Stundengebet.

Komturei, die

Verwaltung von Besitzungen der Ordensbrüder durch einen Ordensritter (Komtur). ↗ Ballei.

Konfession, die

Lat. »Bekenntnis«; allg. Bez. für die Zugehörigkeit zu einer bestimmten christlichen Kirche oder kirchlichen Gemeinschaft (z. B. katholisch, evangelisch, reformiert, orthodox).

Konfessionsverbindende Ehe

Auch: interkonfessionelle Ehe; Bez. für eine Ehe, bei der Mann und Frau unterschiedlichen christlichen Bekenntnissen angehören. Katholischerseits ist für eine kirchliche Trauung eine Dispens von der Formpflicht nötig. Es gibt die evangelische Trauung mit katholischer Assistenz (Ritus A), die katholische Trauung mit evangelischer Assistenz (Ritus B); ob die Trauung katholisch oder evangelisch ist, hängt davon ab, welcher der beteiligten Geistlichen den Ehekonsens erfragt. Eine ökumenische Trauung gibt es nur im ehem. Land Baden (Badische Landeskirche und Erzbistum Freiburg) mit einem eigenen ökumenischen Trauformular (Ritus C).

Konfrater, der

↗ Confrater.

Kongregation, die

Lat. congregatio = »Versammlung, Vereinigung«;

1. Bez. für klösterliche und andere religiöse Gemeinschaften und Vereinigungen, deren Mitglieder sich v. a. konkreten Aufgaben außerhalb ihres Klosters widmen – im Unterschied zu den auf Chorgebet, Gottesdienst, Predigttätigkeit und innerklösterliches Leben ausgerichteten alten Mönchsorden (↗ Benediktiner, ↗ Zisterzienser) oder Bettelorden (↗ Franziskaner, ↗ Dominikaner). Beispiele sind sozial-karitativ tätige Gemeinschaften (↗ Alexianerbrüder, ↗ Barmherzige Schwestern, Hospitalorden, ↗ Vinzentinerinnen, franziskanisch geprägte Schwesterngemeinschaften), Kongregationen mit Tätigkeitsschwerpunkt Jugendarbeit, Schule und

Erziehung (z. B. ↗ Maria-Ward-Schwestern, ↗ Salesianer Don Boscos, ↗ Schulbrüder und Schulschwestern, ↗ Ursulinen), Missionskongregationen (↗ Steyler Missionare und Missionsschwestern, Missionsbenediktiner, Missionsdominikaner, Herz-Jesu-Missionare) und Gemeinschaften mit neuen seelsorglichen Tätigkeitsschwerpunkten, wie z. B. Volks- und Gemeindemission (↗ Redemptoristen, ↗ Pallottiner). Heute lautet der gemeinsame Oberbegriff für Orden und Kongregationen »instituta religiosa«.

2. Bez. für die zur Römischen ↗ Kurie zählenden Zentralbehörden. Die zzt. bestehenden neun Kongregationen sind zuständig für: Glaubenslehre, orientalische Kirchen, Gottesdienst und Sakramente, Selig- und Heiligsprechungsverfahren, Bischöfe, Evangelisierung der Völker, Klerus, Institute des gottgeweihten Lebens sowie Seminare und Studieneinrichtungen.

3. Bez. für den Zusammenschluss mehrerer selbständiger Mönchsklöster (z. B. die Beuroner Kongregation der Benediktiner).

Kongregation der Mission
↗ Vinzentiner.

Kongregation der Missionare, Söhne des unbefleckten Herzens Mariens
Lat. Congregatio Missionariorum Filiorum Immaculati Cordis Beatae Mariae Virginis, Abk. CMF; ↗ Claretiner.

Kongregation der Missionare von Mariannhill
Abk. CMM; ↗ Mariannhiller Missionare.

Kongregation für die Glaubenslehre
↗ Inquisition.

Kongregation vom Heiligen Geist
Lat. Congregatio Sancti Spiritus, Abk. CSSp; ↗ Spiritaner.

Kongregation vom Heiligsten Sakrament
Lat. Societas Sanctissimi Sacramenti, Abk. SSS; ↗ Eucharistiner.

Kongregation vom Leiden Jesu Christi
Lat. Congregatio Passionis Iesu Christi, Abk. CP; ↗ Passionisten.

Kongregationen der Kardinäle während der Sedisvakanz
↗ Generalkongregation, ↗ Sonderkongregation.

Königsteiner Erklärung, die
Die 1968 in Königstein/Taunus von den dt. Bischöfen veröffentlichte Erklärung war eine Reaktion auf die am 25. Juli 1968 veröffentlichte ↗ Enzyklika »Humanae vitae« von Papst Paul VI. (1963–1978), die weithin Ratlosigkeit unter dt. Katholiken auslöste. Danach muss jeder eheliche Akt für die Zeugung neuen Lebens offen sein, und darum sei »jede Handlung verwerflich, die entweder in Voraussicht oder während des Vollzuges des ehelichen Aktes darauf abstellt, die Fortpflanzung zu verhindern«, wie es in dem Lehrschreiben heißt. Ohne der Enzyklika zu widersprechen oder ihre Verbindlichkeit zu bezweifeln, machten die Bischöfe in ihrer gemeinsamen Erklärung deutlich, dass eine abweichende verantwortliche Gewissensentscheidung in der Frage der Empfängnisverhütung

grundsätzlich möglich sei. Der entscheidende Satz in der Königsteiner Erklärung, die die Bischöfe als pastorale Hilfe verstanden, lautet: »Wer glaubt, so denken zu müssen [also anders als in dem päpstlichen Lehrschreiben dargelegt, d. Red.], muss sich gewissenhaft prüfen, ob er – frei von subjektiver Überheblichkeit und voreiliger Besserwisserei – vor Gottes Gericht seinen Standpunkt verantworten kann.« ↗ Gewissen. ↗ Epikie.

Konklave, das

Lat. cum clave = »abgeschlossener Raum«, wörtlich: »mit Schlüssel«; von der Außenwelt streng abgeschlossener Versammlungsort, in dem die Kardinäle zur Papstwahl zusammenkommen; gemeint ist auch der Wahlvorgang selbst sowie die Kardinalsversammlung zur Papstwahl. Zum Papst kann nach dem Kirchenrecht grundsätzlich jeder getaufte männliche Katholik gewählt werden. Allerdings entstammen seit 1378 alle Päpste dem Kardinalsrang. Wahlberechtigt sind nur die Kardinäle, die das 80. Lebensjahr noch nicht vollendet haben. Das Konklave beginnt 15 bis 20 Tage nach Beginn der ↗ Sedisvakanz mit einer Messe in der ↗ Peterskirche. Anschließend ziehen die wahlberechtigten Kardinäle in die ↗ Sixtinische Kapelle. Die Wahl ist streng geheim. Während des Konklaves sind den Kardinälen Kontakte zu Außenstehenden verboten. Auch Telefon, Fernsehen, Radio oder Zeitungen sind nicht erlaubt. Nach der von Papst Johannes Paul II. (1978–2005) erlassenen Konstitution zur Papstwahl (Universi Dominici Gregis) sind die Kardinäle während des Konklaves im ↗ Domus Sanctae Marthae untergebracht. Nach der Vereidigung der Kardinäle und dem Versprechen der absoluten Verschwiegenheit müssen alle, die nicht zum Konklave gehören, die ↗ Sixtinische Kapelle verlassen (↗ extra omnes). Die Wahlgänge finden nach einem genau festgelegten Zeremoniell statt. Gewählt ist, wer zwei Drittel der Stimmen auf sich vereinigen kann. Sollte nach dem 33. Wahlgang noch kein Papst gewählt sein, können sich die Kardinäle mit absoluter Mehrheit für einen anderen Wahlmodus entscheiden. Der Papst muss dann nur noch mit einfacher Mehrheit gewählt werden. Nach jedem Wahlgang werden die Wahlzettel verbrannt. Ist der von außen sichtbare Rauch schwarz, war die Wahl erfolglos. Ist der Rauch weiß, wurde ein neuer Papst gewählt. Seit dem 11. Jh. legt der neu gewählte Papst seinen bürgerlichen Namen ab und nimmt einen neuen Namen an. Auf der sog. Benediktionsloggia der Peterskirche wird der neue Papst anschließend den Gläubigen vorgestellt (↗ Habemus papam). Von dort erteilt er erstmals den ↗ Apostolischen Segen.

Konkordat, das

Lat. concordatum = »Vereinbarung, Übereinkunft«; völkerrechtlicher Vertrag (Staatskirchenvertrag) zwischen der kath. Kirche (↗ Heiliger Stuhl) und einem Staat. Ziel ist es, die Beziehungen zwischen Staat und Kirche rechtlich zu ordnen. Der Vertrag enthält z. B. Regelungen über den Austausch von Botschaftern, die Einrichtung einer ↗ Nuntiatur, den Religionsunterricht an den Schulen, die Einrichtung von theologischen Fakultäten, die Seelsorge beim Militär oder in Krankenhäusern. In Deutschland gelten neben dem ↗ Reichskonkordat vom 20. Juli 1933 verschiedene Konkordate mit einzelnen Bundesländern. Nach wie vor gültig sind auch das Konkordat mit dem Freistaat Preußen (↗ Preußen-Konkordat) von 1929, das Bayerische Konkordat von 1924 und das Badische Konkordat von 1932, die insbes. Regelungen über die Besetzung von Bischofsstühlen enthalten (Bischofsernennung).

Konsekration, die

Lat. consecratio = »Weihe, Heiligung«; liturgische Weihehandlung (z. B. Altar- oder Kirchweihe). In der ↗ Eucharistiefeier bezeichnet Konsekration die Wandlung von Brot und Wein in Leib und Blut Christi. Konsekrierte ↗ Hostien werden im ↗ Tabernakel aufbewahrt.

Konsistorium, das

Lat. consistere = »zusammenstehen«, Plural: Konsistorien; Versammlung der ↗ Kardinäle unter Vorsitz des Papstes. Das Kirchenrecht (can. 353) unterscheidet zwischen ordentlichen und außerordentlichen Konsistorien (zu einem außerordentlichen Konsistorium beruft der Papst alle, zu einem ordentlichen alle oder zumindest die in Rom anwesenden Kardinäle ein) sowie zwischen zwei Formen von ordentlichen Konsistorien. Das am häufigsten stattfindende gilt »besonders feierlichen Akten«, wie einer ↗ Kanonisierung (Selig- oder Heiligsprechung), der Verleihung des ↗ Palliums an Erzbischöfe oder der Kreierung (Ernennung) neuer Kardinäle. Die zweite Form des ordentlichen Konsistoriums (die während der Amtszeit von Papst Johannes Paul II. nicht einmal stattfand) soll nach dem Kirchenrecht einberufen werden, damit die Kardinäle »schwerwie-

gende Angelegenheiten, die jedoch regelmäßiger anstehen«, beraten können. »Wenn besondere Erfordernisse der Kirche oder die Behandlung schwerwiegenderer Angelegenheiten dies ratsam erscheinen lassen«, kann der Papst ein außerordentliches Konsistorium einberufen. Papst Johannes Paul II. (1978–2005) hat das Konsistorium, das im 16. Jh. mit Einführung der ↗ Kurie an Einfluss verloren hatte, als engeren Beraterkreis wieder aufleben lassen. Das erste außerordentliche Konsistorium berief er bereits acht Monate nach seiner Wahl, am 30. Juni 1979, für den November des gleichen Jahres ein. Während seiner Amtszeit fanden außerordentliche Konsistorien mit folgenden Themen statt: November 1979: die Reform der Römischen Kurie; Kirche und Kultur; die Finanzen des Heiligen Stuhls. November 1982: die Reorganisation der Römischen Kurie mit besonderer Berücksichtigung der ↗ Vatikan-Bank; die Revision des Kodex des kanonischen Rechts. November 1985: die Reform der Römischen Kurie. April 1991: Bedrohungen für das menschliche Leben, v. a. durch Abtreibung; das Problem neuer religiöser Sekten. Juni 1994: Vorbereitungen für das Heilige Jahr 2000 und seinen Ablauf; Bericht über die ökumenischen Beziehungen; das Internationale Jahr der Familie; der sinnvolle Einsatz von pensionierten Bischöfen.

Konsole, die

Lat. consolator = »Tröster, Unterstützer«, franz. consolateur = »Gesimsträger«; in der Architektur ein Wand- oder Mauervorsprung, der etwas trägt oder auf dem etwas abgestellt werden kann.

Konstantinische Wende, die

Auf den römischen Kaiser Konstantin I. (306–337), genannt der Große, zurückgehende religiöse Neugewichtung, die dem Christentum im Römischen Reich gegenüber den alten heidnischen Kulten zu mehr Einfluss verhalf. Konstantin, eigentlich: Flavius Valerius Constantinus (*272/ 273 oder 285, †337), wurde bei der Thronfolgeordnung von 305 übergangen, dann aber nach dem Tod seines Vaters (306) im britannischen Eburacum (York) von den römischen Truppen zum Augustus ausgerufen. Die entscheidende Schlacht im Kampf um die Macht fand am 28.10.312 an der Milvischen Brücke statt, bei der Konstantin »unter dem Zeichen des Kreuzes« siegte. Der Sieg leitete die Konstantinische Wende ein, die dann auch rechtlich geregelt wurde: In dem 313 von ihm erlassenen Toleranzedikt verfügte Konstantin die Restitution des unter Diokletian enteigneten Besitzes und die Gleichstellung des Christentums mit der antiken Religion. Für die Schlacht hatte Konstantin das ↗ Christusmonogramm auf den Schilden der Soldaten, später auch auf einer Standarte, dem Labarum, anbringen lassen. Obwohl er sich damit als Christ zu erkennen gab, empfing er die Taufe erst auf dem Sterbebett.

Konsult, der

Im Jesuitenorden Bez. für ein regelmäßiges Treffen dazu bestellter Ordensangehöriger zur Beratung des Oberen.

Kontemplation, die

Lat. contemplatio = »Betrachtung«; meditatives Betrachten, »sich versenken« in Wort und Werk Gottes. In diesem Sinn spricht man von kontemplativen Orden, z.B. ↗ Kartäuser, ↗ Benediktiner(innen), ↗ Zisterzienser(innen), ↗ Trappist(inn)en.

Konveniat, das

Lat. convenire = »zusammenkommen«; Bez. für die Zusammenkunft der hauptamtlich in der Pastoral Tätigen eines bestimmten Bezirks.

Konvent, der

Lat. conventus = »Zusammenkunft, Versammlung«; bezeichnet:
1. die Versammlung aller stimmberechtigten Mitglieder eines Klosters (auch: Kapitel);
2. das ↗ Kloster selbst und die Gemeinschaft eines Klosters.

Konventuale, der

1. stimmberechtigtes Klostermitglied (↗ Konvent);
2. ↗ Minoriten.

Konverse, der

Lat. conversus = »Laienbruder«; im Mittelalter Bez. für Laienbrüder innerhalb einer Ordensgemeinschaft, also Ordensmitglieder, die keine klerikalen Weihen und deshalb geringere Rechte besaßen. Diese Einrichtung des Ordensrechts wurde vom ↗ Zweiten Vatikanischen Konzil abgeschafft.

Konversion, die

Lat. conversio = »Umkehrung, Umwandlung«; der Übertritt von einer ↗ Konfession oder Religion zu einer anderen (↗ Konvertit).

Konvertit, der
Jmd., der von einer Konfession oder Religion zu einer anderen übertritt.

Konvikt, das
Lat. convictus = »Tischgesellschaft«; Bez. für das Wohnheim von Studenten der ↗Theologie, die Priester werden wollen.

Konzelebration, die
Lat. cum = »mit« und celebrare = »feiern«; gemeinsame ↗Eucharistiefeier mehrerer Priester; Zeichen der Gemeinschaft der Priester untereinander und mit dem Bischof als Nachfolger der ↗Apostel. Gemeinsam mit dem Hauptzelebranten sprechen die konzelebrierenden Priester das ↗Hochgebet und die Wandlungsworte.

Konzil, das
Lat. concilium = »Versammlung«, Plural: Konzilien; Versammlung von Bischöfen. Eine Bischofsversammlung unter Vorsitz des Papstes, die Fragen berät, welche die ganze Kirche betreffen, nennt man ein ökumenisches Konzil (griech. oikoumene = »auf den ganzen Erdkreis bezogen«). Die kath. Kirche zählte bisher 21 ökumenische Konzilien (s. Übersicht im Anhang). Das bislang letzte, das ↗Zweite Vatikanische Konzil, fand von 1962 bis 1965 statt.

Konziliarer Prozess
Bez. für eine Initiative des Ökumenische Rats der Kirchen (ÖRK), an dem sich auch die kath. Kirche beteiligt. Angestoßen wurde der Prozess auf der ÖRK-Vollversammlung in Vancouver 1983. Ziele sind Gerechtigkeit, Friede und Bewahrung der Schöpfung.

Konzilsvater, der
Stimmberechtigter Teilnehmer an einem ↗Konzil.

Kooperator, der
↗Vicarius Cooperator.

Korporale, das
Quadratisches weißes Leinentuch auf dem Altar, auf dem bei der Eucharistiefeier Hostienschale und Kelch abgestellt werden.

Kpl.
Abk. für ↗Kaplan.

Krankenkommunion, die
Empfang der ↗Eucharistie am Krankenbett (↗Kommunion).

Krankenöl, das
Bez. für die ↗Heiligen Öle, die zur Feier der ↗Krankensalbung verwendet werden.

Krankensalbung, die
Eines der sieben ↗Sakramente der kath. Kirche. Der Priester legt dem Kranken die Hände auf, salbt ihn mit Öl und spricht ihm zeichenhaft das von Christus verkündete Heil zu, vor allem die Befreiung von der Macht der ↗Sünde. Die Krankensalbung soll dem Kranken Stärkung und Linderung sowie das Vertrauen auf den Beistand Christi schenken. Volkstümlich wird sie immer noch als »Letzte Ölung« bezeichnet, da sie lange Zeit nur Sterbenden gespendet wurde. Seit dem ↗Zweiten Vatikanischen Konzil wird sie aber als ein Sakrament für schwer Erkrankte verstanden. Sie kann mehrmals im Leben empfangen werden, auch schon vor einer

schwierigen Operation, bei ersten Anzeichen einer schweren Erkrankung oder im hohen Alter. Gültig spenden kann das Sakrament laut kirchl. Gesetzbuch nur ein Priester. Er salbt Hände und Stirn des Kranken mit reinem Olivenöl, das jedes Jahr in einer eigenen Messfeier in der ↗ Karwoche vom Bischof geweiht wird. Dabei spricht er die Spendeformel: »Durch diese heilige Salbung helfe dir der Herr in seinem reichen Erbarmen, er stehe dir bei mit der Kraft des Heiligen Geistes: Der Herr, der dich von Sünden befreit, rette dich, in seiner Gnade richte er dich auf.«

Kredenz, die

Lat. credere = »glauben«; die Bez. stammt aus der Zeit, in der Vorkoster für die Regenten von den zubereiteten Speisen kosteten, um so Giftanschläge zu verhindern. Die Speisen, die man von Gift frei glaubte, standen auf der Kredenz. Kredenz (sonst: Anrichte) heißt deshalb in Österreich, Tschechien, Slowenien, Kroatien ein Möbelstück mit Ablagefläche. Innerhalb einer Kirche ist die Kredenz jener Tisch, auf dem die für die Liturgie benötigten Gerätschaften stehen: Kelch, Patene, Kelchvelum, Korporale, Wein, Wasser, Lavabotuch und Lavabotablett, evtl. auch liturgische Bücher.

Kreisdechant, der

Leiter eines Kreisdekanats (↗ Stadtdechant).

Kreuz, das

Lat. crux = »Marterholz«; das wichtigste christliche Symbol und Zeichen verweist auf das durch Gott im Tod und in der ↗ Auferstehung Jesu Christi gewirkte Heil. Das Kreuz gehört zur Ausstattung jeder Kirche, hängt in Wohnungen, schmückt Grabstätten oder steht an Wegen.

Kreuzblume, die

Typisch gotische Bekrönung von hochragenden Bauteilen. Aus einem schlanken Stiel wachsen nach vier Seiten Blätter heraus, sie bilden also (im Grundriss) ein Kreuz.

Kreuzerhöhung

Am 14. September wird das Fest der Kreuzerhöhung gefeiert. Es entstand am 13. September 335 zum Kirchweihfest der Konstantinischen Basilika auf dem Golgathahügel in Jerusalem. Am Tage darauf wurde die Kreuzreliquie des Kreuzes Jesu Christi der Gemeinde zur Verehrung gezeigt.

Kreuzgang, der

Ein überdachter Gang um den quadratisch oder rechteckig angelegten Hof einer Kirche oder einer Klosteranlage. Er verbindet die Kirche mit den Wohnräumen des ↗ Klosters bzw. der Kirche und war und ist Begräbnisstätte für Mönche, Nonnen oder Domherren.

Kreuzigung, die

Die grausame Hinrichtungsform der Kreuzigung wurde seit dem 1. Jh. v. Chr. in der römischen Provinz Palästina von den Römern angewandt. Raub, Mord, Hochverrat, Aufruhr und Majestätsbeleidigung wurden mit Tod durch Kreuzigen bestraft. Nach der obligatorischen Geißelung musste der Verurteilte einen Querbalken zur Hinrichtungsstätte tragen und wurde mit diesem meist nackt an einen Pfahl angebunden oder genagelt. Der Gekreuzigte starb einen qualvollen und langwierigen Erstickungstod. Seine Leiche wurde meist bis zur Verwesung hängen gelassen. Jesus wurde wegen angeblicher Anstiftung zum Aufruhr gekreuzigt.

Kreuzverehrung, die
↗Karfreitag.

Kreuzweg, der
Im Gedenken an den Leidensweg Jesu vom Haus des Pilatus bis zur Kreuzigungsstätte ↗Golgatha, der ↗Via dolorosa in Jerusalem, wurden seit dem Mittelalter an Wegen, um und in Kirchen Kreuzwege errichtet. In meist 14 Stationen wird das Leiden Jesu von der Gefangennahme bis zur Grablegung dargestellt. Gläubige schreiten die Stationen in meditativem Gebet ab. Die traditionellen 14 Stationen sind:

1. Jesus wird zum Tod verurteilt.
2. Jesus nimmt das Kreuz auf sich.
3. Jesus fällt das erste Mal unter dem Kreuz.
4. Jesus begegnet seiner Mutter.
5. Simon von Zyrene hilft Jesus das Kreuz tragen.
6. Veronika reicht Jesus das Schweißtuch.
7. Jesus fällt das zweite Mal unter dem Kreuz.
8. Jesus begegnet den weinenden Frauen von Jerusalem.
9. Jesus fällt das dritte Mal unter dem Kreuz.
10. Jesus wird seiner Kleider beraubt.
11. Jesus wird ans Kreuz genagelt.
12. Jesus stirbt am Kreuz.
13. Jesus wird vom Kreuz abgenommen

und in den Schoß seiner Mutter gelegt.
14. Jesus wird ins Grab gelegt.

Kreuzzeichen, das
Seit Ende des 2. Jh. bekannter Brauch, sich selbst oder andere zu segnen. Die Kirche kennt das »große« Kreuzzeichen (mit ausgestreckter Hand Stirn, Brust und Schultern berühren) und das »kleine« Kreuzzeichen (mit dem Daumen allein, je ein Kreuzzeichen auf Stirn, Mund und Brust). Die Worte, die beim Kreuzzeichen gesprochen werden, lauten: »Im Namen des Vaters und des Sohnes und des Heiligen Geistes. Amen.«

Kreuzzug, der
Die mittelalterlichen Kreuzzüge stützten sich auf die Idee vom »gerechten Krieg« für den kath. Glauben. Der erste Kreuzzug begann 1095. Kirchliche und weltliche Würdenträger riefen die Ritter Europas und ihr Gefolge auf, in Kreuzzugsheeren zum Kampf gegen die Muslime nach Jerusalem und Palästina zu ziehen. Abenteuerlust und die Hoffnung auf Beute jedweder Art vermischten sich mit Motiven wie tiefer Gläubigkeit, Rückgewinnung der heiligen christlichen Stätten aus den Händen der Muslime und Verteidigung des Papsttums. Mit dem 15. Jh. endete die Zeit der Kreuzzüge.

Krümme, die
Bez. für den gebogenen, oft künstlerisch gestalteten Teil des ↗Krummstabes, der zu den ↗Insignien von Abt und Bischof gehört. Der Bischofsstab des Papstes ist ungekrümmt, weil er keiner irdischen Autorität unterworfen ist.

Krummstab, der

Auch: Bischofsstab, Hirtenstab; der Krummstab gehört zu den ↗ Insignien, die dem Bischof und Abt als Zeichen ihrer besonderen Würde und als Symbol ihres Hirtenamtes vorbehalten sind. Der bis zur Schulterhöhe reichende Stab besteht aus einem Schaft (zumeist aus Holz) und der an seinem oberen Ende anschließenden ↗ Krümme.

Kruzifer, der

Lat. crux = »Kreuz« und ferre = »tragen«; Bez. für den ↗ Messdiener, der beim Gottesdienst das Kreuz trägt.

Kruzifix, das

Lat. crucifixus = »der ans Kreuz Geheftete«; plastische Darstellung des gekreuzigten Christus am ↗ Kreuz.

Krypta, die

Griech. krýptein = »verbergen«; unterirdischer, kellerartiger Raum in einer Kirche, barg in frühchristlicher Zeit das Grab des ↗ Martyrers unter dem Altar der ihm geweihten Kirche; später auch Grabstätte geistlicher Würdenträger, insbes. von Bischöfen. Frühe Formen sind der Apsisrundung folgende Gänge (Ringkrypta). Später sind es meist Hallenkrypten, deren gleich hohe Schiffe mit Steingewölben versehen sind.

KSJ

Abk. für die Katholische Studierende Jugend; ↗ Bund der Deutschen Katholischen Jugend.

Kukulle, die

Textiler Überwurf der ↗ Mönche beim ↗ Stundengebet.

Kulturkampf, der

Allg. Bez. für die Auseinandersetzungen zwischen dem 1871 gegr. Deutschen Reich und der kath. Kirche, in deren Folge das Verhältnis zwischen Staat und Kirche (z. B. im Schulwesen und in der Ehegesetzgebung) neu bestimmt wurde. Dahinter stand der grundlegende Konflikt zwischen dem sich entwickelnden modernen Staat und der vom Traditionalismus geprägten kath. Kirche (↗ Ultramontanismus). Vor allem in Preußen wurde der Kulturkampf mit besonderer Schärfe geführt. Reichskanzler Otto Fürst von Bismarck wollte den politischen Einfluss der kath. Kirche brechen. In der 1870 gegr. Zentrumspartei sah er v. a. eine politische Kraft, mit der sich der Papst in die Angelegenheiten des weithin protestantisch geprägten neuen Deutschen Reiches einmischen wollte. So verbot er 1872 mit dem »Jesuitengesetz« die Tätigkeit des Jesuitenordens. 1875 wurden mit dem »Brotkorbgesetz« alle staatlichen Leistungen an die kath. Kirche eingestellt und fast alle Klostergemeinschaften (außer den Krankenpflegeorden) aufgelöst. Mit dem »Zivilehegesetz« führte das Deutsche Reich im gleichen Jahr die pflichtmäßige Zivilehe ein. Der starke Stimmenzuwachs für die Zentrumspartei veranlasste Bismarck, mit Papst Leo XIII. Verhandlungen aufzunehmen. Mit den »Friedensgesetzen« von 1886 und 1887 wurde der ↗ Kulturkampf formell beendet.

Kummertuch, das

↗ Fastenvelum.

Kurat, der

Lat. cura = »Sorge, Fürsorge«; kath. Geistlicher, der mit einer besonderen Seel- und Fürsorge beauftragt ist. Im deutschsprachigen Raum v. a. Bezeichnung für den geistlichen Leiter von Pfadfindergruppen.

Kurfürst, der

Vom 13. Jh. bis 1806 Titel der sieben an der Wahl des dt. Königs beteiligten Reichsfürsten. Die Erzbischöfe von Köln, Mainz und Trier waren die drei geistlichen Kurfürsten, neben denen es auch vier weltliche gab.

Kurie, die

Lat. curia = »Fürstenhof, »[päpstliche] Regierung«; kirchl. Verwaltungsbehörden. Seit dem 11. Jh. Bez. für die Gesamtheit der kirchl. Behörden, durch die der Papst die Weltkirche leitet, deshalb auch: Römische Kurie. Zur Römischen Kurie gehören seit der Kurienreform im Jahr 1988 fünf Behördengruppen: das ↗ Staatssekretariat, geleitet vom ↗ Kardinalstaatssekretär, neun ↗ Kurienkongregationen, drei Gerichtshöfe (die Apostolische Signatur, oberster Gerichtshof und höchstes Verwaltungsgericht, u. a. zuständig für die richtige Anwendung des kirchl. Rechts; die ↗ Rota Romana, zuständig u. a. als letzte Instanz für Eheannulierungen; die Apostolische ↗ Pönitentiarie, zuständig für Bußfragen), elf Päpstliche Räte und drei Ämter (u. a. die Vermögensverwaltung des Heiligen Stuhls). Mit der Römischen Kurie verbunden sind verschiedene Institutionen, darunter das Vatikanische Archiv, die Vatikanische Bibliothek und ↗ Radio Vatikan.

Kurienkardinal, der

Bez. für Kardinäle, die nicht Bischöfe von Diözesen sind, sondern ein Amt in der Römischen ↗ Kurie bekleiden, z. B. eine ↗ Kurienkongregation leiten.

Kurienkongregation, die

Früher: Kardinalskongregation; einem Ministerium vergleichbare, für die ganze Kirche zuständige Behörde der Römischen ↗ Kurie; sie wird von einem ↗ Kardinalpräfekten geleitet. Heute bestehen neun Kurienkongregationen: für die Glaubenslehre, für die Ostkirchen, für den Gottesdienst und die Sakramente, für die Evangelisation der Völker, für die Bischöfe, für den Klerus, für die Ordensleute und Säkularinstitute, für das kath. Bildungswesen und für die Selig- und Heiligsprechungsverfahren.

Küster(in), der (die)

Lat. custos = »Wächter, Hüter«; auch: Sakristan, ↗ Mes(s)ner, Mesmer, Kirch(en)-meister, Kirchner, Si(e)grist, Offermann, Opfermann; kirchl. Angestellter, der für die Pflege der Kirche und die Vorbereitung der Gottesdienste zuständig ist.

Kustos, der

Meist Bez. für das Amt der Oberaufsicht an Dom- oder Kathedralkirchen. Bei den ↗ Franziskanern ist der Kustos der Vorsteher innerhalb der Ordensprovinz. Es gibt auch einen »Kustos des Heiligen Landes«, der neben dem Patriarchen von Jerusalem als wichtigster Repräsentant der kath. Kirche in Jerusalem gilt.

Kutte, die

Lat. cotta = »Mönchsgewand«; übliche Bez.
für die Ordenskleidung; im Allgemeinen
ist damit die bis auf die Füße reichende
langarmige Tunika mit Leder- oder Strick-
gürtel gemeint.

Kyrie eleison, das

Griech. kýrios = »Herr« und eléein = »erbarmen«: »Herr, erbarme Dich«; Gebetsruf
der Gemeinde in der Hl. Messe.

L

Laetare

Erstes Wort des ↗Introitus (lat. Laetare, Jerusalem = »Freue dich, Jerusalem«) am Vierten ↗Fastensonntag, deshalb auch: Sonntag Laetare. Anstelle des in der Fastenzeit üblichen violetten Messgewandes darf der Priester auch ein rosa Messgewand tragen als Zeichen der Vorfreude auf das Osterfest. Der Sonntag Laetare hat seine Entsprechung im dritten Adventssonntag ↗Gaudete. Beide Sonntage künden innerhalb der Liturgie von der Freude auf das kommende Fest.

Laie, der

Griech. laós = »Volk«; im kirchl. Sinne der getaufte Christ, der nicht ↗Kleriker ist. Auch die Laien sind aufgrund der ↗Taufe und ↗Firmung dazu berufen, am Heilsauftrag der Kirche mitzuwirken.

Laisierung, die

Bez. für die Rückversetzung eines kath. Priesters oder ↗Diakons in den Laienstand. Die Laisierung erfolgt entweder auf Bitten des ↗Klerikers durch päpstliche ↗Dispens oder strafweise aufgrund eines Fehlverhaltens gegen priesterliche Verpflichtungen.

Lamentationen, die

Lat. lamentatio = »Klage«; Bez. für die Klagelieder des Propheten Jeremia im ↗Alten Testament, die beim ↗Stundengebet der ↗Karwoche gelesen werden.

Lamm Gottes, das

Lat. agnus Dei; damit ist Jesus Christus gemeint, das wahre Paschalamm, wie es im ↗Johannesevangelium heißt. Ein Paschalamm wurde bei der jüdischen Feier des ↗Pascha oder Pesach verzehrt. Papst Sergius I. brachte im 7. Jh. den Ruf »Lamm Gottes« in die röm.-kath. Messfeier ein. Dieser Ruf wird während des Brotbrechens und vor dem Friedensgruß gesprochen oder gesungen.

Langhaus, das

Der Teil einer Kirche, der dem (meist nach Osten gerichteten) ↗Chor gegenüberliegt. Das Langhaus ist i. d. R. der Raum der Gläubigen.

Latein

Neben Italienisch die offizielle Amtssprache des Vatikanstaats. Alle amtl. Texte werden bis heute in lat. Sprache veröffentlicht (Kirchenlatein). Das gilt für die lat. Bücher, den ↗Katechismus, den ↗Codex sowie die päpstlichen Rechtsvorschriften und Rundschreiben. Vor dem ↗Zweiten Vatikanischen Konzil waren die Texte in den Gottesdiensten in lat. Sprache verfasst. Erst mit der Liturgiereform wurde es möglich, die ↗Liturgie in der jeweiligen Landessprache zu feiern.

Lateran, der

Nach den früheren Besitzern, Familie Laterani, bezeichnete Residenz der römischen Bischöfe. Kaiser Konstantin (↗Konstantinische Wende) hatte der Kirche das Grundstück geschenkt und zuvor auf dem Gelände eine fünfschiffige Basilika und ein ↗ Baptisterium erbauen lassen. Zum Lateran gehört außer der ↗ Lateranbasilika auch der Lateranpalast, der urspr. der Regierungs- und Verwaltungssitz der Päpste war und in dem sich heute das ↗ Ordinariat der Erzdiözese Rom befindet.

Lateranbasilika, die

Die Lateranbasilika S. Giovanni in Laterano ist die offizielle Bischofskirche des Papstes als Bischof von Rom. Unter Kaiser Konstantin d. Gr. wurde sie am 9. 11. 318 geweiht. Zunächst war sie Christus dem Erlöser geweiht, seit 905 Johannes dem Täufer und dem Apostel Johannes (S. Giovanni in Laterano). Sie führt den Ehrentitel »Mutter und Haupt aller Kirchen der Stadt Rom und des Erdkreises« (Omnium urbis et orbis ecclesiarum mater et caput) und gehört mit St. Peter im Vatikan, St. Paul vor den Mauern und S. Maria Maggiore zu den vier Patriarchalbasiliken (↗ Basilika). ↗ Lateran.

Lateranverträge

Die zwischen dem ↗ Heiligen Stuhl und Italien am 11. Februar 1929 im Lateranpalast (↗ Lateran) unterzeichneten Verträge (Staatsvertrag, Konkordat und Finanzabkommen). Sie garantieren die Souveränität des Heiligen Stuhls auf internationaler Ebene mit der ↗ Vatikanstadt als neuem Staat und dem Papst als Staatsoberhaupt, regeln die Rechtstellung der kath. Kirche und sichern dem Heiligen Stuhl eine einmalige Entschädigung für den Verlust des Kirchenstaates zu. Im Gegenzug erkennt der Papst den ehem. Kirchenstaat als Teil Italiens und die Stadt Rom als Sitz der italienischen Regierung an.

Laudes

Plural von lat. laus = »Lob«; das Morgenlob der Kirche im täglichen ↗ Stundengebet (↗ Horen).

Lavabo

Lat. »ich werde waschen«; bezeichnet die symbolische Händewaschung des Priesters in der Hl. Messe, zugleich aber auch die Geräte (Kanne und Schale), mit denen die Händewaschung erfolgt, ebenso die Waschbecken in den Sakristeien, die bes. in der Barockzeit kunstvoll gestaltet waren.

Lavacrum, das

↗ Piscina.

Lazaristen

↗ Vinzentiner.

LC

Abk. für ↗ Legionäre Christi.

Legat, der

(Apostolische) Legaten sind heute Botschafter des Papstes auf Zeit und für besondere Ereignisse, z. B. Jubiläen. In der Autorität des Papstes treten sie dabei als seine Stellvertreter auf. Die Erzbischöfe von Salzburg, Posen (früher: Gnesen), Köln und Prag führen traditionell den Ehrentitel »geborener Legat« (lat. legatus natus). Sie dürfen (innerhalb ihres Bistums, der Salzburger Erzbischof auch außerhalb) den Kardinalspurpur tragen, selbst wenn sie (noch) nicht zum Kardinal erhoben sind. ↗ Delegat, ↗ Nuntius.

Legenda aurea

Lat. »Goldene Legende«; Sammlung von Heiligenlegenden des Jacobus de Voragine, zwischen 1263 und 1288 zusammengestellt; im ausgehenden Mittelalter die Hauptquelle für Heiligenbiographien und Wundererzählungen.

Legio Mariae

↗ Legion Mariens.

Legion Mariens

Lat. Legio Mariae; internationale kath. Laienbewegung, 1921 in Dublin/Irland gegründet. Ihr Ziel ist es, »an der Sendung der Kirche mitzuarbeiten, den Glauben zu verkünden und zu verbreiten«. Die aktiven Mitglieder (Legionäre), die einmal wöchentlich zusammenkommen, übernehmen ehrenamtlich seelsorgliche und soziale Aufgaben. Sie kümmern sich z. B. um Drogen- und Alkoholkranke, Gefangene oder Obdachlose, organisieren Besuche bei neuzugezogenen Gemeindemitgliedern, kranken und alten Menschen oder erteilen Kommunion- oder Firmunterricht. Die betenden Mitglieder (Hilfslegionäre) unterstützen die Arbeit durch ihr tägliches Gebet (↗ Rosenkranz). Die Legion Mariens ist heute weltweit verbreitet; sie hat nach eigenen Angaben etwa 2,2 Mio. aktive »Legionäre« und rund 10 Mio. »Hilfslegionäre«.

Legionäre Christi

Abk. LC; kath. Ordensgemeinschaft, die 1941 von Marcial Maciel (*1920, †2008) in Mexiko gegründet wurde. Leitgedanke der Legionäre Christi ist es, »das Reich Christi zu verkünden und auszubreiten«. Sie sind überwiegend in der Kinder-, Jugend- und Familienseelsorge und in kath. Erziehungs- und Bildungseinrichtungen tätig. Nach eigenen Angaben gehören der ↗ Kongregation weltweit über 800 Priester und 2.500 ↗ Seminaristen an. Niederlassungen bestehen in 22 Ländern. In Deutschland unterhalten die Legionäre Christi u. a. Niederlassungen in Düsseldorf und Bad Münstereifel. ↗ Regnum Christi.

Lehramt, das

Die der Kirche innewohnende Befähigung zur verbindlichen Auslegung der Glaubensinhalte; ausgeübt wird das Lehramt vom Papst und den Bischöfen. ↗ Sensus fidelium. ↗ Unfehlbarkeit.

Lektionar, das

Lat. lectionarium = »Lesebuch«; liturgisches Buch, das die Texte der im Gottesdienst vorgesehenen ↗ Lesungen enthält. Ein vollständiges Lektionar besteht aus einem ↗ Epistolar (lat. epistolarium = Sammlung der Episteln) und einem ↗ Evangelistar (lat. evangelistarium, auch ↗ Perikopenbuch im engeren Sinne genannt, Sammlung der Evangelienperikopen). Epistolar und Evangelistar kommen auch als separate Bücher vor und werden dann in der Literatur manchmal gleichfalls als Lektionar bezeichnet.

Lektor(in), der (die)

Lat. »Leser«; Vorleser im Gottesdienst. Der Lektor trägt im Rahmen der Liturgie die ↗ Schriftlesung vor und wirkt – zusammen mit dem Priester – bei den ↗ Fürbitten mit. ↗ Niedere Weihen.

Lesehore, die

↗ Horen.

Lesejahr, das

Die Schriftlesungen (↗ Lesung und ↗ Evangelium) in der Hl. Messe sind an den Sonntagen in drei sog. Lesejahre unterteilt worden: A, B und C. Auf diese Weise lernen die Gläubigen in einem Rhythmus von drei Jahren alle wichtigen Texte des ↗ Alten und ↗ Neuen Testaments kennen. Im Lesejahr A werden hauptsächlich Texte aus dem ↗ Matthäusevangelium vorgetragen, im Lesejahr B aus dem ↗ Markusevangelium und im Lesejahr C aus dem ↗ Lukasevangelium. Die Texte des ↗ Johannesevangeliums werden vor allem in der ↗ Fasten- und ↗ Osterzeit verkündet.

Lesung, die

Bez. für die vorgetragenen Lesestücke aus der Hl. Schrift, die im Gottesdienst dem Evangelium vorangehen. An Sonn- und Feiertagen sind eine Lesung aus dem Alten Testament sowie eine aus den Apostelbriefen (↗ Epistel), der ↗ Apostelgeschichte oder der Offenbarung des Johannes vorgesehen, also eine aus dem AT und eine aus dem NT. An Wochentagsgottesdiensten ist außer dem Evangelium nur eine einzige Lesung aus AT oder NT vorgesehen.

Lettner, der

Lat. lectorium = »Lesepult«; Trenn- oder Querwand zwischen dem Chor als Aufenthaltsort des ↗ Klerus und dem Langhaus, in dem sich die gläubigen ↗ Laien aufhalten. Meist ist der Lettner als Tribüne gestaltet, unter der ein Altar steht und deren Oberseite, durch Treppen erreichbar, Raum für Musik und Schriftlesungen bietet.

Letzte Dinge

↗ Vier letzte Dinge.

Letzte Ölung, die

↗ Krankensalbung.

Leviten, die

Früher Bez. für die Assistenten des Priesters (↗ Subdiakon und ↗ Diakon) bei einem feierlichen Gottesdienst (Levitenamt). Der Name stammt vom israelitischen Stamm Levi, dessen Angehörige mit dem Priesterdienst betraut waren. Die Redewendung »jemandem die Leviten lesen« bezieht sich urspr. auf das Vorlesen der Vorschriften für Leviten, heute wird darunter verstanden: jemanden wegen eines tadelswerten Verhaltens nachdrücklich zur Rede stellen.

Levitikus

Bez. für das dritte Buch der Bibel (3. Buch Mose).

Licht, das

Seit der Frühzeit des Menschen ist das Licht eines der Ursymbole. Licht steht für Hoffnung und das Gute. Das Christentum hat aus dem ↗ Johannesevangelium den Vergleich von Jesus Christus als Licht der Welt übernommen und bes. in der ↗ Liturgie ausgestaltet. ↗ Ewiges Licht. ↗ Osternacht.

Lichtmess

Auch: Mariä Lichtmess; volkstümliche Bez. für das Fest Darstellung des Herrn am 2. Februar, abgeleitet von der an diesem Tag üblichen Kerzenweihe und Lichterprozession. Entsprechend dem jüdischen Gesetz brachten Maria und Joseph 40 Tage nach der Geburt ihres erstgeborenen Sohnes Jesus ein Opfer im Tempel dar (vgl. Lk 2, 22–24). Dort erkannte der greise Simeon in dem Kind den Messias: »ein Licht, das die Heiden erleuchtet, und Herrlichkeit für das Volk Israel« (Lk 2, 32). Seit Anfang des 5. Jh. wurde dieses Fest am 40. Tag nach der Geburt Jesu zunächst in Jerusalem, dann (Mitte des 5. Jh.) auch in Rom gefeiert. Später kamen Lichterprozessionen und Kerzenweihen hinzu, wodurch sich der Name »Lichtmess« einbürgerte. Früher endete mit diesem Fest der weihnachtliche Festkreis. Seit der Liturgiereform wird dieser Tag als ⁊ Herrenfest gefeiert und heißt »Darstellung des Herrn«. Die Wetterregeln an Lichtmess drücken die Vorfreude auf den Frühling aus. Bekannt ist der Spruch: »Wenn es an Lichtmess stürmt und schneit, ist der Frühling nicht mehr weit.«

Liebe, die

Das Christentum versteht sich von Anfang an als Religion der Liebe. Es bezieht sich auf die biblischen Geschichten der Zuwendung Jesu bes. zu den Armen, Benachteiligten und Suchenden. Von Jesus übernahm der christliche Glaube das Gebot der Gottesliebe (»Du sollst deinen Gott lieben«) sowie der Selbst- und Nächstenliebe (»Du sollst deinen Nächsten lieben wie dich selbst«). Diese Gebote bilden keinen Gegensatz. Der Nächstenliebe liegt immer auch die Selbstliebe zugrunde, ohne diese wäre eine Hinwendung zum Nächsten nicht möglich. In seinem ersten Brief an die Korinther preist der ⁊ Apostel Paulus die Liebe als die größte der drei göttlichen Tugenden, neben ⁊ Glaube und ⁊ Hoffnung (1 Kor 13, 13).

Limbus, der

Lat. limbus = »Rand, Saum«; bezieht sich auf den Rand der ⁊ Hölle als Zustand der Gottesferne, der von der Hölle selbst zu unterscheiden ist, deshalb auch »Vorhölle« genannt. Limbus meint jenen Zustand, der wegen der fehlenden heiligmachenden Gnade nicht die Anschauung Gottes ermöglicht, nach Meinung vieler Theologen aber keinen Zustand der Qual darstellt. Zwei Limbi werden in der kath. Theologie unterschieden: der *Limbus patrum*, der durch Christi Erlösungswerk aufgelöste Limbus, in dem sich die Gerechten befanden, die vor Christus gestorben waren, und der *Limbus infantium vel puerorum* als fortbestehender Limbus. In ihm befinden sich ungetauft verstorbene Kinder, die in diesem Zustand verharren, weil ihnen die Taufgnade fehlt und sie keinen gleichwertigen Ersatz – z. B. die Begierdetaufe, eine Erkenntnis im letzten Moment, oder Bluttaufe, Tod als »Quasi-Sakrament« – erlangt haben. Papst Benedikt XVI. hat am 20. April 2007 die Ergebnisse der Internationalen Theologenkommission genehmigt, die die Lehre vom Limbus puerorum zu einer älteren theologischen Meinung abwertet, die nicht mehr vom kirchl. Lehramt unterstützt wird.

Litanei, die

Griech. litaneía = »Bitten«; Wechselgebet, im Gottesdienst die Anrufung Gottes und der Heiligen (»Allerheiligenlitanei«) im Wechsel zwischen Vorbeter und Gemeinde, wobei die Anrufungen des Vorbeters mit einer gleichbleibenden Bittformel (»Erhöre uns«, »Bitte für uns«) beantwortet werden.

Liturg(e), der
Der Geistliche, der der ↗ Liturgie vorsteht.

Liturgie, die
Griech. leitourgía = »Dienst am Volke«; bezeichnet Form und Inhalt der gottesdienstlichen Feier, festgelegt z. B. in den Messbüchern (↗ Missale Romanum), und stellt eine der Grundfunktionen der Kirche dar. ↗ Martyria, ↗ Diakonia.

Liturgiereform, die
Die umfassende Reform der gottesdienstlichen Feier, die auf dem ↗ Zweiten Vatikanischen Konzil beschlossen und in der Konstitution »Sacrosanctum Concilium« festgehalten wurde. Das zentrale Anliegen der Liturgiereform bestand in der »vollen und tätigen Teilnahme« aller Gläubigen im Gottesdienst, was u. a. den Einfluss des Lateinischen als Liturgiesprache zugunsten der jeweiligen Landessprache zurückdrängte. ↗ Missale Romanum.

Liturgik, die
Die wiss. Beschäftigung mit Theologie, Geschichte und Formen des Gottesdienstes.

Liturgische Farben
Die je nach Fest bzw. Zeit im Kirchenjahr wechselnden Farben der liturgischen Gewänder und Tücher (↗ Paramente). Diese Farben wurden 1570 verbindlich im ↗ Missale Romanum festgelegt und 1970 im reformierten Messbuch mit wenigen Änderungen übernommen: Weiß als Farbe der Freude, des Glanzes und der Reinheit für die Oster- und Weihnachtszeit, die Herren- und Marienfeste und die Feste der Heiligen, die keine Martyrer waren; Rot als Farbe des Feuers und des Blutes für Palmsonntag, Karfreitag, Pfingsten, die Apostel- und Martyrerfeste; Grün als Farbe der Hoffnung (Zeit im Jahreskreis); Violett als Farbe der Buße und Besinnung für die Advents- und Fastenzeit; Rosa kann am Dritten Adventssonntag (↗ Gaudete) und am Vierten Fastensonntag (↗ Laetare) anstelle von Violett getragen werden; Schwarz als Farbe der Trauer für die Totenmessen. Gold kann als festliche Farbe Weiß, Rot oder Grün ersetzen. Blau ist keine liturgische Farbe, gilt jedoch als die Farbe der Gottesmutter Maria.

Lizentiat, das
Lat. licentiatus = »der mit Erlaubnis Versehene«; akademischer Grad, der an kirchl. Hochschulen erworben werden kann. Das Lizentiat ist Voraussetzung, um am Priesterseminar oder an einer gleichwertigen Ausbildungsstätte zu lehren. Kandidaten für das Bischofsamt müssen zumindest Lizentiaten in der Heiligen Schrift, der Theologie, dem kanonischen Recht oder wenigstens in diesen Disziplinen erfahren sein.

Lollarden
↗ Begarden.

L'Osservatore Romano
↗ Osservatore Romano.

Lossprechung, die
↗ Absolution.

Lourdes
Die am Nordrand der Pyrenäen gelegene Kleinstadt in Frankreich ist einer der bekanntesten Marienwallfahrtsorte der Welt. Dort soll 1858 der damals 14-jäh-

rigen Bernadette Soubirous (*1844, †1879) mehrere Male die Gottesmutter Maria erschienen sein. Sie berichtete, eine »weiße Dame« habe ihr befohlen, Wasser aus einer Quelle zu trinken, Buße zu tun und »den Priestern zu sagen, hier eine Kapelle zu bauen und dass man hierher in Prozessionen kommen solle«. 1862 wurden die Erscheinungen vom Ortsbischof, 1891 von Papst Leo XIII. offiziell anerkannt. Jahr für Jahr reisen mehrere Millionen Pilger nach Lourdes, darunter viele kranke und behinderte Menschen. Dem sog. Lourdes-Wasser aus einer Quelle nahe der Mariengrotte werden heilende Kräfte zugeschrieben. Von den rund 6.000 dokumentierten Heilungen sind 68 als ↗ Wunder kirchlich anerkannt.

Löwe
Symbolfigur des Evangelisten ↗ Markus.

Lucifer
Auch: Luzifer, lat. »Lichtbringer«; nach alter Tradition der Name des Engels, der wegen seiner Empörung gegen Gott durch den Erzengel ↗ Michael in die ↗ Hölle gestürzt wurde und seitdem als ↗ Teufel oder ↗ Satan agiert.

Lukas
Einer der vier ↗ Evangelisten (Symbol: Stier); er soll von Beruf Arzt und Begleiter des ↗ Paulus auf seiner zweiten und dritten Missionsreise und während dessen Gefangenschaft in Rom gewesen ein. Neben dem ↗ Lukasevangelium hat er auch die ↗ Apostelgeschichte verfasst. Der Legende nach war Lukas Begleiter des Kleopas auf dem Emmausweg (Lk 24,13–18). ↗ Emmaus.

Lukasevangelium
Abk. Lk; das dritte Evangelium im ↗ Neuen Testament, verfasst zwischen 80 und 90 n. Chr. Der Verfasser hat mehr als die Hälfte des ↗ Markusevangeliums übernommen und überarbeitet, daneben benutzte er eine Sammlung von Jesusworten und eine nur ihm bekannte Quelle, die z.B. die Kindheitsgeschichte Jesu erzählt. Das Lukasevangelium ist für Heidenchristen geschrieben, die mit der jüdischen Geschichte nicht vertraut sind.

Lunula, die
Lat. »kleiner Mond«; die halbmondförmige goldene Spange mit Fuß, in welche die konsekrierte Hostie geschoben wird, damit sie in die ↗ Monstranz gesetzt werden kann.

Luzernar, das
Lat. Lucernarium = »Lichtfeier«; ein Ritus innerhalb der altkirchlichen Liturgie, der jeden Abend stattfand. Nach dem Einzug in die Kirche mit der Prozessionskerze fand der liturgische Gruß (Lichtruf) statt, dann wurde eine Lichthymnus gesungen. Mit der Lichtdanksagung endete der Ritus. In der modernen Liturgie findet sich das Luzernar meist nur noch in der Osternacht.

M

M.

Abk. in Schwesternnamen, häufig als Zusatz zum Ordensnamen; steht für Maria.

Madonna, die

Ital. »meine Herrin«; Bez. für ↗ Maria, die Mutter Jesu; in der christlichen Kunst die Darstellung der Gottesmutter (mit dem Kind).

Mägde, die

Schwestern (Mägde) Mariens von der Unbefleckten Empfängnis, lat. Ancillae Mariae, Abk. AM, kath. Frauenorden.

Magis

Lat. »mehr«; Ausdruck aus der ↗ ignatianischen Spiritualität, steht für einen dynamischen Wachstumsprozess im Glauben und die Offenheit für das, was mehr dem Willen und der Ehre Gottes und zugleich der eigenen Freiheit entspricht.

Magister, der

Lat. »Meister«; Bez. für
1. akademischen Grad;
2. den Novizenmeister eines Ordens.

Magisterium, das

Auch: Interstiz; zweijähriger Abschnitt in der Ausbildung von Jesuiten, in der Regel zwischen Philosophie- und Theologiestudium gelegen, zum Sammeln praktischer Seelsorgeerfahrungen.

Magnifikat, das

Lat. magnificare = »rühmen, hochpreisen«; erstes Wort in der lat. Übersetzung des Lobgesangs, den Maria nach der Erzählung des ↗ Lukasevangeliums bei ihrer Begegnung mit Elisabeth anstimmt (Lk 1,46–55). Das Magnifikat als Dankgebet ist Bestandteil der ↗ Vesper, des Abendgebets der Kirche.

Maialtar, der

Im Monat Mai fanden und finden in den Kirchen ↗ Maiandachten statt. Für die persönliche Frömmigkeit wurden bis in die 50er und 60er Jahre des vergangenen Jahrhunderts in den katholischen Haushalten Deutschlands Maialtäre aufgebaut. Es handelte sich dabei um eine Marienplastik oder ein Marienbild, das mit frischen Blumen geschmückt den Mai über in der Wohnung, meist in Verbindung zum ↗ Herrgottswinkel, aufgestellt wurde. Hier betete man still für sich oder in der Familiengemeinschaft.

Maiandacht, die

↗ Andacht zu Ehren der Gottesmutter ↗ Maria. Sie findet an jedem Tag des Maria geweihten Monats Mai (»Marienmonat«) statt. Diese Andachtsform entstand in Italien und breitete sich von dort weltweit in der kath. Kirche aus.

Maiestas Domini, die

Lat. »Hoheit des Herrn«; die Darstellung Jesu Christi als Herrscher des Alls, v.a. in der Romanik ein beliebtes Motiv der Kirchenausmalung in der ↗ Apsis.

Malteser-Hilfsdienst, der

Abk. MHD; 1953 vom dt. Zweig des Souveränen ↗ Malteserordens und vom Deutschen Caritasverband (↗ Caritas) gegründet. Seine ehrenamtlichen Helfer(innen) engagieren sich im Katastrophenschutz, im Sanitätsdienst, in der Erste-Hilfe-Ausbildung und in ehrenamtlichen Sozialdiensten. Der Auslandsdienst des MHD fördert Partner in aller Welt und entsendet Fachkräfte in Krisengebiete. In der Hospizarbeit begleiten Malteser unheilbar kranke Menschen und ihre Angehörigen. Köln ist Sitz des Malteser-Hilfsdienstes, der nach eigenen Angaben rund 35.000 ehrenamtliche und 3.500 hauptamtliche Mitarbeiter(innen) sowie 850.000 Förderer zählt.

Malteserorden, der

Vollständiger Titel: Souveräner Ritter- und Hospitalorden vom Hl. Johannes zu Jerusalem, genannt von Rhodos, genannt von Malta; ältester geistlicher Ritterorden, um das Jahr 1050 in Jerusalem gegründet, hervorgegangen aus einem von Kaufleuten aus Amalfi lange vor dem ersten Kreuzzug gestifteten Pilgerhospital, das Johannes dem Täufer geweiht war. 1113 folgte die Anerkennung als kirchl. Orden durch Papst Paschalis II. (1099–1118). Neben der Krankenpflege übernahmen die Ordensritter den Schutz der Pilger im Heiligen Land. Nach dem Fall Jerusalems (1187) und Akkos (1291) gründete der Orden einen souveränen Ritterstaat auf Rhodos. 1522/23 fiel die Insel an das Osmanische Reich, der Orden wurde nach Malta verlegt (daher: »Malteserritter«). Nach der ↗ Reformation kam es zur Ordensspaltung. Der evangelische Zweig besteht unter dem Namen »Johanniterorden« (↗ Johanniter) weiter, der katholische als »Malteserorden«. 1798 wurde der Orden durch Napoleon I. von Malta vertrieben. Seit 1834 ist Rom Sitz des Ordens, der bis heute von einem Großmeister im Rang eines ↗ Kardinals geleitet wird. Der Souveräne Malteserorden ist als staatsähnliches Völkerrechtssubjekt ohne Staatsgebiet anerkannt. Der Ordenssitz auf dem Aventin in Rom gilt als extraterritoriales Gebiet. Der weltweit über 10.000 Mitglieder (Ritter und Damen) zählende Orden unterhält mit über 90 Staaten diplomatische Beziehungen, hat in sechs Staaten (darunter Deutschland) eine offizielle ständige Vertretung und genießt einen Beobachterstatus bei den Vereinten Nationen (UNO). Außerdem prägt der Orden eigene Münzen, gibt Briefmarken heraus und führt ein eigenes Autokennzeichen (SMOM). Der Malteserorden ist weltweit v. a. karitativ tätig (↗ Malteser-Hilfsdienst). Erkennungszeichen des Ordens ist ein weißes achtspitziges Kreuz auf rotem Hintergrund (»Malteserkreuz«).

Mandorla, die

Ital.; mandelförmiger Strahlen- oder Lichtschein (↗ Heiligenschein).

Manipel, der

Ein am linken Unterarm getragenes (oft ein gesticktes) Stoffband, das der Priester früher als Teil seines liturgischen Gewandes in der Hl. Messe trug. Der Manipel hat sich aus dem Handtuch (Schweißtuch) entwickelt.

Maria

Name der Mutter von Jesus von Nazaret. Als Muttergottes wird Maria in der kath. und orthodoxen Kirche besonders verehrt. Der Titel der Mutter Jesu als »Gottesmutter« oder »Muttergottes« beruht auf der dogmatischen Festlegung der Gottesmutterschaft (griech. theotókos) durch das Konzil von Ephesus im Jahr 431, um zu verdeutlichen, dass Jesus von Anfang an Gottes Sohn war. Die immerwährende Jungfräulichkeit Mariens (vor, während und nach der Geburt Jesu) war schon im 4. Jh. Glaubensbestandteil. Sehr alt sind auch jene Überzeugungen, die erst im 19. und 20. Jh. dogmatisiert wurden: die Unbefleckte Empfängnis (lat. immaculata conceptio, 1854) und die leibliche Aufnahme Mariens in den Himmel (lat. assumpta, 1950). Im Protestantismus wird überwiegend die Jungfrauengeburt anerkannt, die Verehrung der Maria als Muttergottes aber abgelehnt. ↗ Theotokos. ↗ Marienfeste.

Mariä Geburt

Eines der ↗ Marienfeste im Kirchenjahr, gefeiert am 8. September.

Mariä Heimsuchung

Gefeiert am 2. Juli; ↗ Marienfeste.

Mariä Himmelfahrt

Auch: ↗ Hochfest der Aufnahme Mariens in den Himmel; gefeiert am 15. August. Auf frühkirchliche Tradition zurückgehend, wurde die Lehre von der leiblichen Aufnahme Mariens in den Himmel 1950 zum ↗ Dogma erklärt. Darin drückt sich aus, dass nicht nur die Seele, sondern der ganze Mensch, gerade in seiner Leiblichkeit (d.h. mit seiner Geschichte und

Identität), bei Gott Leben und bleibenden Wert behält. ↗ Marienfeste.

Maria Königin

Mariengedenktag am 22. August; ↗ Marienfeste.

Maria-Ward-Schwestern

Lat. Congregatio Jesu, Abk. CJ, auch: Englische Fräulein; kath. Frauenorden, der nach dem Namen seiner Ordenstifterin Mary Ward (*1585, †1645) benannt ist. Die aus England stammende Nonne gründete 1609 eine Gemeinschaft, die nach der Regel der Jesuiten lebt. In Deutschland sind die Schwestern v.a. in der Bildungs- und Erziehungsarbeit tätig und übernehmen seelsorgliche und soziale Aufgaben.

Mariä Lichtmess

↗ Lichtmess.

Mariä Namen

Dankfest für die Befreiung Wiens; nur noch im deutschsprachigen Regionalkalender am 12. September; ↗ Marienfeste.

Mariä Verkündigung

↗ Verkündigung des Herrn.

Marianische Kongregation

↗ Gemeinschaft christlichen Lebens.

Mariannhiller Missionare

Lat. Congregatio Missionariorum de Mariannhill (Kongregation der Missionare von Mariannhill), Abk. CMM; kath. Männerorden. Der Name verweist auf den Gründungsort des Ordens, ein ehem. Kloster der ↗ Trappisten in Mariannhill in der Nähe von Durban (Südafrika). Die Mariannhiller Missionare leiten Missionsstationen, betreuen Basisgemeinden und leisten Entwicklungshilfe. In Deutschland sind die Ordensbrüder in Schulen, Krankenhäusern und Pfarreien tätig.

Marienerscheinungen

Das sinnlich wahrnehmbare Erscheinen der Gottesmutter Maria einzelnen oder mehreren Menschen gegenüber zählt nach katholischer Lehre (↗ Katechismus) zu den so genannten Privatoffenbarungen. Sie haben damit keine allgemeine Glaubensverbindlichkeit, selbst wenn die katholische Kirche eine Marienerscheinung als gesichert ansieht und sie offiziell anerkannt hat. Marienerscheinungen lassen sich bis in die frühchristliche Zeit zurückverfolgen. Bereits im Jahr 41 soll Maria dem heiligen Jakobus während einer Missionsreise im heutigen Spanien erschienen sein. Sind es bis ins Mittelalter häufig erwachsene Männer (zumeist ↗ Kleriker), denen Maria erschienen sein soll, berichten später vor allem Kinder und Menschen aus dem einfachen Volk von Marienerscheinungen (↗ Lourdes; ↗ Fatima, Knock). Viele Orte von Marienerscheinungen entwickelten sich schnell zu bekannten Pilgerstätten, häufig verbunden mit Berichten von Wunderheilungen.

Marienfeste

Das Kirchenjahr kennt folgende Marienfeste: das Hochfest der Gottesmutter Maria am 1. Januar, das Hochfest Mariä Aufnahme in den Himmel (Mariä Himmelfahrt) am 15. August und das Hochfest der ohne Erbsünde empfangenen Jungfrau und Gottesmutter Maria am 8. Dezember. Weitere Marienfeste sind das Fest Mariä Heim-suchung am 2. Juli und das Fest Mariä Geburt am 8. September sowie die Marien-Gedenktage Unserer Lieben Frau in Lourdes am 11. Februar, Unbeflecktes Herz Mariä am Samstag nach dem zweiten Sonntag nach Pfingsten, Unserer Lieben Frau auf dem Berge Karmel am 16. Juli, Maria Königin am 22. August, Mariä Namen am 12. September, Gedächtnis der Schmerzen Mariens am 15. September, Unserer Lieben Frau vom Rosenkranz am 7. Oktober, Unserer Lieben Frau in Jerusalem am 21. November sowie Unserer Lieben Frau in Guadalupe am 12. Dezember.

Marienkrönung, die

Nach der leibl. Aufnahme Mariens in den Himmel erfolgt ihre Krönung, dargestellt meist zwischen Gottvater und dem Sohn (zugehöriges Fest ↗ Mariä Himmelfahrt).

Marienmonat

Der Monat Mai; ↗ Maiandacht.

Marienschwestern von der Unbefleckten Empfängnis

Lat. Societas Mariae Immaculatae, Abk. SMI; kath. Frauenorden, entwickelte sich aus einem 1854 von dem Priester Johannes Schneider (*1824, † 1876) in Breslau gegr. Verein zur Betreuung von Dienstboten. Die Marienschwestern sind weltweit sozial-karitativ tätig. Sie setzen sich u. a. für Prostituierte ein, unterhalten Frauenhäuser, engagieren sich in der Bildungsarbeit für Frauen und Mädchen und arbeiten in der Krankenpflege und Altenbetreuung. Daneben übernehmen sie seelsorgliche Aufgaben.

Marienverehrung, die

Die Verehrung von ↗ Maria, der Mutter Jesu, als Gottesmutter ist schon seit dem 2. Jh. bekannt und hat sich v. a. in der katholischen und orthodoxen Kirche entfaltet. Maria wird als Fürsprecherin und Mittlerin zu Jesus Christus angesprochen. Sie gilt nach kirchl. Verständnis als schon in ihrem Leben erlöst. Sie sagt Ja zu Gottes Willen, die Gottesherrschaft durch Jesus Christus anbrechen zu lassen. In der kirchl. Tradition wird sie auch »Gottesgebärerin« genannt. ↗ Theotokos.

Maristen

Lat. Societas Mariae, Abk. SM; kath. Männerorden, von dem französischen Priester Jean-Claude Colin (*1790, †1875) gegründet. In Deutschland sind die Maristen in der Seelsorge sowie in der Bildungs- und Erziehungsarbeit tätig.

Maristenbrüder

Lat. Institutum Fratrum Maristarum a Scholis, Abk. FMS; kath. Männerorden, 1817 durch den später heiliggesprochenen Priester Marcellin Champagnat (*1789, †1840) in Südfrankreich gegründet. Die in 78 Ländern verbreitete Brüdergemeinschaft widmet sich der Erziehungs- und Bildungsarbeit, der offenen Jugendarbeit, der Erwachsenenbildung sowie dem Einsatz für Randgruppen.

Markus

Auch: Johannes Markus, einer der vier ↗ Evangelisten (Symbol: der Löwe). Markus war mit dem Apostel ↗ Petrus bekannt und begleitete Barnabas und ↗ Paulus auf ihrer ersten Missionsreise. Der Legende nach war er Gründer und erster Bischof der Kirche von Alexandrien. Er starb als ↗ Martyrer.

Markusevangelium, das

Abk. Mk; das zweite und älteste ↗ Evangelium im ↗ Neuen Testament (entstanden um 70 n. Chr.), das aus überlieferten Jesusworten und Jesuserzählungen einen zusammenhängenden Bericht von der Taufe Jesu bis zur Auffindung des leeren Grabes herstellt; vor allem für heidenchristliche Leser geschrieben.

Marriage Encounter

Engl. = »Begegnung in der Ehe«, Abk. ME; 1968 in Nordamerika entstandene Bewegung in der kath. Kirche, die Ehepaaren zu einer erfüllteren und lebendigeren Partnerschaft verhelfen will. Marriage Encounter steht aber auch Priestern und Ordensleuten offen, die sich in ihrem Dienst »eine Vertiefung des persönlichen Kontakts zu ihrer Gemeinde oder Gemeinschaft wünschen«. Die sog. ME-Wochenenden sollen den Teilnehmern Zeit zum Nachdenken und vertrauensvollen Gespräch geben, um einander neu zu entdecken und die gemeinsame Beziehung in den Mittelpunkt zu stellen.

Martyrer, der

Auch: Märtyrer; kirchenlat. martyr = »Glaubens-, Blutzeuge«; jmd., der für seinen Glauben verfolgt wird, körperliches Leid ertragen und den Tod erleiden muss. Der erste Martyrer der Christenheit war Stephanus (Apg 7,59). Er hat im Heiligenkalender einen bevorzugten Platz, den 26. Dezember, gleich nach dem Geburtsfest Jesu. An die Eucharistiefeiern über den Gräbern der Martyrer, die ab dem

2. Jh. üblich waren, erinnern heute noch die in jedem Altar eingelassenen ↗Reliquien. Seit der ↗Konstantinischen Wende können nicht nur Martyrer, sondern auch ↗Bekenner zu ↗Heiligen werden.

Martyria

Griech. martyría = »Zeugenaussage; Zeugnis, Beweis«. Im heutigen theologischen Sprachgebrauch wird Martyria als christliches Lebenszeugnis verstanden. Sie gehört, zusammen mit dem Dienst am Nächsten (↗Diakonia) und der Feier des Gottesdienstes (↗Liturgie) zu den Grundvollzügen der Kirche.

Martyrologium, das

Eine Zusammenstellung der Todestage der ↗Heiligen der Kirche.

Maßwerk, das

Geometrische, mit dem Zirkel gemessene Ornamente der Gotik, zuerst eingesetzt für die Fensterfüllungen am Chor der Kathedrale von Reims, später in allen Bereichen der gotischen Kunst verwendet.

Matthäus

Einer der zwölf ↗Apostel, der als Verfasser des ↗Matthäusevangeliums gilt und daher zu den vier ↗Evangelisten (Symbol: ↗Engel bzw. ↗Geflügelter Mensch) zählt. Nach Mt 9,9 soll Matthäus ein Zöllner gewesen sein und der Legende nach in Äthiopien, Parthien (Kaspisches Meer) und Persien missioniert haben.

Matthäusevangelium, das

Abk. Mt; das erste und umfangreichste ↗Evangelium im ↗Neuen Testament; zwischen 75 und 90 n.Chr. von einem anonymen Judenchristen in griechischer Sprache verfasst. Erst später wird der ↗Apostel Matthäus als Verfasser bezeichnet. Seine Hauptquelle ist das ältere ↗Markusevangelium. Adressaten waren v. a. judenchristliche Gemeinden. Jesus von Nazaret wird als der im ↗Alten Testament verheißene ↗Messias (»Sohn Davids«) dargestellt, der gekommen ist, um die alttestamentlichen Weissagungen und Verheißungen zu erfüllen.

Matutin, die

Lat. matutinus = »morgendlich«; urspr. das erste Gebet (Morgengebet) des ↗Stundengebets, später das diesem vorausgehende Gebet in der Nacht. ↗Horen.

Mausoleum, das

Prächtiger, monumentaler Grabbau, benannt nach dem Grabmal des Königs Mausolos in Halikarnassos, einem der Sieben Weltwunder der Antike. ↗Engelsburg.

MC

Abk. für Congregatio Mariana (Jesuiten, ↗Gemeinschaft Christlichen Lebens) sowie für ↗Missionarinnen Christi, kath. Frauenorden.

M. C.

Abk. für Missionaries of Charity, ↗Missionarinnen der Nächstenliebe.

MCCI

Abk. für Missionarii Comboniani Cordis Iesu, ↗Comboni-Missionare, kath. Männerorden.

ME

Abk. für ↗Marriage Encounter.

Medical Mission Sisters

Abk. MMS; ↗ Missionsärztliche Schwestern.

Mediensonntag, der

↗ Welttag der Sozialen Kommunikationsmittel.

Medjugorje

Dorf in Bosnien-Herzegowina; im Juni 1981 berichteten sechs Kinder, ihnen sei die Gottesmutter Maria erschienen, während sie in den nahegelegenen Hügeln Schafe hüteten. Diese ↗ Marienerscheinungen sollen nach Darstellung der inzwischen erwachsenen Kinder bis heute andauern. Der Vatikan hat sie bislang nicht anerkannt. Dennoch entwickelte sich Medjugorje zu einem ↗ Wallfahrtsort, der jedes Jahr tausende ↗ Pilger anzieht.

Memoria, die

↗ Gedächtnis.

Mendikanten, die

Lat. mendicare = »betteln«; ↗ Bettelorden.

Menora, die

Hebr. menora = »Leuchter, Lampe«; siebenarmiger Leuchter, Teil des israelischen Staatswappens und ein wichtiges religiöses Symbol. Die Menora entstand im Auftrag Gottes (Ex 25, 31–40) als Teil des Kultgerätes der Stiftshütte und war Bestandteil des zweiten Tempels zu Jerusalem. Dabei kommt der Zahl ↗ Sieben besondere Bedeutung zu. Die Menora ging bei der Zerstörung des Tempels durch die Römer verloren; zuletzt wurde sie auf dem römischen Titusbogen dargestellt.

Mensa

Lat. »Tisch«; Platte des christlichen Altars.

Mesner, der

Auch: ↗ Messner; Helfer in Kirche und Sakristei, z. B. zur Vorbereitung des Gottesdienstes (↗ Küster, Sakristan).

Messdiener(in), der (die)

Auch: Ministrant(in); zumeist Kinder und Jugendliche, aber auch Erwachsene, die dem Priester bei der Messfeier oder anderen gottesdienstlichen Feiern zur Hand gehen. In Deutschland sind rund 400.000 Jungen und Mädchen registriert, die als Messdiener(innen) Dienst tun.

Messe, die

Lat. missio = »Entlassung«; abgeleitet von der lat. Entlassungsformel »ite, missa est« = »geht, [die Versammlung] ist entlassen«; auch: Messfeier, heilige Messe oder Eucharistiefeier; die wichtigste kath. Gottesdienstfeier, in der des Todes und der ↗ Auferstehung Jesu gedacht wird. Die Messe gliedert sich in folgende Teile: *Eröffnung:* Einzug und Eröffnungsgesang (↗ Introitus), Begrüßung, Schuldbekenntnis, ↗ Kyrie, ↗ Gloria, Tagesgebet; *Wortgottesdienst:* erste Lesung, Antwortpsalm (↗ Graduale), zweite Lesung, Ruf vor dem ↗ Evangelium (↗ Halleluja), Evangelium, ↗ Predigt, ↗ Credo, ↗ Fürbitten; *Eucharistiefeier:* Gabenbereitung, Eucharistisches Hochgebet mit ↗ Präfation, ↗ Sanctus, Kommunionteil mit ↗ Vaterunser, Friedensgebet und Friedensgruß, Brotbrechung und ↗ Agnus Dei, Kommunionspendung, Schlussgebet; *Entlassung:* Segen, Entlassungsruf, Auszug.

Messgewand, das
Liturgisches Obergewand des Priesters bei
der Messfeier. ↗Kasel.

Messias, der
Hebr. maschiach oder moschiach, aram.
meschiah, griech. christos, latinisiert zu
Christus; die Bez. stammt aus dem Tanach,
der jüdischen Heiligen Schrift, bestehend
aus der Tora (»Weisung«), den Nevi'im
(»Propheten«) und Ketuvim (»Schriften«),
und bedeutet »der Gesalbte«. Dies ist der
im ↗Alten Testament verheißene und im
Judentum erwartete Heilsbringer; die
Christen sehen in Jesus von Nazaret den
Messias, Jesus Christus.

Messintention, die
Bez. für einen Gottesdienst am Gedenktag
für einen Verstorbenen; der »bestellte«
Gottesdienst ist mit einer kleinen finanziellen Spende verbunden. Des Verstorbenen wird dann vom Priester innerhalb des
Hochgebetes gedacht.

Messner, der
Auch: Mesner, Mesmer; lat. mansionari-
us = »Haushüter«; v.a. im Süddeutschen
Bez. für den ↗Küster.

Messopfer, das
Bez. für die Feier der Hl. Messe, der ↗Eu-
charistie, als Gedächtnisfeier und Ver-
gegenwärtigung des Opfers Jesu Christi
am Kreuz.

Messordnung, die
Die von einer Pfarrgemeinde festgelegte
Ordnung und zeitliche Abfolge der ver-
schiedenen Eucharistiefeiern.

Messstipendium, das
Eine Geldspende oder Stiftung, verbunden
mit der Bitte an den Priester, während der
Hl. Messe einer bestimmten Person oder
eines Anliegens des Spenders zu gedenken.

Messwein, der
Bez. für den in der Eucharistiefeier ver-
wendeten Wein. Zugelassen ist nur Quali-
tätswein (also kein Tafel-, Likör- oder
Schaumwein).

Metanoia, die
Griech. ↗Umkehr.

Metropolit, der
Kirchenlat. Metropolita = »Bischof in der
Hauptstadt«; Titel eines Erzbischofs, der
einer Kirchenprovinz (↗Erzbistum) vorsteht. Der Metropolit leitet die Erzdiözese
und hat ein Aufsichtsrecht über die Rein-
erhaltung des Glaubens und die Aufrecht-
erhaltung der kirchl. Ordnung in den ihm
unterstellten Diözesen (↗Suffraganbistü-
mer).

Metropolitangericht, das
Kirchl. Gericht (↗Offizialat) eines Erzbistums, das Appellationsinstanz der Offizia-
late der zugehörigen Bistümer ist.

Metropolitankapitel, das
↗Domkapitel an der Bischofskirche eines
Erzbischofs (↗Metropolit).

Mette, die
Lat. matutinus = »morgendlich«; ein nächt-
licher bzw. frühmorgendlicher Gottesdienst; an Weihnachten Bez. für die Messe
in der Heiligen Nacht (»Christmette«), an

den letzten Tagen der Karwoche für die Morgenhoren (»Trauermetten«).

MHD

Abk. für ↗ Malteser-Hilfsdienst.

Michael

Einer der vier ↗ Erzengel, neben ↗ Gabriel, ↗ Raphael und ↗ Uriel. So wie Michael im Judentum als »Fürst der Synagoge« galt, gilt er im Christentum als »Fürst der Kirche«. Weil der Erzengel Michael in Deutschland besonders verehrt wurde, erhielten die Deutschen den Spitznamen Michel (»der deutsche Michel«). Michael gilt als der Engel, der den Drachen, Symbol des Bösen, in den Abgrund stürzt (Offb 20, 2–3). Schon vor der Erschaffung der Welt soll Michael den aufständischen Engel Luzifer aus dem Himmel gestürzt haben. In dieser Rolle, einen Schild mit der Aufschrift »Quis ut Deus?« (»Wer ist wie Gott?«) tragend, wird er ebenso oft dargestellt wie in seiner Rolle als Seelenbegleiter. Vorchristlichen Vorstellungen des ägyptischen Thot oder des griechischen Hermes folgend, trägt Michael die Seelenwaage (»Du wurdest auf einer Waage gewogen und für zu leicht befunden«, Hiob 31, 6; Dan 5, 27) und entscheidet über den Zugang zum Himmel. Mit der Bitte, »dass der Bannerträger Sankt Michael die Seelen ins heilige Licht führe«, wird der Erzengel noch heute im Begräbnisgottesdienst angerufen. Traditionell werden Bergheiligtümer Michael geweiht (das älteste in Europa ist Monte Sant'Angelo auf dem Gargano in Süditalien, am bekanntesten ist der Mont St. Michel auf dem Monte Tumba in der Normandie), aber auch Friedhofskirchen.

Militärseelsorge, die

Durch Konkordate geregelte Zusammenarbeit von Kirche und Staat zur Seelsorge bei den Streitkräften. Auf katholischer Seite steht in Deutschland an der Spitze der Militärbischof, i. d. R. ein Diözesanbischof, der diese Aufgabe ehrenamtlich zusätzlich wahrnimmt. Das Katholische Militärbischofsamt befindet sich in Berlin. Zu den Aufgaben der Militärseelsorger gehören die geistliche Begleitung der Soldatinnen und Soldaten und ihrer Familien, die Feier von Gottesdiensten und lebenskundlicher Unterricht.

Minderbrüder

↗ Minoriten.

Ministrant(in), der (die)

Lat. ministrare = »dienen«; ↗ Messdiener(in). Dieser Dienst, der zunächst nur Jungen und Männern vorbehalten war, steht heute auch getauften und zur Erstkommunion gegangenen Christinnen offen.

Minoriten

Lat. Ordo Fratrum Minorum Conventualium, Abk. OFMConv, »Orden der Minderbrüder Konventualen«, auch: Franziskaner-Minoriten, Franziskaner-Konventuale; Männerorden. Die Minoriten gehören neben den ↗ Franziskanern und den ↗ Kapuzinern zum Zweig der franziskanischen Ordensgemeinschaften (↗ Bettelorden).

Mischehe, die

Veralteter Begriff für die konfessionsverbindende Ehe.

Misereor

Kath. Hilfswerk gegen Hunger und Krankheit in der Welt, auf Anregung des Kölner Kardinals Joseph Frings 1958 von den dt. Bischöfen gegründet, mit Sitz in Aachen. Der Name Misereor leitet sich her von der Äußerung Jesu im ↗Markusevangelium: lat. *Misereor super turbam* = »*Ich habe Mitleid* mit diesen Menschen« (Mk 8, 2). Das Werk gilt als die weltweit größte kirchl. Hilfsorganisation für die Länder Afrikas, Asiens und Lateinamerikas. Gemeinsam mit einheimischen Partnern leistet Misereor v. a. Hilfe zur Selbsthilfe. Die Schwerpunkte der Projektarbeit liegen im Gesundheits- und Bildungsbereich sowie in der nachhaltigen Landwirtschaft. Neben der entwicklungspolitischen Zusammenarbeit hat Misereor den Auftrag, mit Bildungs-, Öffentlichkeits- und Lobbyarbeit die Öffentlichkeit über die Situation der Armen zu informieren und sie dafür zu sensibilisieren. Neben Spendengeldern, kirchlichen und staatlichen Zuschüssen finanziert sich das Hilfswerk durch die jährlich in der Fastenzeit stattfindende »Fastenkollekte«.

Miserikordie, die

Lat. misericordia = »Erbarmen, Barmherzigkeit«; häufig mit Schnitzereien versehener Vorsprung an der Unterseite der Sitzfläche des Chorgestühls, damit sich die Gläubigen während längerer liturgischer Handlungen beim Stehen anlehnen können.

Missa Chrismatis, die

Auch: Chrisam-Messe; feierlicher Gottesdienst, häufig am Morgen des ↗Gründonnerstages, in dem der Bischof die ↗Heiligen Öle weiht, die in der kath. Kirche v. a. für Salbungen bei der ↗Taufe und ↗Firmung, der Priester- und Bischofsweihe und der ↗Krankensalbung gebraucht werden; sie bringen die stärkende, heilende Zuwendung Gottes und die Gemeinschaft mit Christus (dem Gesalbten) zum Ausdruck.

Missa pontificalis, die

Auch ↗Pontifikalamt genannt; die feierliche Hl. Messe eines Bischofs (pontifikal bedeutet »bischöflich«, ↗Pontifex).

Missa solemnis, die

Lat. »feierliche Messe«; Bez. für ein festliches ↗Hochamt in der kath. Kirche, aber auch für eine symphonische Komposition, bei der die gesamte Messe vertont ist, mit Kyrie, Gloria, Credo, Sanctus und Agnus Dei (im Gegensatz zur verkürzten Form der Missa brevis). Ein berühmtes Beispiel ist die Missa solemnis von Ludwig van Beethoven.

Missale, das

Das amtl. Messbuch in der kath. Kirche, das die bei der Messe vorgeschriebenen Texte enthält.

Missale Romanum, das

Lat. Messbuch; ein liturgisches Buch (Altarbuch), das die bei der Messe vorgeschriebenen Texte enthält. Papst Pius V. (1566–1572) setzte in Durchführung der Beschlüsse des Konzils von Trient 1570 das Missale Romanum in Kraft. Im Rahmen der Liturgiereform des ↗Zweiten Vatikanischen Konzils erschien 1970 ein erneuertes Missale Romanum.

Missio

Lat. »Sendung«; internationales kath. Missionswerk mit Sitz in Aachen und München, 1832 gegründet, eines von weltweit über 100 päpstlichen Missionswerken. Seine Aufgabe besteht darin, partnerschaftliche Beziehungen zu den Kirchen in Afrika, Asien und Ozeanien zu unterhalten, Projekte dieser Kirchen zu unterstützen und in Deutschland Bewusstseinsbildung zu leisten. Finanziert werden diese Projekte überwiegend aus Spenden und dem Ergebnis der Kollekte am ↗ Weltmissionssonntag, aber auch aus Kirchensteuermitteln.

Missio canonica, die

Lat. »kirchenamtliche Sendung«; die nach dem Kirchenrecht (↗ Kanon) erforderliche offizielle Beauftragung und Erlaubnis, den Glauben zu verkünden und Religionsunterricht zu erteilen. Die Missio canonica wird durch den Bischof erteilt und kann durch ihn auch wieder entzogen werden.

Mission, die

Lat. missio = »Auftrag, Sendung«; die Verkündigung des Evangeliums unter Nichtchristen. Gemäß dem ↗ Zweiten Vatikanischen Konzil ist die kath. Kirche ihrem Wesen nach »missionarisch«. Es ist urchristlicher Auftrag, den Glauben an den auferstandenen Jesus zu verkünden (»Geht hinaus in die ganze Welt und verkündet das Evangelium allen Geschöpfen«, Mk 16,15; »Darum geht zu allen Völkern und macht die Menschen zu meinen Jüngern!«, Mt 28,19). In der Reflexion des eigenen Verhaltens hat sich die Kirche von gewalttätiger Mission in der Vergangenheit distanziert und Fehler eingestanden. Der christliche Missionsauftrag kann nur so erfüllt werden, dass sich Menschen von einem überzeugend gelebten Glauben ansprechen lassen.

Missionare vom kostbaren Blut

Lat. Congregatio Missionariorum Pretiosissimi Sanguinis, Abk. CPPS; der 1815 in Italien gegründete kath. Männerorden ist »dem missionarischen Dienst am Wort Gottes verpflichtet«. Die Missionare der dt. Provinz leben und arbeiten in Deutschland, Österreich und in Liechtenstein. Sie übernehmen u. a. Aufgaben in Pfarreien, Schulen, Jugend- und Exerzitienhäusern.

Missionare von der Heiligen Familie

Lat. Congregatio Missionariorum a S. Familia, Abk. MSF; kath. Männerorden, 1895 von dem franz. Priester Jean Berthier (*1840, †1908) in der niederländischen Stadt Grave gegründet. Der Orden widmet sich in mehr als 20 Ländern sozialen und karitativen Aufgaben. In Deutschland arbeiten die Missionare u. a. als Seelsorger in Pfarrgemeinden und Krankenhäusern oder sind in der Ehe-, Familien- und Lebensberatung tätig.

Missionariae Sacratissimi Cordis

Abk. MSC; ↗ Missionsschwestern vom Heiligsten Herzen Jesu.

Missionarii Africae

Abk. WV; ↗ Weiße Väter.

Missionarii Comboniani Cordis Iesu

Abk. MCCI; Comboni-Missionare vom Herzen Jesu; ↗ Comboni-Missionare.

Missionarii Sacratissimi Cordis Iesu

Abk. MSC; ↗ Herz-Jesu-Missionare.

Missionarinnen Christi

Abk. MC; kath. Frauenorden, 1956 von dem dt. Pater Christian Moser (*1899, †1961) gegründet. Die weltweit tätigen Schwestern widmen sich u. a. der Kranken- und Altenpflege, der Gemeinde-, Alten- und Krankenseelsorge oder sind als Sozialarbeiterinnen, Psychologinnen und Supervisorinnen tätig.

Missionarinnen der Nächstenliebe

Engl. Missonaries of Charity, Abk. M.C.; kath. Frauenorden, 1948 von Mutter Teresa gegründet. Die Schwestern arbeiten weltweit in Armenvierteln und Heimen für Sterbende, Lepra- und Aidskranke, Obdachlose und Kinder.

Missionsärztliche Schwestern

Engl. Medical Mission Sisters, Abk. MMS; kath. Frauenorden, 1925 in Washington (USA) von der österreichischen Ärztin Anna Dengel (*1892, †1980) gegründet. In Deutschland engagieren sich die Schwestern in kleinen Gemeinschaften oder allein lebend für Kranke, Alte und Wohnungslose sowie für Menschen, die Lebens- und Sinnorientierung suchen. Der weltweit verbreiteten Ordensgemeinschaft gehören nach eigenen Angaben über 660 Schwestern an.

Missionsbrüder des heiligen Franziskus

Lat. Congregatio Missionaria S. Francisci Assisiensis, Abk. CMSF; kath. Männerorden, dessen Mitglieder nach der Regel des hl. ↗ Franz von Assisi leben. Der 1901 von dem Deutschen Paulus Moritz in Nag-

pur (Indien) gegr. Orden widmet sich u. a. der Erziehungsabeit in Schulen und Waisenhäusern, bietet Ausbildungen im Handwerk an und unterhält ambulante Kranken- und Sozialstationen. Einzige dt. Niederlassung des Ordens ist das Missionshaus Bug in Bamberg.

Missionsprokur, die

Von lat. procura = »Fürsorge, Versorgung«; Einrichtung zur Unterstützung von Missionarinnen und Missionaren.

Missionsschwestern vom heiligen Paulus

Lat. Filiae Sanctae Pauli, auch: Paulus-Schwestern, Abk. FSP; kath. Frauenorden, 1915 in Alba bei Turin (Italien) gegr. Ordensgemeinschaft. Die Schwestern widmen sich v. a. der Arbeit mit Medien, um den Glauben zeitgemäß zu verkünden. Sie unterhalten weltweit Buchhandlungen, Medienzentren und Videoverleihstellen, bieten Radio- und Fernsehsendungen mit religiösem Inhalt an und veranstalten u. a. Besinnungstage für Jugendliche.

Missionsschwestern vom Heiligsten Herzen Jesu

Lat. Missionariae Sacratissimi Cordis, Abk. MSC; kath. Frauenorden, 1900 von dem gebürtigen Niederländer Hubert Linckens (*1861, †1922) als weiblicher Zweig der ↗ Herz-Jesu-Missionare gegründet, heute weltweit verbreitet. Die Schwestern betreuen z. B. Straßenkinder in Rumänien, sind in Armenvierteln in Peru tätig, arbeiten in Deutschland in der Kranken- und Altenpflege oder kümmern sich um Frauen in Notsituationen.

Mitra, die

Auch: Inful, volkst. »Bischofsmütze«; Bez. für die liturgische Kopfbedeckung von Papst, Bischof und ↗ Abt; eine hohe, spitz zulaufende Mütze, die an der Rückseite mit zwei herabhängenden Zierbändern versehen ist.

MMS

Abk. für Medical Mission Sisters, ↗ Missionsärztliche Schwestern, kath. Frauenorden.

Moderator, der

In mehreren Pfarrgemeinden, die zu einem Seelsorgebereich zusammengeschlossen sind, Bez. des Priesters, der die Leitungsaufgabe wahrnimmt.

Monasterium, das

Lat. Bez. für ↗ Kloster.

Monastisch

Griech. mónos = »allein«; der Lebensform eines ↗ Mönchs (einer Nonne) entsprechend. Monastische Orden sind geistliche Gemeinschaften, deren Mitglieder die feierlichen ↗ Gelübde abgelegt haben.

Mönch, der

Griech. monachós = »Einsiedler«; ein Mann, der allein oder in einer Klostergemeinschaft (↗ Orden) ein von religiösen Grundsätzen bestimmtes asketisches Leben führt (↗ Evangelische Räte, ↗ Gelübde). Zu den Mönchsorden oder monastischen Orden gehören u. a. die ↗ Benediktiner(innen), ↗ Zisterzienser(innen), ↗ Trappist(inn)en und ↗ Kartäuser. Mönche, die zugleich Priester sind, werden mit ↗ »Pater« und ihrem Vornamen, die übrigen Ordensmitglieder mit ↗ »Frater« oder »Bruder« und ihrem Vornamen ausgesprochen. Die weibliche Entsprechung zum Mönch ist die ↗ Nonne.

Monsignore, der

Ital. »mein Herr«; Abk. Msgr. oder Mons.; Titel und Anrede für Kleriker, die mindestens Träger des ↗ päpstlichen Ehrentitels »Kaplan Seiner Heiligkeit« sind (↗ Ehrenkaplan, ↗ Prälat).

Monstranz, die

Lat. monstrare = »zeigen«; kostbares liturgisches Gefäß, in das eine konsekrierte ↗ Hostie eingesetzt ist (↗ Lunula) und den Gläubigen, insbes. bei Prozessionen oder bei Aussetzungen, gezeigt wird.

Montfortaner, die

Lat. Societas Mariae Montfortana, Abk. SMM; kath. Männerorden, zu Beginn des 18. Jh. von dem französischen Priester Ludwig-Maria Grignion (*1673, †1716) gegründet. Die Montfortaner sind weltweit in 35 Ländern tätig. Sie arbeiten z. B. in Elendsvierteln südamerikanischer Großstädte und setzen sich für die arme Landbevölkerung in einigen Ländern Afrikas und Asiens ein. In Deutschland engagiert sich die Ordensgemeinschaft neben der Pfarrseelsorge in der Kranken-, Behinderten- und Jugendpastoral und unterstützt ihre Mitbrüder in verschiedenen Entwicklungsländern.

Motu proprio, das

Lat. »aus eigenem Antrieb«; ein Erlass des Papstes in Briefform ohne Anrede. Es wird v. a. für Gesetzgebungsakte des Papstes, aber auch für Verwaltungsakte verwendet.

Mozetta, die
↗ Chorkleidung; ein vorn geknöpfter, bis zu den Ellbogen reichender Schulterumhang.

MSC
Abk. für Missionarii Sacratissimi Cordis Iesu, ↗ Herz-Jesu-Missionare bzw. ↗ Missionsschwestern vom Heiligsten Herzen Jesu, kath. Männer- bzw. Frauenorden.

MSF
Abk. für Congregatio Missionariorum a S. Familia, ↗ Missionare von der Heiligen Familie, kath. Männerorden.

Msgr.
Auch: Mons., Abk. für ↗ Monsignore (↗ Prälat).

Mundkommunion, die
Die traditionelle Form der hl. ↗ Kommunion, bei der die kath. Gläubigen, stehend oder kniend, die konsekrierte ↗ Hostie direkt mit dem Mund empfangen. Erst seit einigen Jahrzehnten wird daneben auch die ↗ Handkommunion praktiziert. Die beiden Formen des Empfangs der ↗ Eucharistie spiegeln quasi exemplarisch zwei unterschiedliche Denkrichtungen in der Kirche wider; die konservative Richtung spricht sich gegen die Handkommunion aus und möchte sie wieder rückgängig machen.

Münster, das
Lat. monasterium = »Kloster«; urspr. die Kirche eines Klosters oder Kapitels (Stiftskirche), später im dt. Sprachgebiet – v. a. im alemannischen Raum – auch Bez. für die Hauptkirche einer Stadt sowie für einzelne Bischofskirchen (z. B. Essener Münster). ↗ Dom, ↗ Kathedrale.

Muttergottes, die
↗ Maria, ↗ Theotokos.

Mutterhaus, das
Räumliches Zentrum eines Ordens, nicht selten auch Ursprungsort des Ordens und/ oder Sitz der Oberen.

Mystagogik, die
Griech.: »Heranführung ans Geheimnis«; religionspädagogischer Ansatz, dem es um die religiöse Deutung eigener biographischer Erfahrungen geht. Die »mystagogische Katechese« (Karl Rahner) nimmt an, dass der Mensch, der nach dem Sinn seiner Existenz sucht, dies als Suche nach Gott und sogar als Dialog mit ihm verstehen darf. Die Begegnung mit dem Geheimnis Gottes führt auch zur Begegnung mit dem Geheimnis der eigenen Existenz, und umgekehrt. Zunächst steht das Erleben vor dem Verstehen, das Fragen und Verstehen folgt dann dem Erleben. Eine wichtige Rolle kommt dabei der Teilnahme am Gemeindeleben und dem Mitfeiern von Gottesdiensten zu.

Mystik, die
Von griech. mystikós = »geheimnisvoll«; Form der Religiosität, bei der der Mensch durch Versenkung (↗ Kontemplation), Hingabe und Gebet dem göttlichen Geheimnis zu begegnen und die persönliche Vereinigung (»Einswerdung«) mit Gott zu erlangen versucht. Die Blütezeit der christlichen Mystik war das Mittelalter; zu den bekanntesten Mystikern jener Zeit zählen Meister Eckhart und Hildegard von Bingen.

N

Nachsynodales Schreiben

Lat. Adhortatio Apostolica postsynodalis. Im Anschluss an eine römische Bischofssynode verkündet der Papst das Ergebnis der Beratungen in einem Nachsynodalen Schreiben. Die Schreiben richten sich je nach Gegenstand der jeweiligen ↗ Synode an einzelne Gruppen oder an alle Gläubigen.

Namenspatron, der

Lat. patronus = »Schutzherr, Beschützer«; der ↗ Heilige, auf dessen Namen ein Christ getauft wurde. Dieser Heilige soll dem Namensträger in seinem Leben Schutz und Beistand geben und ein Fürsprecher bei Gott sein. Am Fest des Namenspatrons feiert der Namensträger seinen ↗ Namenstag.

Namenstag, der

Der Gedenktag des ↗ Heiligen, dessen Namen eine Person trägt (↗ Namenspatron). Allerdings verliert der Namenstag gegenüber dem Geburtstag auch unter Katholiken zunehmend an Bedeutung.

Navikular, der

Lat. navicula = »Schiffchen«; Bez. für den ↗ Messdiener, der bei einem Gottesdienst das Schiffchen (Behältnis) mit dem ↗ Weihrauch trägt. ↗ Weihrauchschiffchen.

Nazarener

Herkunftsbezeichnung Jesu: »der aus Nazaret«. Als »nazarenisch« bespöttelte man die Mitglieder der in Rom 1809 unter dem Namen »Lukasbund« gegr. Vereinigung österreichischer und deutscher Maler der Romantik, die eine Reform der Kunst auf religiöser Grundlage erstrebten. Der Name stammt von der durch die Maler in Mode gekommenen langen Haartracht, die nach Bildnissen des italienischen Malers Raffael bereits im 17. Jh. »alla nazarena« (ital.: »wie die aus Nazaret Stammenden«) genannt wurde. Die Nazarener bezeugten mit dieser äußerlich sichtbaren Form der Nachahmung Christi ihre religiöse Bindung. Ihre künstlerischen Vorbilder sind in der altdeutschen und frühitalienischen Malerei zu finden.

Neokatechumenaler Weg

Auch: Neokatechumenat; geistliche Gemeinschaft, in der Jugendliche und Erwachsene ihren Glauben neu erfahren und zu vertiefen lernen. Der 1964 in Madrid entstandene Neokatechumenale Weg versteht sich nicht als Bewegung, sondern als ein Weg zur Wiederentdeckung der Taufe. Der Name lehnt sich an die Einführung von Taufbewerbern in den christlichen Glauben (↗ Katechumenat) an. Nach eigenen Angaben zählt das Neokatechumenat weltweit rund 20.000 Gemeinschaften. Außerdem entstanden weltweit über 50 Priesterseminare mit dem Namen »Redemptoris Mater« (»Mutter des Erlösers«), darunter auch in Berlin und Köln.

Neues Testament

Abk. NT; Sammlung von insges. 27 Schriften, die in der Zeit zwischen 50 und 120 n. Chr. von verschiedenen Autoren verfasst wurden. Das NT enthält fünf geschichtliche Bücher (die vier ↗ Evangelien und die ↗ Apostelgeschichte), ferner 21 briefliche Lehrschriften sowie eine prophetische Schrift, die Offenbarung des Johannes (s. Übersicht im Anhang). Das älteste Evangelium stammt von ↗ Markus. Die späteren Evangelien nach ↗ Matthäus und ↗ Lukas stimmen weitgehend mit Markus überein, so dass diese drei »synoptische Evangelien« genannt werden (↗ Synopse, ↗ Synoptiker). Demgegenüber unterscheidet sich das Evangelium nach ↗ Johannes im Aufbau und in der Sprache; es ist sowohl vom jüdischen Milieu als auch von der griechischen Philosophie geprägt. Das Neue Testament liegt in griechischer Sprache vor und wurde später ins Lateinische übersetzt. Die erste Übersetzung von Altem und Neuem Testament in deutscher Sprache, die sich durchsetzte, legte Martin Luther vor. ↗ Bibel.

Neukatechumenale Gemeinschaften

↗ Neokatechumenaler Weg.

Niedere Weihen

Bis 1972 Bez. für die Vorstufe zu den »höheren Weihen« (↗ Diakon, Priester, Bischof; später auch ↗ Subdiakon). Den Priesteramtskandidaten wurden verschiedene (niedere) liturgische Dienste durch Weihe übertragen. Im Einzelnen gab es: den Ostiarier (Türhüter, Läuten der Glocken), den Lektor (Vorlesen aus der Heiligen Schrift), den Exorzisten (Befreien von der Herrschaft des Bösen) und den ↗ Ako-lythen (Helfer des ↗ Subdiakons und ↗ Diakons).

Nihil obstat

Lat. »es steht nichts im Wege, dagegen ist nichts einzuwenden«; Bez. für eine »Unbedenklichkeitsformel« im Hinblick auf eine Person, die (z. B. als Professor) zur Lehre der kath. Theologie berufen werden soll.

Nikolaus

Einer der am meisten verehrten Heiligen der Christenheit; Nikolaus lebte vermutlich in der ersten Hälfte des 4. Jh. und war Bischof von Myra an der heutigen türkischen Mittelmeerküste. Um seine Gestalt ranken sich zahlreiche Legenden und Wunderberichte, die zunächst in der Ostkirche, seit dem 8./9. Jh. auch in der Westkirche Verbreitung fanden. Dabei sind offensichtlich Begebenheiten aus dem Leben des Abtes Nikolaus von Sion bei Myra und Bischofs von Pinora († 10. 12. 564) mit denen von Nikolaus von Myra vermischt worden. Der Festtag des Heiligen wird am 6. Dezember begangen. Es ist Brauch, am Nikolaustag die Kinder zu beschenken.

Nimbus, der

Lat. »Wolke, Nebelhülle«; in der christlichen ↗ Ikonographie Bez. für den ↗ Heiligenschein.

Non, die

↗ Horen. ↗ Stundengebet.

Nonne, die

Urspr. Bez. für gottgeweihte Jungfrauen; heute wird der Begriff für die weiblichen Angehörigen einer ↗ monastischen Ordensgemeinschaft gebraucht (männliche

Entsprechung: ↗Mönch). Die Lebensform der Nonnen wird durch die drei ↗Evangelischen Räte (Armut, Ehelosigkeit und Gehorsam) bestimmt. Anrede: »Schwester … (Vorname)«.

Norbertiner
Veraltete Bezeichnung für ↗Prämonstratenser.

Nothelfer
↗Vierzehn Nothelfer.

Nottaufe, die
Das Sakrament der ↗Taufe in Notfällen, das nicht nur ein Priester oder ↗Diakon, sondern jeder Mensch spenden kann.

Novene, die
Lat. novem = »neun«; neun Tage dauerndes ↗Gebet zur Vorbereitung auf ein Fest, ein kirchl. Ereignis oder für ein besonderes Anliegen der Gläubigen. ↗Andacht.

Novize, der
Lat. novicius = »Neuling«; ↗Ordensangehöriger, der sich in der Probezeit befindet, d.h. sich und das Ordensleben noch gründlich erproben und selbst erprobt werden soll, bevor er die (zunächst zeitlichen) ↗Gelübde ablegt. Weibliche Entsprechung: Novizin.

Novizenmeister, der
↗Noviziat.

Noviziat, das
Die Probezeit in einer Ordensgemeinschaft. Sie endet mit dem Ablegen der ↗Gelübde. In einigen Orden und Gemeinschaften erhalten die ↗Novizen erst dann das Ordensgewand (↗Habit). Während ihres Noviziats werden die Novizen von einem sog. Novizenmeister in das geistliche Leben und die Eigenart der jeweiligen Ordensgemeinschaft eingeführt.

Numeri
Bez. für das vierte Buch der Bibel (4. Buch Mose).

Nunc dimittis
Lat. »Nun entlässt du«; die Eingangsworte aus dem »Lobgesang des Simeon« (Lk 2,29–32); als Friedens- und Abschiedsgebet täglich in der ↗Komplet gebetet.

Nuntiatur, die
Amtssitz des ↗Nuntius.

Nuntius, der
Lat. »Bote, Gesandter«; der (Apostolische) Nuntius ist zum einen der Vertreter des Papstes bei der jeweiligen Ortskirche eines Landes, zum anderen der ständige diplomatische Vertreter des Papstes bei einer Staatsregierung im Range eines Botschafters. Er ist i.d.R. ↗Titularbischof und in vielen Ländern Doyen (»Ältester, Sprecher«) des diplomatischen Korps.

O

O-Antiphonen

↗ Antiphonen, die in der Liturgie (Messfeier, Stundengebet) der letzten Tage des Advent (17. bis 23. Dezember), also in naher Erwartung der Geburt des Herrn, gesungen werden. Sie alle beginnen mit einer Anrufung (z. B. »O Herr«) des kommenden Messias.

Obere, der

Auch: ↗ Prior; Vorsteher eines Männerklosters; ein Provinzoberer leitet eine Ordensprovinz, der ↗ Generalobere weltweit die gesamte Ordensgemeinschaft.

Oberin, die

Auch: ↗ Priorin; Vorsteherin eines Frauenklosters; eine Provinzoberin leitet eine Ordensprovinz, die ↗ Generaloberin steht der gesamten Ordensgemeinschaft vor.

Oberpfarrer, der

Titel und Funktion aus napoleonischer Zeit. Entgegen der bestehenden Dekanatsverfassung (↗ Dekanat) schrieb Napoleon in den von ihm eroberten Gebieten auf der linken Rheinseite eine neue Struktur der Pfarrgemeinden vor und setzte jeweils einen von ihm ernannten Oberpfarrer an die Spitze eines Bezirks. Obwohl Titel und Funktion von der Kirche nie anerkannt wurden, nennen sich einige Pfarrer am Niederrhein noch heute so.

Oblate, die

Ein Gebäck, eine dünne Platte aus ungesäuertem Mehlteig, das als ↗ Hostie bei der ↗ Eucharistie Verwendung findet oder in der Konditorei verwendet wird.

Oblaten

Lat. oblatus = »dargebracht«; Bez. für Menschen, die ihr Leben nach der Regel eines Ordens ausrichten, ohne dem Orden selbst anzugehören. ↗ Tertiar. ↗ Dritter Orden.

Oblaten der Makellosen Jungfrau Maria

Lat. Congregatio Missionariorum Oblatorum Beatae Mariae Virginis Immaculatae, Abk. OMI; 1816 von dem französischen Priester Eugène de Mazenod (*1782, †1861) gegr. kath. Männerorden. Die Oblaten (»Geweihte«) verstehen sich als missionarische Ordensgemeinschaft, zu der weltweit etwa 4.300 Patres (↗ Pater) und Brüder (↗ Frater) gehören. In Deutschland arbeiten die Oblaten als Gemeindepfarrer, Lehrer oder Seelsorger in Krankenhäusern, Altenheimen und Einrichtungen für Behinderte. Die Laienbrüder sind als Handwerker oder in der Verwaltung der Gemeinschaft tätig.

Oblaten des heiligen Franz von Sales

Lat. Institutum Oblatorum S. Francisci Salesii, Abk. OSFS, auch: Sales-Oblaten; kath. Männerorden, 1872 von dem Priester Louis Brisson (*1817, †1908) und der Ordensschwester Maria Salesia Chappuis (*1793, †1875) in Frankreich gegründet.

Ihre Hauptaufgabe sehen die Sales-Oblaten darin, »die Nachfolge Christi und den Dienst der Kirche in der modernen Welt zu verwirklichen, indem sie die Lehre des heiligen Franz von Sales leben und verbreiten«. Der heilige Franz von Sales (*1567, †1622) war Bischof von Genf/Annecy, Ordensgründer, Mystiker (↗Mystik) und Kirchenlehrer. Die Sales-Oblaten sind weltweit tätig, v.a. in der Pfarrseelsorge, in Schulen, Erziehungseinrichtungen sowie in der Missionarbeit.

Oblatinnen des heiligen Franz von Sales

Kath. Frauenorden; gegründet 1866 von dem Priester Louis Brisson (*1817, †1908) und der 2001 heiliggesprochenen Ordensschwester Leonie Aviat (*1844, †1914). Ihre Hauptaufgabe sieht die Ordensgemeinschaft in der Erziehung von Kindern und Jugendlichen. Die Schwestern leiten weltweit Internate, Schulen, Kindergärten und sind in der Pfarrseelsorge tätig.

Observant, der

So bezeichnete man im Mittelalter die Befürworter zeitgemäßer Ordensreformen. Zum Teil ist diese Bezeichnung in die Ordensbezeichnung eingegangen, z.B. bei den Franziskanerobservanten (Abk. OFMObs).

Observanz, die

Lat. »Beobachtung«; drückt gewissermaßen den Grad aus, in dem Ordensleute die ursprüngliche Regel im Alltag praktisch befolgen: ob in gemilderter (»late«) oder strengerer (»stricte«) Form. In der Auseinandersetzung um die Observanz kam es im Lauf der Geschichte bei zahlreichen Orden zu Reformbewegungen, Abspaltungen und Neugründungen.

OCarm

Abk. für Ordo Fratrum Beatae Mariae Virginis de Monte Carmelo, ↗Karmelit(innen)en (Ordo Carmelitarum), kath. Männer- bzw. Frauenorden.

OCart

Abk. für Ordo Cartusiensis, ↗Kartäuser, kath. Männerorden.

OCD

Abk. für Ordo Fratrum Discalceatorum Beatae Mariae Virginis de Monte Carmelo, Unbeschuhte Karmeliten, kath. Männerorden. ↗Karmeliten.

OCist

Abk. für Ordo Cisterciensis, ↗Zisterzienser(innen), kath. Männer- bzw. Frauenorden.

OCR

Abk. für Ordo Cisterciensium Reformatorum; ↗Trappist(inn)en.

OCSO

Abk. für Ordo Cisterciensium Strictioris Observantiae (Zisterzienser der strengen ↗Observanz), ↗Trappisten, kath. Männerorden.

Offenbarung, die

Als Offenbarung bezeichnet die Kirche, dass und wie Gott sich in der Schöpfung, in der Geschichte mit seinem Volk und unüberbietbar in Jesus Christus zeigt. Die Hl. Schrift ist die Urkunde der Offenbarung. ↗Privatoffenbarung.

Offizial, der

Lat. officium = »Amt«; der Leiter des kirchl. Gerichts (↗Offizialat) eines Bistums. Der Offizial muss Priester sein, das Doktorat oder Lizentiat im Kanonischen Recht (Kirchenrecht) besitzen und mindestens 30 Jahre alt sein. Er wird vom (Erz-)Bischof eingesetzt und vertritt den Diözesanbischof im Bereich der kirchl. Gerichtsbarkeit. Sein Amt erlischt nicht mit Eintritt einer ↗Sedisvakanz, bedarf jedoch der Bestätigung durch den neuen Bischof.

Offizialat, das

Lat. officium = »Amt«; als kirchl. Gericht ist das Bischöfliche Offizialat zuständig für alle kirchl. Streit-, Straf- und Feststellungssachen (Eheverfahren). Es ist eine eigene, weisungsunabhängige Behörde, die vom ↗Offizial geleitet wird. Die Haupttätigkeit des Offizialats ist die Rechtsprechung in Ehesachen. Mehr als zwei Drittel der Verfahren gehen im Sinn des Klagebegehrens aus, d.h. Ehen werden als nichtig erklärt (↗Eheannullierung). Da die sakramentale Ehe nach Lehre der Kirche unauflöslich ist, kann das kirchl. Gericht nur prüfen, ob eine Ehe gültig zustande gekommen ist und ob bei der kirchl. Trauung alle Voraussetzungen für eine gültige Eheschließung vorhanden waren. Nicht gültig zustande kommt eine Ehe etwa, wenn einer der Partner die Unauflöslichkeit der Ehe oder Kindersegen ausschließt. Im gerichtlichen Verfahren geht es somit nicht darum zu prüfen, wer schuldig am Scheitern der Ehe ist, sondern ob die Ehe aus dem in der Klage genannten Grund bei der kirchl. Trauung ungültig geschlossen

wurde. Regelmäßig müssen in erster Instanz positiv entschiedene Verfahren von einem Gericht zweiter Instanz (für die Bistümer immer das ↗Metropolitangericht) bestätigt werden. Wenn zwei Gerichte die Ehe aus dem gleichen Grund für nichtig erklärt haben, sind die Partner frei, eine neue Ehe kirchlich zu schließen. Bei Ehenichtigkeitsverfahren bestellt der Offizial einen Gerichtshof von drei Richtern, von denen mindestens zwei Priester sein müssen. In jedem Verfahren wirkt ein »Ehebandverteidiger« mit, der alles vorträgt, was für die Gültigkeit der Ehe spricht. Die Parteien können Anwälte bestellen, die die nötigen Kenntnisse des Ehe- und Prozessrechts nachweisen und beim kirchl. Gericht zugelassen sein müssen. ↗Ehe.

OFM

Abk. für Ordo Fratrum Minorum, ↗Franziskaner, kath. Männerorden.

OFMCap

Abk. für Ordo Fratrum Minorum Cappucinorum, ↗Kapuziner, kath. Männerorden.

Ökonom(in), der/die

Verantwortliche(r) für die wirtschaftlichen Belange einer Ordensgemeinschaft. S. auch ↗Cellerar.

Ökumene, die

Auch: Oekumene, griech. oikoumene = »auf den ganzen Erdkreis bezogen«; Ökumene bezeichnet das Bemühen um die Einheit der verschiedenen christlichen Kirchen. Die ökumenische Bewegung ging von der evangelischen Kirche aus und führte 1948 in Amsterdam zur Gründung des Ökumenischen Rates der Kirchen (ÖRK), auch Weltrat der Kirchen genannt. Ihm gehören über 330 verschiedene Mitgliedskirchen an. Die kath. Kirche trat mit Beginn des ↗ Zweiten Vatikanischen Konzils in den ökumenischen Dialog ein. Sie unterhält offizielle Beziehungen zum ÖRK, ist aber nicht dessen Mitglied. In der evangelischen Kirche bezeichnet Ökumene primär das Bemühen um Einheit innerhalb der evangelischen Kirchen, dann erst das Streben nach Einheit unter allen Christen.

Oktav, die
Lat. octavus = »der Achte«; bezeichnet in der Liturgie der kath. Kirche:

1. den achten Tag (= »Oktavtag«) nach einem Hochfest, der als dessen Nachklang und Abschluss begangen wird;

2. die acht Tage (»Oktav«) vom Fest bis zu seinem Oktavtag; der Tag des jeweiligen Hochfests wird mitgerechnet. Bis zur ↗ Liturgiereform nach dem ↗ Zweiten Vatikanischen Konzil hatten alle größeren Feste eine Oktav. Nur die Oster- und Weihnachtsoktav sind davon übrig geblieben. Die orthodoxe Kirche kennt nur für das Osterfest eine reguläre Oktav. Die Weihnachts»oktav« dauert zwei Wochen und endet mit dem Fest Theophanie (westlich: ↗ Epiphanie). ↗ Acht.

OMI
Abk. für Congregatio Missionariorum Oblatorum Beatae Mariae Virginis Immaculatae, ↗ Oblaten (»Geweihte«) der makellosen Jungfrau Maria, auch: Hünfelder Oblaten, kath. Männerorden.

Omophorion, das
Griech. omóphorion von ómos = »Schulter« und phérein = »tragen«: »das über der Schulter zu Tragende«; liturgisches Textil der Patriarchen, Metropoliten und Bischöfe in orthodoxen, armenischen und syrischen Kirchen und Vorläufer des ↗ Palliums in der westlichen Kirche. Das Omophorion ist seit etwa 400 nachweisbar, bestand früher aus Wolle und besteht heute aus einem etwa 30 Zentimeter breiten, mit Kreuzen verzierten Brokatstreifen, der so um die Schulter gelegt wird, dass sich nach vorn und hinten ein Gabelkreuz ergibt. Symbolisiert wird so das Joch Christi (Mt 11,30) bzw. das Lamm, das der ↗ Gute Hirt (Joh 10,11.14) wieder zur Herde zurückträgt.

OP
Abk. für Ordo Praedicatorum, ↗ Dominikaner(innen), kath. Männer- und Frauenorden.

OPraem
Abk. für Candidus et Canonicus Ordo Praemonstratensis, ↗ Prämonstratenser-Chorherren, kath. Männerorden.

Opus Dei, das
Lat. »Werk Gottes«; 1928 von dem spanischen Priester Josemaría Escrivá de Balaguer y Albás (*1902, †1975) in Madrid gegr. geistliche Gemeinschaft für Männer; 1930 folgte die Gründung des weiblichen Zweigs. Zum Selbstverständnis der Mitglieder gehört es, »Christus nachzufolgen, nach dem Evangelium zu leben und seine Botschaft bekannt zu machen«. Ziel des Werkes ist es, »unter den Christen aller sozialen Stellungen ein ganz mit dem Glau-

ben übereinstimmendes Leben mitten im normalen Alltag« zu fördern. Zu diesem Zweck bietet die Gemeinschaft ihren Mitgliedern »geistliche Bildung und seelsorgliche Betreuung« an. Das Opus Dei unterscheidet sich von anderen Werken durch seine straffe Organisation. Die Vollmitglieder (»Numerarier«) verpflichten sich zur Ehelosigkeit, legen aber, anders als Mitglieder von Orden, keine ↗ Gelübde ab. 1982 erhob Papst Johannes Paul II. das Opus Dei zur ↗ Personalprälatur, einer bis dahin einmaligen Rechtsform innerhalb der kath. Kirche. Dadurch unterstehen die Priester der Gemeinschaft nicht mehr der Aufsicht des jeweiligen Ortsbischofs. Das Opus Dei, dessen Gründer von Papst Johannes Paul II. 1992 selig- und 2002 heiliggesprochen wurde, zählt nach eigenen Angaben weltweit über 80.000 Mitglieder, darunter über 1.700 Priester.

Ora et labora

Lat.: »Bete und arbeite«; dieser Satz beschreibt die Essenz der Ordensregel des hl. ↗ Benedikt von Nursia, kommt aber in dieser Form in der Regula Benedicti selbst nicht vor. Der vollständige Satz aus dem Mittelalter lautet: »Ora et labora (et lege), Deus adest sine mora« – »Bete und arbeite (und lies), so ist Gott da ohne Verzug«. Das zitierte lat. Wort labora bedeutet außer arbeiten auch sich anstrengen, sich abmühen, leiden, in Not sein. Hinter dem Zitat steht die Erkenntnis: Der Weg zu Gott führt über Gebet, Bildung und harte Arbeit. Zugleich steht er für ein ausgewogenes Miteinander von Muße und Arbeit, von Aktion und Kontemplation. ↗ et … et.

Orant, der

Lat. orare = »beten«; der Orant ist ein Betender, in der Kunst meist in Gebetshaltung Abrahams mit ausgestreckten Armen (sog. Orantenhaltung) vorgestellt.

Oratorianer

Bez. für Mitglieder des ↗ Oratoriums des hl. Philipp Neri.

Oratorium, das

Von lat. orare = »beten«; 1. Bez. für einen Gebetsraum; 2. Bez. für eine religiöse Gemeinschaft, deren Mitglieder keine ↗ Gelübde ablegen (↗ Oratorium des hl. Philipp Neri); 3. Bez. für ein mehrteiliges geistliches Musikstück für Solostimmen, Chor und Orchester.

Oratorium des hl. Philipp Neri, das

Lat. Congregatio Oratorii, Abk. CO; 1575 von Philipp Neri (*1515, † 1595) in Rom gegründete religiöse Gemeinschaft. Neri stammte aus einer florentinischen Notarsfamilie. Als junger Mann ging er nach Rom, pflegte Kranke, sorgte sich um verwahrloste Kinder und Jugendliche und hielt Straßenpredigten. Mit Gleichgesinnten kümmerte er sich später um kranke und arme Rompilger. Aus dieser Gruppe erwuchs die Kongregation des Oratoriums. Der Name leitet sich vom Treffpunkt der Gemeinschaft, einem Gebetsraum (Oratorium), ab. Das Oratorium des hl. Philipp ist heute eine Gemeinschaft von Priestern und Laien, die in eigenständigen Hausgemeinschaften (Kongregationen) zusammenleben. Die weltweit rund 470 Mitglieder, auch Oratorianer genannt, legen keine ↗ Gelübde ab. Sie leben und wirken zumeist inmitten einer Pfarrgemeinde. Weltweit zählt das Oratorium des hl. Philipp 80 Kongregationen, davon acht, die zur »Deutschen Föderation« gehören.

Orden, der

Lat. ordo = »Ordnung, Stand«; Bez. für:

1. eine geistliche Lebensgemeinschaft (Ordensgemeinschaft) von Männern bzw. Frauen, die sich festen Regeln (↗Ordensregel) unterwerfen. Mitglieder von christlichen Ordensgemeinschaften legen nach einer Vorbereitungszeit (↗Noviziat) die ↗Gelübde der Armut, Ehelosigkeit und Keuschheit ab. In der westlichen Kirche wird zwischen verschiedenen Formen des Ordenslebens unterschieden: Mönchsorden (auch: monastische Orden, z.B. ↗Benediktiner, ↗Zisterzienser, ↗Trappisten, ↗Kartäuser); Bettelorden (↗Franziskaner, ↗Dominikaner); Regularkanoniker (↗Prämonstratenser, ↗Augustiner-Chorherren); Regularkleriker (Jesuiten); klerikale Kongregationen (↗Steyler Missionare); Laienkongregationen (↗Opus Dei) sowie die Ritterorden (↗Johanniterorden, ↗Malteserorden, ↗Deutscher Orden, ↗Orden vom Heiligen Grab). Orden leisten einen bedeutenden Beitrag zum Kirchenleben. Sie sind organisiert in Klöstern oder Ordensniederlassungen, die hierzulande entweder als Körperschaften des öffentlichen Rechts oder als Vereine selbständig und rechtsfähig sind. Geleitet werden sie von einem Abt oder einer Äbtissin, einem Prior oder einer Priorin, einem Oberen oder einer Oberin. Mehrere Klöster oder Niederlassungen eines bestimmten Territoriums bilden bei einigen Orden eine Ordensprovinz, der ein Provinzial oder Provinzoberer vorsteht. Die Gesamtleitung des Ordens hat ein Ordens- oder General-

oberer, die oberste Leitung aller Orden obliegt dem Papst.

2. eine vom Papst verliehene Auszeichnung für besondere Verdienste; ↗Päpstliche Orden und Ehrenzeichen.

Ordensfrauen vom Heiligsten Herzen Jesu

↗Sacré-Cœur-Schwestern.

Ordensgemeinschaft von den Heiligsten Herzen Jesu und Mariä und der Ewigen Anbetung des allerheiligsten Altarsakramentes

Lat. Congregatio Sacrorum Cordium Iesu et Mariae necnon adorationis perpetuae Sanctissimi Sacramenti Altaris, Abk. SSCC; kath. Ordensgemeinschaft, gegründet 1800 von dem französischen Priester Pierre Coudrin (*1768, †1837) und Henriette Aymer de la Chevalerie. Die Gemeinschaft bestand von Anfang an aus einem Frauenzweig, einem Männerzweig und einem Zweig für Laien. In Deutschland trägt der männliche Zweig auch den Namen »Arnsteiner Patres«, benannt nach Kloster Arnstein (Lahn), dem Mutterhaus der dt. Provinz. Der weibliche Zweig hat in Deutschland keine Niederlassung. Das bekannteste Mitglied der weltweit tätigen Ordensgemeinschaft ist der am 11. Oktober 2009 heiliggesprochene belgische Pater Damian de Veuster (*1840, †1889), der auf Hawaii als Missionar unter Leprakranken lebte und als »Apostel der Aussätzigen« bezeichnet wird.

Ordensprovinz, die

Gebiet, das mehrere Niederlassungen eines Ordens umfasst und von einem ↗Provinzial geleitet wird, der für die Angehörigen seiner Provinz den zuständigen ↗Ordinarius darstellt.

Ordensregel, die

Jeder Männer- und Frauenorden hat seine eigenen Regeln oder Statuten (siehe z. B. ↗Augustinusregel, ↗Benediktusregel, ↗Franz von Assisi, ↗Observanz). Gemeinsam sind ihnen die ↗Evangelischen Räte: Armut, Ehelosigkeit und Gehorsam.

Ordensschwester, die

Mitglied einer weiblichen Ordensgemeinschaft. Häufig werden Ordensschwestern auch als ↗Nonnen bezeichnet, wobei dieser Begriff eigentlich nur für Mitglieder sog. ↗monastischer Orden zutrifft. Die männliche Entsprechung zur Nonne ist der ↗Mönch.

Orden vom Goldenen Sporn, der

Ein goldenes Malteser-Kreuz, gelb emailliert, darunter ein kleiner goldener Sporn; dazu gehört ein versilbertes, kleines Abzeichen. Der Orden vom Goldenen Sporn wird nur in einer Klasse verliehen. Das Stiftungsjahr ist unbekannt, Papst Pius X. hat ihn 1905 erneuert; deshalb enthält die Rückseite die Jahresangabe MCMV und die Inschrift »Pius X restituit«. Für den Orden wurde eine Höchstzahl von 1.000 Trägern festgelegt, denen von Alters her das Privileg zusteht, zu Pferd in eine Kirche zu reiten. ↗Päpstliche Orden und Ehrenzeichen.

Orden vom Heiligen Grab, der

Päpstlicher Ritterorden, der, anders als der ↗Malteserorden und der ↗Deutsche Orden, nicht aus der Zeit der Kreuzzüge

stammt. Er verdankt seinen Ursprung dem seit dem 14. Jh. belegten Brauch, am Ort von Tod und Auferstehung Jesu Christi den Ritterschlag zu empfangen. Der Franziskaner-Orden als Wächter des Heiligen Grabes in Jerusalem hielt dieses Brauchtum kraft der Vollmacht und Förderung durch die Päpste über Jahrhunderte hinweg lebendig. Seine jetzige Ordnung erhielt der Orden vom Heiligen Grab im Jahre 1868 durch Papst Pius IX. Der Ritterorden gelangte weit über Europa hinaus zu großer Blüte. Unter den Päpsten des 20. Jh. bekam er neue Statuten und auch seine kirchenrechtl. Verankerung. Fundament des Ordens ist die christliche Lebensführung seiner Mitglieder in besonderer Treue zu Kirche und Papst. Der Orden zählt heute weltweit 20.000 Mitglieder in 50 sog. Statthaltereien. An der Spitze des Ritterordens, der seinen Sitz in Rom hat, steht ein ↗Kurienkardinal als »Kardinalgroßmeister«. Der Lateinische Patriarch von Jerusalem ist der »Großprior«. Die einzelnen Statthaltereien werden von einem Statthalter geleitet, der dem Laienstand angehört. Die geistliche Leitung liegt in den Händen eines Diözesanbischofs als »Großprior« der Statthalterei. Die Deutsche Statthalterei besteht aus etwa 1.000 weltlichen Rittern, 200 Damen und 130 Geistlichen. Unterteilt ist die Statthalterei in sechs Ordensprovinzen (Ostdeutsche, Rhein-Main, Norddeutsche, Rheinisch-Westfälische, Bayerische, Südwestdeutsche Ordensprovinz) bzw. 36 örtliche Komtureien, an deren Spitze jeweils ein »Präsident« bzw. »Leitender Komtur« steht. Die Aufnahme in den Orden erfolgt durch den Ritterschlag während der ↗Investitur. Kennzeichen des Ordens vom

Heiligen Grab ist das rote fünffache »Jerusalemkreuz«.

Orden von Montjoie, der
Spanischer ↗ Ritterorden, der später im Templerorden aufging.

Ordinariat, das
Die zentrale Verwaltungsbehörde einer Diözese. Das Bischöfliche Ordinariat wird geleitet vom ↗ Generalvikar (daher heißt das Ordinariat in vielen Diözesen auch ↗ Generalvikariat).

Ordinarius, der
Lat. episcopus ordinarius; Bez. für den ↗ Diözesanbischof (auch: residierender Bischof) als Inhaber der obersten Hirtengewalt einer Diözese. Für Ordensleute ist der höhere Ordensobere der Ordinarius, i. d. R. der ↗ Provinzial. Auch eine ↗ Personalprälatur hat in der Gestalt ihres Leiters ihren eigenen Ordinarius.

Ordination, die
Lat. ordinatio = »Einsetzung in ein Amt«; in der kath. Kirche Bez. für das Weihesakrament (ordinatio sacerdotalis = Priesterweihe).

Ordo Cartusiensis
Abk. OCart; ↗ Kartäuser(innen).

Ordo Cisterciensis
Abk. OCist; ↗ Zisterzienser(innen).

Ordo Cisterciensium Reformatorum
Abk. OCR; ↗ Trappist(inn)en.

Ordo Cisterciensium Strictioris Observantiae
Abk. OCSO; ↗ Trappist(inn)en.

Ordo de Visitatione Beatae Mariae Virginis
Abk. OVM; ↗ Salesianerinnen.

Ordo Fratrum Beatae Mariae Virginis de Monte Carmelo
Abk. OCarm; ↗ Karmelit(inn)en.

Ordo Fratrum Discalceatorum Beatae Mariae Virginis de Monte Carmelo
Abk. OCD; Unbeschuhte Karmeliten, ↗ Karmelit(inn)en.

Ordo Fratrum Domus Hospitalis Sanctae Mariae Teutonicorum in Jerusalem
Abk: OT; ↗ Deutscher Orden.

Ordo Fratrum Minorum
Abk. OFM; ↗ Franziskaner.

Ordo Fratrum Minorum Cappucinorum
Abk. OFMCap; ↗ Kapuziner.

Ordo Praedicatorum
Abk. OP; ↗ Dominikaner.

Ordo Sanctae Clarae
Abk. OSC; ↗ Klarissen.

Ordo Sanctae Ursulae
Abk. OSU; ↗ Ursulinen.

Ordo Sancti Augustini
Abk. OSA; ↗ Augustiner.

Ordo Sancti Benedicti
Abk. OSB; ↗ Benediktiner.

Ordo Sancti Francisci
Abk. OSF; ↗ Franziskanerinnen.

Ordo Sanctissimi Redemptoris
Abk. OSsR; ↗ Redemptoristinnen.

Ordo Sanctissimi Salvatoris
Abk. O.Ss.S., ↗ Birgittinnen.

Ordo Sancti Pauli Primi Eremitae
Abk. OSPPE; ↗ Pauliner.

Ordo Servorum Mariae
Abk. OSM; ↗ Serviten.

Orgel, die
Seit dem Mittelalter ist die Orgel als Kirchenmusikinstrument bekannt. Es gibt eine eigene Orgelsegnung vor dem ersten kirchl. Gebrauch. Die Orgel verstummt nach dem Gloria am Gründonnerstag und ertönt erst wieder zum Halleluja vor dem Evangelium der Osternacht. Die Ausdrucksfähigkeit der Orgel ist bes. durch die herausragenden Orgelwerke von Johann Sebastian Bach bekannt.

Ornat, der
Lat. ornatus = »Ausrüstung, schmuckvolle Kleidung«; Bez. für die Amtstracht kirchlicher Würdenträger.

Orthodoxe Kirchen
Griech. orthódoxos = »rechtgläubig«; auch: Ostkirchen; nach Angaben des Ostkirchlichen Instituts Regensburg Bez. für:

1. die Assyrische Orthodoxe Kirche (×) [(×) kennzeichnet jene Kirchen, die zum Teil mit Rom uniert sind], die mit keiner anderen Kirche in Communio steht;

2. die sechs altorientalischen Kirchen, die unabhängig voneinander sind, aber miteinander in Communio stehen: die Armenische Orthodoxe Kirche (×), die Koptische Orthodoxe Kirche (×), die Äthiopische Orthodoxe Kirche (×), die Syrische Orthodoxe Kirche (×), die Indische Orthodoxe Kirche (×) und die Eriträische Orthodoxe Kirche (×);

3. die orthodoxen Kirchen des byzantinischen Ritus, die dem Patriarchen von Konstantinopel eine gewisse Verantwortung für ihre Einheit untereinander zubilligen, ihn als primus inter pares (»Erster unter Gleichen«) sehen; sie unterteilen sich in fünfzehn ↗ autokephale Kirchen, drei autonome (in Fragen ihrer inneren Verwaltung selbständige, kanonisch jedoch einer autokephalen [Mutter-]Kirche verbundene) und fünf Kirchen strittiger Kanonizität. Zur ersten Gruppe gehören: das Ökumenische Patriarchat von Konstantinopel (mit der Russisch-Orthodoxen Erzdiözese in Westeuropa und der American Carpatho-Russian Orthodox Greek Catholic Church), das Patriarchat von Alexandrien, das Patriarchat von Antiochien (×), das Patriarchat von Jerusalem, die Russisch-orthodoxe Kirche, die Rumänische Orthodoxe Kirche (×), die Orthodoxe Kirche von Griechenland (×), die Serbische Orthodoxe Kirche, die Bulgarische Orthodoxe Kirche (×), die Orthodoxe Kirche von Georgien, die Orthodoxe Kirche von Zypern, die Orthodoxe Kirche in Polen, die Orthodoxe Kirche in Albanien (×), die Orthodoxe Kirche in Tschechien und der Slowakei (×) und die Orthodox Church in America; zur Gruppe der auto-

nomen Kirchen gehören: die Orthodoxe Kirche in Finnland, die Orthodoxe Kirche in Japan und die Orthodoxe Kirche in China; zur dritten Gruppe gehören: die Ukrainische Kirche (×), die Orthodoxe Kirche in Mazedonien/Skopje, die Weißrussische Auslandskirche, die Altgläubigen und die Altkalendarier.

4. die orthodoxen Kirchen, die den Primat des Papstes voll anerkennen (kath. Ostkirchen, Unierte); sie erkennen den Jurisdiktions- und Lehrprimat des Papstes an, bewahren jedoch in Kirchensprache, Liturgie und Spiritualität weitgehend und im Kirchenrecht teilweise ihre Traditionen: aus dem assyrischen Bereich die Chaldäische Kirche und die Syro-malabarische kath. Kirche, aus dem Bereich der Altorientalen die Armenische kath. Kirche, die Koptische kath. Kirche, die Äthiopische kath. Kirche, die Syrische kath. Kirche, die Malankara-syrische kath. Kirche und die Maronitische kath. Kirche; aus dem byzantinischen Bereich die Melkitische kath. Kirche, die Ukrainische kath. Kirche, die Ruthenische kath. Kirche, die Rumänische kath. Kirche, das Katholische Exarchat Griechenland, das Bistum Krizevci in Jugoslawien, das Bistum Hajdudorog in Ungarn, das Exarchat Sofia in Bulgarien, die Slowakische kath. Kirche und die Italo-albanischen Bistümer.

5. Eine fünfte Gruppe bilden die orthodoxen Kirchen, die mit protestantischen und anglikanischen Gemeinschaften Communio haben: Malabar Independent Syrian Church und Mar Thoma Syrian Church.

Die Ausbildung der Ost- und Westkirche, der orthodoxen und der lateinischen Kirche erfolgte im Rahmen der Rivalität zwischen den beiden Teilen des Römischen Reiches (mit den Hauptstädten Rom und Konstantinopel). Infolge kirchenpolitischer Konflikte kam es 1054 zur Kirchenspaltung (↗ Schisma) und damit zur Trennung zwischen der lat. Kirche und den vier ostkirchlichen Patriarchaten Konstantinopel, Alexandria, Antiochia und Jerusalem. Die orthodoxen Kirchen bilden heute nach der kath. Kirche weltweit die zweitgrößte christliche Konfession. Allen orthodoxen Kirchen gemeinsam sind als Lehrgrundlage und als Basis des Kirchenrechts (Codex Canonum Ecclesiarum Orientalium) die Beschlüsse der nach orthodoxem Verständnis sieben ökumenischen Konzilien (325–787; s. Liste im Anhang).

OSA

Abk. für Ordo Sancti Augustini, ↗ Augustiner, kath. Ordensgemeinschaft.

OSB

Abk. für Ordo Sancti Benedicti, ↗ Benediktiner(innen), kath. Ordensgemeinschaft.

OSC

Abk. für Ordo Sanctae Clarae, ↗ Klarissen, kath. Frauenorden.

OSCCap/OSClCap

Abk. für Ordo Sanctae Clarae Capuccinarum, ↗ Klarissen-Kapuzinerinnen.

OSF

Abk. für Ordo Sancti Francisci, ↗ Franziskanerinnen, kath. Frauenorden.

OSFS

Abk. für Institutum Oblatorum S. Francisci Salesii, ↗Oblaten des hl. Franz von Sales, kath. Männerorden.

OSM

Abk. für Ordo Servorum Mariae, ↗Serviten, kath. Ordensgemeinschaft.

OSPPE

Abk. für Ordo Sancti Pauli Primi Eremitae, ↗Pauliner, kath. Männerorden.

Osservatore Romano, der

Ital. L'Osservatore Romano = »Der römische Beobachter«; 1861 gegr. Tageszeitung des Vatikanstaates, halbamtliches Informationsorgan des ↗Heiligen Stuhls. Herausgeber ist der ↗Kardinalstaatssekretär. Sie enthält Verlautbarungen des Papstes und der Kurienkongregationen, Nachrichten aus der Politik und der kath. Weltkirche und dokumentiert Predigten und Ansprachen des Papstes. Neben der in italienischer Sprache erscheinenden Originalausgabe erscheint L'Osservatore Romano wöchentlich in sechs weiteren Sprachen (Deutsch, Französisch, Spanisch, Englisch, Portugiesisch und Polnisch). Diese Ausgaben enthalten Übersetzungen der Originalausgabe, aber auch eigene redaktionelle Beiträge.

OSsR

Abk. für Ordo Sanctissimi Redemptoris, ↗Redemptoristinnen, kath. Frauenorden.

O.Ss.S.

Abk. für Ordo Sanctissimi Salvatoris, ↗Birgittinnen.

Ostensorium, das

Lat. ostendere = »zeigen«; auch: ↗Monstranz; kostbares liturgisches Gefäß, in das eine geweihte ↗Hostie oder auch eine ↗Reliquie eingesetzt und den Gläubigen – insbes. bei Prozessionen – gezeigt wird.

Osterei, das

Das Ei ist in den meisten Kulturen ein Symbol für Fruchtbarkeit und neues Leben. An ↗Ostern soll es Zeichen dafür sein, dass durch die ↗Auferstehung neues Leben möglich wird. Das »klassische« Osterei ist gekocht und rot gefärbt.

Osterfestberechnung, die

Der Termin des Osterfestes richtet sich nach dem jüdischen Passahfest, das jeweils am Tag des ersten Frühlingsvollmonds gefeiert wird. ↗Ostern ist jeweils am Sonntag danach; das hat das Erste Konzil von Nizäa (325) festgeschrieben. Das Osterfest und alle Feste, die von Ostern abhängig sind, also ↗Christi Himmelfahrt, ↗Pfingsten, ↗Dreifaltigkeitssonntag und ↗Fronleichnam, werden deshalb bewegliche Feste genannt. Im 19. Jh. entwickelte C. F. Gauß seine ↗Osterformel zur Ermittlung des Osterfestes. Es gibt 19 mögliche erste Frühlingsvollmonde und damit 19 mögliche Ostertermine am jeweils folgenden Sonntag. Das früheste Osterdatum ist der 22. März, das letztmögliche der 25. April (↗Ostergrenze). Die orthodoxen Kirchen richten sich nach dem Julianischen Kalender, weswegen ihr Ostertermin bis zu fünf Wochen von dem der lat. Kirche abweichen kann.

Osterfeuer, das

Zu Beginn der liturgischen Feier der ↗Osternacht wird ein Osterfeuer entfacht, an dem die ↗Osterkerze entzündet wird. Osterfeuer (auch: Judasfeuer, weil Judas symbolisch verbrannt wird) heißt aber auch das Feuer, das im Rahmen des Brauchtums meist am Ostersamstag, z.B. auf Bergen, entzündet wird. Beide Feuer stehen im Zusammenhang mit der österlichen Lichtsymbolik in der Liturgie (»Ich bin das Licht der Welt«, Joh 8,12), die den Sieg des Lebens über den Tod anzeigt.

Osterformel, die

Eine Formel, mit deren Hilfe sich die ↗Osterfestberechnung durchführen lässt, hat der Mathematiker Carl Friedrich Gauß (*1777, † 1855) im Jahr 1800 veröffentlicht: Man teilt die Jahreszahl (J) durch 19 und bezeichnet den Rest mit a; also J: 19, Rest a. Entsprechend gilt: J: 4, Rest b; J: 7, Rest c; $(19a + m): 30$, Rest d; $(2b + 4c + 6d + n): 7$, Rest e. Dabei muss für die Jahre 1900 bis 2099 für m die 24, für n die 5 eingesetzt werden. Ostersonntag fällt nun entweder auf den $(22 + d + e)$-ten März oder auf den $(d + e − 9)$-ten April. Für den 26. April ist aber immer der 19. April zu setzen, für den 25. April der 18. April, wenn d = 28, e = 6 und a größer als 10 ist. Gemäß dieser Formel ergeben sich folgende Termine für das Osterfest: im Jahr 2010: 4. April; 2011: 24. April; 2012: 8. April; 2013: 31. März; 2014: 20. April; 2015: 5. April; 2016: 27. März; 2017: 16. April; 2018: 1. April; 2019: 21. April; 2020: 12. April; 2021: 4. April; 2022: 17. April; 2023: 9. April; 2024: 31. März; 2025: 20. April.

Ostergrenze, die

Der 22. März ist der früheste Ostertermin (da am 21. März Frühlingsanfang ist und Ostersonntag am Sonntag nach dem ersten Frühlingsvollmond stattfindet), der 25. April ist der letztmögliche Termin, auf den das Fest Ostern fallen kann. Die beiden Termine werden deshalb als Ostergrenzen bezeichnet. Der Frühtermin am 22. März ist seit der gregorianischen Kalenderreform 1582 in den Jahren 1598, 1693, 1761 und 1818 vorgekommen und wird das nächste Mal erst wieder 2285 eintreten; es gibt ihn in etwa 0,5 Prozent der Fälle, also etwa alle 200 Jahre einmal. Der Spättermin am 25. April trat seit 1582 in den Jahren 1666, 1734, 1886 und 1943 auf und wird 2038 und dann erst 2190 wiederkehren; seine statistische Häufigkeit liegt bei einem Prozent, d.h. etwa alle 100 Jahre einmal. ↗Osterfestberechnung.

Osterkerze, die

Eine große, häufig schön verzierte Kerze, die bei der Feier der ↗Osternacht am ↗Osterfeuer vor der Kirche entzündet wird. Während der Osterzeit, die bis ↗Pfingsten dauert, steht die Osterkerze im Altarraum und wird während der Gottesdienste entzündet. Danach soll sie als österliches Symbol beim Taufbrunnen oder in der Taufkapelle aufgestellt werden. Um die Verbindung von Ostern und ↗Taufe auszudrücken, werden bei der Taufe die Taufkerzen der Neugetauften an der Osterkerze entzündet.

Österliche Bußzeit, die

↗Fastenzeit.

Ostern

An Ostern feiern die Christen die ↗Auferstehung Jesu Christi. Es ist das älteste und höchste Fest im Kirchenjahr. Liturgischer Höhepunkt ist die Feier der ↗Osternacht zwischen Karsamstag und Ostersonntag. Das Osterfest ist aus dem jüdischen Passahfest (auch: Pascha oder Pessach) hervorgegangen, an dem die Juden die Befreiung der Israeliten aus ägyptischer Gefangenschaft feiern. Viele Sprachen haben den aramäischen Namen dieses jüdischen Festes für das Osterfest übernommen. Der wohl älteste literarische Beleg für Ostern findet sich beim Kirchenlehrer Beda Venerabilis (*647, †735) mit »Eostro«. Aus griech. éos (»Morgenröte«) entstanden sowohl das engl. Wort Easter als auch die dt. Bezeichung Ostern. Die Morgensonne steht symbolisch für den auferstandenen Christus. Seit dem Ersten Konzil von Nizäa (325) wird Ostern am Sonntag nach dem ersten Frühjahrsvollmond gefeiert (↗ Osterfestberechnung). Da die orthodoxe Kirche der Kalenderreform unter Papst Gregor XIII. im Jahr 1582 nicht folgte (↗ Gregorianische Kalenderreform), feiern Ost und West zumeist an unterschiedlichen Tagen. Im Zusammenhang mit Ostern gibt es zahlreiche Bräuche. Der bekannteste ist, bemalte Eier zu verschenken (↗ Osterei).

Osternacht, die

In der Nacht zwischen Karsamstag und Ostersonntag feiern Christen die ↗ Auferstehung Jesu Christi von den Toten. Die Osternacht wird, ebenso wie die ↗ Heilige Nacht vom 24. auf den 25. Dezember, als lat. »nox sacratissima« (»heiligste Nacht«) bezeichnet. Die Feier, die am späten Abend vor dem Osterfest oder am frühen Ostermorgen stattfinden kann, beginnt außerhalb der Kirche mit einem ↗ Osterfeuer, an dem die ↗ Osterkerze entzündet wird. Die Osterkerze wird mit dem Ruf

»Lumen Christi« (»Licht Christi«) in die dunkle Kirche getragen, danach stimmt der Priester oder Diakon einen feierlichen Lobgesang an, das ↗ Exsultet. Zuvor schon entzünden die Gläubigen ihre Kerzen am Licht der Osterkerze. Im anschließenden ↗ Wortgottesdienst folgen zunächst mindestens drei ↗ Lesungen aus dem ↗ Alten Testament, darunter der Bericht aus dem alttestamentlichen Buch Exodus vom Zug der Israeliten durch das Rote Meer und der damit verbundenen Befreiung aus der Sklaverei. Unter Glockengeläut wird das ↗ Gloria gesungen, das Tagesgebet gesprochen und nach der Osterepistel (↗ Epistel) das ↗ Halleluja angestimmt. Es folgt das ↗ Evangelium von der Auferstehung Jesu Christi. Nach der Predigt findet die Tauffeier statt, an deren Ende die Gläubigen ihr Taufbekenntnis erneuern und mit dem geweihten Wasser besprengt werden. Höhepunkt und Abschluss der Osternachtliturgie ist die anschließende ↗ Eucharistiefeier, der in manchen Kirchen das ↗ Fastenbrechen folgt. Sowohl Ostern wie Weihnachten sind liturgisch durch die Lichtsymbolik geprägt.

Ostertriduum, das
↗ Triduum.

Ostiarier, der
Lat. ostium = »Tür«; in der frühen Kirche der Türhüter, mit Aufkommen der Kirchenglocken auch für das Läuten der Glocken zuständig. ↗ Niedere Weihen.

Ostkirchen
↗ Orthodoxe Kirchen.

Ostpriesterhilfe
Kirche in Not.

Ostung, die
Traditionelle Ausrichtung (etwa von Kirchen und Gräbern) nach Osten, der aufgehenden Sonne und dem wiederkommenden Christus entgegen.

OSU
Abk. für Ordo Sanctae Ursulae, ↗ Ursulinen, kath. Frauenorden.

OT
Abk. für Ordo Fratrum Domus Hospitalis Sanctae Mariae Teutonicorum in Jerusalem, ↗ Deutscher Orden.

OVM
Abk. für Ordo de Visitatione Beatae Mariae Virginis, Schwestern von der Heimsuchung Mariä, auch: Heimsuchungsschwestern, ↗ Salesianerinnen, kath. Frauenorden.

P

P.

Abk. für ↗ Pater.

Pallium, das

Lat. »weiter Mantel«; eine schmale weiße Wollstola, bestickt mit sechs schwarzen Seidenkreuzen, die über das Messgewand gelegt wird. Das Pallium ist äußeres Zeichen der Metropolitanwürde (↗ Metropolit, Erzbischof) und symbolisiert das Joch, das der ↗ Gute Hirte zu tragen hat. Ein Erzbischof darf es nur für die Dauer seiner Amtszeit und nur innerhalb seiner Metropolie tragen. Es wird aus der Wolle zweier Lämmer hergestellt, die der Papst am Fest der hl. Agnes (21. Januar) segnet. Jeweils am 29. Juni, dem Hochfest Peter und Paul, segnet der Papst die aus der ersten Wolle dieser Lämmer neu gewebten Pallien. Sie gelten als Berührungsreliquien (↗ Reliquie), weil sie bis zur Verleihung in einem Behältnis am Grab des Apostels ↗ Petrus aufbewahrt werden. Bei seiner Amtseinführung wurde Papst Benedikt XVI. (2005) erstmals wieder ein mit fünf roten Kreuzen besticktes, langes Pallium (↗ Omophorion) umgelegt. Diese Form war im ersten Jahrtausend üblich, als Ost- und Westkirche noch nicht getrennt waren. Inzwischen trägt der Papst ein neu gestaltetes ringförmiges Pallium mit auf Brust und Rücken herabhängenden Streifen, bestickt mit roten Kreuzen.

Pallottiner(innen), die

Lat. Societas Apostolatus Catholici = »Gesellschaft des Katholischen Apostolates«, Abk. SAC; religiöse Gemeinschaft, kein Orden, 1835 von Vinzenz Pallotti (*1795, †1850) gegründet. Die Mitglieder leisten kein ↗ Gelübde, müssen aber versprechen, in Armut und Ehelosigkeit zu leben, ihre irdischen Güter zu teilen und Gott und den Menschen selbstlos zu dienen. Heute ist die Gemeinschaft auf allen Kontinenten vertreten und zählt rund 2.500 Mitglieder. Zu ihrer Hauptaufgabe gehört die Förderung des Laienengagements in der Kirche. Der weibliche Zweig, die Pallottinerinnen, wurde 1838 gegründet.

Palmsonntag, der

Mit dem Palmsonntag beginnt eine Woche vor ↗ Ostern die ↗ Karwoche. In Erinnerung an den triumphalen Einzug Jesu in Jerusalem unter ↗ Hosanna-Rufen treffen sich die Gläubigen zumeist vor der Kirche zur Segnung der Palmen oder Olivenzweige (in Deutschland meist Buchsbaumzweige) und ziehen dann in einer Prozession (Palmprozession) zum Gotteshaus. In der anschließenden Messfeier wird erstmals in der Karwoche die Botschaft vom Leiden und Sterben (↗ Passion) Jesu verkündet.

Papabile

Ital. »zum Papst wählbar«; Bez. für die als Papstkandidaten in Frage kommenden Kardinäle.

Papamobil, das

Ital. papa = »Papst« und [auto]mobile = »Auto«: »Auto des Papstes«; Bez. für Kraftfahrzeuge, die Papst Johannes Paul II. (1978–2005) bei öffentlichen Auftritten benutzte bzw. die sein Nachfolger Papst Benedikt XVI. (seit 2005) benutzt.

Papist

Schimpfwort gegen Katholiken in ihrer Eigenschaft als Anhänger des Papstes.

Papst, der

Lat. papa = »Vater«; das Oberhaupt der kath. Kirche. Der Ehrentitel wurde bis zum 3. Jh. unterschiedslos für alle Bischöfe verwandt. Bischof Siricius von Rom (384–399) bezeichnete sich erstmals amtl. als »papa«, Gregor I. (590–604) legte schließlich fest, dass dieser Titel ausschließlich dem Bischof von Rom gebührt. Als Bischof von Rom und damit als Nachfolger des Apostels ↗ Petrus ist der Papst Träger der obersten Leitungsvollmacht und besitzt »die oberste, volle, unmittelbare und allgemeine ordentliche Gewalt in der Kirche, die er immer frei ausüben kann« (CIC can. 331). Seine besondere Stellung kommt auch durch seine weiteren Titel zum Ausdruck: Bischof von Rom, Stellvertreter Jesu Christi, Nachfolger des Fürsten der Apostel, Höchster ↗ Pontifex der Universalkirche, Patriarch des Abendlandes, Primas von Italien, Erzbischof und Metropolit der römischen Kirchenprovinz, Souverän des Staates der Vatikanstadt, Servus Servorum Dei (lat. »Diener der Diener Gottes«). Papst Benedikt XVI. (seit 2005) hat auf den Titel »Patriarch des Abendlandes« freiwillig verzichtet. Damit zeige der Papst »historischen und theologischen Realismus«, be-

gründete der Vatikan diesen Verzicht. Der Titel »Patriarch des Abendlandes« sei von Beginn an nicht sehr klar gewesen und im Laufe der Geschichte obsolet und praktisch nicht mehr benutzbar geworden. Die Päpste unterschreiben nicht wie die übrigen Bischöfe mit einem Kreuz vor ihrem Namen, sondern mit der Hinzufügung der Buchstaben PP. (lat. Pastor Pastorum = »Hirte der Hirten«), z. B. Benedikt PP. XVI. Die Bischofskirche des Papstes ist die Laterankirche (↗ Lateran) in Rom, nicht die ↗ Peterskirche. Die protokollarische Anrede des Papstes lautet »Heiliger Vater«, »Heiligkeit« bzw. »Eure Heiligkeit«. (↗ Amtseinführung eines Papstes)

Papstgrab, das

Der Ort der päpstlichen Grabstätte richtet sich grundsätzlich nach der letzten Verfügung des verstorbenen Papstes. In der weiteren Vergangenheit haben sich viele Päpste für ihren Heimatort entschieden. So befindet sich beispielsweise das einzige Papstgrab nördlich der Alpen in Bamberg, wo Clemens II. begraben ist. In der Anfangszeit war es häufig die Calixtus-Katakombe und später die ↗ Peterskirche in Rom. Hadrian VI. (1522–1523), der letzte Nichtitaliener vor Johannes Paul II. und der letzte »deutsche« Papst vor Benedikt XVI., ist in der Kirche Santa Maria dell'Anima in Rom beigesetzt.

Päpstliche Ehrentitel

Besonders verdienten ↗ Klerikern kann der Papst folgende Ehrentitel verleihen: Der rangtiefste Ehrentitel ist der Kaplan Seiner Heiligkeit bzw. Päpstlicher ↗ Ehrenkaplan. Es folgt der Päpstliche ↗ Ehrenprälat (früher: Hausprälat). Die höchste Stufe ist der

Apostolische ↗ Protonotar, den urspr. die sieben in der Römischen ↗ Kurie Dienst tuenden Notare trugen; dieser Ehrentitel wird eher selten verliehen. Die Anrede »Monsignore« ist für alle Geehrten, v. a. in den romanischen Ländern auch für Bischöfe, möglich. Der Päpstliche Hausprälat und der Apostolische Protonotar werden mit »Herr Prälat« angesprochen.

Päpstliche Insignien

Insignien (= Auszeichnungen) werden alle Abzeichen genannt, die den liturgischen Stand einer Person kennzeichnen. Die bischöflichen und damit auch die päpstlichen Insignien heißen ↗ Pontifikalien (von lat. pontificalis = »oberpriesterlich, bischöflich«). Dem Papst vorbehaltene Insignien sind der gerade Hirtenstab ohne Krümme (↗ Ferula), der ↗ Fischerring und früher die ↗ Tiara. Die Kleidung des Papstes besteht aus ↗ Talar, Schärpe, ↗ Brustkreuz und ↗ Pileolus (Scheitelkäppchen) in weißer Farbe, sowie rotem Mantel und rotem Hut.

Päpstliche Orden und Ehrenzeichen

Als Souverän des Vatikanstaates verleiht der Papst für persönliche Verdienste und im Rahmen diplomatischer Gepflogenheiten Verdienstorden und Ehrenzeichen. Unter den fünf *Orden*, die zurzeit verliehen werden, gilt folgende Rangordnung:

1. ↗ Christus-Orden, höchste päpstliche Auszeichnung, die Staatsoberhäuptern und regierenden Fürsten vorbehalten ist;
2. ↗ Orden vom Goldenen Sporn, ein auf 1.000 Ritter beschränktes Abzeichen, das nur ausgewählten Persönlichkeiten verliehen wird;
3. ↗ Piusorden, das einzige päpstliche Ehrenzeichen ohne Kreuz, so dass der Heilige Stuhl es auch nicht-katholischen oder nichtchristlichen Persönlichkeiten verleihen kann;
4. ↗ Gregoriusorden, eine der höchsten Auszeichnungen, die der Papst an ↗ Laien verleiht;
5. ↗ Silvesterorden für Verdienste um die röm.-kath. Kirche.

Zu den vom Heiligen Stuhl verliehenen *Ehrenzeichen* zählen das von Papst Leo XIII. (1878–1903) gestiftete Verdienstkreuz ↗ Pro Ecclesia et Pontifice (»Für Kirche und Papst«) und die von Papst Pius VII. (1800–1823) gestiftete päpstliche Verdienstmedaille ↗ Benemerenti (»Dem, der sich verdient gemacht hat«).

Päpstlicher Zeremonienmeister

Der Leiter des Amtes für die liturgischen Feiern des Papstes.

Päpstliches Haus

Das Päpstliche Haus besteht aus ↗ Geistlichen und ↗ Laien und wird von der Präfektur des Päpstlichen Hauses geleitet. Es gliedert sich in die Päpstliche Kapelle (Cappella Pontificia) und die Päpstliche Familie (Familia Pontificia). Mitglieder der Päpstlichen Kapelle sind die Bischöfe, Priester und Laien, die dem Papst bei feierlichen Gottesdiensten zur Seite stehen. Der Päpstlichen Familie gehören die Kleriker und Laien an, die den Papst als Staatsoberhaupt in besonderer Weise unterstützen. Mitglieder sind der Substitut des ↗ Staatssekretariats, der Sekretär für die Beziehungen zu den Staaten, der für soziale und karitative Fragen zuständige Almosenier Seiner Heiligkeit, der Präsident der

Päpstlichen Diplomaten-Akademie, der Theologe des Päpstlichen Hauses, die ↗Protonotare, die Päpstlichen Zeremoniare, die ↗Ehrenprälaten Seiner Heiligkeit, die Kapläne Seiner Heiligkeit (↗Ehrenkaplan) und der Prediger des Päpstlichen Hauses. Als Laien gehören der Päpstlichen Familie außerdem u. a. die Thronassistenten, der Sonderdelegat der Päpstlichen Kommission für den Staat der Vatikanstadt, der Kommandant der päpstlichen ↗Schweizergarde, der Präsident der Päpstlichen Akademie der Wissenschaften, die päpstlichen Kammerherren und die Mitglieder des päpstlichen Haushalts an. Die Mitglieder des Päpstlichen Hauses werden vom Papst i. d. R. für fünf Jahre ernannt. Mit der ↗Vakanz des Papstamtes enden alle Dienste im Päpstlichen Haus.

Päpstliches Missionswerk der Frauen

1893 von der Lehrerin Katharina Schynse als »Verein katholischer Frauen und Jungfrauen zur Unterstützung der zentralafrikanischen Mission« gegründet, half der Verein der Arbeit der Missionare durch die Gestaltung und Anfertigung liturgischer Gewänder und nahm sich bes. der Not der Frauen und Mädchen in den Missionsgebieten an. Zur internationalen Koordination der bald auch im Ausland (Schweiz, Italien, Frankreich, USA) aktiven »Frauenmissionsvereinigungen« wurde 1922 in Rom ein Zentralkomitee gegründet. 1942 erhob Papst Pius XII. die Vereinigung, die sich bis heute auch als Gebetsgemeinschaft versteht, zum »Päpstlichen Werk«. Ziel des Frauenmissionswerkes ist bis heute die Ausstattung von Missionsstationen und Ortskirchen in allen Kontinenten mit selbstgefertigten Paramenten, die För-derung von Frauenprojekten in der Weltkirche sowie die Feier der Hl. Messe und die Gebetsgemeinschaft für die Anliegen der ↗Mission und der Weltkirche.

Päpstliches Missionswerk der Kinder

↗Kindermissionswerk.

Papstsiegel, das

Lat. sigillum = »Siegelabdruck« aus lat. signum = »Zeichen, Kennzeichen«; bezeichnet den Siegelring des Papstes. Jeder Papst bestimmt mit Beginn seiner Amtszeit ein eigenes Papstsiegel. Es wird während seiner Amtszeit unter die apostolischen Schreiben gesetzt. Nach dem Tod des amtierenden Papstes wird das Papstsiegel offiziell vor dem ↗Kardinalskollegium zerbrochen, um Missbräuche auszuschließen.

Papstwahl, die

↗Konklave.

Paradies, das

1. Persisch für »königlicher Garten«; der Garten Eden des ↗Alten Testaments wird im Griechischen als »Paradies« bezeichnet.
2. Bez. für eine eingeschossige Vorhalle vor einer Basilika, die sich über die Breite aller Schiffe erstreckt (Narthex).

Paraklet, der

Griech. »der Herbeigerufene«; Bezeichnung für den Heiligen Geist in seiner besonderen Eigenschaft als Tröster und Bestand.

Paramente, die

Lat. parare = »bereiten, zurüsten«; Bez. für die liturgischen Gewänder (↗Albe,

↗Amikt, ↗Chormantel, ↗Humerale, ↗Kasel) und das für Altar, Kanzel und liturgische Geräte und Gefäße (z. B. ↗Kelch, ↗Ziborium) verwendete Tuch.

Paramentenverein, der

Bez. für Vereine und Gruppen in Pfarrgemeinden, die sich um die Pflege, Instandhaltung und Neuanfertigung von sämtlichen liturgischen Textilien (↗Paramente) kümmern.

Parochial

Griech. Pároxos = »darreichend, gebend«; Der Amtsbezirk eines Pfarrers (parochos) ist die Parochie. Parochial ist alles, was sich auf die Pfarrei bezieht.

Pascha

[Sprich Pas-cha] Auch: Pessach; hebr. »Vorübergang (des Herrn)«; das jüdische Passahfest, Fest der Befreiung der Israeliten aus ägyptischer Gefangenschaft. ↗Ostern. ↗Paschamahl.

Paschalamm, das

[Sprich Pas-chalamm] ↗Lamm Gottes, ↗Paschamahl.

Paschamahl, das

[Sprich Pas-chamahl] Das letzte ↗Abendmahl Jesu, dessen am ↗Gründonnerstag gedacht wird, enthielt die Aufforderung zur Einrichtung der ↗Eucharistie als Gedächtnismahl. Jesus von Nazaret hatte mit seinen Jüngern rituell das für Pascha vorgeschriebene Lamm verzehrt (↗Paschalamm). Im Christentum wurde die Bez. Paschamahl nach dem Opfertod Jesu auf ihn selbst (»Lamm Gottes«) übertragen.

Passah

↗Pascha.

Passion, die

Lat. passio = »Leiden«; Bez. für die Leidensgeschichte Jesu Christi vom Beschluss über seine Gefangennahme bis zum Tod am Kreuz; gemeint ist auch die Darstellung der Leidensgeschichte Jesu in der bildenden Kunst bzw. die Vertonung der Leidensgeschichte als Chorwerk oder Oratorium (z. B. die »Matthäus-Passion« von Johann Sebastian Bach).

Passionisten

Lat. Congregatio Passionis Iesu Christi, Kongregation vom Leiden Jesu Christi, Abk. CP; kath. Männerorden, 1720 vom hl. Paul vom Kreuz (*1694, †1775) in Italien gegründet. Im Mittelpunkt der Gemeinschaft stehen Gebet und Predigt. Die Passionisten verstehen sich als »aktive Kontemplative«, die auf kreative Weise ↗Kontemplation und apostolisches Leben miteinander verbinden wollen. Die Ordenstracht besteht aus einem schwarzen ↗Habit, dem Passionszeichen (ein herzförmiges Emblem mit den Worten »Jesu Christi Passio«) und einem Gürtel. Weltweit zählt der Orden nach eigenen Angaben mehr als 2.000 Passionisten mit über 400 Niederlassungen in über 50 Ländern. In Deutschland hat er Niederlassungen in München, Schwarzenfeld (Oberpfalz) und Marienmünster (bei Paderborn).

Passionssonntag, der

Frühere Bez. für den vorletzten Sonntag vor ↗Ostern, mit dem die Passionszeit begann; die heutige Bez. ist Fünfter Fastensonntag, auch Sonntag ↗Judica, nach dem ersten Wort des Eröffnungsgesangs der Hl. Messe (lat. Judica me, Deus = »Schaff' Recht mir, Gott«). Der Sonntag vor Ostern, ↗ Palmsonntag, hieß früher auch Zweiter Passionssonntag.

Passionsspiele, die

Als ↗ Passion wird das Leiden und Sterben Jesu Christi bezeichnet. Passionsspiele sind theatralische Darstellungen seines Leidens und Sterbens. Der wohl bekannteste Aufführungsort ist in Deutschland Oberammergau, wo die Spiele, wie andernorts auch, auf Gelübde zurückgehen. Die Passionsspiele gehören zu den geistlichen Spielen, die im Laufe des Mittelalters entstanden sind, um einer leseunkundigen Bevölkerung den Inhalt der Feste zu vermitteln. Nachweisbar sind die Passionsspiele bis in das 13. Jh. Möglicherweise sind sie aber älter. Kennzeichnend für sie ist die Aufführung durch Laien. Die nachreformatorische Kritik und die Aufklärung haben viele Aufführungen zum Erliegen gebracht. Gegenwärtig stehen vor allem die realistischen Darstellungen auf den Philippinen in der Kritik.

Pastor, der

Lat. »Hirte«; in der kath. Kirche häufig gebrauchte Bez. für den Leiter einer Pfarrgemeinde (↗ Pfarrer). Die Bezeichnung selbst ist konfessionell nicht zugeordnet, so dass der Titel auch in evangelischen Kirchen üblich ist. In evangelischen Kreisen betont man das Wort meist auf der ersten Silbe, in katholischen auf der letzten. In einigen Bistümern wird zwischen dem Titel »Pastor« und der Dienstfunktion »Pfarrer« unterschieden, d. h. ein Geistlicher,

der keine Pfarrgemeinde leitet, erhält den Titel »Pastor«.

Pastoral, die

Lat. pastoralis = »zu den Hirten gehörig«; andere Bez. für Seelsorge; z. B. bedeutet Gemeindepastoral »Seelsorge in der Gemeinde«.

Pastoralassistent(in)

Bez. für angehende ↗ Pastoralreferent(inn)en bis zur Ablegung der zweiten Dienstprüfung.

Pastoralreferent(in)

Pastoralreferent(inn)en sind hauptberuflich in der Seelsorge tätige Theologen mit Universitätsabschluss (Diplom-Theologen). Als ↗ Laien dürfen sie keine ↗ Sakramente spenden. Der Beruf entstand in der Folge des ↗ Zweiten Vatikanischen Konzils; heute gibt es bundesweit rund 2.900 Pastoralreferent(inn)en. Die Einsatzfelder sind in den Diözesen sehr unterschiedlich. Nach dem von der ↗ Deutschen Bischofskonferenz verabschiedeten Statut für Pastoralreferenten werden sie v. a. in der Sonderseelsorge (kategoriale Seelsorge: Krankenhaus-, Hochschul-, Militärseelsorge) oder in der Jugendarbeit in einem ↗ Dekanat oder einer Region eingesetzt.

Pastorat, die

Dienstsitz des Pfarrers, Pfarrhaus.

Pastoration, die

Besetzung einer Seelsorgestelle.

Pate, der

Bürge oder Zeuge bei der ↗ Taufe (bzw. ↗ Firmung). Der Pate (die Patin) verpflichtet sich, für die religiöse Erziehung des Getauften mitzusorgen und die Eltern bei der religiösen Erziehung zu unterstützen. Er muss deshalb der kath. Kirche angehören.

Patene, die

Lat. patina = »Schüssel, Pfanne«; auch: Hostienteller; flache Schale bzw. Teller für die ↗ Hostien. ↗ Kelch.

Pater, der

Lat. »Vater« (Plural: Patres); Titel und Anrede eines Priesters, der einem Orden angehört.

Pater noster, das

Lat. »Vater unser«, ↗ Vaterunser.

Patriarch, der

Griech. patriárches = »Sippenoberhaupt«. Nachdem sich das Bischofsamt als zentrales Element der kirchl. Leitung durchgesetzt hatte, bildeten sich im frühen Christentum Bischofssitze mit höherem Ansehen heraus. Ihre Inhaber verstanden sich als direkte Nachfolger der ↗ Apostel, außerdem waren die entsprechenden Städte zu jener Zeit politisch bes. bedeutend. So erhielten die Bischöfe von Rom (Bischofssitz gegr. durch die Apostel ↗ Petrus und ↗ Paulus), Konstantinopel (gegr. durch den Apostel Andreas), Alexandria (gegr. durch den ↗ Evangelisten ↗ Markus), Antiochia (gegr. durch die Apostel Petrus und Paulus) und Jerusalem (gegr. durch alle Apostel) den Titel Patriarch. Patriarchen sind auch der Bischof (des lat. Ritus) von Jerusalem (seit 1099), die Bischöfe von Venedig (seit 1451) und Lissabon (seit 1716) sowie der Bischof von Goa (seit 1886). Heute führen in der röm.-kath. Kirche

nur wenige Bischöfe und Erzbischöfe den Amts- oder Ehrentitel Patriarch. So trug der Papst als Bischof von Rom den Titel »Patriarch des Abendlandes«, auf den erst Benedikt XVI. (seit 2005) verzichtete.

Patriarchalbasilika, die

↗ Basilika, die direkt dem Papst untersteht. Patriarchalbasiliken (auch »Basilicae maiores« genannt) sind die vier römischen Basiliken St. Johannes im Lateran (↗ Lateranbasilika), Groß St. Marien (S. Maria Maggiore), St. Peter im Vatikan und St. Paul vor den Mauern.

Patristik, die

In der Kirchengeschichte die Zeit der Kirchenväter (ca. die ersten vier Jahrhunderte n. Chr.). Kennzeichnend für die Patristik ist die Ausbildung von verschiedenen christlichen Denk- und Glaubensrichtungen. In der Auseinandersetzung zwischen ihnen entstehen wichtige ↗ Dogmen der Kirche. ↗ Patrologie.

Patrologie, die

Griech.: »Väterlehre«; Wissenschaft von Leben und Lehre der Kirchenväter und frühen Kirchenschriftsteller. ↗ Patristik.

Patron, der

Lat. patronus = »Schutzherr, Beschützer«; ein ↗ Heiliger, der als Beschützer einer Pfarrkirche, einer Gemeinschaft, einer Stadt, eines Bistums oder auch einer Person (Namenspatron) verehrt wird. Der Gedenktag des (bzw. der) Heiligen wird zumeist festlich begangen. ↗ Namenstag, ↗ Patrozinium.

Patronat, das

Unterstellung unter den besonderen Schutz eines oder einer ↗ Heiligen.

Patrozinium, das

Lat. patrocinium = »Beistand, Schutz«; das Namensfest einer Kirche bzw. die Schutzherrschaft eines Heiligen über eine Kirche. Seit dem 4. Jh. werden Kirchen auf den Namen von Heiligen geweiht. Das Namensfest wird von der Gemeinde zumeist festlich begangen.

Pauliner

Lat. Ordo Sancti Pauli Primi Eremitae, Abk. OSPPE, Orden des heiligen Paulus des ersten Eremiten; Ordensgemeinschaft, deren Namen auf den hl. Paulus von Theben zurückgeht, der im 3./4. Jh. in Oberägypten als ↗ Eremit in der Wüste lebte. Die Gründung der Ordensgemeinschaft beruht auf der Eremitenbewegung im 13. Jh. und hat ihren Ursprung in Ungarn. Die Pauliner leben nach der Regel des hl. Augustinus (↗ Augustinusregel). 1308 wurde der Orden von Papst Clemens V. (1305–1314) offiziell anerkannt. Die Ordensleitung hat ihren Sitz in Jasna Góra (»der helle Berg«) in Tschenstochau/Polen, einem der größten europäischen Marienwallfahrtsorte. Der Orden zählt nach eigenen Angaben rund 500 Mitglieder, die weltweit in 50 Klöstern leben. In Deutschland sind die Pauliner mit sechs Ordensniederlassungen vertreten.

Paulus

↗ Apostel (* Anfang des 1. Jh. in Tarsus, † 60 oder 62 in Rom), entstammte einer frommen jüdischen Familie. Sein urspr. Name lautete Saulus (nach Saul, dem ers-

ten König Israels), unter Griechen und Römern nannte er sich dagegen Paulus. Von seinem Vater hatte er das römische Bürgerrecht geerbt, er war gebildet, ein frommer Jude, der die Thora (die Hl. Schrift des Judentums) studiert und den Beruf des Zeltmachers erlernt hatte. Als treuer Anhänger seines Glaubens wurde er zu einem erbitterten Gegner der Judenchristen und war auch an der Steinigung des Stephanus, des ersten christlichen ↗ Martyrers, beteiligt. Auf einer Reise nach Damaskus erschien ihm Jesus, der Gekreuzigte, als der Sohn Gottes. Dieses sog. Damaskuserlebnis (Apg 9,1–18) bewirkte in Paulus eine vollständige Umkehr. Er ließ sich taufen, ging nach Arabien und war v. a. unter den Heiden missionarisch tätig. Auf drei großen Missionsreisen gründete er später die ersten christlichen Gemeinden in Europa, in Philippi, Thessalonike und Korinth. Nach der Rückkehr von seiner dritten Missionsreise wurde Paulus in Jerusalem verhaftet. Der zweijährigen Haft in Cäsarea folgte die Überführung nach Rom. Mit den von ihm begründeten Gemeinden blieb Paulus durch Briefe (»Paulusbriefe«) in Verbindung. Ungewiss ist, ob er in Rom freikam oder unter Kaiser Nero den Martyrertod erlitt. Sein theologisches Denken kommt v. a. in seinen Briefen (insbes. im Römerbrief, ↗ Neues Testament) zum Ausdruck.

Paulus-Schwestern

Abk. FSP; ↗ Missionsschwestern vom heiligen Paulus.

Pax Christi

Lat. »Friede Christi«; die 1945 in Frankreich gegr. internationale kath. Friedensbewegung. Sie tritt ein für soziale Gerechtigkeit, Frieden und Versöhnung zwischen verfeindeten Völkern und Gruppen. Nach eigenen Angaben engagieren sich weltweit über 60.000 Frauen und Männer bei Pax Christi, in Deutschland zählt die Bewegung über 4.500 Mitglieder.

Pektorale, das

Lat. pectus = »Brust«; ↗ Brustkreuz geistlicher Würdenträger, gehört zu den ↗ Insignien eines Bischofs.

Pentaptychon, das

Griech. »fünf Mal gefaltet«; ein Altarbild, das einen Zyklus aus fünf bemalten oder geschnitzten Tafeln darstellt. ↗ Flügelaltar.

Perikope, die

Griech. perikoptein = »ringsherum abschlagen«; Bez. für einen Textabschnitt aus der ↗ Bibel, der im Gottesdienst verlesen wird; diese Schriftlesungen unterliegen einer festen Ordnung (↗ Lektionar, ↗ Perikopenbuch).

Perikopenbuch, das

Das Buch, das in der Reihenfolge des Kirchenjahrs die einzelnen Abschnitte (↗ Perikope) für die Schriftlesungen enthält. Aus den Perikopenbüchern entstanden seit dem 7. Jh. die ↗ Lektionare. Sie ersetzten als Vorlage der Lesung zunehmend die biblischen Volltexte.

Peritus, der

Lat. »klug, erfahren«; Bez. für einen theologischen Berater, der einen Bischof auf ein Konzil begleitet.

Personalität, die

Ein Grundsatz der ↗ Katholischen Soziallehre. Die klassische Definition des Personbegriffs stammt von Boethius: »Persona est naturae rationalis individua substantia« (»Die Person ist eine unteilbare Substanz der vernünftigen Natur«). Begründet in seiner Gottebenbildlichkeit ist der Mensch Träger einer von Gott verliehenen Individualität. Seine Würde ist unantastbar. Deshalb sind Gesellschaft und Staat für den Menschen da und nicht umgekehrt.

Personalprälatur, die

Besondere Organisations- und Rechtsform innerhalb der kath. Kirche. Die zzt. einzige Personalprälatur bildet das ↗ Opus Dei. In dieser geistlichen Gemeinschaft unterstehen die Priester nicht mehr der Aufsicht des jeweiligen Ortsbischofs.

Personalschematismus, der

↗ Schematismus.

Petersdom

↗ Peterskirche.

Peterskirche, die

Auch: Basilika St. Peter, Petersdom, Grabeskirche des Apostels ↗ Petrus, ital. San Pietro in Vaticano; mit 22.067 Quadratmetern Fläche nicht nur eine der größten Kirchen, sondern auch die wichtigste Kirche der Christenheit; sie bildet das Zentrum der ↗ Vatikanstadt. Schon Ende des 1. Jh. verehrten Christen an der Stelle des heutigen Baus auf einem frühchristlichen Friedhof ein besonderes Grab als letzte Ruhestätte des Apostels Petrus. Dort ließ Kaiser Konstantin der Große von 319 bis 322 eine fünfschiffige ↗Basilika errichten. Entgegen dem sonst üblichen Brauch war der Bau mit Rücksicht auf die Lage des Apostelgrabes nicht nach Osten ausgerichtet, sondern nach Westen. Das Grab selbst wurde als oberirdisches Grabmal in die Kirche einbezogen. Nach größeren Renovierungsarbeiten im 15. Jh. entschloss sich Papst Julius II. (1503–1513) zu einem Totalabriss des baufälligen Gotteshauses. 1506 wurde mit dem geplanten Neubau begonnen, mit dem der berühmte Baumeister Donato Bramante (*1444, †1514) beauftragt worden war. Nach Bramantes Tod ging die Bauleitung an Raffael (*1483, †1520), dann an Antonio da Sangallo (*1483, †1546) über. Von Michelangelo, dem 1547 die Bauleitung übertragen wurde, stammt der Entwurf der Kuppel. Die Vollendung erlebte er nicht mehr. Die weitere Ausführung der Arbeiten unter Leitung von Vignola (*1507, †1573) und Domenico Fontana (*1543, †1607) trägt auch deren Handschrift. Das neue Langhaus wurde nach Plänen von Carlo Maderna (*1556, †1629) verwirklicht. Am 18. November 1626 wurde die neue Basilika eingeweiht. Das erste große Kunstwerk darin stammt von Gian Lorenzo Bernini (*1598, †1680). Über dem Petrusgrab unter der Kuppel errichtete er auf vier gewundenen Säulen den bronzenen Altarbaldachin. Von Bernini stammt auch die Gestaltung des Vorplatzes der Peterskirche (Petersplatz). Die Gräber der meisten Päpste befinden sich in der Unterkirche von St. Peter, den sog. Vatikanischen Grotten.

Peterspfennig, der

Eine ↗Kollekte, die am 29. Juni, dem Fest Petrus und Paulus (Peter und Paul), bzw. am Sonntag davor oder danach in allen kath. Bistümern stattfindet und für die vielfältigen Aufgaben des Papstes bestimmt ist. Die Verwaltung der Spendengelder untersteht einer besonderen Kommission im ↗Vatikan.

Petersplatz, der

Der Platz vor der ↗Peterskirche. Er wurde durch Gian Lorenzo Bernini von 1656–1667 im Auftrag von Papst Alexander VII. gestaltet. Seine Wahrzeichen sind der Obelisk in der Mitte und die Umsäumung durch die Kolonnaden mit den Skulpturen der zwölf ↗Apostel.

Petrus

Eigentl. Simon (*unbekannt im galiläischen Betsaida; †64 oder 67 in Rom); der Name Petrus (aram. kephas, griech. petros = »Stein, Fels«) wurde ihm von Jesus bei seiner Berufung zum ↗Apostel verliehen; er bedeutet urspr. »Edelstein« und unterstreicht so die besondere Stellung des Simon. Die griech. Bedeutung »Fels« wurde später theologisch als der Fels gedeutet, auf den Jesus Christus seine Kirche baut (»Du bist Petrus und auf diesen Felsen werde ich meine Kirche bauen und die Mächte der Unterwelt werden sie nicht überwältigen«, Mt 16,18). Simon Petrus, von Beruf Fischer, lebte mit seiner Familie in Karfarnaum. Dort wurde er als einer der Ersten von Jesus zu dessen Jünger berufen und folgte ihm nach. Nach dem Tod Jesu am Kreuz gehörte er zu den ersten Zeugen der ↗Auferstehung. Als Sprecher der Apostel sorgte er dafür, dass sich die Jünger bald wieder in Jerusalem sammelten und die Botschaft von der Auferstehung verkündeten. Auf Missionsreisen

u. a. nach Antiochien widmet er sich – wie ↗ Paulus – v. a. der Mission von Nichtjuden (»Heidenchristen«). Sicher ist sein späterer Aufenthalt in Rom, wo er unter Kaiser Nero den Martyrertod (64 oder 67) erlitten hat. Petrus gilt als Gründer und Haupt der Kirche von Rom. Von daher leiten sich der Primatsanspruch (↗ Primat) und das Papstamt des römischen Bischofs ab. ↗ Petrusamt.

Petrusamt, das

Das von den Bischöfen von Rom als Nachfolger des Apostels ↗ Petrus beanspruchte universalkirchliche Hirtenamt. ↗ Pontifikat. ↗ Primat.

Petrusbruderschaft

↗ Priesterbruderschaft St. Petrus.

Pfalzkapelle, die

Kleine Kirche (ohne Pfarrrechte) in einer königlichen oder bischöflichen Residenz (Pfalz) bzw. an einem Verwaltungssitz.

Pfarradministrator, der

Ein vom Bischof vorübergehend mit der Leitung einer Pfarrgemeinde bestellter Priester, z. B. nach dem Tod oder der Versetzung des Pfarrers der Gemeinde. ↗ Administrator.

Pfarrei, die

Auch: Pfarre, Pfarrgemeinde, Kirchengemeinde, Kirchspiel, Kirchsprengel; eine in einem räumlich genau bestimmten Gebiet lebende Gemeinschaft von Katholiken oder Christen anderer Konfession, der ein ↗ Pfarrer vorsteht und die eine eigene Kirche (Pfarrkirche) hat. Die Pfarrei ist in Deutschland eine Körperschaft des öffent-

lichen Rechts und damit selbständiger Rechts- und Vermögensträger.

Pfarrer, der

Ein vom Bischof ernannter Priester, der mit der selbständigen und verantwortlichen Betreuung einer Pfarrgemeinde beauftragt wird. Zu seinen Aufgaben gehört u. a. die regelmäßige Feier von Gottesdiensten, die Verkündigung des ↗ Evangeliums, die Spendung der ↗ Sakramente, die seelsorgliche Betreuung der Gemeinde, die Zusammenarbeit mit den Gemeindegremien (Kirchenvorstand, ↗ Pfarrgemeinderat) und die Leitung der Gemeinde. ↗ Pfarrei, ↗ Pastor.

Pfarrgemeinde, die

↗ Pfarrei.

Pfarrgemeinderat, der

Ein von der Gemeinde gewähltes Gremium von ↗ Laien, das gemeinsam mit dem ↗ Pfarrer und den weiteren Seelsorgern und Mitarbeitern die Seelsorgearbeit in der Gemeinde mitträgt und mitverantwortet. Der Pfarrgemeinderat geht auf das ↗ Zweite Vatikanische Konzil zurück. Im »Dekret über das Apostolat der Laien« wird die Einrichtung beratender Gremien in den Pfarrgemeinden angeregt. Der Pfarrgemeinderat dient dem Aufbau einer lebendigen Gemeinde und ist der Verkündigung der Botschaft des ↗ Evangeliums, der Feier des Glaubens im Gottesdienst und dem Dienst am Nächsten verpflichtet. Um seine Arbeit leisten zu können, kann der Pfarrgemeinderat verschiedene Ausschüsse bilden, z. B. für Liturgie, Mission, Caritas oder Öffentlichkeitsarbeit. Für die Vermögensverwaltung ist der Kirchenvorstand zuständig. Die Zahl der Mitglieder des Pfarrgemeinderats hängt von der Größe der Pfarrgemeinde ab.

Pfarrrektorat, das
Bez. für eine rechtlich (noch) nicht selbständige Gemeinde, die nicht alle notwendigen staatskirchen- und vermögensrechtlichen Voraussetzungen für die Errichtung einer Pfarrgemeinde erfüllt. ↗ Pfarrei.

Pfarrsprengel
↗ Sprengel.

Pfarrverband, der
Zusammenschluss rechtlich selbständiger Pfarrgemeinden unter der Leitung eines ↗ Pfarrers.

Pfarrverwalter
↗ Pfarrverweser.

Pfarrverweser, der
Ein Pfarrverwalter oder Pfarrverweser wird nach kath. Kirchenrecht vom Bischof bei längerer oder endgültiger Abwesenheit des ↗ Pfarrers eingesetzt. Er vertritt den Pfarrer in allen Pflichten und hat dieselben Rechte.

Pfarrvikarie, die
↗ Pfarrrektorat.

Pfarrzentrum, das
Bez. 1. für verschiedene, an einem Ort konzentrierte Einrichtungen einer Pfarrgemeinde (z. B. Pfarrhaus, Pfarrbüro, Pfarrsaal, Bücherei, Kindertagesstätte);

2. für ein Gemeindehaus, das über unterschiedliche Säle und Räume für verschiedene Gruppen und Veranstaltungen der Pfarrgemeinde verfügt.

Pfingsten
Griech. pentekosté = »der fünfzigste« (Tag); das Pfingstfest wird 50 Tage nach dem Osterfest gefeiert und bildet den Abschluss der Osterzeit (↗ Ostern). Die Kirche feiert an Pfingsten das Kommen und Wirken des ↗ Heiligen Geistes. Die liturgische Farbe ist Rot (↗ Liturgische Farben).

Pfr.
Abk. für ↗ Pfarrer.

Pfründe, die
Einkünfte der Dienststelle eines Geistlichen.

PGR
Abk. für ↗ Pfarrgemeinderat.

Phrygium
Weiße, kegelförmige Mütze, die ab dem 8. Jh. die außerliturgische Kopfbedeckung des Papstes war und aus der sich die ↗ Tiara entwickelte.

Picpus-Patres
Andere Bezeichnung der ↗ Arnsteiner Patres.

Pietà, die
Ital. »Frömmigkeit«; auch: ↗ Vesperbild; ein Andachtsbild, das die ↗ Schmerzensmutter Maria zeigt, wie sie den Leichnam ihres vom Kreuz abgenommenen Sohnes Jesus in den Armen hält.

Pileolus, der

Lat. pileus = »Hut, Filzkappe«, auch: Kalotte, Scheitelkäppchen; kleines Käppchen, das kath. ↗Geistliche als Teil ihrer Amtstracht tragen. Die Farbe des Käppchens, das zumeist aus Moiré-Seide gefertigt ist, entspricht dem üblichen Farbkanon in der kath. Kirche: Weiß für den Papst, Rot für ↗Kardinäle, Violett für Bischöfe, Schwarz für die übrigen Geistlichen. Während der Messe, zwischen ↗Sanctus und Kommunionsausteilung, wird der Pileolus abgesetzt. Darum wird das Käppchen auch »Soli Deo« (»nur vor dem Herrn«) genannt, weil es nur vor dem ↗Allerheiligsten abgenommen wird.

Pilger, der

Lat. pelegrinus = »Wallfahrer«; jmd., der aus religiösen Motiven eine Wanderung bzw. Fahrt (↗Wallfahrt) an eine Pilgerstätte (einen Wallfahrtsort) unternimmt. Die Gründe können persönliche oder gemeinsame Anliegen sein, wie z. B. die Bitte um Vergebung von Sünden oder Hilfe in persönlichen Notlagen, der Dank für erfahrene Hilfe, die Heilung von Krankheiten oder die Erfüllung eines Wunsches (z. B. Kinderwunsch). Daneben kann die Wallfahrt für den einzelnen Pilger wie für eine Pilgergemeinschaft auch einfach ein besonderes Bekenntnis des eigenen Glaubens sein. ↗Triforium.

Pilgerfahrt; Pilgerreise

↗Wallfahrt.

Piscina, die

Lat., auch: fons, sacrarium, lavacrum = »Wasserbehälter«; Bez. für:

1. das Taufbecken in einem ↗Baptisterium. Im Zuge der Wandlung des Erscheinungsbildes vom in den Boden eingelassenen Wasserbecken zum Untertauchen oder Übergießen des Täuflings hin zum mittelalterlichen Taufstein kam in der Karolingerzeit die Bez. »lavacrum« auf.

2. das in mittelalterlichen Kirchen befindliche Ausgussbecken für das Wasser, das zur liturgischen Waschung der Hände sowie der liturgischen Geräte und Gefäße (↗Kelch, ↗Ziborium) benutzt wurde.

Pius-Bruderschaft, die

Priesterbruderschaft St. Pius X.

Piusorden, der

Hohe päpstliche Auszeichnung, die der ↗Heilige Stuhl an ↗Laien vergibt. Er wurde 1847 von Papst Pius IX. gestiftet und 1939 sowie 1957 durch Papst Pius XII. erneuert. Der Piusorden besteht aus einem achtstrahligen, mit schmalen goldenen Borten und Mittelstreifen versehenen dunkelblauen Stern, mit goldenen Flammen in den Winkeln und weißem Medaillon in der Mitte; er trägt die Inschrift: »Pius IX. virtuti et merito«. Die Auszeichnung ist das einzige päpstliche Ehrenzeichen ohne Kreuz, so dass der Heilige Stuhl es auch nichtkatholischen oder nichtchristlichen Persönlichkeiten verleihen kann. Der Piusorden wird in vier Klassen verliehen: Ritter, Komtur, Komtur mit Stern, Großkreuzritter. ↗Päpstliche Orden und Ehrenzeichen.

Pluviale, das

Lat. pallium pluviale = »Regenmantel«; ↗Chormantel.

PMK

Abk. für Päpstliches Missionswerk der Kinder, ↗ Kindermissionswerk.

Polyptychon, das

Griech. poly-ptychos = »faltenreich«; ein ↗ Flügelaltar mit mehreren beweglichen Flügeln.

Pönitentiar, der

Von lat. poena = »Buße«; Priester mit besonderen Vollmachten, der von schweren Sünden lossprechen kann, deren Absolution dem Papst und dem Bischof vorbehalten sind. I. d. R. hat jede Diözese einen Pönitentiar.

Pönitentiarie, die

↗ Apostolische Pönitentiarie.

Pontifex, der

Lat. pons = »Brücke« und facere = »machen«, wörtlich: »Brückenbauer«; urspr. Oberpriester im alten Rom mit dem Pontifex an der Spitze. Nach dem Ende des Römischen Reiches ging der Titel des Pontifex Maximus auf das Papsttum über. Seitdem ist Summus Pontifex (»Oberster Bischof«) einer der Titel des Papstes. Gelegentlich wird Pontifex auch als Synonym für Papst gebraucht. Von diesem Wort leitet sich pontifikal = »bischöflich« ab.

Pontificale, das

Vierbändiges liturgisches Buch mit Anleitungen und Texten zu den Riten der katholischen Kirche, die von einem Bischof geleitet werden. Vorläufer gehen bis in das 5. Jh. zurück.

Pontifikalamt, das

Auch: Missa pontificalis; die feierliche Hl. Messe eines Bischofs.

Pontifikalgewänder, die

Bez. für die liturgischen Gewänder eines Bischofs (↗ Pontifikalien); früher gehörten dazu auch Schuhe und Handschuhe in den ↗ liturgischen Farben.

Pontifikalien, die

1. Die den Bischöfen und Äbten vorbehaltenen liturgischen Gewänder und ↗ Insignien (↗ Mitra, ↗ Brustkreuz, Ring, ↗ Krummstab);
2. die dem Bischof vorbehaltenen Amtshandlungen, bei denen er gemäß den liturgischen Vorschriften Mitra und Stab trägt (z. B. ↗ Firmung, Priester- oder Bischofsweihe).

Pontifikalrequiem, das

Begräbnisfeier (↗ Requiem), die von einem Bischof oder ↗ Abt zelebriert wird.

Pontifikalvesper, die

Feierliche ↗ Vesper unter der Leitung eines Bischofs oder Abtes.

Pontifikat, das/der

Amtsdauer bzw. Amtswürde eines Papstes oder Bischofs.

Portal, das

Lat. porta = »Tür, Tor«; monumental gestalteter Eingang eines Gebäudes (z. B. einer Kirche).

Portiuncula-Ablass, der

Ein besonderer Ablass, der nach der Portiuncula-Kapelle, der Lieblingskirche des hl. ↗Franz von Assisi, benannt wurde. Über dieser Kapelle, in der der hl. Franz seine Berufung erfahren hat und auch gestorben ist, erhebt sich heute die unweit des Stadtzentrums von Assisi gelegene große dreischiffige Basilika Santa Maria degli Angeli. Den Ablass soll der hl. Franz von Papst Honorius III. (1216–1227) zum Weihetag der kleinen Kapelle am 2. August 1216 erbeten haben. Später wurde der Ablass auf viele Kirchen ausgeweitet. Der Portiuncula-Ablass kann jeweils am 2. August bzw. am Sonntag davor oder danach erteilt werden. Voraussetzung: Besuch der jeweiligen Pfarrkirche, Beten des ↗Vaterunser und des Glaubensbekenntnisses, Beichte, Kommunionempfang sowie Gebete nach Meinung des Papstes.

Postulant(in), der (die)

Lat. postulare = »fordern«; Bez. für Kandidat(inn)en einer Ordensgemeinschaft in der Probezeit, die noch nicht als ↗Novizen die Ordenstracht tragen.

PP

Abk. für lat. Pastor Pastorum = »Hirte der Hirten«, einer der Papsttitel. Wichtigen Dokumenten fügt der Papst neben seinem Namen die Abkürzung PP hinzu.

Präfation, die

Lat. praefatio = »Vorrede«; feierliche Einleitung des Eucharistischen ↗Hochgebets in einer Messe, das Gebet vor dem ↗Sanctus.

Präfekt, der

Lat. praefectus = »Vorgesetzter«; in der kath. Kirche Bez. für leitende Geistliche in Missionsgebieten (Apostolische Präfekten) und v. a. in der ↗Kurie. Ein ↗Kardinal, der mit der Leitung einer ↗Kurienkongregation, der Apostolischen Signatur oder der Präfektur für die wirtschaftlichen Angelegenheiten des Heiligen Stuhls betraut ist, wird auch als Kardinalpräfekt bezeichnet.

Prälat, der

Lat. »der Vorgezogene«;
1. Titel für einen geistlichen Würdenträger, dem eine bestimmte Leitungsgewalt übertragen ist. So werden u. a. Ortsbischöfe und Inhaber von Ämtern in der Römischen ↗Kurie als Prälaten bezeichnet.
2. Geistlicher Ehrentitel, den der Papst zumeist auf Antrag eines Diözesanbischofs verleihen kann. Die Anrede »Prälat« gilt für Päpstliche ↗Ehrenprälaten (früher: Hausprälaten) und Apostolische ↗Protonotare. ↗Päpstliche Ehrentitel.

Prälatur, die

Kirchenrechtl. Bezeichnung für eine (vorläufige) kirchl. Rechts- und Verwaltungseinheit (Jurisdiktionsbezirk), Vorform einer Diözese. Sie ist v. a. in Italien und Südamerika verbreitet, aber auch in Skandinavien und Asien vorzufinden. Der Prälatur steht jeweils ein ↗Titularbischof vor, der jedoch die gleichen Rechte wie ein ↗Diözesanbischof ausübt. Von der Territorialprälatur zu unterscheiden ist die ↗Personalprälatur (↗Opus Dei).

Prämonstratenser(innen)

Lat. Candidus et Canonicus Ordo Praemonstratensis, Abk. OPraem, veraltet auch: Norbertiner; Ordensgemeinschaft (Männer- und Frauenorden), die 1120 von Norbert von Xanten (*1080/1085, †1134) in

Prémontré bei Laon gegründet wurde. Der Orden entstand aus der Klerikerreform des 11. und 12. Jh. und ist kein Mönchsorden (↗ Mönch), sondern – wie auch die ↗ Augustiner-Chorherren – ein Orden von regulierten Kanonikern (↗ Regularkanoniker) und Laienbrüdern. Heutiger Tätigkeitsschwerpunkt ist die Seelsorge. Der Orden ist nicht zentralistisch, sondern in regionalen Zusammenschlüssen von Klöstern organisiert. Es gibt jedoch eine zentrale Leitung durch den Generalabt und das Generalkapitel. Prämonstratenser tragen einen weißen ↗ Habit, ein weißes ↗ Zingulum und weißes ↗ Skapulier. Sie werden nicht mit »Pater«, sondern mit »Herr« und ihrem Vornamen angesprochen.

Präses, der

Lat. »Vorsitzender« (Plural: Präsides); geistlicher Leiter eines kirchl. Verbands oder einer kirchl. Vereinigung. In der Evangelischen Kirche steht ein Präses an der Spitze der Landeskirche, wenn diese keinen Bischof kennt.

Präsidialgebete

Lat.-dt. »Vorsitzendengebete«; Amtsgebete des Priesters in der Eucharistie, die er sowohl als Repräsentant Christi (»in persona Christi«) als auch als Repräsentant der Gemeinde an Gott richtet, namentlich Tagesgebet, Gabengebet und Schlussgebet.

Predigt, die

Ansprache mit Auslegung eines Bibeltextes durch den Bischof, Priester oder ↗ Diakon im Gottesdienst (↗ Homilie).

Presbyterium, das

Griech. presbytérion = »Rat der Älteren«; Bez. für:

1. das Priesterkollegium eines Bistums;

2. den Altarraum in der Kirche bzw. den Chorraum mit dem Chorgestühl.

In der Evangelischen Kirche Bez. des Kirchenvorstandes.

Preußen-Konkordat, das

Das am 14. Juni 1929 unterzeichnete ↗ Konkordat zwischen dem Freistaat Preußen und dem ↗ Heiligen Stuhl regelt im Wesentlichen die Neugliederung der preußischen Diözesen. Danach wurde die Kölner Kirchenprovinz neu zugeschnitten. Neben dem alten ↗ Erzbistum Köln (zur heutigen Kirchenprovinz Köln gehören seit 1821 die ↗ Suffraganbistümer Münster und Trier, seit 1929 Aachen und Limburg, seit 1957 Essen; von 1929 bis zu seiner Eingliederung in die neu errichtete Kirchenprovinz Hamburg 1994 gehörte auch das Bistum Osnabrück dazu) wurden zwei weitere Erzbistümer auf preußischem Staatsgebiet geschaffen: Paderborn (mit den Bistümern Hildesheim und Fulda) und Breslau (mit den Bistümern Ermland, Berlin sowie der Freien Prälatur Schneidemühl). Das 14 Artikel und ein Schlussprotokoll umfassende Vertragswerk enthält außerdem bis heute gültige Bestimmungen für die Wahl eines neuen Diözesanbischofs. Artikel 6 des Konkordats schreibt das Bischofswahlrecht der jeweiligen ↗ Domkapitel fest. Danach wählen die Domkapitulare aus einer »Dreierliste« des Heiligen Stuhls (↗ Terna) »in freier, geheimer Abstimmung den Erzbischof oder Bischof«. Der Heilige Stuhl sichert zudem zu, niemanden zum Erzbischof oder Bischof zu bestellen, ohne dass das Kapitel nach der Wahl durch Anfrage bei der Landesregierung festgestellt hat, dass keine Bedenken politischer Art gegen ihn bestehen. Nach dem Zweiten Weltkrieg traten die neu gebildeten Landesregierungen im Gebiet des ehem. Freistaates Preußen die Rechtsnachfolge an, so dass die Bestimmungen des Preußen-Konkordates fortgelten. In den vergangenen Jahrzehnten haben etliche Bundesländer neue eigene Konkordate geschlossen (Hessen 1963, Niedersachsen 1965, Sachsen 1996, Thüringen 1997, Mecklenburg-Vorpommern 1997, Sachsen-Anhalt 1998, Brandenburg 2003, Bremen 2003, Hamburg 2005, Schleswig-Holstein 2009). ↗ Reichskonkordat.

Priester, der

Griech. presbýteros = »Gemeindeältester«; ein Geistlicher, der durch eine besondere Weihe (Priesterweihe) befähigt ist, »in persona Christi« zu handeln, also gewissermaßen die durch Jesus Christus gegebene Nähe Gottes realsymbolisch zu vergegenwärtigen. Er handelt mit Vollmacht und im Namen Christi. Es ist Aufgabe des Priesters, das ↗ Evangelium zu verkünden, die ↗ Sakramente zu spenden, insbes. der ↗ Eucharistiefeier vorzustehen, von Sünden loszusprechen und sich für Menschen in Not einzusetzen.

Von diesem besonderen Priestertum zu unterscheiden ist das »allgemeine Priestertum«, in dem alle Gläubigen durch ↗ Taufe und ↗ Firmung Anteil am Priestertum Christi haben. Alle Getauften besitzen die »gemeinsame Würde und Tätigkeit zum Aufbau des Leibes Christi« (Lumen gentium 32, ↗ Zweites Vatikanisches Konzil). Es kommt also allen Gläubigen zu, die Liebe

und den Heilswillens Gottes für die ganze Schöpfung glaubhaft zu bezeugen.

Priesteramtskandidat, der
↗ Seminarist.

Priesterbruderschaft St. Petrus
Auch: Petrusbruderschaft, lat. Fraternitas Sacerdotalis Sancti Petri, Abk. FSSP, ist eine Gesellschaft apostolischen Lebens von Klerikern unter päpstlichem Recht, gegr. am 18. Juli 1988 in der Abtei Hauterive (Schweiz). Josef Stimpfle, Bischof von Augsburg, berief sie nach Wigratzbad, einem bayerischen Marienwallfahrtsort. Hier befindet sich heute das europäische Seminar der Bruderschaft, ein weiteres in Denton, USA. Diese Gemeinschaft kath. Priester ohne Ordensgelübde arbeitet an einer zweifachen Mission in der Welt: erstens der Bildung und Heiligung der Priester im Rahmen der traditionellen Liturgie nach dem römischen Ritus und zweitens dem seelsorglichen Wirken in ihrer Umgebung im Dienste der Kirche. Die Mitglieder der Priesterbruderschaft arbeiten in verschiedenen Niederlassungen in den USA, Kanada, Großbritannien, Belgien, Deutschland Österreich, Frankreich, Polen, in den Niederlanden, der Schweiz, Australien, Italien, Nigeria, Benin und Kolumbien.

Priesterbruderschaft St. Pius X.
1970 von dem französischen Erzbischof Marcel Lefebvre (*1905, †1991) gegründete, aber von der kath. Kirche abgespaltene Gemeinschaft von Priestern. Sie lehnt wesentliche Ergebnisse des ↗ Zweiten Vatikanischen Konzils ab, darunter die ↗ Liturgiereform, den Dialog mit anderen Reli

gionen und die Religionsfreiheit. Da Lefebvre ohne Genehmigung des Papstes Priester zu Bischöfen geweiht hatte, hatten er und die Geweihten sich exkommuniziert (↗Exkommunikation). Papst Benedikt XVI. (seit 2005) hob die Exkommunikation 2009 auf.

Priesterrat, der

Ein vom allg. Kirchenrecht vorgeschriebenes Beratungsgremium des Bischofs. In den einzelnen Bistümern gelten unterschiedliche Regeln zur Zusammensetzung dieses Gremiums, das im Wesentlichen gewählt wird und die Priesterschaft des ↗Bistums (auch pensionierte Priester und die Orden) repräsentieren soll. Das Gremium berät den Bischof in bestimmten Fragen, z.B. zu Priesteraus- und -weiterbildung, zu pastoraler Planung und in Fragen der persönlichen und sozialen Vertretung der Priester. Es trifft sich mindestens zwei- bis viermal im Jahr.

Priesterseminar, das

Ausbildungsstätte für angehende Priester. Die wissenschaftliche Ausbildung der Priesteramtskandidaten (↗Seminarist) erfolgt an den katholisch-theologischen Fakultäten der staatlichen Universitäten oder an kirchl. Hochschulen. Die abschließende Ausbildung und Vorbereitung auf die Priesterweihe findet in den Priesterseminaren der Bistümer statt. Der Leiter des Priesterseminars heißt ↗Regens oder Regent. Ihm stehen der ↗Subregens und der ↗Spiritual zur Seite.

Priesterweihe, die

Nach kath. Verständnis ist die Priesterweihe ein ↗Sakrament, d.h. ein sichtbares Zeichen göttlicher Gegenwart, durch das Priesterweihekandidaten zu ihrem bevollmächtigten Dienst bestellt werden. Das Weihesakrament entfaltet sich in drei Stufen: der Weihe zum ↗Diakon, der Weihe zum Priester und der Weihe zum Bischof. Zum Priester können nach röm.-kath. Kirchenrecht nur Männer geweiht werden. Die Priesteramtskandidaten bereiten sich durch ein Propädeutikum (sechsmonatige Einführungsphase zur spirituellen und pastoralen Vorbereitung auf das Studium), das (mindestens) fünfjährige Theologie- und Philosophiestudium, eine vertiefende Ausbildung im Priesterseminar (Pastoralkurs) sowie die Tätigkeit als ↗Diakon in einer Gemeinde darauf vor. Die Priesterweihe erfolgt im Rahmen einer feierlichen Hl. Messe durch einen Bischof. Auf diese Weise soll zum Ausdruck kommen, dass der Priester am Priestertum des Bischofs und seiner Sendung teilhat und als Mitarbeiter der Bischöfe zum Dienst am Volk Gottes berufen ist. Nach dem ↗Evangelium werden die Kandidaten namentlich aufgerufen. Sie erklären: »Ich bin bereit« (lat. adsum, daher die Redewendung »mein Adsum sprechen«). Der für ihre Ausbildung verantwortliche Priester versichert dem Bischof, dass die Kandidaten des Priesteramtes würdig sind. Danach versprechen die Weihekandidaten, dem Bischof und seinen Nachfolgern Gehorsam zu leisten, den Dienst an den Sakramenten und der Verkündigung zu übernehmen und den Armen und Notleidenden zu helfen. Nach dem Gesang der Allerheiligenlitanei (↗Litanei) folgt die zentrale Weihehandlung: durch ↗Handauflegung und das anschließende Weihegebet weiht der Bischof die Männer zu

Priestern. Auch alle anderen anwesenden Priester legen ihnen die Hände auf. Danach folgen das Anlegen der Priestergewänder, die Salbung der Hände mit ↗Chrisam, die Überreichung von Brot und Wein für die ↗Eucharistiefeier sowie der Friedensgruß. Anschließend feiern die Neupriester gemeinsam mit dem Bischof die Hl. Messe in ihrer neuen Rolle.

Prim, die

Von lat. prima = die erste (Gebetszeit des Tages); vom Zweiten Vatikanischen Konzil abgeschaffte frühmorgentliche Hore; wird heute noch von den ↗Kartäusern gebetet.

Primas, der

Lat. prima = »das Erste, das Beste«; pl. primates; Ehrentitel für den Bischof des Hauptsitzes in einem Land. Für den deutschsprachigen Teil der katholischen Kirche trägt der Erzbischof von Salzburg seit 1648 den Titel »Primas Germaniae«, vor ihm war es der Erzbischof von Magdeburg. Bis 1803 durfte sich auch der Erzbischof von Mainz so nennen.

Primat, der

Lat. »Vorrang, Vorzug«; bezeichnet in der kath. Kirche die Vorrangstellung des Papstes, der als Bischof von Rom in der Nachfolge des Erstapostels ↗Petrus die höchste, allgemeine und volle Leitungsgewalt über die Gesamtkirche und jeden Gläubigen hat. Diese Vorrangstellung wurde im ↗Ersten Vatikanischen Konzil zum ↗Dogma erklärt.

Primiz, die

Die Feier der ersten Hl. Messe eines neu geweihten Priesters, zumeist in seiner Heimatgemeinde.

Primizsegen, der

Segen eines Neupriesters im ersten Gottesdienst nach seiner Priesterweihe. Der Primizsegen gilt als »Erstlingsgabe« des Primizianten, vergleichbar mit der »ersten Frucht einer Jahresernte«. Im Volksglauben gilt dieser Primizsegen als besonders wirkungsvoll, weshalb es früher hieß, »für einen Primizsegen muss man sich die Schuhsohlen durchlaufen«.

Prior, der

Lat. prior = »der Frühere« oder »Erste«;
  1. Stellvertreter des ↗Abtes;
  2. Vorsteher (der ↗Obere) einer Klostergemeinschaft. ↗Priorat.

Priorat, das

Ein (kleineres) Kloster, das nicht ↗Abtei oder (rechtlich) selbständig ist.

Priorin, die

Vorsteherin eines ↗Klosters. ↗Oberin, ↗Prior.

Privatoffenbarung, die

Nach kirchlicher Lehre ist die ↗Offenbarung Gottes, d.h. wie Gott sich dem Menschen in der ↗Heiligen Schrift zu erkennen gegeben und ihm seinen Willen kundgetan hat, mit dem Tod des letzten ↗Apostels abgeschlossen. Diese allgemeine und öffentliche Offenbarung ist für alle Christen verbindlich. Demgegenüber gelten Erscheinungen (↗Marienerscheinungen) als Privatoffenbarungen. Sie haben

damit keine allgemeine Glaubensverbindlichkeit, selbst wenn die katholische Kirche eine solche Erscheinung als gesichert
ansieht und sie offiziell anerkannt hat
(wie z. B. in ↗ Lourdes).

Privilegium Paulinum, das

Paulinisches Privileg heißt eine auf den
Apostel Paulus zurückgeführte Sonder-
regelung innerhalb des Kirchenrechts zur
Auflösung einer Ehe zwischen Christen
und Nichtchristen. Zur Zeit des Apostels
Paulus (ca. 32 – 64 n. Chr.) konnte es vor-
kommen, dass ein Verheirateter sich zum
christlichen Glauben bekannte und die
Taufe empfing, sein Ehepartner aber Hei-
de blieb. Dabei konnten schwere Konflikte
in der Partnerschaft auftreten: Wegen der
Verweigerung des Weihrauchopfers vor
der Kaiserstatue war soziale Ausgrenzung
oder mehr die Folge. Wahrscheinlich aus
diesem Grund ließ Paulus eine Ausnahme-
regelung zu. Sollte sich der ungetaufte
Partner wegen der Konversion seines Partners trennen wollen, war dies gestattet.
Aufgrund des Paulinischen Privilegs war
dann auch der getaufte Partner nicht
mehr an diese Ehe gebunden (vgl. 1 Kor
7,15). In der Gegenwart bedeutet dies, dass
ein Katholik seine Ehe dann auflösen
kann, wenn sie vor der Taufe des jetzt katholischen Partners zwischen zwei ungetauften Partnern geschlossen wurde und
der ungetauft bleibende Partner die fried-
liche Fortsetzung der Ehe verweigert. Die
bisherige Ehe wird gelöst, wenn der jetzt
katholische Partner eine neue Ehe eingeht.
Diese Ehe kann er sowohl mit einem Nicht-
katholiken wie auch einem Ungetauften
schließen. Im Gegensatz zu einer Eheauf-
lösung durch einen päpstlichen Hoheits-

akt (↗ Privilegium Petrinum) wird die Ehe
quasi automatisch durch das Eingehen
einer neuen Ehe aufgelöst.

Privilegium Petrinum, das

Petrinisches Privileg heißt die Möglichkeit, eine aus kirchlicher Sicht gültig geschlossene Ehe, in der mindestens einer
der Partner nicht getauft ist, trotz der eigentlich geltenden Unauflöslichkeit der
Ehe unter genau bestimmten Voraussetzungen durch einen päpstlichen Hoheits-
akt aufzulösen. Dies geschieht nur in wenigen Einzelfällen. Der Name leitet sich
daher ab, dass die Gewährung dieses Privilegs allein dem Papst vorbehalten ist, der
nach kirchlicher Lehre Nachfolger des
Apostels Petrus ist.

Pro Ecclesia et Pontifice

Lat. »Für Kirche und Papst«; von Papst
Leo XIII. (1878–1903) gestiftetes Verdienstkreuz. Der Orden wird v. a. für »herausragende Arbeit und hervorragenden Eifer
zugunsten von Kirche und Papst« verliehen. Er besteht aus einem stilisierten
Kreuz, in das Bilder der ↗ Apostel Petrus
und Paulus, das Wappen und der Name
des Papstes sowie der Titel »Pro Ecclesia et
Pontifice« eingeprägt sind. Gehalten wird
es von einem breiten Band in den Kirchen-
farben Gelb und Weiß. ↗ Päpstliche Orden
und Ehrenzeichen.

Profanierung, die

Lat. profanare = »entweihen, verwelt-
lichen«; die Entweihung bzw. Verweltlichung eines sakralen Gebäudes (z. B. Kirche). Sie kann Folge von Zerstörung oder
zweckfremder Nutzung sein oder sie wird
durch ein Dekret des Bischofs vorgenom-

men. Das Dekret wird am Ende der letzten Messe verlesen, die die Gemeinde in ihrer Kirche feiert; es folgen einige Riten, die das Ende der bisherigen Nutzung markieren. Das Gebäude kann danach eine andere Zweckbestimmung erhalten, die aber nicht im Widerspruch zur früheren Nutzung als Kirche stehen darf.

Profess, die

Lat. professio = »Bekenntnis«;

1. Ewige Profess: das feierliche Ablegen der zeitlich unbegrenzten ↗ Gelübde, verbunden mit der endgültigen Aufnahme in eine Ordensgemeinschaft.

2. Zeitliche Profess: Gelübde auf Zeit ohne endgültige Bindung an eine Ordensgemeinschaft.

Professen

Ordensleute, die die Ewige ↗ Profess abgelegt haben und eine lebenslange wechselseitige Bindung mit ihrer Ordensgemeinschaft eingegangen sind.

Proklamandum, das

Kirchenlat. proclamatio = »das Ausrufen«; Bez. für die am Ende oder auch vor der Messfeier verlesenen Mitteilungen aus der Pfarrgemeinde (z.B. Sterbefälle, Taufen).

Promotor Iustitiae, der

Lat. »Beförderer der Gerechtigkeit«; Kirchenjurist an einem päpstlichen Gerichtshof, dessen Tätigkeit in etwa der des Staatsanwalts an einem weltlichen Gericht entspricht. Bei Heiligsprechungsverfahren trägt er Gründe dagegen vor (»Advocatus Diaboli«).

Promulgierung, die

Amtliche Ankündigung eines Dokuments zum Zweck seiner öffentlichen Bekanntmachung.

Pro-Nuntius, der

Veralteter, von 1965 bis 1991 gebräuchlicher Begriff für einen ↗ Nuntius, der nicht der Doyen des diplomatischen Korps in seinem Gastland war. Heute heißen alle Botschafter des Heiligen Stuhls Nuntien, ob sie Doyen sind oder nicht.

Prophet, der

Griech. prophétes = »öffentlicher Künder« (das griech. Wort für hebr. nabi = »Rufender«); eine Person, die Gottes Wort hört und als Botschaft an ihre Umgebung weitergibt. Von Gott selbst bestellt, oft gegen den eigenen Willen, sagt ein Prophet nicht die Zukunft voraus, sondern folgt dem Glaubensauftrag, Gottes Heilszusage, bezogen auf die aktuelle Gegenwart, und die sich aus dem Verhalten der Menschen ergebenden Folgen ins Gespräch zu bringen. Das ↗ Alte Testament umfasst eigene Bücher der sog. großen und kleinen Propheten. Das ↗ Neue Testament stellt die Prophetengabe als besonderes Zeichen des anbrechenden Gottesreiches heraus.

Propst, der

Lat. praepositus = »Vorgesetzter«; Titel für den Vorsitzenden, den ersten Würdenträger eines Domkapitels (↗ Dompropst) sowie für bestimmte ↗ Pfarrer ehemaliger Kloster- oder Stiftskirchen bzw. großer alter Mittelpunktpfarreien.

Propstei, die

Amtssitz des ↗ Propstes.

Protestantismus, der

Bezeichnet alle aus der ↗Reformation des 16. Jh. entstandenen christlichen Gruppen, zu deren Grundzug der Protest gegen die kath. Kirche gehört. Kritisch gegenüber der Kirche als Institution, ablehnend gegenüber der Autorität des Papstes sowie bestimmten Dogmen und religiösen Methoden stellt der Protestantismus die Heilige Schrift in den Mittelpunkt. Die Hauptfrage Martin Luthers – »Wie bekomme ich einen gnädigen Gott?« – wird dahingehend beantwortet, dass keine guten Taten dies erreichen, sondern dass der Mensch allein durch den Glauben (lat. sola fide), durch Gottes Gnade (sola gratia) und durch die Heilige Schrift (sola scriptura) vor Gott gerecht werde. ↗Rechtfertigung. ↗Reformation.

Protonotar, der

Lat. »erster Notar«;

1. Beamter der Römischen Kurie;

2. hoher geistlicher Ehrentitel, der nur selten verliehen wird. Der Apostolische Protonotar ist die höchste Stufe der Prälatenwürde (↗Prälat, ↗Päpstliche Ehrentitel). Der Apostolische Protonotar trägt (ebenso wie der Päpstliche ↗Ehrenprälat) eine schwarze ↗Soutane mit violetten Knöpfen und violettem ↗Zingulum, im Gottesdienst eine violette Soutane. Er wird mit »Herr Prälat« angesprochen.

Provinzial, der

Vorsteher einer ↗Ordensprovinz (in zentral geleiteten Ordensgemeinschaften).

Prozession, die

Von lat. procedere = »voranschreiten«; ein feierlicher Umzug in- und außerhalb einer Kirche, der mit Gebeten und Liedern als Gabenprozession zur ↗Gabenbereitung, an bestimmten Feiertagen (↗Fronleichnam oder ↗Palmsonntag) oder als Bittprozession in bestimmten Anliegen durchgeführt wird. Davon zu unterscheiden ist die ↗Wallfahrt, die längere Strecken umfasst und sich über mehrere Tage oder Monate erstrecken kann. Während eine Prozession i.d.R. zu einem festgelegten Termin stattfindet, kann man sich zur Wallfahrt als Einzelner oder zu mehreren zu einem beliebigen Termin an einem frei zu wählenden Ort verabreden. In der Liturgie gibt es symbolische Prozessionen, z.B. das Umschreiten des Altars bei der ↗Inzensation.

Psalm, der

Griech. psalmós = »Saitenspiel, Gesang, Loblied«; die im »Buch der Psalmen« (↗Altes Testament) gesammelten 150 Lieder und Gebete des Volkes Israel. In der kath. Kirche werden Psalmen sowohl in der ↗Eucharistiefeier als auch im ↗Stundengebet gesprochen oder gesungen. Die Psalmen umfassen u.a. Gesänge zum Lobpreis Gottes, Dank- und Klagelieder.

Psalmodieren, das

Auch: Psalmodie, Psalmengesang; der Vortrag von Psalmen oder anderen (meist biblischen) Texten in einem auf eine bestimmte Tonhöhe beschränkten Gesang, der nur bei Satzeinschnitten durch besondere melodische Wendungen verändert wird. Man unterscheidet zwei Formen: den Responsorialgesang (Priester und Gemeinde wechseln sich ab) und den Antiphonalgesang (zwei Chöre wechseln sich ab).

Psalter, der
Das Buch der ↗ Psalmen.

Purgatorium, das
↗ Fegefeuer.

Purifikatorium, das
Lat. purificare = »reinigen«; ein weißes Leinentuch, mit dem der Priester ↗ Kelch und Hostienschale purifiziert (reinigt).

Pyxis, die
Griech. pyxís = »Büchse«; ein kleines, kostbar gestaltetes Behältnis mit Deckel zur Aufbewahrung von ↗ Reliquien oder ↗ Hostien (↗ Hostiendose).

Q

Quadragesima, die

Lat. quadragesimus = »der Vierzigste«; Bez. für die vierzigtägige vorösterliche Bußzeit (↗ Fastenzeit), in der sich die Gläubigen, insbes. die Taufbewerber, auf das ↗ Osterfest vorbereiten.

Quatember, die

Lat. quattuor tempora = »vier Zeiten«; als Quatembertage bezeichnet man Bitt- und Bußtage, die ungefähr mit dem Beginn der vier Jahreszeiten zusammenfallen und v.a. der geistlichen Erneuerung der Gemeinden dienen sollen. Die Deutsche Bischofskonferenz beschloss 1972, dass die Quatembertage in der ersten Fastenwoche, in der Woche vor Pfingsten, in der ersten Oktoberwoche und der ersten Adventwoche begangen werden sollen.

Quinquennalbericht, der

Lat. quinquennalis = »fünfjährig«; der »Fünfjahresbericht«, den Diözesanbischöfe dem Papst anlässlich ihres ↗ Ad-Limina-Besuchs vorzulegen haben. Der Diözesanbischof ist nach dem Kirchenrecht (can. 399) gehalten, dem Papst alle fünf Jahre über den Stand der ihm anvertrauten Diözese einen Bericht zu erstatten, der nach einem ausführlichen Fragekatalog des ↗ Vatikans angefertigt wird.

R

Radio Vatikan

Der Radiosender des ↗Heiligen Stuhls. Sein Programm wird weltweit ausgestrahlt, mit dem Auftrag, über die Tätigkeiten des ↗Vatikans und der röm.-kath. Kirche zu berichten, das Leben der Katholiken in aller Welt widerzuspiegeln und die Lehre der kath. Kirche zu verbreiten. Der 1931 von Papst Pius XI. gegr. Sender besteht aus 35 Sprachredaktionen, die in 47 Sprachen senden. Der deutschsprachige Dienst von Radio Vatikan ist täglich auf der Mittelwelle (1530 kHz) und via Internet (http://www.radiovaticana.org), aber auch über den digitalen Satelliten zu empfangen. Der Sender, der auch als »die Stimme des Papstes und der Weltkirche« bezeichnet wird, untersteht dem ↗Staatssekretariat des Heiligen Stuhls. Die Leitung ist den Jesuiten übertragen worden.

Raphael

Hebr. rapha'el = »Gott heilt (die Seele)«; Bez. für einen der ↗Erzengel neben ↗Michael, ↗Gabriel und ↗Uriel. Im Buch Tobit des ↗Alten Testaments ist Raphael der Name des ↗Engels, der Tobias auf seiner Reise begleitet und der Tobias' Vater Tobit heilt.

Rationale, das

Ein Schultergewand, das über dem Priestergewand (↗Kasel) getragen wird und als Zeichen der Verbundenheit vom Papst an ausgewählte Bischöfe verliehen wurde. Dieses Ehrenzeichen wird von den Erz-

bischöfen von Paderborn bis in die Gegenwart angelegt. Bischof Bernhard I. erhielt es im Jahre 1133 von Papst Innozenz II. (1130–1143) wegen seiner besonderen Treue zum römischen Stuhl. Das Rationale wird seitdem an alle Paderborner Bischöfe weitergegeben.

Rauchmantel, der

↗Chormantel.

Rauchzeichen, das

Anfang des 20. Jh. entstand der Brauch, der wartenden Bevölkerung durch aufsteigende Rauchschwaden zu signalisieren, ob eine Papstwahl (↗Konklave) erfolgreich war oder nicht. Bei erfolgreicher Wahl wurden die Stimmzettel mit trockenem Stroh verbrannt. Der weiße Rauch, der aus dem Rauchfang der ↗Sixtinischen Kapelle aufstieg, kündete allen die frohe Botschaft: ↗»Habemus papam«. Blieb die Wahl erfolglos, wurden die Zettel mit nassem Stroh verbrannt: Der Rauch war schwarz. Heute hilft man sich mit chemischen Mitteln, um die jeweilige Farbe zu erzeugen.

Realpräsenz, die

Bez. für die wirkliche Gegenwart Jesu Christi im ↗Abendmahl bzw. der ↗Eucharistie. Die Realpräsenz wird von den Konfessionen unterschiedlich verstanden; die kath. Theologie spricht von ↗Wandlung bzw. ↗Transsubstantiation. Luther spricht dagegen von Konsubstantiaton, d.h. der sakramentalen Einheit von Leib und Blut Christi mit Brot und Wein während der Abendmahlsfeier. Für Lutheraner endet die Realpräsenz mit der Abendmahlsfeier; Katholiken glauben an die bleibende Gegenwart Christi in der Gestalt des gewandelten Brots, das deshalb als ↗ Allerheiligstes im ↗ Tabernakel verwahrt wird.

Realsymbol, das
Zeichen, in dem das Bezeichnete selbst anwesend ist und sich ereignet; z. B. ist der Kuss ein Realsymbol für die Liebe, die Absolution ein Realsymbol für die Sündenvergebung.

Rechtfertigung, die
Die Lehre von der Rechtfertigung war für die ↗ Reformation von zentraler Bedeutung und blieb lange Zeit Streitpunkt zwischen den ↗ Konfessionen. Die »Gemeinsame Erklärung zur Rechtfertigungslehre«, die am 31. Oktober 1999 in Augsburg zwischen der katholischen und der evangelischen Kirche vereinbart wurde, ist ein Meilenstein auf dem Weg zur Überwindung der Kirchenspaltung. Die Theologie fragt mit »Rechtfertigung« oder »Rechtfertigungslehre« nach dem Zentrum des Glaubens: Wie kann der sündige Mensch vor Gott gerecht werden und das Heil erlangen? Wie kann sich der Mensch aus seinen ausweglosen Verlorenheiten lösen und zu einem versöhnten und befreiten Leben finden? »Rechtfertigung« ist in der Bibel einer der Begriffe für dieses Ziel; die ↗ Heilige Schrift gebraucht dafür jedoch auch noch andere Worte wie »Befreiung zur Freiheit« (Gal 5,1–6), »Frieden mit Gott« (Röm 5,1), »neue Schöpfung« (2 Kor 5,17) und »Heiligung in Christus Jesus«

(1 Kor 1,2). Die Antwort des Glaubens ist, dass der Mensch sich nicht selbst retten, sondern dass nur Gott allein im Geschenk des Glaubens ihn befreien und versöhnen kann. Nur durch die Gerechtigkeit Gottes gibt es eine Rechtfertigung des Menschen. In dem Wort »Rechtfertigung« sind drei besondere Akzente gesetzt: Es geht 1. um die alleinige Initiative Gottes und nicht um das eigene Tun; 2. ist Gottes Zuwendung an keine Voraussetzung gebunden, sie ist bedingungslos und reine Gnade; 3. kann der Mensch diese neue Gerechtigkeit allein im Glauben empfangen. Mit dieser Formel haben die Theologen wieder eine grundsätzliche Einigung im Verständnis der Rechtfertigung erzielt.

Recollectio, die
Lat. recolligere = »wieder sammeln, wieder gewinnen«; geistliche Einkehr- bzw. Besinnungstage.

Rector ecclesiae, der
Kirchenrektor; ein Priester, dem die Obhut für eine Kirche übertragen worden ist, die weder Pfarr- noch Kapitelskirche ist noch zu einer Ordensniederlassung gehört.

Redemptoris Mater
↗ Neokatechumenaler Weg.

Redemptoristen
Lat. Congregatio Sanctissimi Redemptoris, Abk. CSsR, Gemeinschaft vom heiligsten Erlöser (lat. redemptor = »Erlöser«); 1732 vom hl. Alfons Maria von Liguori in Italien gegr. Priester- und Brüderkongregation mit Sitz des ↗ Generaloberen in Rom, die sich der Seelsorge und Mission widmet.

Redemptoristinnen

Lat. Ordo Sanctissimi Redemptoris, Abk. OSsR; der weibliche, kontemplativ ausgerichtete Ordenszweig der ↗Redemptoristen. Die bereits 1732 in Italien gegr. Ordensgemeinschaft ist weltweit mit Niederlassungen verbreitet.

Refektorium, das

Lat. refectio = »Erfrischung, Erholung« (wörtlich: »Wiederherstellung«); der Speisesaal in einem ↗Kloster.

Reformation, die

Lat. reformatio = »Umgestaltung, Erneuerung«; Bez. für die zu Beginn des 16. Jh. von Martin Luther (*1483, †1546) und anderen Theologen (Philipp Melanchthon, Wittenberg; Huldrych Zwingli, Zürich; Johannes Calvin, Genf) begründete Reformbewegung, die letztlich zur Spaltung der Kirche führte. In England bildete sich zur gleichen Zeit, aber aus anderen Gründen die ↗anglikanische Kirche aus. Zwar verstand und versteht sich die kath. Kirche als »ecclesia semper reformanda« (stets reformbedürftige Kirche), die Kritik der Reformatoren richtete sich aber grundlegend gegen das zeitgenössische Verständnis von ↗Rechtfertigung, die Amtsführung der ↗Päpste, die Verweltlichung und mangelnde theologische Bildung der Priester und Ordensleute und die Finanzpraktiken der Kirche, insbes. den Ablasshandel (↗Ablass). Angestrebt wurde von den Reformern eine geistliche Erneuerung und eine Kirche, die sich stärker auf das ↗Evangelium beruft. Als Beginn der Reformation gilt der Tag der Veröffentlichung von Martin Luthers Thesen über den Ablass am 31. Oktober 1517. Unterstützt durch verschiedene Reichsfürsten, die dadurch zugleich den Kaiser schwächen konnten, formierte sich der ↗Protestantismus als neue christliche ↗Konfession. Seither gibt es Katholiken und Protestanten (die gegen die Beschlüsse des Reichstages von Speyer 1529 protestierten). Die Protestanten nennen sich auch evangelische Christen, da sie sich auf das Evangelium berufen.

Regens, der

Lat. »der Herrschende«; auch: Regent; der Leiter eines Priesterseminars. Er wird vom Bischof in dieses Amt berufen und muss selbst Priester sein.

Regent, der

↗Regens.

Regina Caeli, das

Lat. »Himmelskönigin«; ein mit diesen Worten beginnendes Gebet, das zwischen Ostersonntag und Pfingsten anstelle des ↗Angelus Domini (Engel des Herrn) gebetet wird.

Der lateinische Text lautet:
Regina caeli, laetare, alleluia,
quia quem meruisti portare, alleluia,
resurrexit, sicut dixit, alleluia.
ora pro nobis Deum, alleluia.
Gaude et laetare, Virgo Maria, alleluia,
quia surrexit Dominus vere, alleluia.
Oremus. Deus, qui per resurrectionem Filii tui Domini nostri Iesu Christi mundum laetificare dignatus es: praesta, quaesumus, ut per eius Genetricem Virginem Mariam perpetuae capiamus gaudia vitae. Per eundem Christum Dominum nostrum. Amen.

Auf Deutsch:
Freu dich, du Himmelskönigin, Halleluja.
Den du zu tragen würdig warst, Halleluja,
er ist auferstanden, wie er gesagt hat,
    Halleluja.
Bitt Gott für uns, Maria, Halleluja.
Freu dich und frohlocke, Jungfrau Maria,
    Halleluja,
denn der Herr ist wahrhaft auferstanden,
    Halleluja.
Lasset uns beten. Allmächtiger Gott,
durch die Auferstehung deines Sohnes,
unseres Herrn Jesus Christus, hast du die
Welt mit Jubel erfüllt. Lass uns durch seine jungfräuliche Mutter Maria zur unver-
gänglichen Osterfreude gelangen. Darum
bitten wir durch Christus, unseren Herrn.
Amen.

Regionaldekan, der
Bei Bistümern, die nach Regionen gegliedert sind (wie Aachen, Münster und
Trier), der Priester, der einer solchen Region vorsteht. ↗ Stadtdechant.

Regionalkalender, der
Bez. für die Festkalender einzelner Sprachgebiete, die den römischen ↗ Generalka-
lender (der die Gedenktage der Heiligen
festlegt) ergänzen und variieren. Der Regionalkalender für das deutsche Sprachgebiet wird wiederum ergänzt durch die
verschiedenen ↗ Diözesankalender.

Regnum Christi
Lat. »Herrschaft Christi«; internationale
kath. Laienbewegung, die eng mit der Ordensgemeinschaft ↗ Legionäre Christi verbunden ist und mit dieser zahlreiche soziale Einrichtungen und Bildungsinstitute
betreibt. Die 1959 von Marcial Maciel be-

gründete Bewegung hilft beim Aufbau
von Schulen, Familienzentren und bietet
Glaubenskurse und Freizeitangebote für
Kinder und Jugendliche an. Regnum
Christi zählt nach eigenen Angaben welt-
weit 70.000 Mitglieder.

Regularkanoniker, der
Als Regularkanoniker werden Mitglieder
einer Stiftsgemeinschaft bezeichnet, die
nach einer Ordensregel (zumeist der ↗ Au-
gustinus-Regel) leben und die Ordensgelübde abgelegt haben. Sie unterscheiden
sich von den sog. Säkularkanonikern, die
ebenfalls Chorherren sind, aber keine
↗ Gelübde abgelegt haben. Regularkanoniker sind u. a. die verschiedenen Kongregationen der ↗ Augustiner-Chorherren
und die ↗ Prämonstratenser.

Reichskonkordat, das
Das zwischen Nazi-Deutschland und dem
↗ Vatikan 1933 geschlossene Reichskonkordat (↗ Konkordat) regelt die wechselsei-
tigen Rechte und Pflichten des Deutschen
Reiches und der kath. Kirche im Reichs-
gebiet. Dieses Vertragswerk war in der Zeit
der Weimarer Republik ausgehandelt worden und bereits reif zur Unterzeichnung.
Dazu kam es aber nicht mehr. Nach dem
Machtwechsel in Deutschland brachten
die neuen Machthaber die Sache zum Abschluss. Am 20. Juli wurde das Reichskonkordat im ↗ Vatikan feierlich von Kardinalstaatssekretär Eugenio Pacelli, dem
späteren Papst Pius XII. (1939–1958), und
Vizereichskanzler Franz von Papen unter-
zeichnet, die Ratifizierung durch das
Deutsche Reich erfolgte am 10. September
1933. Aus dem Blickwinkel des Vatikans
war es der Versuch, die Rechte der kath.

Kirche unter den neuen politischen Verhältnissen zu sichern. Den Nationalsozialisten dagegen war daran gelegen, durch diesen Vertragsabschluss international salonfähig zu werden. Das Konkordat regelt u. a. die Freiheit des Bekenntnisses und der öffentlichen Ausübung des kath. Glaubens, den Fortbestand des Bayerischen Konkordats von 1924, des Preußischen Konkordats von 1929 und des Badischen Konkordats von 1932, den Schutz der Geistlichen, den Schutz des ↗Beichtgeheimnisses, den Schutz der Kleidung der Geistlichen, die Errichtung der Kirchengemeinden und anderer Kirchenorganisationen als Körperschaften des öffentlichen Rechts, das Recht der Kirchen auf Erhebung von ↗Kirchensteuern, die Garantie der kath.-theologischen Fakultäten und die Beibehaltung des kath. Religionsunterrichts als ordentliches Lehrfach. 1957 hat das Bundesverfassungsgericht die fortdauernde Gültigkeit für die Bundesrepublik Deutschland festgestellt. ↗Preußen-Konkordat.

Rekreation, die

Lat. recreatio = »Neuerschaffung«; Bez. für die gemeinsam verbrachte kurze Erholungszeit in einer ↗Kommunität, etwa nach einer Mahlzeit.

Rektoratspfarrer, der

Der vom Bischof eingesetzte geistliche Vorsteher einer »Quasipfarrei« (can. 516), die aufgrund besonderer Umstände noch nicht als ↗Pfarrei errichtet ist.

Religion, die

Der Religionsbegriff ist unscharf und schwer abgrenzbar. Religion kann sowohl die Rückbindung (lat. religio) und Hinordnung zu Gott, die Begegnung mit dem Transzendenten als auch die richtige Beobachtung des Kultes bedeuten. Aus religiösen Überzeugungen entsteht ein System von Handlungsrichtlinien und Glaubensvorstellungen, die das menschliche Leben ordnen sollen. Die großen Weltreligionen sind der Buddhismus, der Hinduismus, der Islam, das Judentum und das Christentum. Zu den Weltreligionen gehören auch die Stammes- und Naturreligionen.

Religionslehrer(in), der (die)

Lehrer(in) mit dem Schulfach Katholische oder Evangelische Religionslehre. Religionslehrer sind in allen Schultypen vertreten, denn der Religionsunterricht ist nach Art. 7 des Grundgesetzes ordentliches Lehrfach und zugleich »res mixta« (»vermischte Sache«, weil Staat und Kirche für den Religionsunterricht zuständig sind). Durchführung und Finanzierung des Religionsunterrichts sind in Deutschland Aufgabe des Staates. Die Inhalte des (konfessionellen) Religionsunterrichts bestimmen jeweils die Kirchen. Kath. Religionslehrer benötigen für die Erteilung des Religionsunterrichtes (staatlicherseits) die Fakultas (Nachweis der erworbenen wissenschaftlichen Qualifikation und religionspädagogischer Kenntnisse) und (kirchlicherseits) die ↗Missio canonica, d. h. den Sendungsauftrag des Bischofs. Im Bereich der evangelischen Kirchen nennt man die kirchl. Beauftragung »Vokation«. Die ↗Würzburger Synode hat sich ausführlich mit dem Religionsunterricht und den Anforderungen an die Religionslehrer auseinandergesetzt.

Religiosa Sanctissimi Cordis Jesu

Abk. RSCJ; ↗ Sacré-Cœur-Schwestern.

Religiose

Sammelbegriff für Angehörige von Orden und Säkularinstituten.

Religious of the Good Shepherd

Abk. RGS; ↗ Schwestern vom Guten Hirten.

Reliquiar, das

Behältnis, oft kostbar verziert, zur Aufbewahrung und Ausstellung von ↗ Reliquien.

Reliquie, die

Abgeleitet von lat. relinquere = »zurücklassen«: wörtlich »Überbleibsel«; körperliche Überreste von ↗ Martyrern oder anderen ↗ Heiligen bzw. Gegenstände, die mit ihnen in Berührung (daher: Berührungsreliquie) gekommen sind oder die mit dem irdischen Leben Christi in Verbindung gebracht werden. Zur besonderen Verehrung werden Reliquien in kostbaren Behältnissen aufbewahrt (↗ Reliquar).

Reliquienbüste, die

Plastische halbfigurige oder brusthohe Darstellung eines ↗ Heiligen, die aus Holz, Stein o. Ä. gearbeitet ist. Im Inneren der Büste sind ↗ Reliquien des oder der Heiligen geborgen.

Rememoration, die

↗ Gedächtnis.

Renaissance, die

Franz., nach ital. rinascimento = »Wiedergeburt«; Kunstepoche, die um 1420 in Italien einsetzt und dadurch gekennzeichnet ist, dass sie die Kultur der griech. und röm. Antike wieder aufleben lässt. Um 1600 geht die Renaissance in die Epoche des ↗ Barock über.

Rendant, der

Verwalter des Vermögens einer Kirchengemeinde oder eines ↗ Gemeindeverbands.

Rendantur, die

Die für die Verwaltung der Finanzen eingerichtete Stelle einer Pfarrgemeinde (↗ Pfarrei) oder eines Gemeindeverbands.

Renovabis

Lat. »du wirst erneuern«; das Hilfswerk Renovabis ist eine Solidaritätsaktion der dt. Katholiken für die Menschen in Ost-, Mittel- und Südosteuropa. Das 1993 auf Anregung des ↗ Zentralkomitees der deutschen Katholiken von den dt. Bischöfen gegr. Hilfswerk unterstützt Projekte zur Erneuerung des kirchlichen und gesellschaftlichen Lebens und will darauf hinwirken, »dass Menschen in Ost und West voneinander lernen, miteinander glauben und so eine vertrauensvolle Nachbarschaft entsteht«. Die Solidaritätsaktion findet jährlich am Pfingstfest statt. Seit seiner Errichtung hat Renovabis nach eigenen Angaben mehr als 15.000 soziale und religiöse Projekte mit einem Gesamtvolumen über 420 Mio. Euro gefördert.

Requiem, das

Lat. requies = »Ruhe«;

1. lat. Bez. für eine Totenmesse (↗ Messe) im Rahmen der Begräbnisliturgie (↗ Exsequien), benannt nach dem Eingangsvers »Requiem aeternam dona eis, Domine«

(»Herr, gib ihnen die ewige Ruhe«); immer häufiger werden Totenmessen heute als Auferstehungsfeiern begangen.

2. Musikalische Komposition für eine Totenmesse. ↗ Pontifikalrequiem.

Requiescat in pace

Lat. »Er (sie) ruhe in Frieden«, Abk. R.I.P.; häufig auf Grabsteinen oder in Todesanzeigen zu finden. Die Textvorlage stammt aus der ↗ Liturgie.

Rerum novarum

Lat. »von den neuen Dingen«. Name der am 15. Mai 1891 von Papst Leo XIII. veröffentlichten, richtungweisenden ↗ Enzyklika, die als »Mutter aller Sozialenzykliken« gilt und diesen Papst als den »Arbeiterpapst« in die Geschichte eingehen ließ. Leo XIII. verfasste insges. 86 Enzykliken. In den »neuen Dingen«, den neuen Verhältnissen und Entwicklungen oder – wie es in der dt. Übersetzung von »Rerum novarum« heißt – in dem »Geist der Neuerung« erkannte er eine ideologische Gefahr für Gesellschaft und Staat. Deshalb suchte er einen unabhängigen Weg jenseits von Liberalismus und Sozialismus aufzuzeigen. Vor allem verwarf er die sozialistische Eigentumslehre. Dennoch wird die Mitwirkung des Staates an der Lösung der sozialen Probleme für notwendig gehalten. Diese »Magna Charta« für die sozialen Probleme ist die Basis der ↗ Katholischen Soziallehre. Im ersten Teil der Enzyklika spricht sich der Papst gegen die sozialistische Theorie der damaligen Zeit als Lösung aller gesellschaftlichen Missstände aus. Im zweiten Hauptteil nimmt er zur Lösung der Arbeiterfrage Stellung. Bei den Aufgaben des Staates spricht sich der Papst für eine staatliche Sozialpolitik und damit gegen den Liberalismus aus. Aus dem Scheitern des »freie[n] Spiel[s] der Kräfte« (Adam Smith) zieht Papst Leo XIII. die Konsequenz, dass der Staat durch Einzelpflichten wie eine dem Gemeinwohl entsprechende Gesetzgebung, Schutz des Privateigentums, Unterbindung von Streik, Schutz der Menschenwürde und Sonntagsruhe, Überwachung der Arbeitsverhältnisse – bes. für Frauen und Kinder –, Lohngerechtigkeit, Schutz des Geistes der Arbeiter und Förderung von Frieden und Ordnung, seiner Funktion, »das Gemeinwohl zu hüten und zu fördern«, gerecht werden muss, ohne dabei jedoch den Ursprung in Gott und die Handlungsfreiheit des Einzelnen zu missachten. In der Folge erschienen weitere ↗ Sozialenzykliken. So veröffentlichte Papst Pius XI. im Jahr 1931, am vierzigsten Jahrestag von »Rerum novarum«, seine Enzyklika »Quadragesimo anno«, im Jahr 1961 folgte Papst Johannes XIII. mit »Mater et magistra«; den hundertsten Jahrestag 1991 nahm Papst Johannes Paul II. zum Anlass, seine Enzyklika »Centesimus annus« zu veröffentlichen.

Res mixta

Lat. »vermischte Sache«; Bez. für den schulischen konfessionellen Religionsunterricht, der sowohl staatlicher als auch kirchlicher Aufsicht untersteht. ↗ Religionslehrer(in).

Residierender Bischof

↗ Ordinarius.

Responsorium, das

Lat. = ↗ Antwortgesang.

Retraite, die

Frz. »Rückzug«; Einkehr- oder Besinnungstage, auch ↗ Exerzitien.

Reue, die

Nüchterne Einsicht in eigenes schuldhaftes Verhalten mit dem Willen zur Besserung (nicht zu verwechseln mit krankhaften Schuldgefühlen); Voraussetzung für den Empfang des ↗ Bußsakraments. ↗ Absolution. ↗ Beichte.

RGS

Abk. für Religious of the Good Shepherd, ↗ Schwestern vom Guten Hirten, kath. Frauenorden.

Rheinischer Merkur

(Abk. RM); Name einer in Bonn erscheinenden überregionalen Wochenzeitung mit einem konservativ-christlichen Profil. Die erste Ausgabe erschien am 15. März 1946 in Koblenz. Dort hatte bereits der kath. Publizist Joseph Görres (*1776, † 1848) von 1814 bis 1816 eine politische Zeitung unter gleichem Namen herausgegeben. Gesellschafter der »Verlagsgruppe Rheinischer Merkur GmbH« sind mehrere deutsche Bistümer und die Deutsche Bischofskonferenz. 1979 ging die evangelische Wochenzeitung »Christ und Welt« im Rheinischen Merkur auf, die sich heute als Ressort (mit je einem katholischen und einem evangelischen Teil) innerhalb der Zeitung wiederfindet.

R.I.P.

Abk. für lat. Requiescat in pace (»Er [sie] ruhe in Frieden«); häufig auf Grabsteinen oder in Todesanzeigen zu finden. Die Textvorlage stammt aus der Liturgie.

Ritterorden

Zumeist aus den Kreuzzügen hervorgegangene Ordensgemeinschaften, die es sich zur Aufgabe machten, die ↗ Pilger im ↗ Heiligen Land zu schützen und Kranke und Verwundete zu pflegen. Zu den urspr. Ritterorden gehören:

1. der Templerorden (Arme Ritter Christi und des Tempels von Salomon zu Jerusalem), gegr. 1118 oder 1119, aufgelöst 1312;

2. der ↗ Christus-Orden, ein 1317 gegr. portugiesischer Ritterorden, der in Portugal die Nachfolge der Templer antrat;

3. der ↗ Orden von Montjoie, ein spanischer Ritterorden, benannt nach einem Berg vor den Toren Jerusalems, der nach den Zisterzienserregeln lebte, bei dem der karitative Zweck im Vordergrund stand und der bald im Templerorden aufging;

4. der ↗ Malteserorden; gegr. etwa 1070 als Spitalbruderschaft, seit etwa 1120 als Ritterorden im Einsatz;

5. der Johanniterorden, die protestantische Abspaltung des Malteserordens;

6. der ↗ Deutsche Orden, gegr. 1190 als Krankenpflegeorden, ab 1198 geistlicher Ritterorden.

Durch Eroberungen, Erbschaften und Schenkungen gehörten die Ritterorden zu den reichsten Organisationen ihrer Zeit.

Ritterorden vom Heiligen Grab zu Jerusalem

↗ Orden vom Heiligen Grab.

Rituale Romanum, das

Das Rituale Romanum enthält die Regeln und liturgischen Riten für die Spendung der Sakramente. Vor dem ↗ Zweiten Vatikanischen Konzil enthielt das Rituale Romanum auch das ↗Benedictionale.

Ritus, der

Lat. »religiöser Brauch«, Plural: Riten; Bez. für den genauen Ablauf liturgischer Feiern und der dabei gebrauchten Texte sowie vollzogenen Gesten und Handlungen.

Rochett, das

Chorhemd, knielanges, häufig spitzenbesetztes weißes Übergewand, das Geistliche als Teil der ↗Chorkleidung tragen. Der Priester trägt ↗Soutane, Rochett und ↗Stola bei allen nichteucharistischen Gottesdiensten (z.B. bei ↗Andachten oder ↗Prozessionen). ↗Messdiener tragen zumeist ↗Talar und Rochett.

Rokoko, das

Franz. rocaille = »Muschelwerk«; Dekorationsstil in der Endphase des ↗Barock (ca. 1730–1780).

Romanik, die

Die Romanik oder romanische Kunst stellt den ersten eigenständigen Kunststil des christlichen Abendlandes dar. Sie entsteht im frühen 11. Jh. und breitet sich von germanisch geprägten Ländern aus. Kennzeichnend ist v.a. der Rundbogen, der den Kirchenbau deutlich bestimmt. Auf die Epoche der Romanik folgt die ↗Gotik.

Römerkragen

↗Kollar.

Römische Kurie

↗Kurie.

Römisch-katholisch

Die Bez. »römisch-katholisch« bezieht sich auf den Katholizismus des römischen (also westlichen bzw. lateinischen) Ritus. Griechisch-katholische Christen haben ihren eigenen Ritus, auch dann, wenn sie mit Rom ↗uniert sind, also den ↗Primat des Papstes anerkennen.

Römischer Kalender

↗Generalkalender.

Rorate

Bez. für die frühmorgendlichen Messfeiern im ↗Advent. Der Name bezieht sich auf den Eröffnungsvers »Rorate caeli, desuper, et nubes pluant justum: aperiatur terra, et germinet Salvatorem« (»Tauet Himmel, von oben, ihr Wolken, regnet den Gerechten: Es öffne sich die Erde und sprosse den Heiland hervor«).

Rosa Schwestern

↗Steyler Anbetungsschwestern.

Rosenkranz, der

Eine aus Perlen zusammengesetzte Kette, die in einem Kreuz endet. Der Name für diese »Gebetsschnur« verweist auf die Gottesmutter ↗Maria, deren Symbol die Rose ist. Mit Rosenkranz ist aber v.a. das zugehörige betrachtende Wiederholungsgebet zu Ehren Marias gemeint. Jeder Gebetsabschnitt (»Gesätz«, von »Satz«) beginnt mit einem ↗Vaterunser, darauf folgt zehnmal das »Gegrüßet seist du, Maria« (↗Ave Maria), jeweils mit einem eingefügten Satz, der ein Ereignis aus dem Leben Jesu oder Marias in Erinnerung ruft (»Geheimnis« genannt, im Sinn von »Glaubensgeheimnis«). Bei dem Gebet hält der Beter die Gebetsschnur, den Rosenkranz, in den Händen. Jeder Perle ist ein Gebet zugeordnet. Das Rosenkranzgebet entwickelte sich aus frühmittelalterlichen Marienanrufungen. Adolph von Essen, der um das Jahr 1398 in das Kartäuserkloster St. Alban in Trier (↗ Kartäuser) eingetreten war, ist Urheber des ersten schriftlichen Zeugnisses, das das wiederholende Beten des Ave Maria unter Betrachtung der Geburt und des Lebens Jesu empfahl. Sein Mitbruder Dominikus von Preußen, der das neue Gebet von Adolph kennen gelernt hatte, entwickelte es weiter. Die von ihm vorgeschlagenen 50 Einzelthemen wurden schließlich in die heute übliche Form von dreimal fünf »Geheimnissen« zusammengefasst. Den entscheidenden Durchbruch der Rosenkranzfrömmigkeit für die ganze Kirche bildete der Sieg der christlichen Flotte über die Türken in der Schlacht von Lepanto am 7. Oktober 1571. Dieser Sieg wurde wesentlich dem Rosenkranzgebet zugeschrieben. Der Oktober gilt als Rosenkranzmonat. Papst Johannes Paul II. hat 2004 dem »schmerzhaften«, dem »freudenreichen« und dem »glorreichen« Rosenkranz noch den »lichtreichen« mit fünf weiteren Geheimnissen hinzugefügt.

Rota Romana, die
Auch: Römische Rota; der Gerichtshof des ↗ Heiligen Stuhls, der im 13. Jh. gegründet wurde und für eine einheitliche Rechtsprechung in der Kirche sorgen soll. In erster Instanz ist die Rota Romana für Streitsachen von Bischöfen, Äbten und Diözesen zuständig und für Fälle, die der Papst dem Gericht zuweist. Als Berufungsinstanz stellt sie die Gültigkeit kirchl. Eheschließungen oder die Nichtigkeit einer Weihe fest.

RSCJ
Abk. für Religiosa Sanctissimi Cordis Jesu, ↗ Sacré-Cœur-Schwestern, Ordensfrauen vom Heiligsten Herzen Jesu, kath. Frauenorden.

Ruhrbischof, der
Volkstümliche Bez. für den Bischof von Essen im Ruhrgebiet. ↗ Ruhrbistum.

Ruhrbistum, das
Volkstümliche Bez. für das 1958 gegr. Bistum Essen, das sich weitgehend mit dem Ruhrgebiet deckt und seinen Namen von dem Fluss Ruhr hat.

S

Sabbat, der

Hebr. schabbat = »Ruhepause«; nach der Schöpfungserzählung Bez. des siebten Wochentages, an dem Gott ruhte (Gen 2,2 f.). Der Sabbat beginnt am Freitagabend mit dem Sonnenuntergang und endet am Samstagabend. Er wird von den Juden als Feiertag begangen. Im Christentum wurde der Sabbat durch den Sonntag abgelöst. Der achte Tag, also der Tag nach dem Sabbat, war durch die ↗ Auferstehung geheiligt und wurde so Ruhetag, Tag der Eucharistiefeier und Wochenbeginn. Schon um 70 n.Chr. wird er »Tag des Herrn« genannt.

Sabbatjahr, das

Entsprechend biblischen Vorgaben (Ex 23,10–11; Lev 25,1–7) wurde jedes siebte Jahr des jüdischen Kalenders als Sabbatjahr begangen, in dem die Felder brachlagen und bestimmte Schulden erlassen wurden; dieser Brauch gilt bis heute bei orthodoxen Juden. Begrifflich davon abgeleitet ist die Auszeit vom Beruf, die mit dem aus dem Amerikanischen kommenden Wort Sabbatical bezeichnet wird. ↗ Jubeljahr.

SAC

Abk. für Societas Apostolatus Catholici, ↗ Pallottiner, kath. Ordensgemeinschaft.

Sacco di Roma, der

Ital.: »Plünderung [›Einsacken‹] Roms«; bezeichnet die Plünderung Roms am 6. Mai 1527 durch dt. Landsknechte und spanische Söldner. Anlass für die Plünderung war ein Stillstand im Krieg zwischen Karl V., dem König von Spanien und deutschen Kaiser, und Franz I. von Frankreich. Beide kämpften um die Vorherrschaft in Oberitalien. Rund 30.000 Menschen, die Hälfte der Bevölkerung Roms, fielen dem Massaker zum Opfer. Die ↗ Schweizergarde hatte sich auf dem ↗ Petersplatz zusammengezogen, um den Papst, Clemens VII. (1523–1534), zu schützen. Etwa drei Viertel der Schweizergarde (147 der insges. 189 Männer) fielen bei der Verteidigung und dem Geleit des Papstes zur rettenden ↗ Engelsburg.

Sacré-Cœur-Schwestern

Lat. Religiosa Sanctissimi Cordis Jesu, Abk. RSCJ, Ordensfrauen vom Heiligsten Herzen Jesu; kath. Frauenorden, 1800 von der später heiliggesprochenen Madeleine Sophie Barat (*1779, †1865) in Frankreich gegründet. Die Sacré-Cœur-Schwestern widmen sich v.a. der Bildungs- und Erziehungsarbeit.

Sakral

Lat. sacer = »heilig«; ↗ heilig, den Gottesdienst betreffend, im Ggs. zu profan = »weltlich« (↗ Profanierung).

Sakrament, das

Lat. sacramentum = »Fahneneid«; meist als Übersetzung von griech. mysterion = »Geheimnis« verwendet; Sakramente sind als ↗Realsymbole sichtbare Zeichen einer unsichtbaren Wirklichkeit. Jesus Christus ist das Zeichen, in dem Christen die Sorge Gottes für die Menschen erkennen und erfahren; er ist das »Ursakrament«. Die Kirche als die vom ↗Heiligen Geist geeinte Gemeinschaft der Gläubigen ist für die Welt das bleibende Zeichen der Nähe und Liebe Gottes. In den einzelnen Sakramenten entfaltet sich das sakramentale Wesen der Kirche in die konkreten Situationen des menschlichen Lebens. Christus begegnet den Menschen und erfüllt ihnen sein Heil. Die kath. Kirche kennt sieben Sakramente: ↗Taufe, ↗Firmung, ↗Eucharistie, ↗Buße, ↗Ehe, ↗Weihe (Diakonen-, Priester- und Bischofsweihe) und ↗Krankensalbung.

Sakramentalien, die

Weihehandlungen und Segnungen, die nicht zu den ↗Sakramenten gehören. Zu den Sakramentalien zählt man z.B. das ↗Kreuzzeichen, den Gebrauch des ↗Weihwassers, die ↗Kirchweihe, die Segnung von Häusern oder Tieren, ↗Prozessionen und den ↗Blasiussegen.

Sakramentshäuschen, das

Ein oft kunstvoller, turmartiger Aufbewahrungsort aus Stein für konsekrierte ↗Hostien. ↗Tabernakel.

Sakristan, der

↗Küster.

Sakristei, die

Nebenraum einer Kirche, in dem die liturgischen Gewänder und Geräte aufbewahrt werden und die Priester, ↗Diakone und ↗Messdiener sich ankleiden.

Säkularinstitut, das

Säkular = »weltlich«; als Säkularinstitute (auch: weltliche Institute) bezeichnet man geistliche Gemeinschaften, deren Mitglieder (Männer und Frauen) im Gegensatz zu Ordensgemeinschaften keine Gelübde ablegen, aber nach den ↗Evangelischen Räten leben, also Ehelosigkeit, Armut und Gehorsam versprechen. Die Mitglieder gehen einem normalen Beruf nach und sind nicht grundsätzlich zu einem gemeinschaftlichen Leben verpflichtet. Auch verzichten sie i.d.R. auf eine besondere Tracht. Säkularinstitute engagieren sich u.a. in der Bildungs- und Sozialarbeit.

Säkularisation, die

Lat. saeculum = »Jahrhundert«; kirchenlat. saeculum = »die zeitliche Welt«, »weltlich«; die Einziehung und Nutzung kirchl. Eigentums (Vermögen, Immobilien, Landbesitz) durch den Staat. Zur Säkularisation kam es zu allen Zeiten. So wurden z.B. kurz nach Beginn der Französischen Revolution aufgrund eines Beschlusses vom 2. November 1789 alle Kirchengüter durch den Staat eingezogen. Besonders umfassend war die Säkularisation in Deutschland. Nach dem Reichsdeputationshauptschluss vom 25. Februar 1803 wurden alle geistlichen Fürstentümer aufgelöst. Auf diese Weise wurden die weltlichen Fürsten entschädigt, die durch die Verschiebung der französischen Ostgrenze ihre linksrheinischen Gebiete verloren hatten. Artikel 35 des Reichsdeputationshauptschlusses räumte aber auch jenen dt. Fürsten, die keine Gebietsverluste erlitten hatten, das Recht ein, kirchl. Güter einzuziehen. Von der Säkularisation profitierten bes. Preußen, Bayern, Baden und Württemberg. Insgesamt vier Erzbistümer, 18 Bistümer und etwa 300 Abteien, Stifte und Klöster verloren ihre Hoheitsrechte und wurden enteignet.

Säkularisierung, die

bezeichnet im Allgemeinen die »Verweltlichung« der Gesellschaft, die sich nicht mehr ohne weiteres nach religiösen (christlichen) Normen oder Wertvorstellungen richtet. Säkularisierung meint heute auch die »Entchristlichung« der Gesellschaft bzw. »Entkirchlichung« breiter Bevölkerungsgruppen.

Sala Stampa

Ital. Bez. für ↗ Vatikanischer Pressesaal.

Salböl, das

↗ Chrisam.

Salesianer Don Boscos

Lat. Societas Sancti Francisci Salesii, Abk. SDB, »Gesellschaft des heiligen Franz von Sales«; kath. Ordensgemeinschaft, 1859 in Turin von dem italienischen Jugendseelsorger Don Giovanni Bosco (*1815, †1888) gegründet. Zum Schutzpatron des Ordens wählte Don Bosco sein großes Vorbild, den hl. Franz von Sales. Dessen Menschlichkeit und Liebenswürdigkeit waren für ihn auch im Umgang mit Jugendlichen bestimmend. Schwerpunkt der Tätigkeit der Ordensgemeinschaft ist bis heute die Jugendarbeit und Jugendhilfe. 1934 wurde Don Bosco von Papst Pius XI. (1922–1939) heiliggesprochen. Die Salesianer sind heute mit fast 17.000 Mitgliedern die zweitgrößte männliche Ordensgemeinschaft der kath. Kirche und in mehr als 130 Ländern tätig.

Salesianerinnen

Lat. Ordo de Visitatione Beatae Mariae Virginis, Schwestern von der Heimsuchung Mariens, Abk. OVM; kath. Frauenorden, 1610 von Franz von Sales (*1567, †1622) und Johanna Franziska von Chantal (*1572, †1641) in Annecy/Frankreich gegründet. Die Schwestern sollten nach dem Willen der beiden später heiliggesprochenen Ordensgründer karitatives Tun mit beschaulichem Leben (↗ Kontemplation) in einer Gemeinschaft verbinden. Die Anerkennung als Ordensgemeinschaft päpstlichen Rechts erfolgte jedoch 1618 als kontemplativer Orden. Im Mittelpunkt der Salesiannerinnen, deren Klöster jeweils selbständig sind, steht daher das persönliche und gemeinschaftliche Gebet.

Salesianerinnen Don Boscos

1872 von Don Giovanni Bosco und Maria Mazzarello gegr. Ordensgemeinschaft zur Erziehung von Kindern und Jugendlichen. Der weibliche Zweig der ↗ Salesianer zählt heute weltweit über 14.500 Mitglieder in 89 Ländern.

Sales-Oblaten

↗ Oblaten des heiligen Franz von Sales.

Salvator mundi

Lat. »Retter, Erlöser der Welt«; spätmittelalterliche Christus-Darstellung, die ↗ Christus als Weltherrscher zeigt. Die rechte Hand hat er segnend erhoben, in der linken Hand hält er eine mit einem ↗ Kreuz bekrönte Kugel (Reichsapfel) als Zeichen seiner Herrschaftsgewalt.

Salvatorianer

Lat. Societas Divini Salvatoris, Abk. SDS, »Gesellschaft des Göttlichen Heilands«; kath. Orden; gegr. 1881 in Rom von dem Priester Johann Baptist Jordan (*1848, †1918). Die Ordensgemeinschaft, die in Deutschland in zwei Provinzen (Provinzialat der Norddeutschen Provinz, Köln, und Provinzialat der Süddeutschen Provinz, München) unterteilt ist, betätigt sich v. a. in der Erziehung, Mission und Seelsorge.

Salve Regina, das

Lat. »Sei gegrüßt, o Königin«; marianische ↗Antiphon aus dem ↗Stundengebet der Kirche. Sie wird in der »Zeit im Jahreskreis« meist zum Abschluss der ↗Komplet gesungen. Benannt ist die Antiphon nach den ersten beiden Worten des lat. Textes, der der Tradition nach vor 1054 von Hermann von Reichenau, ↗Benediktiner des Klosters Reichenau, geschrieben worden sein soll. Die Anrufungen (»o clemens ...«) stammen aus späterer Zeit von Bernhard von Clairvaux.

Lateinischer Text:
Salve, Regina,
mater misericordiae;
vita, dulcedo et spes nostra, salve.
Ad te clamamus, exsules filii Evae.
Ad te suspiramus, gementes et flentes
in hac lacrimarum valle.
Eia ergo, advocata nostra,
illos tuos misericordes oculos
ad nos converte.
Et Jesum, benedictum fructum ventris tui,
nobis post hoc exsilium ostende.
O clemens, o pia, o dulcis Virgo Maria.

Deutscher Text:
Sei gegrüßt, o Königin,
Mutter der Barmherzigkeit,
unser Leben, unsre Wonne und unsre
    Hoffnung, sei gegrüßt!
Zu dir rufen wir verbannte Kinder Evas;
zu dir seufzen wir trauernd und weinend
in diesem Tal der Tränen.
Wohlan denn, unsre Fürsprecherin,
wende deine barmherzigen Augen uns zu,
und nach diesem Elend zeige uns Jesus,
die gebenedeite Frucht deines Leibes.
O gütige, o milde, o süße Jungfrau Maria.

Sanctus, das

Lat. »heilig«; in der Messfeier der Lobruf der Gemeinde (»Sanctus, Sanctus, Sanctus« = »Heilig, heilig, heilig«) zu Beginn des Eucharistischen ↗Hochgebets.

Sankt

Lat. »Heiliger«, Abk. St.; gebräuchlicher Namensvorsatz bei Heiligen, z.B. Sankt Martin.

Sankt-Josef-Kongregation

Lat. Congregatio Sancti Josephi, Abk. CSJ, kath. Frauenorden; 1897 von Dominikus Ringeisen (*1835, †1904) in Ursberg (Bayern) gegr. Schwesterngemeinschaft, die zur Ordensfamilie des hl. ↗Franz von Assisi gehört. Die Schwestern sind u. a. in der Erziehung und Ausbildung, Betreuung und Pflege, in der Seelsorge und in therapeutischen und medizinischen Berufen tätig.

Sankt Michaelsbund, der

Landesfachstelle zur Unterstützung der katholischen Büchereiarbeit in Bayern. ↗Borromäusverein.

Sant'Egidio

Name einer 1968 in Rom gegr. internationalen Laienvereinigung (↗Laie). Ziele der Gemeinschaft sind die Evangelisierung, v. a. der Menschen, die der Kirche fernstehen und am Rande der Gesellschaft leben, der Dienst an den Armen sowie der ökumenische und interreligiöse Dialog. Die Gemeinschaft Sant'Egidio zählt weltweit über 50.000 Mitglieder in rund 70 Ländern. Das Zentrum der Gemeinschaft befindet sich in der römischen Kirche Sant'Egidio, die ihr auch den Namen gegeben hat.

Sarkophag, der

Griech. sarkophágos = »Fleischfresser«; Sarg aus Stein, bes. im Frühmittelalter Kennzeichen der Beisetzung von Standespersonen (wegen der hohen Kosten für Herstellung und Transport).

Satan, der

Hebr. »Widersacher«; im ↗Alten Testament Bez. für den Bösen und Widersprecher Gottes, auch ↗Lucifer (lat. »Lichtbringer«), der vom Himmel gefallene Morgenstern (nach Jes 14,12) oder Baal-Sebub (Beelzebub) genannt, nach dem Namen eines Götzenbildes (2 Kön 1,2). ↗Teufel.

SCC

Abk. für Sorores Christianae Caritatis, ↗Schwestern der christlichen Liebe, kath. Frauenorden.

Scheitelkäppchen, das

↗Pileolus.

Schematismus, der

Ein zumeist jährlich von einem ↗Bistum herausgegebenes Handbuch, das die Struktur des Bistums aufzeigt und sämtliche in der Seelsorge tätigen Mitarbeiter(innen) des Bistums sowie die Anschriften aller kirchl. Einrichtungen, Gremien und Verbände enthält.

Scheutvelder Missionare

Lat. Congregatio Immaculati Cordis Mariae, Abk. CICM; kath. Männerorden, der sich v. a. der ↗Mission widmet. Benannt wurde der Orden nach seinem Gründungsort bei Brüssel.

Schiff, das

In der Baukunst Bez. für den Innenraum einer Kirche (Kirchenschiff). In ↗Basiliken oder Hallenkirchen wird zwischen dem Mittelschiff (auch ↗Lang- oder Hauptschiff) und den Seiten- und ↗Querschiffen unterschieden. Die einzelnen Schiffe sind durch Säulen oder Bögen getrennt. Das Langschiff richtet sich mit der ↗Apsis fast immer nach Osten aus.

Schisma, das

Griech. »Spaltung, Trennung«; bezeichnet eine Kirchenspaltung, die Trennung der kirchlichen Einheit. Zu den folgenreichsten Kirchenspaltungen in der Kirchengeschichte gehört das bis heute bestehende *Morgenländische Schisma* (1054), die Trennung der vier ostkirchlichen Patriarchate (Konstantinopel, Alexandria, Antiochia und Jerusalem) von der lat. (röm.-kath.) Kirche. Zum *Abendländischen Schisma* (1378–1417) kam es, nachdem gleichzeitig mehrere Päpste Anspruch auf die Leitungsgewalt in der Kirche erhoben; es wurde durch das Konstanzer Konzil (1414–1418) beigelegt. Während bei einer ↗ Häresie Einzelne oder eine Gruppe vom Glauben der Übrigen abweichen, spaltet sich beim Schisma ein Teil der Kirche ab, um sich zu verselbständigen.

Schlüssel des Himmelreiches, die

In der Ikonographie ist der Schlüssel das Erkennungszeichen des Petrus und seines Primats, ebenso für den Nachfolger des Petrus, den Papst. Das Papstwappen beinhaltet zwei gekreuzte Schlüssel. Dies geht zurück auf Matthäus 16,19, wo Jesus zu Petrus sagt:»Ich werde dir die Schlüssel des Himmelreiches geben; was du auf Erden binden wirst, das wird auch im Himmel gebunden sein, und was du auf Erden lösen wirst, das wird auch im Himmel gelöst sein.«

Schmachtlappen, der

↗ Fastenvelum.

Schmerzensmann, der

Darstellung Christi mit seinen Wundmalen und Leidenswerkzeugen (↗ Arma Christi).

Schmerzensmutter, die

Lat. mater dolorosa; Bez. für die Gottesmutter Maria. ↗ Gedächtnis der Schmerzen Mariens.

Schnitzaltar, der

↗ Flügelaltar.

Schola (cantorum), die

Lat. schola = »Schule«; seit der Spätantike Bez. für die päpstliche Singschule und ihren Chor. Im Frühmittelalter wurde daraus der Name für den meist rechteckig abgeschrankten Bereich in der Kirche, der vom ↗ Presbyterium in den Laienraum (↗ Laie) hineinragte. Ansonsten Bez. für die Gruppe, die kirchl. Gesänge im Gottesdienst vorträgt.

Scholastik, die

Philosophisch-theologische Denkrichtung, die versucht, die christlichen Glaubensgrundlagen rational, d. h. durch die menschliche Vernunft, zu begründen und zu deuten. Die Entwicklung der Scholastik lässt sich in drei Phasen einteilen: Früh-Scholastik (9.–12. Jh.), Hoch-Scholastik (12.–13. Jh.) und Spät-Scholastik (14.–15. Jh.). Zu den bedeutendsten Vertretern der Scholastik gehört Thomas von Aquin (* 1225, † 1274), der der ↗ Theologie den Charakter einer Wissenschaft gab.

Schönstatt-Bewegung, die

Internationale geistliche Erneuerungsbewegung, benannt nach ihrem Entstehungsort Schönstatt, einem Ortsteil von Vallendar bei Koblenz. Gründer ist der Pallottiner-Pater Josef Kentenich (1885–1968). Er war als ↗ Spiritual in einem Jungen-Internat in Schönstatt tätig. Am 18. Oktober 1914 hielt er dort in einer Kapelle vor einer Gruppe von jungen Männern einen Vortrag, der später als Gründungsurkunde Schönstatts bezeichnet wurde. Er ermunterte sie, ihr Leben intensiver aus dem Glauben zu gestalten, und schloss mit ihnen ein Bündnis mit der Gottesmutter Maria. Sie sollte an diesem Ort in besonderer Weise als Mutter und Erzieherin der Christen wirksam sein. Die Gnadenkapelle von Schönstatt gilt heute als »Urheiligtum« der in über 60 Ländern verbreiteten

Bewegung. Weltweit gibt es etwa 160 Schönstatt-Zentren. Der Schönstatt-Bewegung gehören heute über 20 unabhängige Gemeinschaften an. Die Schönstätter Marienschwestern führen das Ordenskürzel ISSM (Institutum Schoenstattense Sororum Marialium), die Schönstatt-Patres ISCH (Institut Schönstatt).

School Sisters of St. Francis
Abk. SSSF; ↗ Franziskanerinnen.

Schöpfung, die
»Schöpfung« ist ein theologischer, kein naturwissenschaftlicher Begriff. Im Alten Testament sind zwei Schöpfungserzählungen (Gen 1,1–2,4a; 2,4b–3,24) enthalten, die eine göttliche Schöpfung aus dem Nichts berichten und die Erschaffung des Menschen als gottgleiches Wesen.

Schott, der
Anselm Schott (*1843, †1896) war ein deutscher Benediktiner der Erzabtei Beuron. Von ihm herausgegeben, erschien 1884 unter seinem Namen erstmals »Das Meßbuch der heiligen Kirche (Missale Romanum) lateinisch und deutsch, mit liturgischen Erklärungen für Laien«. »Der Schott« ist in aktualisierter Form bis heute das Synonym für das Laien-Messbuch, das bei der Vorbereitung und Mitfeier der Eucharistie unterstützt.

Schrein, der
Ein meist aus Holz oder Edelmetallen gearbeitetes Behältnis, das, wenn es der Aufbewahrung von ↗ Reliquien dient, mit Edelsteinen und Schmuckelementen verziert ist. Als Schrein bezeichnet man auch den feststehenden mittleren Teil eines ↗ Flügelaltars.

Schulbrüder
↗ Brüder der christlichen Schulen.

Schützenbruderschaften
↗ Eucharistische Ehrengarde.

Schutzengel, der
Ein ↗ Engel, der einem Menschen als Schutz und persönlicher Beistand zur Seite steht.

Schutzheilige, der
Auch: Schutzpatron; ein ↗ Heiliger, von dem Schutz durch Hilfe und Fürsprache bei Gott erhofft wird. Es gibt Schutzheilige für Personen, für bestimmte Berufsgruppen, Länder, Orte, Krankheiten oder Tiere (↗ Nothelfer). Heilige, nach denen Kinder benannt werden, heißen ↗ Namenspatron.

Schutzmantel, der
Ein »Schutzmantel« ist ikonographisch das Erkennungszeichen eines ↗ Schutzpatrons. Unter seinem Mantel sind die Anbefohlenen geborgen. In diesem christlichen Bild ist ein altrömischer Rechtsbrauch verborgen. »Sub pallio cooperire« (lat. »unter dem Mantel bergen«) bedeutete, dass ein Patron öffentlich den Schutzbefohlenen unter seinen Mantel stellte, als äußeres Zeichen der Annahme des Patronates. Der Schutzmantel findet sich v. a. bei Darstellungen Mariens (»Unter deinen Schutz und Schirm fliehen wir ...«), aber auch der hl. Martin und die hl. Ursula werden mit Schutzmänteln dargestellt.

Schutzmantel-Madonna, die

Besonderer Typus der Darstellung der Gottesmutter ↗Maria, der im 13. Jh. aufkam und im späten Mittelalter (14./15. Jh.) verbreitet war. Maria wird mit einem weiten Mantel dargestellt, der entweder von ihr selbst oder von ↗Engeln ausgebreitet wird. Unter dem Mantel zu ihren Füßen stehen Personen, die den Schutz der Gottesmutter suchen.

Schutzpatron, der

↗Schutzheiliger.

Schweifhaube, die

Eine (Kirch-)Turmbekrönung, die sich im unteren Bereich nach außen wölbt und etwa in der Mitte der Gesamthöhe in eine nach innen gerichtete Rundung übergeht. Sie endet in einer schlanken Spitze.

Schweizer

↗Domschweizer, ↗Schweizergarde.

Schweizergarde, die

Lat. cohors helvetica; 1506 von Papst Julius II. aus Schweizer Söldnern gegr. Truppe, deren Aufgabe heute der Wach-, Ordnungs- und Ehrendienst im Apostolischen Palast und der Schutz des Papstes ist. Außerdem begleiten Mitglieder der Schweizergarde den Papst auf seinen Reisen. Die direkt dem Papst unterstellte Truppe hat eine Sollstärke von 100 Mann. Gardisten können nur kath., ledige Männer mit einem einwandfreien Leumund werden, die in der Schweiz bereits Militärdienst geleistet und eine Berufsausbildung absolviert haben. Sie müssen mindestens 1,74 Meter groß und dürfen beim Eintritt nicht älter als 30 Jahre sein. Die Gardisten ver-

pflichten sich i. d. R. für eine zweijährige Dienstzeit. Die farbenprächtige Gala-Uniform der Schweizergardisten stammt aus dem Jahr 1914 und ist nicht – wie es häufig heißt – von Michelangelo, sondern vom damaligen Kommandanten Jules Répond entworfen worden. Die Farben Rot-Gelb-Blau sind die Traditionsfarben des Hauses Medici. Die Alltagsuniform ist blau. Während der Plünderung Roms am 6. Mai 1527 (↗Sacco di Roma) leistete die Schweizergarde verzweifelten Widerstand und brachte Papst Clemens VII. in die ↗Engelsburg in Sicherheit. Dabei starben 147 der damals insges. 189 Mann starken Söldnertruppe. Dieser Tag ist noch heute der Gedenktag der Schweizergarde, an dem jährlich die neuen Rekruten vereidigt werden.

Schwester, die

Abk. Sr. ↗Ordensschwester.

Schwestern der Christlichen Liebe

Lat. Sorores Christianae Caritatis, Abk. SCC; kath. Frauenorden, 1849 von Pauline von Mallinckrodt (*1817 in Minden, †1881) gegründet. Zunächst stand die Sorge um blinde Kinder im Mittelpunkt der sozialkaritativen Arbeit der Gemeinschaft. Heute sind die Schwestern u.a. in der Erziehung und Bildung junger Menschen tätig, übernehmen Seelsorgeaufgaben in Pfarrgemeinden und betreuen alte und kranke Menschen. Das Mutterhaus des Ordens ist in Paderborn, die Generalleitung hat ihren Sitz in Rom.

Schwestern Unserer Lieben Frau

Franz. Sœurs de Notre Dame, Abk. SND (in Deutschland auch ULF); kath. Frauenorden, 1804 von Julie Billiart (*1751, †1816) in Frankreich gegründet, um sich v. a. der religiösen Erziehung und Bildung armer Mädchen zu widmen. Die Ordensgemeinschaft ist heute weltweit tätig und zählt nach eigenen Angaben rund 2.500 Schwestern. In Deutschland arbeiten sie u. a. in Schulen, Kinder- und Behindertenheimen, in der Jugend- und Bildungsarbeit sowie in der Gemeinde-, Alten- und Krankenseelsorge.

Schwestern vom Guten Hirten

Engl.: Religious of the Good Shepherd, Abk. RGS; kath. Frauenorden, 1835 in Frankreich gegründet. Der internationalen Ordensgemeinschaft gehören heute rund 5.000 Schwestern an, die in mehr als 70 Ländern tätig sind. Die erste Niederlassung in Deutschland entstand bereits 1840 in München. Die Schwestern engagieren sich für Gerechtigkeit und Frieden, ergreifen Partei gegen not- und leidbringende Strukturen und setzen sich für die Bewahrung der Schöpfung ein. Unter anderem betreuen und beraten sie benachteiligte Frauen und Mädchen, sind in der Kinder- und Jugendhilfe tätig, engagieren sich in der Arbeit mit Prosituierten, Strafgefangenen, Suchtkranken und Wohnungslosen. Ein weiterer Zweig des Ordens ist die Gemeinschaft der Kontemplativen Schwestern vom Guten Hirten.

Schwestern von der heiligen Maria Magdalena Postel

Lat. Sorores Mariae Magdalenae Postel, Abk. SMMP, auch: Heiligenstädter Schulschwestern; kath. Frauenorden, 1807 von der Lehrerin Julie Postel (*1756, †1846), die als Ordensschwester den Namen Maria Magdalena trägt, in Cherbourg/Frankreich

unter dem Namen »Arme Töchter der Barmherzigkeit« gegründet. Die weltweit wirkende Ordensgemeinschaft unterhält Schulen, Krankenhäuser und andere karitative Einrichtungen.

Schwestern von der Heimsuchung Mariens

↗ Salesianerinnen.

SCJ

Abk. für Congregatio Sacerdotum a Sacro Corde Iesu, ↗ Herz-Jesu-Priester, kath. Männerorden.

Scriptorium, das

Schreibsaal in einem mittelalterlichen Kloster.

Scrutinium, das

Lat. scrutinari: »ausforschen, gründlich untersuchen«; bevor angehende Diakone oder Priester zur Weihe zugelassen werden, müssen sie das Scrutinium absolvieren, eine Befragung, die der Ortsbischof oder ein von ihm Beauftragter durchführt.

SCV

Intern. Abk. für Stato della Città del Vaticano = »Staat der ↗ Vatikanstadt«; auch Autokennzeichen des Vatikans. Die Papstfahrzeuge führen das Zeichen SCV 1.

SDB

Abk. für Societas S. Francisci Salesii, ↗ Salesianer Don Boscos, kath. Ordensgemeinschaft.

SDS

Abk. für Societas Divini Salvatoris, ↗ Salvatorianer.

Sechswochenamt, das

Gedächtnisgottesdienst für einen Verstorbenen sechs Wochen nach seiner ↗ Bestattung. ↗ Seelenamt.

Sedile, das

Lat. »Sitz«; gebräuchlich ist der Begriff »Sedilien«, der die Sitze im Altarraum meint, die Priestern, ↗ Diakonen, ↗ Lektoren und ↗ Messdienern vorbehalten sind.

Sedisvakanz, die

Lat. sedes = »Sitz« und vacare = »frei, unbesetzt sein«; der Zeitraum, in dem das Amt des Papstes bzw. eines Bischofs unbesetzt ist. Die Sedisvakanz endet mit der Wahl des neuen Papstes bzw. der Einführung eines neuen Bischofs.

Seele, die

Der Mensch besteht nach christlicher Lehre aus einem sterblichen Leib und einer unsterblichen Seele. Sie begründet die menschliche Individualität und gilt als unteilbar und unzerstörbar. Im AT sind Seele und Körper zwei Aspekte des als Einheit verstandenen Menschen. Die Kraft, die den Körper belebt, wird im Hebr. nefesch, neschama oder ru'ach genannt – Begriffe, die einmal »Atem« bedeutet haben. Im NT wird der griech. Begriff Psyché verwendet, der vielfach mit »Seele« übersetzt wird, aber auch im Sinne von »Leben« gemeint ist, weil er die Qualität eines Wesens bezeichnet, lebendig zu sein. Die Psyché ist Sitz des Denkens, Fühlens und Wollens. Die Seele ist immateriell, nicht an den Leib gebunden und kann nicht getötet werden (Mt 10,28; Offb 6,9; 20,4). Der Begriff ist im NT unscharf und an einigen Stellen mehrdeutig. Bereits im Urchristentum wird der Mensch ganzheitlich verstanden, weshalb eine leibliche Auferstehung und eine seelisch-körperliche Einheit im Himmel vertreten wurden.

Seelenamt, das

Bez. für die Messe für einen Verstorbenen. Das Seelenamt, oft zum Gedenken am Todestag gefeiert (z.B. das Sechswochenamt), ist nicht zu verwechseln mit der Totenmesse oder dem Requiem anlässlich der Beisetzung.

Seelsorgebereich, der

Sinkende Katholikenzahlen und sinkende Zahlen des Priesternachwuchses zwingen zur Neuorganisation der Seelsorge. Mehrere ↗ Pfarreien werden deshalb zu einem Seelsorgebereich zusammengeschlossen, verlieren dabei aber nicht ihre rechtliche Eigenständigkeit. Für einen Seelsorgebereich gibt es jeweils eine genaue Personalbeschreibung, so dass i.d.R. wenigstens zwei Kleriker z.B. mit einem ↗ Diakon und mehreren ↗ Gemeindereferent(inn)en oder ↗ Pastoralassistent(inn)en zusammen die Seelsorge wahrnehmen.

Segen, der

Lat. signum = »Zeichen«; eine mit oder ohne Gebet vollzogene besondere Geste (↗ Kreuzzeichen, Handauflegung, Verwendung von ↗ Weihwasser, Beräucherung mit ↗ Weihrauch), mit der die Bitte zum Ausdruck gebracht wird, Gott möge dem Gesegneten Heil und Schutz schenken und ihn mit der Kraft seiner gütigen Gegenwart erfüllen. Neben Menschen können auch Tiere, Gebäude und Gegenstände gesegnet werden.

Seitenaltar, der

Zusätzlich zum Hauptalter können in einer Kirche Seitenaltäre im Hauptschiff sowie den Seiten- oder Nebenschiffen aufgestellt werden. Mehrere Altäre waren nicht nur das Ergebnis frommer Stiftungen, sondern oft auch notwendig, weil bis in die Zeit nach dem ↗ Zweiten Vatikanischen Konzil jeder Priester jeden Tag wenigstens einmal ↗ Eucharistie feiern musste. Vor allem in den Klosterkirchen von Priesterorden musste es deshalb eine ausreichende Zahl von Seitenaltären geben, damit jeder Priester täglich Gelegenheit zur Zelebration hatte.

Seitenschiffe

Die Räume einer Kirche, die, durch eine Stützenreihe getrennt, seitlich des Mittelschiffes oder Langhauses verlaufen.

Sekte, die

Lat. secta = »Richtung, Richtlinie« und sequi = »folgen, nachfolgen«; eine religiöse Gemeinschaft oder Gruppierung, die sich zumeist von den christlichen Großkirchen aufgrund abweichender Glaubensvorstellungen abgespalten hat. Nicht wenige Sekten fallen durch ihre autoritäre Struktur und ihre rigorosen und ideologisierten Glaubensvorstellungen auf. Insbesondere labilen Menschen fällt es deshalb schwer, sich aus diesen religiösen Gemeinschaften zu lösen. Viele Bistümer bieten die Hilfen von Sektenbeauftragten an, die über die verschiedenen Sekten informiert sind, Auskunft geben können und Anlaufstellen für Betroffene darstellen.

Selige, der (die)

Mit Seligen bezeichnet die Kirche Menschen, die durch ihr privates und öffentliches Leben Vorbilder im Glauben sind. Sie können in verschiedenen Notlagen und Anliegen um Hilfe angerufen werden. Die Verehrung ist im Gegensatz zu den ↗ Heiligen nur auf einen bestimmten Ort, eine Region oder kirchl. Gemeinschaft begrenzt. ↗ Seligsprechung.

Seligsprechung, die

Auch: Beatifikation; in der kath. Kirche die feierliche und endgültige Erklärung, dass ein Verstorbener rechtmäßig als ↗ Seliger öffentlich verehrt und deshalb um seine Fürbitte bei Gott angerufen werden darf. Die Seligsprechung stellt einen Menschen heraus, der ein bes. vorbildhaftes christliches Leben geführt hat und deswegen von der Kirche eines Landes, eines ↗ Bistums oder auch einer bestimmten Gemeinschaft verehrt werden darf. Die ↗ Heiligsprechung dehnt diese Verehrung auf die ganze Weltkirche aus. Dem Akt der Seligsprechung geht ein Seligsprechungsprozess voraus, der vom Ortsbischof eingeleitet wird. Darin werden Belege für die Beweisführung über den Ruf der Heiligkeit, ggf. des Martyriums, der herausragenden Tugenden und eventuell eingetretener Wunder gesammelt. Nach Abschluss dieses Verfahrens leitet der Bischof die Akten der Vatikanischen ↗ Kongregation für die Selig- und Heiligsprechungen zu. Sie prüft die Echtheit der Dokumente sowie der Zeugenaussagen und holt Gutachten über mögliche Wunder ein, die von dem oder der Betreffenden erwirkt worden sein sollen. Bei Männern und Frauen, die als ↗ Martyrer seliggesprochen werden sollen, entfällt die Notwendigkeit eines Wundernachweises. ↗Heiligsprechung.

Seminarist, der
Auch: Priesteramtskandidat; Bez. für den Studierenden in einem Priesterseminar.

Sensus fidelium, der
Lat. »Glaubenssinn der Gläubigen«; steht für die Annahme, dass das nicht falsch sein kann, worin sich alle Gläubigen einig sind. Das Zweite Vatikanische Konzil sagt. »Die Gesamtheit der Gläubigen, welche die Salbung von dem Heiligen haben (vgl. 1 Jo 2,20 u. 27), kann im Glauben nicht irren. Und diese ihre besondere Eigenschaft macht sie durch den übernatürlichen Glaubenssinn des ganzen Volkes dann kund, wenn sie von den Bischöfen bis zu den letzten gläubigen Laien ihre allgemeine Überzeugung in Sachen des Glaubens und der Sitten äußert« (LG 12).

Sentire cum Ecclesia
Lat. »fühlen/empfinden mit der Kirche«; Begriff aus der ↗ignatianischen Spiritualität, bezeichnet die innere Haltung eines Gespürs für das, was die Kirche zur Erfüllung ihrer Sendung braucht.

Septuaginta, die
Lat. »die Siebzig«; wissenschaftliche Abk. LXX; die älteste griech. Übersetzung des Alten Testaments (3.–1. Jh. v.Chr.). Nach einer Legende wurde die Septuaginta in Alexandria von 72 jüdischen Gelehrten innerhalb von 72 Tagen erstellt (die 72 wurde dann auf 70 abgerundet).

Seraphim, die
Singular: der Seraph; Bez. für ↗Engel, die nach der Vision des ↗Propheten Jesaja (Jes 6,1–7) über sechs Flügel sowie Hände, Füße und menschliche Stimmen verfügen. Sie stehen – so die außerbiblische Überlieferung – lobpreisend um den Thron Gottes und führen die Hierarchie der Engelschöre an. Ihr Gesang hat als Lobruf (↗Sanctus) Einzug in die Feier des christlichen Gottesdienstes gefunden. »Sie riefen einander zu: Heilig, heilig, heilig ist Gott, der Herr der Heere. Von seiner Herrlichkeit ist die ganze Erde erfüllt« (Jes 6,3). Im NT (Offb 4) wird zwischen Seraphim und ↗Cherubim nicht mehr unterschieden.

Serviten
Lat. Ordo Servorum Mariae, Abk. OSM, »Diener Mariens«; 1233 in Florenz von sieben Kaufleuten gegr. Ordensgemeinschaft. 1241 errichteten die Ordensgründer, die als sieben »heilige Väter« bezeichnet werden, ihr erstes Kloster auf dem Monte Senario bei Florenz. Seit 1299 bestand auch eine Ordensprovinz mit vier Klöstern in Deutschland. 1304 bestätigte Papst Benedikt XI. (1303–1304) den Orden in seiner Bulle »Dum levamus«. Mit der ↗Säkularisation verloren die Serviten allerdings ihre Klöster in Deutschland. Erst am Ende des 19. Jh. erholte sich der Orden langsam und gründete wieder neue Klöster. 1954 wurde er in Deutschland, in Gelsenkirchen-Buer, wieder gegründet. Heute leben Serviten, die sich v.a. der Missionsarbeit widmen, in mehr als 30 Ländern auf allen Kontinenten.

Sext, die
↗ Horen. ↗ Stundengebet.

Sieben
Heilige Zahl aus 3 (der Zahl des dreifaltigen Gottes) und 4 (der Zahl der Welt mit vier Himmelsrichtungen, vier Jahreszeiten, vier Elementen usw.). Im Vaterunser beziehen sich drei Bitten auf Gott, vier auf die Menschen.

Sieben Gaben des ↗ Heiligen Geistes
Weisheit, Einsicht, Rat, Stärke, Erkenntnis, Frömmigkeit, Gottesfurcht.

Sieben ↗ Sakramente
Taufe, Buße, Eucharistie, Firmung, Ehe, Priesterweihe, Krankensalbung.

Sieben Schmerzen Mariens
↗ Gedächtnis der Schmerzen Mariens.

Sieben ↗ Todsünden
Stolz, Geiz, Wollust, Neid, Völlerei, Zorn, Trägheit.

Sieben ↗ Tugenden
Glaube, Hoffnung, Liebe, Klugheit, Gerechtigkeit, Tapferkeit und Mäßigung.

Siebenarmiger Leuchter
↗ Menora.

Sigrist
Schweizerischer Ausdruck für ↗ Küster.

Silvester
Namenstag des Papstes Silvester (314–335), der dem letzten Tag des Jahres seinen Namen gab. ↗ Silvesterorden.

Silvesterorden, der
Einer der päpstlichen Orden, der auf einem achtzackigen goldenen, weiß emaillierten Malteserkreuz auf der Vorderseite das Bild des Papstes Silvester I. (314–335) zeigt und an einem schwarzen, dreifach rot geränderten Band getragen wird. Er wurde 1841 von Papst Gregor XVI. (1831–1846) für Verdienste um die röm.-kath. Kirche gestiftet und wird in drei Klassen verliehen: 1. Ritter (Damen), 2. Komtur mit Stern und 3. Großkreuzritter (-damen). Seit 1993 wird der Orden auch an Frauen verliehen. ↗ Päpstliche Orden und Ehrenzeichen.

Simon Petrus
↗ Petrus.

Sixtinische Kapelle, die
Auch: Cappella Sistina oder Sixtina; die Hofkapelle des Vatikans. Sie trägt ihren Namen nach Papst Sixtus IV. (1471–1484), der sie nach Plänen des Florentiner Baumeisters Baccio Pontelli erbauen ließ. Die Kapelle entspricht in ihren Maßen dem Tempel Salomons (40,2 × 13,4 Meter). Sie war nie persönliche Andachtsstätte des Papstes, sondern ist bis heute Ort feierlicher Gottesdienste und bes. festlicher Akte, wie z. B. der Papstwahl (↗ Konklave). Weltberühmt ist die Sixtinische Kapelle wegen ihrer Fresken, die von verschiedenen Malern der Renaissance (Pietro Perugino, Sandro Botticelli, Domenico Ghirlandaio, Cosimo Rosselli) geschaffen wurden. Besonders bekannt sind zwei Werke von Michelangelo (*1475, †1564): das Altarfresko »Das Jüngste Gericht« mit rund 390 zum Teil überlebensgroßen Figuren und das Deckengemälde, das auf einer

Fläche von insges. 520 Quadratmetern Szenen aus der Schöpfungsgeschichte zeigt.

SJ
Abk. für Societas Iesu, Jesuiten, kath. Männerorden.

Skapulier, das
Lat. scapulae = »Schultern, Rücken«; Teil des ↗ Habits; der textile Überwurf über das Hauptgewand besteht aus zwei fast bodenlangen Tuchbahnen, die Brust und Rücken bedecken. Das Skapulier ist Zeichen besonderer Marienfrömmigkeit.

SkF
Abk. für ↗ Sozialdienst katholischer Frauen.

SM
Abk. für Societas Mariae, ↗ Maristen, kath. Männerorden.

SMI
Abk. für Societas Mariae Immaculatae, ↗ Marienschwestern von der Unbefleckten Empfängnis, kath. Frauenorden.

SMM
Abk. für Societas Mariae Montfortana, ↗ Monfortaner, kath. Männerorden.

SMMP
Abk. für ↗ Schwestern von der Heiligen Maria Magdalena Postel, Heiligenstädter Schulschwestern, kath. Frauenorden.

SND
Abk. für Sœurs de Notre Dame, ↗ Schwestern Unserer Lieben Frau, kath. Frauenorden.

Societas Apostolatus Catholici
Abk. SAC; ↗ Pallottiner.

Societas Divini Salvatoris
Abk. SDS; ↗ Salvatorianer.

Societas Iesu
Abk. SJ; Jesuiten.

Societas Mariae
Abk. SM; ↗ Maristen.

Societas Mariae Immaculatae
Abk. SMI; ↗ Marienschwestern von der Unbefleckten Empfängnis.

Societas Mariae Montfortana
Abk. SMM; ↗ Montfortaner.

Societas Sancti Francisci Salesii
Abk. SDB; Gesellschaft des heiligen Franz von Sales, ↗ Salesianer Don Boscos.

Societas Sanctissimi Sacramenti
Abk. SSS; Kongregation vom Heiligsten Sakrament, ↗ Eucharistiner.

Societas Verbi Divini
Abk. SVD; ↗ Steyler Missionare.

Socius, der
Lat. »Geselle«; Assistent (z. B. eines Provinzials oder eines Novizenmeisters).

Sodale, Sodalin
Lat. sodalis = »Gefährte«, »Freund«; Mitglied einer ↗ Sodalität.

Sodalität, die
Von lat. sodalitas = »Freundschaft«, »Kameradschaft«, »Verbindung«; in der kath.

Kirche Bez. für religiöse Laiengemein-schaften, die sich von einer gemeinsamen geistlichen Leitidee inspirieren lassen, z. B. die ↗ Marianische Kongregation oder die Sodalität Charles ↗ de Foucauld. ↗ Bruder-schaft.

Solidarität, die

Die Verpflichtung zum umfassenden Für-einandereinstehen, ein Grundsatz der ↗ Katholischen Soziallehre: Der Einzelne ist der Gemeinschaft verpflichtet und für das Wohl der Gemeinschaft verantwort-lich und umgekehrt.

Soli Deo

Lat. »nur vor dem Herrn«; andere Bez. für den ↗ Pileolus, das Käppchen der Geist-lichen, das nur vor dem ↗ Allerheiligsten abgesetzt wird.

Sonderkongregation, die

Während der ↗ Sedisvakanz des Päpst-lichen Stuhls gibt es zwei Arten von ↗ Kon-gregationen der ↗ Kardinäle zur Vorberei-tung der Papstwahl (↗ Konklave): eine ↗ Generalkongregation und eine Sonder-kongregation. Die Sonderkongregation be-steht aus dem Kardinal-Camerlengo der Heiligen Römischen Kirche (↗ Camerlen-go) und aus drei Kardinälen, je einem aus jeder Ordnung (d. h. je einem Kardinal-bischof, einem Kardinalpriester und einem Kardinaldiakon), die Assistenten heißen. Diese werden jeweils für drei Tage durch Los aus den wahlberechtigten Kar-dinälen bestimmt, die bereits in Rom ein-getroffen sind. In dieser Sonderkongrega-tion werden während der Sedisvakanz die ordentlichen Angelegenheiten und Fragen von untergeordneter Bedeutung bearbei-tet. Für wichtigere Angelegenheiten oder schwerwiegendere Fragen, die eine gründ-lichere Prüfung erfordern, ist die General-kongregation zuständig. In den Sitzungen der Sonder- und der Generalkongregatio-nen tragen die Kardinäle den üblichen schwarzen filettierten ↗ Talar und das rote ↗ Zingulum, dazu den ↗ Pileolus, das ↗ Pektorale und den Bischofsring. ↗ Insig-nien.

Sonnenuntergang, der

Liturgisch beginnt der Tag nicht um Mit-ternacht (0.00 Uhr), sondern mit dem Un-tergang der Sonne am Vorabend. Diese Tradition hat das Christentum aus dem Ju-dentum übernommen. Am Samstagabend kann deshalb bereits der Sonntagsgottes-dienst gefeiert werden. An diesen Vor-abenden findet auch vielfach das zugehö-rige Brauchtum seinen Platz: der ↗ Heilige Abend an ↗ Weihnachten, der Dreikönigs-abend zum Gedenktag der ↗ Heiligen Drei Könige, der Martinsabend (10.11.) zum Fest des hl. Martin (11.11.), der Nikolaus-abend (5.12.) zum Fest des hl. Nikolaus (6.12.).

Sonntag, der

Auch: lat. dies dominica = »Tag des Herrn, Herrentag«; anfänglich der »achte« Tag der Woche, nach dem Sabbat, dem siebten Tag, dann nach christlichem Verständnis der erste Tag der Woche, an dem Christen der ↗ Auferstehung des Herrn gedenken und sich seit der Zeit der ↗ Apostel zur Eucharistiefeier versammeln. Der Sonntag ist durch die neue Gemeinschaft des Auf-erstandenen Jesus Christus mit seinen Jün-gern ausgezeichnet und deshalb bleibend der Urfeiertag und Tag des »Herrenmahls«. Seit Kaiser Konstantin (321) sollte dieser Tag möglichst arbeitsfrei sein. Jeder Katholik ist zur Teilnahme an der Messfeier verpflichtet (Sonntagsgebot).

Sonntagsgebot, das
Bez. für die Verpflichtung aller Katholiken ab dem 7. Lebensjahr, am Sonntagsgottesdienst teilzunehmen. Dieses Kirchengebot wird aus dem dritten der Zehn Gebote abgeleitet und aus der Anordnung Jesu, das Abendmahl zu seinem Gedächtnis zu feiern (Lk 22,19). Ein Sonntagsgottesdienst kann auch schon am Samstag gefeiert werden, weil der Tag nach jüdisch-christlicher Tradition nicht um Mitternacht, sondern mit dem ↗ Sonnenuntergang des Vortages beginnt.

Soror, die
Lat. »Schwester«; lat. Anrede einer Ordensschwester.

Sorores Christianae Caritatis
Abk. SCC; ↗ Schwestern der christlichen Liebe.

Sorores Mariae Magdalenae Postel
Abk. SMMP; ↗ Schwestern von der Heiligen Maria Magdalena Postel.

Sorores Pauperum Sancti Francisci
Abk. SPSF; Arme Schwestern vom Heiligen Franziskus, ↗ Franziskanerinnen.

Soteriologie, die
Von griech. sotér = »Erlöser« und lógos = »Lehre«; Lehre von der Erlösung.

Soutane, die
Franz. eigentl. »Untergewand«, auch: Sutane; langes, bis zu den Knöcheln reichendes schwarzes Gewand eines Priesters. Bis vor einigen Jahrzehnten war die Soutane als Alltagsbekleidung der Priester üblich. Heute wird sie als Oberbekleidung nur noch bei festlichen Anlässen und liturgischen Feiern unter den liturgischen Gewändern (↗ Kasel) getragen. Die Soutane ist im Gegensatz zum ↗ Talar bis etwa zur Hüfte tailliert geschnitten und besitzt vom Kragen bis zum Saum 33 kleine Knöpfe (für die 33 Lebensjahre Christi auf Erden). Die Farbe der Soutane bei liturgischen Feiern (↗ Chorkleidung) richtet sich nach dem Rang des ↗ Klerikers. ↗ Kardinäle tragen Rot, Bischöfe und ↗ Prälaten Violett, Päpstliche ↗ Ehrenkapläne Schwarz mit violetten Knöpfen, sonstige Priester Schwarz.

Soutanelle, die
Während das offizielle Amtskleid des Priesters die ↗ Soutane ist, gibt es ein priesterliches Straßenkleid, ein Ausgehkleid, die Soutanelle, manchmal unpräzise »Priesterzivil« genannt. Die Soutanelle ist etwa zwei Drittel so lang wie ein Talar und ähnelt einem Cut oder Gehrock bzw. einem Kurzmantel. In Deutschland ist die Soutanelle nicht mehr üblich.

Sozialdienst katholischer Frauen
Abk. SkF; ein bundesweit tätiger Frauen- und Fachverband in der kath. Kirche, der sich seit über 100 Jahren der Hilfe für Kinder, Jugendliche, Frauen und Familien in besonderen Lebenslagen widmet. Zentrales Gestaltungselement der verbandlichen Arbeit ist das Zusammenwirken von

ehrenamtlich und beruflich für den Verein Tätigen. Führungs- und Leitungsfunktionen werden von ehrenamtlichen Vorständen wahrgenommen. Der Sozialdienst katholischer Frauen e. V. wurde 1899 von Agnes Neuhaus zunächst als »Verein vom Guten Hirten« gegründet. 1903 erfolgte die Umbenennung in »Katholischer Fürsorgeverein für Mädchen, Frauen und Kinder« und der Zusammenschluss der bestehenden Vereine zu einem Verband mit einer Zentrale in Dortmund. Heute zählt der Gesamtverein über 150 SkF-Ortsvereine mit insges. ca. 14.000 Mitgliedern und Ehrenamtlichen bei rund 5.000 hauptamtlichen Mitarbeiterinnen. Der Sozialdienst katholischer Frauen ist Fachverband im Deutschen Caritasverband (↗ Caritas).

Sozialenzykliken

Die päpstlichen Rundschreiben (↗ Enzyklika), die sich intensiv mit Fragen der gesellschaftlichen Ordnung und des menschlichen Zusammenlebens im Industriezeitalter befassen und zur Lösung der sozialen Fragen aus kirchl. Sicht beitragen wollen. Diese Dokumente bilden ein wesentliches Fundament der ↗ Katholischen Soziallehre. Die Päpste haben bislang insges. acht Sozialenzykliken veröffentlicht. Den Anfang machte 1891 Papst Leo XIII. mit ↗ »Rerum novarum«, worin er die Auswüchse der Industrialisierung anprangerte. 1931, genau 40 Jahre später, entstand »Quadragesimo anno« von Pius XI., in der es um Fragen der sozialen Gerechtigkeit geht. Zum 70. Jahrestag der ersten Sozialenzyklika veröffentlichte Johannes XXIII. »Mater et Magistra«, die – aufbauend auf der bisherigen Soziallehre der Kirche –

weltweite soziale Probleme in den Blick nimmt und u. a. auf den wachsenden Unterschied zwischen Armen und Reichen hinweist. Auf diesen Gedanken baute auch Papst Paul VI. 1967 seine Enzyklika »Populorum progressio« auf, in der er weltweite Gerechtigkeit fordert und die Christen dazu einlädt, sich am Bau einer neuen Gesellschaft zu beteiligen. Die 1981 von Papst Johannes Paul II. anlässlich des 90-jährigen Jubiläums von »Rerum novarum« veröffentlichte Enzyklika »Laborem exercens« betont das Prinzip des Vorrangs der Arbeit gegenüber dem Kapital und unterstreicht die Bedeutung von Solidarität sowie das Recht des arbeitenden Menschen auf gerechten Lohn. 1987 folgte »Sollicitudo rei socialis« mit den Schwerpunktthemen Gerechtigkeit und Frieden und 1991, zum 100-jährigen Jubiläum der ersten Sozialenzyklika, erschien »Centesimus annus«, die das Ende des Kommunismus in Europa reflektiert und eine erste Annäherung an das Konzept der sozialen Marktwirtschaft darstellt.

Soziallehre, die
↗ Katholische Soziallehre.

Sozialpolitischer Aschermittwoch
Seinen Ursprung hat der Politische ↗ Aschermittwoch in der Donaustadt Vilshofen. Dort trafen sich seit 1580 jedes Jahr zu Beginn der ↗ Fastenzeit Bauern und Kaufleute zum Viehmarkt und nahmen bei Bier und Brotzeit auch die königlich-bayerische Politik aufs Korn. Schnell rissen die Bauernführer die Gespräche an sich und machten so aus dem Handel auch eine politische Veranstaltung. 1919 rief der Bayerische Bauernverbund erstmals zu

einer Kundgebung auf – damit war der Politische Aschermittwoch geboren. Nach einer Pause während der Zeit des Nationalsozialismus nahm die Bayernpartei 1948 die Bauerntradition wieder auf. Fünf Jahre später stieß die CSU mit ihrem Vorsitzenden Franz-Josef Strauß dazu, der mit seinen legendären Redeschlachten dem alten Brauch zu nationaler Bekanntheit verhalf. Inzwischen gehört der Politische Aschermittwoch zum festen Programmpunkt der Parteien und vieler Gruppen. Seit 1998 laden das Bistum Essen und die Evangelische Kirche im Rheinland Vertreter aus Kirche, Politik, Wirtschaft, Verwaltung und Verbänden zum Sozialpolitischen Aschermittwoch der Kirchen ein, um in einem liturgischen Rahmen öffentlich für Solidarität und Gerechtigkeit in der Gesellschaft einzutreten. Mit dem Sozialpolitischen Aschermittwoch wollen die katholische und die evangelische Kirche einen Kontrapunkt zum Politikspektakel der Parteien setzen. ↗ Aschermittwoch der Künstler.

Spiritaner

Lat. Congregatio Sancti Spiritus, Abk. CSSp, Missionsgesellschaft vom Heiligen Geist unter dem Schutz des Unbefleckten Herzens Mariens; kath. Ordensgemeinschaft, die weltweit missionarisch tätig ist und sich bes. für Gerechtigkeit und Frieden einsetzt. Die rund 3.000 Spiritaner arbeiten in über 60 Ländern der Erde und wollen v. a. Partei für die Zu-kurz-Gekommenen, Unterdrückten und Benachteiligten ergreifen. Das ↗ Generalat befindet sich in Rom. Gegründet wurde die Ordensgemeinschaft von Claude-François Poullart des Places (*1679, †1709) und

Franz Maria Paul Libermann (*1802, †1852). Poullart des Places hatte sich nach seinem Jurastudium entschieden, Priester zu werden. Um auch armen Theologiestudenten den Weg zum Priestertum zu ermöglichen, gründete er gemeinsam mit anderen jungen Männern in Paris das »Seminar vom Heiligen Geist«. Die daraus hervorgegangenen Priester schlossen sich zur Priestergemeinschaft der Spiritaner zusammen und übernahmen die Seelsorge in den französischen Kolonien in Afrika. Der 1826 vom Judentum zum Christentum übergetretene Libermann gründete 1841 die »Genossenschaft vom Unbefleckten Herzen Mariens«, die sich um die befreiten Sklaven in den afrikanischen Ländern kümmern sollte. Auf Vorschlag Roms wurden die beiden Gemeinschaften von Poullart des Places und Libermann 1848 zur »Kongregation vom Heiligen Geist unter dem Schutz des Unbefleckten Herzens Mariens« vereinigt. Pater Libermann wurde 1848 der erste ↗ Obere der Ordensgemeinschaft.

Spiritual, der

Lat. spiritualis = »vom Geist erfüllt, geistlich«; der Seelsorger und Beichtvater in einem Priesterseminar oder ↗ Kloster. Da der Spiritual unter dem ↗ Beichtgeheimnis steht, darf er sich gegenüber ↗ Regens und ↗ Subregens nicht über die Priesteramtskandidaten äußern und nimmt deshalb auch nicht an der Zulassungskonferenz (zur Priesterweihe) teil.

Spiritualität, die

Lat. spiritus = »Geist«; die persönliche Beziehung des Menschen zu Gott, das »Leben im Geist«, das in verschiedenen Haltungen und Lebensformen zum Ausdruck kommen kann (z.B. ↗Beten, ↗Meditation, ↗Exerzitien).

Sprengel, der
Mhd. »Weihwasserwedel«, von »sprengen«, auch: Pfarrsprengel, Diözesansprengel; Bez. für einen kirchl. Amtsbezirk. ↗Pfarrei, Diözese.

SPSF
Abk. für Sorores Pauperum Sancti Francisci, Arme Schwestern vom Heiligen Franziskus, ↗Franziskanerinnen, kath. Frauenorden.

Sr.
Abk. für Schwester. ↗Ordensschwester.

SSCC
Abk. für Congregatio Sacrorum Cordium Iesu et Mariae necnon Adorationis Perpetuae Sanctissimi Sacramenti Altaris, Ordensgemeinschaft von den Heiligsten Herzen Jesu und Mariä und der Ewigen Anbetung des Allerheiligsten Altarsakramentes, auch: Arnsteiner Patres, kath. Männerorden.

SSND
Abk. für Congregatio Pauperum Sororum Scholarum Nostrae Dominae, ↗Arme Schulschwestern von Unserer Lieben Frau, kath. Frauenorden.

SSpS
Abk. für Congregatio Servarum Spiritus Sancti, Dienerinnen des Heiligen Geistes, Steyler Missionsschwestern, kath. Frauenorden. ↗Steyler Missionare.

SSpSAP
Abk. für Congregatio Servarum Spiritus Sancti de Adoratione perpetua, Dienerinnen des Heiligen Geistes von der Ewigen Anbetung, ↗Steyler Anbetungsschwestern, kath. Frauenorden.

SSS
Abk. für Societas Sanctissimi Sacramenti, Kongregation vom Heiligsten Sakrament, auch: ↗Eucharistiner, kath. Männerorden.

SSSF
Abk. für School Sisters of St. Francis, ↗Franziskanerinnen, kath. Frauenorden.

St.
Abk. für ↗Sankt; gebräuchlich vor Namen von ↗Heiligen, z.B. St. Martin.

Staat der Vatikanstadt
↗Vatikanstadt.

Staatssekretariat, das
Das Staatssekretariat unterstützt den Papst in der Führung und Verwaltung der Weltkirche. Es ist in zwei Sektionen unterteilt: die Sektion für Allgemeine Angelegenheiten (Erste Sektion) und die Sektion für die Beziehungen mit den Staaten (Zweite Sektion), gleichsam das Innen- und Außenministerium des ↗Heiligen Stuhls. An der Spitze des Staatssekretariats steht der ↗Kardinalstaatssekretär, der »Regierungschef« oder »Premierminister« des Vatikans. Die Erste Sektion wird von einem Erzbischof geleitet, dem »Substitut«. Der Zweiten Sektion steht ebenfalls ein Erzbischof vor, der Sekretär für die Beziehungen mit den Staaten, der »Außenminister« des Vatikans. Aufgabe der Ersten Sektion

ist es, den Papst in den Fragen seines täglichen Dienstes zu unterstützen und die Arbeit der einzelnen Behörden des Vatikans zu koordinieren, ohne deren jeweilige Autonomie zu beeinträchtigen. Die Erste Sektion ist außerdem für die Redaktion und Übersetzung der wichtigsten päpstlichen Dokumente verantwortlich, bearbeitet die Unterlagen für die Ernennungen der Römischen ↗ Kurie und bewahrt das päpstliche Siegel (Papstsiegel) und den ↗ Fischerring auf. Sie ist ferner zuständig für die Veröffentlichung aller Dokumente des Heiligen Stuhls im Vatikanischen Gesetzblatt (»Acta Apostolicae Sedis«), für die Verbreitung offizieller Mitteilungen des Papstes und der Römischen Kurie durch den Vatikanischen Pressesaal (↗ Sala Stampa) sowie für die Aufsicht über die Vatikanzeitung ↗ L'Osservatore Romano, ↗ Radio Vatikan sowie das Vatikanische Fernsehzentrum. Der Ersten Sektion ist zudem das Büro für Statistik der Kirche angegliedert, das alle relevanten Daten sammelt und auswertet. Die Zweite Sektion ist für die Pflege der diplomatischen Beziehungen des Heiligen Stuhls zu den Staaten sowie für den Abschluss von ↗ Konkordaten oder ähnlichen Abkommen verantwortlich und vertritt den Heiligen Stuhl bei internationalen Organisationen und Konferenzen. Zurzeit unterhält der Vatikan diplomatische Beziehungen zu mehr als 170 Staaten sowie zur Europäischen Union und dem Souveränen ↗ Malteserorden. Zudem pflegt der Vatikan Beziehungen zu über 40 internationalen Organisationen, darunter die Vereinten Nationen und viele ihrer Unterorganisationen.

Stabat Mater, das

Lat. Stabat mater dolorosa = »Es stand die schmerzensreiche Mutter«; der Anfang eines vermutlich von Jascopone da Todi oder Johannes Bonaventura († 1274) verfassten Gedichtes auf die Gottesmutter Maria in ihrem Schmerz um ihren gekreuzigten Sohn Jesus Christus. Das Stabat Mater wurde am Fest der Sieben Schmerzen Mariä (15. September, ↗ Gedächtnis der Schmerzen Mariens) sowie am Freitag nach dem ersten Passionstag als Sequenz gebetet oder gesungen. 1521 hatte das Stabat Mater Eingang in das ↗ Missale Romanum gefunden, wurde aber wie fast alle Sequenzen durch das Konzil von Trient (↗ Tridentinum) aus den Messtexten entfernt. 1727 wurde es in das ↗ Brevier der kath. Kirche aufgenommen. Das Stabat Mater ist von vielen Komponisten vertont worden (von Josquin Desprez und Orlando di Lasso über Vivaldi, Pergolesi, Haydn bis hin zu zeitgenössischen Komponisten wie Wolfgang Rihm und Bruno Coulais).

Stabwerk, das

Die aus einzelnen Teilen (Stäben) gefertigten Maßwerkformen (↗ Maßwerk), die an Portalen, Fenstern, Brüstungen und auch im Bereich des Altarbaus seit gotischer Zeit benutzt werden.

Stadtdechant, der

Die ↗ Dekanate einer Stadt oder eines Kreises bilden das Stadt- bzw. Kreisdekanat. An ihrer Spitze steht der Stadt- bzw. Kreisdechant (↗ Dechant).

Stadtpatron, der

Heiliger Schutzpatron einer Stadt (in Freiburg z.B. der hl. Georg, zu sehen an der

Außenseite des Schwabentors; das rote Kreuz auf weißem Grund, das er im Schild führt, findet sich im Freiburger Stadtwappen wieder).

Stalle, die
Einzelner Abschnitt eines Chorgestühls, bestehend aus Sitz und Wangen bzw. Knäufen.

Standortpfarrer, der
Verantwortlicher Geistlicher der Militärseelsorge.

Stato della Città del Vaticano
Staat der Vatikanstadt, ↗ Vatikanstadt.

Sterbesakrament, das
Eigentliches und einziges Sterbesakrament (↗ Sakrament) ist die ↗ Eucharistie (»Wegzehrung«). Der Versehgang, bei dem der Sterbende vor der Wegzehrung auch die Sakramente der ↗ Buße und der ↗ Krankensalbung, ggf. auch der ↗ Firmung empfängt, ist in unmittelbarer Todesgefahr möglich.

Sternsingen, das
Sternsingen oder auch Dreikönigssingen nennt man den Brauch, dass Kinder und Jugendliche am Vortag des Dreikönigsfestes (6. Januar) als ↗ Heilige Drei Könige verkleidet von Haus zu Haus ziehen, um den Bewohnern Glück und Gottes Segen für das neue Jahr zu wünschen und dafür kleine Gaben oder Geschenke zu erhalten. Der seit Mitte des 16. Jh. bekannte Brauch ist heute v. a. im Zusammenhang mit der Sternsinger-Aktion des ↗ Kindermissionswerkes und des ↗ Bundes der Deutschen Katholischen Jugend (seit 1964 in gemein-samer Trägerschaft) bekannt. Dabei sammeln die Sternsinger Spenden für Kinderhilfsprojekte in aller Welt. Die Kinder zeichnen mit Kreide ↗ C+M+B an die Türen. Diese Abkürzung bezeichnete bis zum Zweiten Weltkrieg die Namen der Könige Caspar, Melchior und Balthasar. Seit der Wiederbelebung des Sternsingerbrauchtums in den 50er Jahren des 20. Jh. wird das Kürzel als Christus mansionem benedicat (lat. »Christus segne dieses Haus«) gedeutet. Diese Neudeutung koppelt sich von dem alten Verständnis ab, das die Verwendung des Kürzels als dämonenabwehrend angesehen hatte. In den ersten 50 Jahren (1959 bis 2009) hat die Sternsingeraktion mit über 612 Mio. Euro über 51.000 Projekte und Hilfsprogramme für Kinder in Afrika, Lateinamerika, Asien und Ozeanien sowie Osteuropa unterstützt. Sie ist mit einer Beteiligung von rund einer halben Million Kindern weltweit die größte Solidaritätsaktion von Kindern für Kinder.

Sternsinger, die
↗ Sternsingen.

Steyler Anbetungsschwestern
Lat. Congregatio Servarum Spiritus Sancti de Adoratione Perpetua, Abk. SspSAP; Dienerinnen des Heiligen Geistes von der Ewigen Anbetung, im Volksmund wegen der Farbe ihres Ordenskleides auch Rosa Schwestern genannt. Die Schwestern leben ihre kontemplativ-missionarische Berufung in der Stille und Abgeschiedenheit des Klosters mit der besonderen Aufgabe der ständigen Anbetung und des feierlichen Chorgebetes. ↗ Steyler Missionare.

Steyler Missionare

Lat. Societas Verbi Divini, Abk. SVD, Gesellschaft des göttlichen Wortes; kath. Ordensgemeinschaft; 1875 von Arnold Janssen (*1837, †1909), Priester aus der Diözese Münster, im niederländischen Dorf Steyl bei Venlo gegründet. Er eröffnete dort ein Missionshaus zur Ausbildung dt. Missionare für Übersee. Wegen des ↗ Kulturkampfs musste die Gründung auf niederländischem Boden erfolgen. Vom Ortsnamen Steyl leitet sich die volkstümliche Bez. »Steyler Missionare« ab. 1879 konnte Janssen bereits die ersten Missionare nach China schicken. Der 2003 von Papst Johannes Paul II. heiliggesprochene Arnold Janssen gründete auch zwei Schwesternkongregationen: am 8. Dezember 1889 die Steyler Missionsschwestern, die Dienerinnen des Heiligen Geistes, sieben Jahre später, am 8. Dezember 1896, die ↗ Steyler Anbetungsschwestern. Heute zählt der Orden über 6.000 Mitglieder in 69 Ländern. Das ↗ Generalat hat seit 1928 seinen Sitz in Rom (vorher in Steyl).

Steyler Missionsschwestern

↗ Steyler Missionare.

Stier, der

Symbolfigur des Evangelisten ↗ Lukas.

Stift, das

Eine mit einer Stiftung (meist Grundbesitz) ausgestattete, nach weltgeistlichen Grundsätzen lebende Gemeinschaft (z.B. das frühere hochadelige Damenstift zu Essen); auch heute noch werden viele Klöster als Stift bezeichnet.

Stigmatisierung, die

Von griech. stigma = »Stich«; Stigmata nennt man die Wundmale Jesu an Händen, Füßen und Seite. Von einigen Menschen wird gesagt, dass sie stigmatisiert waren, also die Wundmale am eigenen Leib trugen (z.B., Franz von Assisi, Therese von Konnersreuth, Anna Katharina Emmerick, Pater Pio).

Stola, die

Griech. stolé = »Rüstung, Kleidung«; ein schalähnliches Stoffband, Teil der liturgischen Kleidung von Priestern und ↗ Diakonen und Zeichen des geistlichen Amtes. Der Priester trägt die Stola bei der Messfeier gewöhnlich unter dem Messgewand, bei der Feier anderer ↗ Sakramente, ↗ Wortgottesdienste, Andachten oder Segenshandlungen über der ↗ Albe oder dem ↗ Rochett, ggf. über der Alltagskleidung (z.B. am Krankenbett). Anders als der Priester trägt der Diakon die Stola nicht über beide Schultern, sondern wie eine Schärpe diagonal über Brust und Rücken. Entsprechend dem Festjahr gibt es die Stola in verschiedenen ↗ liturgischen Farben (Kirchenjahr). ↗ Priester.

Stundenbuch, das

↗ Stundengebet.

Stundengebet, das

Lat. liturgia horarum; das Apostelwort »Betet ohne Unterlass!« (1 Thess 5,17) hat in Verbindung mit der jüdischen Tradition, nach der das Tagwerk dreimal zum Gebet unterbrochen wurde, zum Stundengebet geführt, d.h. zur Regel, zu verschiedenen Stunden des Tages zu beten. Auf diese Weise reißt das Gebet weltweit nie ab. Das Buch mit den entsprechenden Gebeten heißt Stundenbuch, eine Kurzfassung des monastischen Stundengebetes für Weltpriester wird ↗ Brevier genannt. Die Gebetszeiten richten sich nach der antiken Zeiteinteilung, dem lichten Tag, der in zwölf gleiche Stunden eingeteilt wurde. Dieser Tag zwischen Sonnenauf- und Sonnenuntergang war jahreszeitlich und nach Regionen unterschiedlich lang. Im Rahmen der Liturgiereform wurde das Stundengebet reduziert, so dass es heute meist nur noch fünf oder sechs Gebetszeiten gibt: die Laudes bei Tagesanbruch; Terz, Sext oder Non sind die kleinen Horen, die dreimal, um 9, 12 und 15 Uhr den Tag unterbrechen; die Vesper gegen 18 Uhr beendet die Arbeit des Tages; die Komplet beendet den Tag.

Subdiakon, der

Früher das niedrigste Weiheamt (↗ Weihe) in der kath. Kirche. Der Subdiakon half dem ↗ Diakon bei seinen Aufgaben in der Hl. Messe. Seine Hauptaufgabe war der Dienst am Altar und die Lesung der ↗ Epistel. Die Subdiakonatsweihe wurde 1972 abgeschafft.

Subregens, der

Unterstützt den Leiter (↗ Regens) eines Priesterseminars in seinen Aufgaben.

Subsidiar, der

Lat. subsidiarius = »als Aushilfe Dienender«; Bez. für einen Priester, der in einer Pfarrei wohnt und in der Seelsorge der Gemeinde mithilft, seine Hauptaufgabe aber außerhalb der Pfarrei hat (z.B. als Schul- oder Krankenhausseelsorger).

Subsidiarität, die

Ein Grundsatz der ↗ Katholischen Soziallehre, wonach eine gesellschaftliche oder staatliche Aufgabe soweit möglich von der jeweils unteren, kleineren Einheit wahrgenommen wird (Verpflichtung zur Eigenverantwortlichkeit). Was der Einzelne oder eine bestimmte gesellschaftliche Gruppe aus eigener Initiative leisten kann, soll nicht auf die nächstgrößere Gemeinschaft übertragen werden. Die übergeordnete größere Gemeinschaft (Staat oder Kommune) soll aber die untergeordneten so weit unterstützen, dass diese ihre Aufgaben bewältigen können (Hilfe zur Selbsthilfe).

Substitut, der

Ein Erzbischof, der der Leiter der Ersten Sektion des ↗ Staatssekretariats und für die Allgemeinen Angelegenheiten im ↗ Vatikan zuständig ist.

Suburbikar(isch)e Bistümer

Lat. suburbicarius = »vor der Stadt gelegen«; die sieben Bischofssitze, die die Stadt (lat. urbs) Rom umgeben und den ↗ Kardinalbischöfen als ↗ Titularbistümer zugeordnet sind, jedoch jeweils von einem eigenen Bischof geleitet werden: Ostia, Palestrina, Porto und Santa Rufina, Albano, Velletri-Segni, Frascati, Sabina-Poggio Mirteto. Seit Jahrhunderten gibt es allerdings nur sechs Kardinalbischöfe. Das Titularbistum Ostia hat daher seit dem 13. Jh. stets der Vorsitzende des Kardinalskollegiums (↗ Kardinaldekan) zusätzlich zu seinem anderen suburbikaren Bischofssitz inne.

Suffragan, der

Auch: Suffraganbischof; ein Diözesanbischof, der einem ↗Metropoliten (Erzbischof) zugeordnet ist.

Suffraganbistum, das

Auch: Suffragandiözese; ein der Kirchenprovinz zugeordnetes Bistum. Ein Suffraganbistum wird von einem Bischof geleitet, der im Rahmen des kirchl. Rechts (↗CIC) eigenständig arbeitet. Meist wird der Bischof von dem zuständigen Erzbischof in sein Amt eingeführt bzw. begraben. Nur in einigen kirchenrechtl. Angelegenheiten ist das Erzbistum als Berufungsinstanz zuständig, z. B. in der Ehegerichtsbarkeit.

Sühne, die

Sühne oder Wiedergutmachung bezeichnet den Akt, durch den ein Mensch, der gesündigt hat, sich wieder mit Gott versöhnen lässt (↗Sünde).

Sukzession, Apostolische, die

↗Apostolische Sukzession.

Sünde, die

Im Gegensatz zur ↗Erbsünde ein bewusstes, gewolltes Denken und Handeln des Menschen, durch das sein Verhältnis zur Schöpfung und zum Schöpfer gestört wird, z. B. durch vorsätzliche Missachtung des Willens Gottes oder durch egozentrische Rücksichtslosigkeit gegenüber Mitmenschen. Der Ursprung des Begriffs ist nicht genau bekannt; vermutlich hängt er mit »sich absondern« zusammen, weil Sünde die Beziehung zu Gott und den Menschen stört und zu Vereinzelung und Einsamkeit führt. Minderschwere Sünden

(die nicht voll vorsätzlich und in keiner gravierenden Sache begangen wurden) nennt man »lässlich«. Im allgemeinen Sprachgebrauch werden die Begriffe »Sünde« und »Schuld« nicht streng getrennt. ↗Erbsünde. ↗Reue. ↗Beichte. ↗Vergebung der Sünden. ↗Pönitentiar.

Sündenfall, der

Bez. für den im ↗Alten Testament (Gen 3) geschilderten Ungehorsam des ersten Menschenpaars ↗Adam und Eva gegenüber Gott.

Superior, der

Lat. »der Obere«; der Leiter oder Vorsteher eines ↗Klosters; in zahlreichen Ordensgemeinschaften auch der Titel des oder der Generaloberen (↗Obere).

Suspension, die

Eine Beugestrafe, die nur gegen ↗Kleriker verhängt wird, und zwar von ihren geistlichen Vorgesetzten ab dem Ortsbischof. Ihnen ist damit verboten, ihr Amt auszuüben (z. B. ↗Sakramente zu spenden) oder von ihrer Leitungsgewalt Gebrauch zu machen.

SVD

Abk. für Societas Verbi Divini, ↗Steyler Missionare, kath. Ordensgemeinschaft.

Syllabus errorum, der

Lat.: »Verzeichnis der Irrtümer«, 1864 veröffentlicht; Bez. für die Zusammenstellung von 80 Thesen, die Papst Pius IX. verurteilte. Der Syllabus stand im Hintergrund bei der Einführung des ↗Antimodernisteneides durch Papst Pius X.

Symbol, das

Griech. sýmbolon = »Zusammengefügtes, Erkennungszeichen«;

1. Sinnbild oder Hinweis auf eine Person oder Sache (z.B. steht die weiße Taube symbolisch für den Heiligen Geist).

2. Im 2. Jh. kam das »Symbolum« als Begriff für das Glaubensbekenntnis der Kirche auf; ↗ Credo.

3. In der heutigen Theologie meint Symbol eine Wirklichkeit, die sich in einer anderen Person äußert; z.B. bringt sich Gottvater durch Jesus Christus zur Erscheinung (Realsymbol).

Synodale, der/die

Griech. sýnodos (»gemeinsamer Weg, Zusammenkunft«) bezeichnet ebenso wie das lat. concilium (»Rat, Zusammenkunft«) eine Versammlung in kirchlichen Angelegenheiten. Teilnehmer sind Synodale bzw. Konzilsväter. In Deutschland hat die Gemeinsame Synode der Bistümer in der Bundesrepublik Deutschland, auch ↗ Würzburger Synode genannt, von 1971 bis 1975 versucht, die Beschlüsse des ↗ Zweiten Vatikanischen Konzils umzusetzen.

Synode, die

Griech. sýnodos = »gemeinsamer Weg, Zusammenkunft«. Das geltende Kirchenrecht kennt die Bischofssynode als Beratungsgremium des Papstes und die Diözesansynode, eine »Versammlung von ausgewählten Priestern und anderen Gläubigen der Teilkirche« (can. 460) zur Unterstützung des Diözesanbischofs. Eine gemeinsame Synode der Bistümer der Bundesrepublik Deutschland fand 1971 bis 1975 in Würzburg statt (↗ Würzburger Synode).

Synoptiker

Bez. für die drei Evangelisten ↗ Matthäus, ↗ Markus und ↗ Lukas, deren Evangelien zum Teil auf den gleichen Quellen gründen und Textparallelen aufweisen, die in einer Synopse (Zusammenschau) nebeneinandergestellt werden können.

T

Tabernakel, der/das

Lat. tabernaculum = »Hütte, Zelt«; ein kunstvoll gestalteter Schrein (Sakramentshäuschen) zur Aufbewahrung von bei der Messe nicht ausgeteilten konsekrierten ↗ Hostien. In der Gestalt des Brotes ist nach kath. Auffassung Christus bleibend gegenwärtig. Die Präsenz Christi wird durch das ↗ Ewige Licht angezeigt.

Tag des Herrn, der

↗ Sonntag.

Tagesgebet, das

Gebet in der Hl. Messe nach dem Kyrie, das auf das »Thema« der kommenden Lesungen einstimmt.

Tageshore, die

Im Stundengebt vieler Orden die zu einer einzigen Gebetszeit zusammengefasste Terz, Sext und Non. ↗ Horen.

Talar, der

Lat. talus = »Knöchel«; ein knöchellanges Gewand, das auch ärmellos sein kann. Im Gegensatz zur ↗ Soutane, die Klerikern vorbehalten ist, wird der Talar auch von ↗ Messdienern und ↗ Küstern beim liturgischen Dienst getragen.

Taube, die

Im ↗ Neuen Testament Symbolfigur für den ↗ Heiligen Geist.

Taufbecken, das

Auch: Taufstein, Taufschale, Taufbrunnen; ein meist künstlerisch gestaltetes Becken aus Stein oder Metall für das Taufwasser. Das Taufbecken ist im Eingangsbereich des Kirchenraums aufgestellt, einige Kirchen verfügen auch über eine Taufkapelle. Ursprünglich wurden Taufbewerber nur in eigenen Taufkirchen (↗ Baptisterium) getauft, in denen sich ein von fließendem (»lebendigen«) Wasser gespeistes Becken befand. Die Täuflinge waren Erwachsene. Sie mussten bei der Taufzeremonie in das Becken steigen und wurden mit Wasser übergossen oder untergetaucht. Die Baptisterien und viele Taufsteine zumindest der Romanik sind achteckig (↗ Acht), um auf den achten Tag hinzuweisen, den Tag der ↗ Auferstehung.

Taufe, die

Das erste und grundlegende ↗ Sakrament, durch das ein Mensch in die Gemeinschaft der Kirche aufgenommen wird. Die Taufe ist ↗ Realsymbol für die besondere, unauflösbare Gemeinschaft des Getauften mit Jesus Christus, durch den die ↗ Erbsünde ihre Macht über den Täufling verloren hat. Das Taufsakrament wird durch einen Priester oder ↗ Diakon gespendet; in Notfällen kann es auch von jedem anderen Menschen gespendet werden (↗ Nottaufe). Bei der Taufe gießt der Taufspender geweihtes Wasser dreimal über den Kopf des Täuflings und spricht die Taufformel: »Ich taufe dich im Namen des Vaters und des Sohnes und des Heiligen Geistes.« Zuvor ist der Täufling nach seinem Glauben gefragt worden. Im Falle der Kindertaufe bekennen die Eltern und ↗ Taufpaten ihren Glauben, nachdem sie für das Kind die Taufe erbeten und sich zu ihrer Aufgabe bekannt haben, das Kind im kath. Glauben zu erziehen. Die Taufe gehört neben der ↗ Firmung und ↗ Erstkommunion zu den sog. Initiationssakramenten (Einführungssakramenten). Ein erwachsener Taufbewerber empfängt alle drei Einführungssakramente in einer einzigen Feier, zumeist in der Osternacht. Zuvor wird er im ↗ Katechumenat auf die Taufe vorbereitet.

Taufkerze, die

Verzierte Kerze, die bei der Taufe an der Osterkerze entzündet wird und für das Licht steht, das Christus in das Leben des Getauften bringt.

Taufkleid, das

Ähnlich wie das Brautkleid oder das Kommunionkleid zeichenhafter Ausdruck dafür, dass durch das Sakrament etwas Neues im Leben beginnt (zurückgehend auf Paulus, der Galater 3,27 schreibt: »Ihr habt Christus als Kleid angelegt.«).

Taufpate, der

↗ Pate.

Taufstein, der

↗ Taufbecken.

Taufwasser, das

Johannes der Täufer lebte in der Wüste. Das Eintauchen in einen Fluss voller Wasser (wie bei der Taufe Jesu im Jordan) ist also ein Zeichen für überfließendes Leben. Zugleich symbolisiert das Wasser die Reinigung von der Macht der ↗ Erbsünde.

Tedeum, das

Lobgesang, benannt nach den Anfangsworten »Te Deum laudamus« (»Dich, Gott, loben wir«). Das Tedeum wird als Dank- und Loblied der Kirche v. a. an Festtagen oder bei Prozessionen, Priesterweihen, Kommunionfeiern und anderen feierlichen Anlässen gesungen.

Der lateinische Text lautet:

Te Deum laudamus. Te Dominum confitemur.
Te aeternum patrem omnis terra veneratur.
Tibi omnes Angeli, tibi caeli et universae potestates:
Tibi cherubim et seraphim incessabili voce proclamant:
Sanctus, Sanctus, Sanctus Dominus Deus Sabaoth.
Pleni sunt caeli et terra maiestatis gloriae tuae.

Te gloriosus Apostolorum chorus:
Te prophetarum laudabilis numerus:
Te martyrum candidatus laudat exercitus.
Te per orbem terrarum sancta confitetur Ecclesia:
Patrem immensae maiestatis:
Venerandum tuum verum, et unicum Filium:
Sanctum quoque Paraclitum Spiritum.

Tu Rex gloriae, Christe.
Tu Patris sempiternus es Filius.
Tu ad liberandum suscepturus hominem, non horruisti Virginis uterum.

Tu devicto mortis aculeo, aperuisti credentibus regna caelorum.

Tu ad dexteram Dei sedes, in gloria Patris.
Iudex crederis esse venturus.
Te ergo quaesumus, tuis famulis subveni, quos pretioso sanguine redemisti.
Aeterna fac cum sanctis tuis in gloria numerari.

Salvum fac populum tuum Domine, et benedic haereditati tuae.
Et rege eos, et extolle illos usque in aeternum.
Per singulos dies, benedicimus te.
Et laudamus nomen tuum in saeculum, et in saeculum saeculi.
Dignare Domine, die isto sine peccato nos custodire.

Miserere nostri, Domine, miserere nostri.
Fiat misericordia tua Domine, super nos, quemadmodum speravimus in te.
In te, Domine, speravi: non confundar in aeternum.

Der deutsche Text (übersetzt nach Ignaz Franz, 1771):
1. Großer Gott, wir loben dich,
    Herr, wir preisen deine Stärke.
Vor dir neigt die Erde sich
    und bewundert deine Werke.
Wie du warst vor aller Zeit,
    so bleibst du in Ewigkeit.

2. Alles, was dich preisen kann,
    Cherubim und Serafinen
stimmen dir ein Loblied an,
    alle Engel, die dir dienen,
rufen dir stets ohne Ruh':
    Heilig, heilig, heilig! zu.

3. Heilig, Herr Gott Zebaoth,
    heilig, Herr der Himmelsheere,
starker Helfer in der Not!
    Himmel, Erde, Luft und Meere
sind erfüllt von deinem Ruhm;
    alles ist dein Eigentum.

4. Der Apostel heil'ger Chor,
    der Propheten hehre Menge
schickt zu deinem Thron empor
    neue Lob- und Dankgesänge;
der Blutzeugen lichte Schar
    lobt und preist dich immerdar.

5. Dich, Gott Vater auf dem Thron,
    loben Große, loben Kleine.
Deinem eingeborenen Sohn
    singt die heilige Gemeinde,
und sie ehrt den Heil'gen Geist,
    der uns seinen Trost erweist.

6. Du, des Vaters ew'ger Sohn,
    hast die Menschheit angenommen,
bist vom hohen Himmelsthron
    zu uns auf die Welt gekommen,
hast uns Gottes Gnad' gebracht,
    von der Sünd' uns frei gemacht.

7. Durch dich steht das Himmelstor
    allen, welche glauben, offen.
Du stellst uns dem Vater vor,
    wenn wir kindlich auf dich hoffen;
du wirst kommen zum Gericht,
    wenn der letzte Tag anbricht.

8. Herr, steh' deinen Dienern bei,
    welche dich in Demut bitten.
Kauftest durch dein Blut uns frei,
    hast den Tod für uns gelitten;
nimm uns nach vollbrachtem Lauf
    zu dir in den Himmel auf.

9. Sieh dein Volk in Gnaden an,
   hilf uns, segne, Herr, dein Erbe;
leit' es auf der rechten Bahn,
   dass der Feind es nicht verderbe.
Führe es durch diese Zeit,
   nimm es auf in Ewigkeit.

10. Alle Tage wollen wir
    dich und deinen Namen preisen
und zu allen Zeiten dir
    Ehre, Lob und Dank erweisen.
Rett' aus Sünden, rett' aus Tod,
    sei uns gnädig, Herre Gott.

11. Herr, erbarm, erbarme dich;
    auf uns komme, Herr, dein Segen;
leit' und schütz' uns väterlich,
    bleib' bei uns auf allen Wegen!
Auf dich hoffen wir allein;
    lass uns nicht verloren sein.

Templerorden, der
↗ Ritterorden.

Temporalien, die
Lat. temporalis = »zeitlich«; Bez. für den weltlichen (zeitlichen) Besitz der Kirche.

Terna, die
Vorschlagsliste des Papstes mit drei Bischofskandidaten, aus denen ein ↗ Domkapitel, das nach dem ↗ Preußen-Konkordat gebildet ist, einen Bischof wählen kann. Bischofswahl.

Tertiar(ier), der
Von lat. tertius = »der Dritte«, auch: Terziar; Bez. für Mitglieder eines ↗ Dritten Ordens. Weibliche Mitglieder heißen Tertiarinnen (Terziarinnen).

Tertiat, das
Lat. »dritte Zeit«; letzte Phase in der Ausbildung von Jesuiten vor der Ablegung der ↗ Profess.

Tertius Ordo Regularis S. Francisci
Abk. TOR; Regulierter ↗ Dritter Orden der ↗ Franziskaner.

Terz, die
↗ Horen. ↗ Stundengebet.

Tetragramm, das
↗ JHWH.

Teufel, der
Griech. diábolos = »Durcheinanderwerfer, Verwirrer«; Bez. für das personifizierte Böse, nach kirchl. Überlieferung ein gefallener ↗ Engel, der den Menschen zum Bösen verführt, jedoch gegenüber Gott keine Macht hat. ↗ Satan, ↗ Hölle.

Theologie, die
Griech. theós = »Gott« und »logós« = »Wort«: »Rede von Gott, Lehre von Gott«; Bez. für die Wissenschaft vom Glauben. Die Theologie reflektiert methodisch die Grundlagen des Glaubens, seine Entwicklung und seine praktischen Konsequenzen (und ist nicht mit der von außen beobachtenden und beschreibenden Religionswissenschaft zu verwechseln). Die christliche Theologie kennt folgende Disziplinen:
1. Biblische Theologie (Exegese des ↗ Alten und des ↗ Neuen Testaments);
2. Historische Theologie: Patristik (Wissenschaft von den Schriften und Lehren der Kirchenväter), Alte, Mittlere und Neuere Kirchengeschichte;

3. Systematische Theologie: Fundamental-
   theologie (Frage nach den Voraussetzungen und der Vernünftigkeit des
   Glaubens); Dogmatik (wissenschaftliche
   Darstellung der Glaubenslehre), Moraltheologie (was aus dem Glauben für
   das Leben folgt);
4. Praktische Theologie: Pastoraltheologie,
   Kirchenrecht, Liturgiewissenschaft, Re-
   ligionspädagogik, Christliche Gesell-
   schaftslehre.

Im Rahmen des Bologna-Prozesses, d. h.
der Angleichung der europäischen Stu-
dienordnungen, wird auch das Theologiestudium einer Neustrukturierung
unterzogen. Das Theologiestudium ist
Voraussetzung für das Priester- und Dia-
konenamt und für Religionslehrer.

Theologie im Fernkurs
Von der Katholischen Akademie Dom-
schule Würzburg veranstalteter Studien-
gang mit Lehrbriefen, Studientagen und
Prüfungen.

Theotokos, die
Griech. »Gottesgebärerin«; Titel der Gottesmutter Maria seit dem 4./5. Jh. und Aus-
löser der Marienverehrung. Der Titel entstand im Nachgang der theologischen
Auseinandersetzung mit den Arianern,
die Jesus als »wesensähnlich«, aber nicht
als wesensidentisch mit Gott (»eines Wesens mit dem Vater«) ansahen. Der Titel
Gottesgebärerin bzw. Gottesmutter, Maria
zugeschrieben auf dem Konzil von Ephesus im Jahr 431, ist ursprünglich also eine
Aussage über Jesus: nämlich dass er als
Gottes Sohn geboren wurde.

THM
Abk. für ↗Töchter vom Herzen Mariä,
kath. Frauenorden.

Thomas von Aquin
↗Scholastik.

Thuribulum, das
Kirchenlat. = ↗»Weihrauchfass«.

Thuriferar, der
Kirchenlat. thuribulum = »Weihrauchfass« und lat. ferre = »tragen«; Bez. für
den ↗Messdiener, der beim Gottesdienst
das ↗Weihrauchfass trägt.

Tiara, die
Auch: Papstkrone; hohe, kegelförmige
Kopfbedeckung, die der Papst früher bei
feierlichen nichtliturgischen Anlässen
trug. Seit 1315 war die Tiara mit drei Kron-
reifen geschmückt, ähnlich der Mitra am
hinteren Ende mit zwei Bändern ausgestattet, und seit dem 16. Jh. hatte sie auf der
Spitze einen Knauf mit Kreuz. Sie symbolisierte die dreifache Gewalt des Papstes:
»Vater der Fürsten und der Könige, Rektor
der Welt und Stellvertreter Christi auf Erden«. Zuletzt wurde Papst Paul VI. (1963–
1978) damit gekrönt. 1964 legte er diese
Krone symbolisch ab und übergab den Er-
lös aus dem Verkauf den Armen der Welt.
Seitdem verzichten auch seine Nachfolger
auf die Tiara. Sie befindet sich heute in der
Kathedrale von Washington.

Titelkirche, die
Jedem ↗Kardinal wird bei seiner Erhebung in den Kardinalsstand eine Titelkirche in Rom zugewiesen, an der er pro
forma Pfarrer oder Diakon ist. Auf diese

Weise kommt auch symbolisch die Bindung der Kardinäle an die Kirche von Rom zum Ausdruck, zugleich wird daran erinnert, dass die Päpste urspr. vom Klerus der Stadt Rom gewählt wurden. Für die eigentliche Seelsorge an den Titelkirchen bleiben die örtlichen Pfarrer verantwortlich.

Titular(erz)bischof, der

Bez. für Bischöfe oder Erzbischöfe, die keiner Diözese vorstehen, sondern auf den Titel einer ehemaligen, nicht mehr bestehenden Diözese (↗i.p.i.) ernannt und geweiht sind. Zu den Titularbischöfen gehören alle Kardinäle, die kein Bistum leiten, alle Weihbischöfe und i.d.R. die päpstlichen Diplomaten (↗Nuntius). Auch hohe Beamte in der ↗Kurie werden häufig zu Titularbischöfen ernannt. ↗Weihbischof.

Titularbistum, das

Ein faktisch nicht mehr bestehendes ↗Bistum, das jedoch einen eigenen Bischof (↗Titularbischof) hat. Zum größten Teil sind diese Bistümer durch die Ausbreitung des Islam in Nordafrika, Kleinasien und Vorderasien und nach der Trennung zwischen Ostkirche (↗Orthodoxe Kirchen) und der römischen Westkirche untergegangen. Bis heute werden ↗Weihbischöfe oder wichtige Würdenträger der röm.-kath. Kirche zu Titularbischöfen dieser nicht mehr bestehenden Bistümer (↗i.p.i.) ernannt.

Töchter der göttlichen Liebe

Abk. DDL; ↗Daughters of Divine Love.

Töchter vom heiligen Kreuz

Lat. Filiae Sanctae Crucis, Abk. FCr; kath. Frauenorden, 1833 in Lüttich (Belgien) gegründet. Die Gemeinschaft zählt weltweit rund 1.000 Schwestern. In Deutschland sind sie u.a. in der Alten- und Krankenpflege, in Kindergärten und in der Behindertenarbeit tätig und arbeiten in der Gemeindeseelsorge mit.

Töchter vom Herzen Mariä

Franz. Filles du Cœur de Marie, Abk. FCM und THM; kath. Frauenorden, 1790 von Adelaide de Cicé (*1749, †1818) und dem Jesuiten-Pater Joseph de Clorivière (*1735, †1820) gegründet. Die Ordensgemeinschaft sollte nicht hinter Klostermauern, sondern mitten in der Welt leben und die Sorgen und Nöte der Menschen teilen. Die Schwestern leben heute allein oder in kleinen Gemeinschaften und widmen sich weltweit v.a. sozial-karitativen Aufgaben (z.B. Hilfe für Straßenkinder, Flüchtlinge, Aidskranke, Gesundheitshilfen für die Armen).

Todsünde, die

Eine bes. schwere ↗Sünde, bei der bewusst ein Gebot Gottes übertreten und eine grundsätzliche Abkehr von Gott vollzogen wird. ↗Theologie und ↗Pastoral sind heute bei der Verwendung des Begriffs sehr zurückhaltend. ↗Pönitentiar.

TOR

Abk. für Tertius Ordo Regularis S. Francisci, Regulierter Dritter Orden der ↗Franziskaner, kath. Männerorden.

Totenmesse, die

↗Requiem.

Totus Tuus

Lat. »ganz dein«; Name einer 1994 gegr. Gemeinschaft in der kath. Kirche, die sich das Ziel gesetzt hat, Menschen das ↗ Evangelium zu verkünden (↗ Evangelisation) und so den Glauben an Jesus Christus zu wecken oder zu vertiefen. Mit dem Namen »Totus Tuus« – der Wahlspruch von Papst Johannes Paul II. (1978–2005) – bringen die Mitglieder ihre vollkommene Hingabe an Jesus durch die Gottesmutter Maria zum Ausdruck. Die Gemeinschaft kennt verschiedene Formen der Zugehörigkeit. Den Kern bilden die Mitglieder des Evangelisationsteams und des Familienkreises. Weitere Zweige sind der Freundeskreis und die TT-Jugend. Die Gemeinschaft bietet Wallfahrten, Kinder- und Jugendfreizeiten sowie Gemeindemissionen an und engagiert sich in der Firmlings- und Jugendarbeit. Nach eigenen Angaben zählt sie deutschlandweit mehr als 350 Mitglieder.

Tradition, die

Tradition (lat. »Weitergabe«) ist nicht das Bewahren von Asche, sondern das Lebendigerhalten von Glut. Zur Tradition des Glaubens (↗ Depositum fidei) gehört nach kath. Auffassung die Heilige Schrift, die gelebte Lehre der Apostel, die Dokumente der Kirchenväter und der ökumenischen Konzilien. Sie interpretieren sich wechselseitig (»Traditionsprinzip«) und bilden den Verstehenshintergrund, der von jeder Generation neu auf das Christsein in ihrer jeweiligen Zeit angewandt und umgesetzt werden muss (↗ Aggiornamento). Der ↗ Katechismus der Katholischen Kirche von 1992 ist laut Papst Johannes Paul II. die »Darlegung des Glaubens der Kirche und der katholischen Lehre, wie sie von der Heiligen Schrift, der apostolischen Überlieferung und vom Lehramt der Kirche bezeugt oder erleuchtet wird« (*Fidei depositum*, Nr. 4).

Traditionalisten

In der kath. Kirche Bez. für Gruppen, die die Reformen des ↗ Zweiten Vatikanischen Konzils ablehnen, u. a. die Reform der Liturgie, die Religionsfreiheit und die Ökumene. Die bekannteste Gruppe ist die von dem 1988 exkommunizierten Erzbischof Marcel Lefebvre gegründete ↗ Priesterbruderschaft St. Pius X.

Traghimmel, der

Ein bei Fronleichnamsprozessionen von vier Personen getragener ↗ Baldachin über dem ↗ Allerheiligsten; ein Hoheitszeichen, das ansonsten nur bei Monarchen verwendet wurde und wird. ↗ Fronleichnam.

Translation, die

Lat. translatio = »Übertragung«

1. von Reliquien: Gottesdienst wurde ursprünglich über den Gräbern der Martyrer und Bekenner gefeiert. Es war tabu, die Leiber der Heiligen zu zerteilen. Notwendig wurde dies aber, als die Kirche expandierte und sich in Gegenden ausweitete, wo es keine originären Heiligengräber gab. Man schuf künstliche Heiligengräber in den neuen Altären, indem man Teile der Heiligenleiber (↗ Reliquien) in diese Altäre einfügte. Sowohl für die Überführung selbst als auch für den literarischen Bericht darüber und die Wunder, die sich dabei ereignet habe, hat sich der Begriff der Translatio(n) eingebürgert. ↗ Altar.

2. von Bischöfen: Die Versetzung eines Bischofs von einem Bistum in ein anderes.

Transsubstantiation, die

Lat. etwa »Wesensverwandlung«; in der kath. Theologie Bez. für die wirkliche Gegenwart Jesu Christi (↗Realpräsenz) in den verwandelten Substanzen von Brot und Wein bei der ↗Eucharistiefeier. Die Gestalt von Brot und Wein bleibt, doch ihr Wesen verwandelt sich. Sie sind die Form der Anwesenheit Christi. Luther spricht dagegen von Konsubstantiation, d.h. der sakramentalen Einheit von Leib und Blut Christi mit Brot und Wein während der Abendmahlsfeier. Die Transsubstantiationslehre wurde vom IV. Laterankonzil 1215 als Erklärungsmodell für die Realpräsenz formuliert und vom Konzil von Trient im 16. Jh. bestätigt.

Transzendenz, die

Spätlat. transcendere = »überschreiten«; das jenseits der möglichen Erfahrung Liegende, das Jenseitige, Übersinnliche, dem Reich Gottes Zugeordnete, im Gegensatz zur Immanenz als dem sinnlich erfahrbaren und wahrnehmbaren Bereich.

Trappist(inn)en

Lat. Ordo Cisterciensium Strictioris Observantiae, Abk. OCSO, Orden der Zisterzienser von der strengen Observanz, bekannt auch als Ordo Cisterciensium Reformatorum, Abk. OCR, Orden der reformierten Zisterzienser; Ordensgemeinschaft (Männer- und Frauenorden) auf der Grundlage der ↗Benediktusregel. Bei der 1664 von Abt Armand Jean Le Bouthillier de Rancé (*1626, †1700) im französischen Zisterzienser-Kloster La Trappe (daher »Trappisten«) gegr. Ordensgemeinschaft handelt es sich um einen Reformzweig der ↗Zisterzienser. Sein Anliegen war es, die Ideale des frühen Mönchtums wieder aufzugreifen. Die Regel dieses erst seit 1902 selbständigen Ordens ist geprägt durch ↗Kontemplation, strenge Askese (Fleischverzicht, Fasten, Schweigen) und körperliche Arbeit. Der Orden zählt weltweit 101 Männerklöster mit etwa 3.000 Mönchen. Ordenstracht: weißes Gewand und schwarzer Überwurf mit Kapuze und weißem Gürtel. Der weibliche Ordenszweig entwickelte sich seit 1796. Die Trappistinnen zählen weltweit rund 1.800 Ordensschwestern in 70 Frauenklöstern.

Trauung, die

Bez. für den Akt (auch: Ritus) der Eheschließung. Die Eheleute spenden einander das ↗Sakrament der ↗Ehe selbst. Der Priester oder ↗Diakon assistiert; er bezeugt das Eheversprechen, bestätigt den Ehebund im Namen Gottes und der Kirche und segnet die Eheleute.

Tridentinische Messe

Die Feier der Hl. Messe (in lat. Sprache), wie sie nach dem Konzil von Trient (↗Tridentinum) für die kath. Kirche vorgeschrieben war. Mit der Liturgiereform des ↗Zweiten Vatikanischen Konzils wurde dieser Messritus schrittweise ersetzt. Seitdem werden Gottesdienste in der jeweiligen Landessprache gefeiert. 2007 ließ Papst Benedikt XVI. die lat. Messfeier nach dem Messbuch von 1962 als außerordentliche Form (forma extraordinaria) unter bestimmten Bedingungen wieder zu.

Tridentinum, das

Bez. für das Konzil von Trient (1545–1563). Das nach kath. Zählung 19. ökumenische ↗Konzil (s. Übersicht der Konzilien im

Anhang) setzte die erforderliche Kirchenreform um und grenzte sich dabei scharf von den theologischen Positionen der ↗Reformation ab. Insbesondere beschäftigte sich das Konzil mit der ↗Rechtfertigung, dem Priesteramt, dem Wesen der ↗Eucharistie (↗Transsubstantiation), den ↗Sakramenten, der Beziehung zwischen ↗Bibel und kirchl. ↗Tradition. Außerdem reformierte es die Ausbildung des Priesternachwuchses, verschärfte die Visitationspflicht (↗Visitation) der Bischöfe und forderte sie zu regelmäßigen Diözesansynoden auf, erließ ein Bücherverbot (↗Index) und erklärte die ↗Vulgata zur einzig verbindlichen Bibelübersetzung. Daneben wurden diverse Missstände verboten. Mit dem Tridentinum kam die ↗Katholische Reform zum Höhepunkt; zugleich wurde die von der Reformation ausgegangene Kirchenspaltung (↗Schisma) festgeschrieben.

Triduum, das
Lat. »drei Tage«; drei Tage dauernde kirchl. Feiern zu besonderen Anlässen, z.B. Ostertriduum (triduum paschale) an Karfreitag, Karsamstag und Ostern zur Feier von Tod, Grabesruhe und Auferstehung (↗Karwoche, ↗Ostern). Ein Triduum als drei feierliche Gottesdienste in drei verschiedenen römischen Kirchen wird auch nach einer ↗Selig- und ↗Heiligsprechung gefeiert. Einen achttägigen Festnachklang (↗Oktav) gibt es seit dem ↗Zweiten Vatikanischen Konzil nur noch zu ↗Ostern und ↗Weihnachten.

Triforium, das
Lat. tres = »drei« und foris = »draußen, offen«; in romanischen und bes. gotischen Kirchen der schmale Laufgang unter den Fenstern des ↗Chors, der sich in Bogenstellungen zum Kirchenschiff (Mittel- und Querschiff) und zum Chorraum öffnet. In Wallfahrtskirchen diente dieser Laufgang früher auch als Schlafplatz für die ↗Pilger.

Trinität, die
Lat. trinitas von tres = »drei« und unitas = »Einheit«; von Tertullian (* um 150; † um 230) eingeführter Begriff, der die Wesenseinheit des christlichen Gottes in den drei göttlichen Personen Vater, Sohn und Heiliger Geist bezeichnet. ↗Dreifaltigkeit.

Trinitatis
Lat. Bez. (↗Trinität) für den ↗Dreifaltigkeitssonntag.

Triptychon, das
Dreiflügeliger Altar bzw. dreiteiliges Altarbild (↗Flügelaltar).

Tugenden
↗Kardinaltugenden.

Tumba, die
1. Freistehender steinerner Sarkophag, kastenförmiger Aufbau meist mit einer Deckplatte und Liegefigur, jedoch ohne Leichnam. Die Grablege befindet sich i.d.R. nicht in der Tumba, sondern darunter.

2. In der Liturgie bis in die 70er Jahre des vergangenen Jahrhunderts der hölzerne Nachbau eines Sarkophags, der in der Kirche während eines ↗Requiems aufgestellt wurde.

Tunicella

Liturgisches Obergewand des ↗Subdia-
kons; hat sich im Laufe der Zeit der ↗Dal-
matika angepasst.

Turiner Grabtuch, das

Bez. für ein Leinentuch (4,36 m lang,
1,10 m breit), das als Negativ ein Ganzkör-
per-Bildnis der Vorder- und der Rückseite
eines Mannes zeigt, der Spuren einer Geißelung, Krönung mit Dornen, Annage-
lung und Brustöffnung aufweist. Weil
dieses Tuch im Dom von Turin aufbewahrt
wird, wird es das Turiner Grabtuch genannt. Die Herkunft des Tuches lässt sich
bis in das 14. Jh. zurückverfolgen. Es wird
von vielen Christen als Reliquie verehrt,
weil sie es für das Leichentuch Christi halten. Ein (naturwissenschaftlicher) Beweis
für diese These ist bisher nicht erbracht.

Tympanon, das

Bogenfeld über einer Tür, meist über dem
Haupteingang einer Kathedrale, das mit
aus Stein gehauenen Darstellungen verziert ist.

U

ULF

Abk. für »Unsere Liebe Frau« (frz.: Notre Dame, engl.: Our Lady), häufige Bez. für ↗Maria, die Mutter Jesu. ↗Schwestern Unserer Lieben Frau.

Ultramontanismus, der

Lat. »ultra montes« = »jenseits der Berge, d. h. Alpen«; im 19. Jh. verbreitete Haltung in der dt. kath. Kirche, sich innerkirchlich gegen liberale Auffassungen zu wenden und sich politisch vor allem am Papst zu orientieren. Das Wort wurde zum antikatholischen Schlagwort im ↗Kulturkampf.

Umkehr, die

Griech. metanoeite = »Denkt um!«; dieser Aufruf Jesu im Matthäusevangelium (4,17) wird meist mit »Tut Buße!« oder »Kehrt um!« übersetzt. Das zugrundeliegende griech. Wort besteht aber aus der Präposition meta = »um, nach« und dem Verb noein = »denken«. Gemeint ist also ein Umdenken – auf Gott hin. Weil der griech. Begriff mit lat. poenitentia = »Reue« (von lat. poena = »Strafe«) wiedergegeben wurde, übersetzte man es im Deutschen mit »Buße«.

Unbefleckte Empfängnis Mariä, die

Lat. Immaculata Conceptio; früherer Name für das Hochfest der ohne Erbsünde empfangenen Jungfrau und Gottesmutter Maria, das die kath. Kirche am 8. Dezember feiert. Nach dem Glauben der Kirche ist Maria, die Mutter Jesu, vom ersten Augenblick ihres Lebens an (d. h. als sie von ihrer Mutter empfangen wurde) ohne den Makel der ↗Erbsünde. Gottes Gnade hat sie im Hinblick auf den Erlösertod Christi davor bewahrt, weil sie zur Mutter Gottes erwählt worden ist. Papst Pius IX. hat die Lehre von der Unbefleckten Empfängnis Mariä 1854 als verbindliche Glaubenslehre der Kirche (↗Dogma) verkündet.

Unbeflecktes Herz Mariä

Gedenktag am Samstag nach dem ↗Herz-Jesu-Fest, dem Samstag nach dem zweiten Sonntag nach ↗Pfingsten.

Unbeschuhte Karmeliten

↗Karmelit(inn)en.

Unfehlbarkeit des Papstes, die

Auch: Infallibilität; Grundüberzeugung aller christlichen Kirchen ist es, »dass die Kirche nie endgültig aus der Wahrheit Jesu Christi herausfallen kann«, wie es im ↗Katechismus der Katholischen Kirche heißt. Mit Jesus Christus ist »die Wahrheit Gottes geschichtlich unüberbietbar und endgültig in die Welt gekommen« und diese Wahrheit »ist der Kirche aufgrund der bleibenden Gegenwart des Herrn und seines Geistes für immer verheißen.« Das bedeutet, dass die ganze Kirche durch den Heiligen Geist vor Irrtum bewahrt wird (↗Sensus fidelium). »Die Gesamtheit der Gläubigen kann im Glauben nicht irren (…) wenn sie von den Bischöfen bis zu den letzten gläubigen Laien ihre allgemeine Übereinstimmung in Sachen des Glaubens und der Sitten äußert«, heißt es in der Dogmatischen Konstitution über die Kirche »Lumen gentium« (LG 12). Das ↗Dogma von der Unfehlbarkeit besagt, dass der Papst, wenn und sofern er ↗ex cathedra (d. h. in seiner Eigenschaft als oberster Hirte und Lehrer der Gesamtkirche und mit der erklärten Absicht, kraft apostolischer Vollmacht letztverbindlich zu entscheiden) über Fragen des Glaubens und der Sitten urteilt, stets vor Irrtum bewahrt bleibt. Diese Irrtumsfreiheit des Papstes wurde auf dem ↗Ersten Vatikanischen Konzil zum Dogma erhoben und durch das ↗Zweite Vatikanische Konzil bestätigt. Der Papst ist dann vor Irrtum sicher, wenn er den Sensus fidelium feststellt und ihn definiert. Nach 1870 wurde allerdings nur ein einziger Lehrsatz von einem Papst ex cathedra verkündet: das Dogma von der leiblichen Aufnahme Mariens in den Himmel von 1950.

Unierte Kirchen
↗Orthodoxe Kirchen (4.).

Urbi et Orbi
Lat. »der Stadt [Rom] und dem Erdkreis«; feierlicher Segen, den die Päpste von der Benediktions-Loggia (Segens-Balkon) der ↗Peterskirche nur zu besonderen Anlässen, etwa nach ihrer Wahl oder zu großen Festen wie Ostern und Weihnachten, spenden. In der lat. Formel »Urbi et Orbi« spiegelt sich das Weltbild der römischen Antike wider, als Rom noch als Inbegriff der Stadt (lat. urbs) und Mittelpunkt des Erdkreises (lat. orbis) betrachtet wurde.

Uriel
Die außerbiblische Überlieferung kennt Uriel oder Ariel (hebr. »das Licht Gottes« oder »mein Licht«) als vierten ↗Erzengel. In die christliche Engellehre wurde er nicht aufgenommen, ist aber bekannt, weil er im apokryphen 4. Buch Esra genannt wird, das sich im Anhang der ↗Vulgata befand.

Ursulinen
Lat. Ordo Sanctae Ursulae, Abk. OSU, Gesellschaft der heiligen Ursula; kath. Frauenorden; 1535 von Angela Merici in Brescia (Oberitalien) gegr. Gemeinschaft von Frauen, die sich der Erziehung und Bildung junger Mädchen widmete. Angela Merici stellte ihre Gemeinschaft unter den Schutz der hl. Jungfrau und Märtyrerin Ursula, deren Beispiel an Glaubenskraft und Standhaftigkeit den Mitgliedern der »Gesellschaft der hl. Ursula« helfen sollte. Der 1535 von Papst Clemens VII. anerkannte Orden verstand sich urspr. als eine offene Gemeinschaft, deren Mitglieder nicht in klösterlicher Abgeschiedenheit lebten. Erst im Laufe des 16. Jh. wandelte sich der Orden, der nach der ↗Augustinusregel lebt, zu einer geschlossenen Klostergemeinschaft. Der Orden zählt weltweit 10.000 Mitglieder und gehört damit zu den größten Schwesternorden überhaupt.

V

Vakanz, die

Lat. vacare = »leer stehen«; Bez. für die Abwesenheit bzw. die Zeit, in der ein Amt (z.B. eine Pfarrstelle) zur Neubesetzung ausgeschrieben ist. Die ↗ Sedisvakanz meint den unbesetzten (Bischofs-)Stuhl und bezieht sich auf die Zeit zwischen dem Abgang eines Papstes oder Bischofs und der Einsetzung eines Nachfolgers.

Valentinstag, der

14. Februar; Namenstag des hl. Valentin, Bischof von Terni (Italien), der der Überlieferung nach illegalerweise Paare traute, um junge Männer vor dem Kriegsdienst zu bewahren; im Jahr 269 wurde er wegen seines Glaubens hingerichtet; er gilt als Schutzpatron der Verliebten.

Vaterunser, das

Lat. Pater noster, auch: »Gebet des Herrn« (»Herrengebet«); das im Christentum am weitesten verbreitete Gebet, das Jesus Christus seine ↗ Jünger selbst gelehrt hat. Im ↗ Neuen Testament steht das Vaterunser an zwei Stellen: in einer kürzeren Form bei Lukas (Lk 11,2–4) und in einer längeren bei Matthäus (Mt 6,9–13).

Die aktuelle deutsche Fassung lautet:
Vater unser im Himmel,
geheiligt werde dein Name.
Dein Reich komme.
Dein Wille geschehe, wie im Himmel so auf
  Erden.
Unser tägliches Brot gib uns heute.

Und vergib uns unsere Schuld,
wie auch wir vergeben unsern Schuldigern.
Und führe uns nicht in Versuchung,
sondern erlöse uns von dem Bösen.
Denn dein ist das Reich und die Kraft und
  die Herrlichkeit
in Ewigkeit. Amen.

Der lateinische Text in der Übersetzung nach Matthäus:
Pater noster, qui es in caelis:
sanctificetur nomen tuum;
adveniat regnum tuum;
fiat voluntas tua, sicut in caelo, et in terra.
Panem nostrum cotidianum da nobis
  hodie,
et dimitte nobis debita nostra,
sicut et nos dimittimus debitoribus nostris,
et ne nos inducas in tentationem;
sed libera nos a malo. Amen.

Vaticanum

↗ Vatikanische Konzilien.

Vatikan, der

1. Eigentl. der Vatikanische Hügel (lat. mons vaticanus), Bez. für den im Norden Roms befindlichen 75 Meter hohen Hügel. Unter Kaiser Nero hat der Überlieferung nach dort der Apostel ↗ Petrus den Märtyrertod erlitten. Er wurde auf einem nahe gelegenen Gräberfeld begraben. Über dem vermuteten Petrusgrab ließ Kaiser Konstantin der Große von 319 bis 322 eine fünfschiffige Basilika errichten, die ↗ Peterskirche. Um diesen zentralen Wall-

fahrtsort der Petrusverehrung entstanden in den folgenden Jahrhunderten zahlreiche weitere Gebäude;

2. Allg. Bez. für den Sitz des Papstes, der ↗ Kurie und der Verwaltung.

Vatikanbank, die

Ital. Istituto per le Opere di Religione, Abk. IOR = »Institut für die religiösen Werke«. Die Vatikanbank ist im Besitz des Vatikans, aber nicht Staatsbank des Vatikans. Gegründet wurde sie durch Papst Leo XIII. am 11. Februar 1887 als Amministrazione delle Opere di Religione, Abk. AOR (= »Verwaltung der Religiösen Werke«). Sie war zunächst bloß eine Sammel- und Verwaltungsstelle für das päpstliche Restvermögen und Ausgleichszahlungen, die der ital. Staat dem Heiligen Stuhl für die Enteignung seines Territoriums zahlen musste. Erst Papst Pius XII. wandelte die AOR am 27. Juli 1942 in die IOR um und machte sie zu einer richtigen Bank, die aber lange Zeit nicht mit dem Namen Vatikanbank benannt wurde. Die IOR verfügt heute über eigenes Vermögen, arbeitet auf eigene Rechnung im Auftrag des jeweiligen Papstes, der – zumindest juristisch gesehen – Alleineigentümer ist. Nach einem Skandal in den 1970er Jahren unter dem damaligen IOR-Leiter Erzbischof Paul Casimir Marcinkus untersteht die Bank einem Wächterrat von fünf Kardinälen (Commissione Cardinalizia di Vigilanza).

Vatikanische Konzilien

↗ Konzilien (lat. concilium = »Versammlung«) sind Versammlungen von Bischöfen. Eine Bischofsversammlung unter Vorsitz des Papstes, die Fragen berät, welche die ganze Kirche betreffen, nennt man ein ökumenisches Konzil (griech. oikoumené = »auf den ganzen Erdkreis bezogen«). Die Vatikanischen Konzilien sind nach ihrem Tagungsort, der Peterskirche im ↗ Vatikan, benannt. Das von Papst Pius IX. einberufene ↗ Erste Vatikanische Konzil (Vaticanum I, 1869–1870) war das 20. Konzil in der röm.-kath. Zählung. Zentraler Inhalt war die Bekräftigung der kath. Lehre gegenüber den von der Kirche abgelehnten Zeitströmungen des 19. Jh.; zudem wurde die ↗ Unfehlbarkeit des Papstes zum ↗ Dogma erklärt. Das ↗ Zweite Vatikanische Konzil (Vaticanum II, 1962–1965, das 21. Konzil der röm.-kath. Zählung) wurde von Papst Johannes XXIII. einberufen und nach dessen Tod von Papst Paul VI. fortgesetzt und beendet. Mit diesem Konzil, das als das wichtigste kirchenpolitische Ereignis des 20. Jh. bezeichnet werden kann, wollte die kath. Kirche einerseits ihr Verhältnis zur Moderne und andererseits ihr Verhältnis zu den anderen christlichen Kirchen und den nichtchristlichen Religionen neu bestimmen. ↗ Ökumene.

Vatikanischer Pressesaal

Ital. Sala Stampa; offizielle Pressestelle des ↗ Heiligen Stuhls mit der Aufgabe, Nachrichten über die Aktivitäten des Papstes und des Heiligen Stuhls öffentlich zu machen und zu verbreiten. Der Pressesaal, bei dem ständig rund 400 Journalisten akkreditiert sind und der täglich ein Bulletin herausgibt, untersteht direkt der Ersten Sektion des ↗ Staatssekretariates.

Vatikanische Staatsflagge

Die offizielle Flagge des Staates der ↗ Vatikanstadt (seit 1929) besteht aus zwei vertikal getrennten Feldern: einem gelben nächst der Fahnenstange und einem weißen. Auf dem weißen Feld sind die ↗ Tiara und zwei gekreuzte Schlüssel, einer in Gold, der andere in Silber, abgebildet. Die ↗ Schlüssel des Petrus, die für die höchste geistliche Verfügungsgewalt stehen, werden von einer roten Kordel zusammengehalten.

Vatikanstaat, der
↗ Vatikanstadt.

Vatikanstadt, die
Ital. Stato della Città del Vaticano = »Staat der Vatikanstadt«, auch: Vatikanstaat, intern. Abk. SCV. Als Staat der Vatikanstadt wird das in der Stadt Rom gelegene souveräne Staatsgebiet bezeichnet. Staatsoberhaupt ist der Papst als Inhaber der höchsten legislativen, exekutiven und judikativen Gewalt. Er delegiert jedoch die Regierungsgeschäfte an einen Kardinal, der seinen Sitz im vatikanischen Governatoratspalast hat. Die von drei Seiten mit einer drei Kilometer langen Festungsmauer (16./17. Jh.) umgebene Vatikanstadt ist mit 0,44 Quadratkilometern der kleinste Staat der Welt. Zur Vatikanstadt gehören neben den Gebäuden (↗ Peterskirche, Vatikanpalast mit Papstwohnung, Vatikanische Museen) sowie Gartenanlagen, Höfen und Plätzen (Petersplatz) auch mehrere extraterritoriale Besitzungen in und bei Rom, darunter die großen Basiliken (↗ Lateranbasilika, S. Maria Maggiore und St. Paul vor den Mauern) und die päpstliche Sommerresidenz ↗ Castel Gandolfo. Der Staat der Vatikanstadt wurde 1929 durch die ↗ Lateranverträge zwischen dem Heiligen Stuhl und Italien errichtet. Er zählt nur wenige hundert Staatsbürger; i.d.R. ist die Staatsangehörigkeit an den Wohnsitz im Vatikan und eine entsprechende Funktion gekoppelt. Die Vatikanstadt ist eine Wahlmonarchie. In der ↗ Sedisvakanz übernimmt das Kardinalskollegium die Regierungsgewalt. Von der Vatikanstadt als weltlichem Herrschaftsgebiet des Papstes ist der ↗ Heilige Stuhl als selbständiges Völkerrechtssubjekt zu unterscheiden. Das Wappen der Vatikanstadt zeigt die dreifache Papstkrone (↗ Tiara) mit den zwei gekreuzten Schlüsseln, einem in Gold und einem in Silber. Die Farben symbolisieren die Schlüssel des Apostels ↗ Petrus, des ersten Papstes. Petrus hat die »Schlüsselgewalt« von Jesus selbst erhalten: »Ich werde dir die Schlüssel des Himmelreiches geben; was du auf Erden binden wirst, das wird auch im Himmel gebunden sein, und was du auf Erden lösen wirst, das wird auch im Himmel gelöst sein« (Mt 16,19). Die Schlüssel stehen damit für die höchste geistliche Verfügungsgewalt, einer für das »Binden«, der andere für das »Lösen«. Die Flagge der Vatikanstadt ist gelb-weiß und zeigt das Papst-Wappen mit den gekreuzten Schlüsseln und der Tiara.

VDD
Abk. für ↗ Verband der Diözesen Deutschlands.

Velum, das
Lat. »Tuch, Decke, Vorhang«; Bez. für:
1. ein Seiden- oder Leinentuch, mit dem liturgische Gefäße, aber auch Ikonen und Reliquien bedeckt oder verhüllt werden;
2. ein Schultertuch, mit dem der Priester

die ⌐Monstranz ergreift, um den Segen zu spenden;

3. das Fastentuch, das während der Fastenzeit in der Kirche hängen kann, Velum quadragesimale. ⌐Fastenvelum.

Veni Creator Spiritus

Lat.: »Komm Schöpfer Geist«, Pfingsthymnus der Kirche, der aus dem 9. Jh. stammt und Rhabanus Maurus zugeschrieben wird; er ist verbreitet in mehreren vertonten Übertragungen (Angelus Silesius 1668, Martin Luther 1524, Heinrich Bone 1847, Friedrich Dörr 1969, Markus Jenny 1971). Gustav Mahler gestaltete aus dem Veni Creator den ersten Satz seiner achten Sinfonie.

Verband der Diözesen Deutschlands

Abk. VDD; zur Wahrnehmung gemeinsamer rechtlicher und finanzieller Angelegenheiten wurde 1968 der Verband der Diözesen Deutschlands gegründet, der zugleich Rechtsträger der ⌐Deutschen Bischofskonferenz ist. Aufgabe des Verbands ist u. a. die Aufstellung und Abwicklung des Haushalts des Verbands, der Erwerb und die Verwaltung von Beteiligungen, die Aufsicht über die Kirchliche Zusatzversorgungskasse, Statistik sowie Beauftragung und Auswertung von Umfragen, Vorbereitung und Durchführung der interdiözesanen Kirchenlohnsteuerverrechnung (Clearing-Verfahren) sowie die Vorbereitung und Durchführung des Finanzausgleichs zwischen den Bistümern. Sitz des Verbands, der vom Vorsitzenden der Deutschen Bischofskonferenz geleitet wird, ist Bonn.

Verband der Katholiken in Wirtschaft und Verwaltung

Abk. KKV; Katholischer Sozialverband, 1877 als Katholisch Kaufmännische Vereinigung gegründet. Der KKV verstand sich zunächst als Standesorganisation für den kath. Kaufmannsstand in Deutschland. Gründungsinitiator ist der aus Alzey (Bistum Mainz) stammende spätere Domkapitular Dr. Friedrich Elz. Der Verband, der seit 1891 seinen Sitz in Essen hat, baute nach und nach für seine Mitglieder Selbsthilfeeinrichtungen (Stellenvermittlung, Krankenkasse, Angestellten- und Sterbegeldversicherung) sowie Einrichtungen der beruflichen Bildung und der Familienerholung auf. 1938 wurde der KKV wie viele andere kath. Verbände von den Nationalsozialisten verboten und erst 1947 wieder gegründet. Wegen der veränderten beruflichen Struktur der Mitglieder erfolgte 1965 die Umbenennung in »KKV – Verband der Katholiken in Wirtschaft und Verwaltung«. Gleichzeitig öffnete sich der Verband für Frauen. Zu den Mitgliedern zählen neben selbständigen Kaufleuten v. a. Handwerker, Angehörige freier Berufe und des öffentlichen Dienstes. Der KKV Bundesverband zählt nach eigenen Angaben fast 10.000 Mitglieder in rund 100 Ortsgemeinschaften.

Verdienstmedaille Benemerenti

⌐Benemerenti.

Vergebung der Sünden, die

Nach kath. Auffassung haben bestimmte geistliche Übungen, begangen in der Haltung der Reue und des Willens zur Umkehr, im Hinblick auf lässliche ⌐Sünden vergebende Wirkung. Das gilt z. B. für das Mitfeiern der Hl. Messe, das Hören des Evangeliums, der Empfang der Hl. Kommunion, die Teilnahme an einer Bußandacht, Beten, Fasten, Almosengeben. Schwere Sünden und Todsünden allerdings bedürfen der ↗ Absolution im ↗ Bußsakrament.

Verkündigung des Herrn

Auch: Mariä Verkündigung. Neun Monate vor dem Fest der Geburt Christi, am 25. März, erinnert die Kirche an die Verkündigung des Engels an Maria und ihre Antwort: »Ich bin die Magd des Herrn; mir geschehe, wie du es gesagt hast« (Lk 1,38).

Vesper, die

Lat. vespera = »Abend«; Bez. für das Abendgebet der Kirche. Die Vesper ist Teil des ↗ Stundengebets und wird zum Abschluss des Arbeitstages gebetet. Sie besteht aus Hymnus, Psalmen, Schriftlesung, Magnificat, Fürbitten, Vaterunser, Tagesgebet und Segen.

Vesperbild, das

Auch: ↗ Pietà; eine besondere Form des Andachtsbildes, das Maria darstellt, wie sie den Leichnam ihres vom Kreuz abgenommenen Sohnes in den Armen hält. Seinen Namen hat das Vesperbild von der Karfreitagsvesper. Zwischen dem Gedenken an Kreuzigung und Grablegung wurde zur Zeit des Vespergottesdienstes (↗ Vesper) eine Betrachtung des toten Christus auf dem Schoß seiner Mutter eingefügt, mit besonderer Verehrung seiner heilbringenden Wunden.

Via dolorosa, die

Lat. »Weg der Schmerzen«; in Jerusalem Bez. des Weges Jesu vom Ort der Verurteilung zur Kreuzigung (↗ Kreuzweg).

Viatikum, das

Lat. »Wegzehrung«; konsekrierte ↗ Hostie, die dem Sterbenden gereicht wird.

Vicarius Cooperator, der

Auch: Kooperator; Titel eines Priesters ohne eigene Pfarrstelle (nach seiner Zeit als ↗ Kaplan); häufig ein Geistlicher nach Aufgabe der eigenen Pfarrstelle, der weiterhin als Priester und Seelsorger tätig ist und den amtierenden Pfarrer unterstützt.

Vier letzte Dinge

Lat. novissima; innerhalb der ↗ Eschatologie werden die vier letzten Dinge behandelt: Tod, Jüngstes Gericht, Himmel und Hölle. ↗ Apokalypse.

Vierung, die

Bez. für das Gewölbequadrat, in dem sich Mittel- und Querschiff einer Kirche kreuzen.

Vierungsturm, der

Dachaufsatz über der ↗ Vierung.

Vierzehn Nothelfer

Auch Vierzehnheilige genannt; 14 Heilige, die, seit dem späten Mittelalter v. a. in Süddeutschland und Österreich verehrt, in bes. schwierigen Notlagen angerufen werden und als tatkräftige Fürbitter und Helfer gelten. Deutsches Kultzentrum ist die Basilika Vierzehnheiligen in Bad Staffelstein (Süddeutschland). Die 14 Nothelfer, dargestellt meist mit ihren spezifischen

Attributen in Verbindung mit der Gottesmutter Maria, sind: Achatius (Anführer der zehntausend Martyrer, wird in Ritterrüstung mit Dornenkrone dargestellt; Helfer bei Todesangst), Ägidius (der einzige Nothelfer, der kein Martyrer ist, Gründer des Benediktinerklosters St. Gilles in Frankreich, wird mit einer Hirschkuh dargestellt; Helfer bei der Beichte und der stillenden Mütter), Barbara (der Legende nach grausam misshandelt und vom eigenen Vater enthauptet, Attribute: Turm und Kelch; Helferin der Sterbenden), ↗Blasius (Helfer bei Halsleiden, sein Attribut sind Kerzen), ↗Christophorus (trägt den Jesusknaben auf seiner Schulter; schützt vor unvorhergesehenem Tod, Patron der Autofahrer), Cyriacus (im Diakonengewand, ein Mädchen zur Seite und einen Drachen zu Füßen, häufig auch mit einem Teufel dargestellt; Helfer in der Todesstunde und bei teuflischen Anfechtungen), Dionysius (Bischof von Paris, wurde enthauptet und trägt deshalb auf Darstellungen seinen Kopf unter dem Arm; Helfer bei Kopfschmerzen), Erasmus (Attribut: ein Engel mit Winde an seiner Seite; Helfer bei Leibschmerzen), Eustachius (dargestellt mit einem Hirsch bzw. Hirschgeweih mit Kreuz; Helfer in schwierigen Lebenslagen), Georg (der Drachentöter; Helfer bei Krankheiten der Haustiere), Katharina (ihr Attribut ist ein gebrochenes Rad; Helferin bei Sprachschwierigkeiten, Kopf- und Zungenleiden), Margareta (führt einen Drachen an der Leine; Helferin bei der Geburt), Pantaleon (Arzt von Kaiser Maximianus, dargestellt mit Salbfläschchen; Helfer der Ärzte) und Vitus (Attribut: Ölkessel; Helfer bei Geisteskrankheiten, Epilepsie und Tollwut).

Vierzigstündiges Gebet

Eine Andacht des kontinuierlichen Betens über 40 Stunden, die sich aus der eucharistischen Frömmigkeit des 10. Jh. entwickelte. Die Ursprünge dieser Gebetsform liegen in der vierzigstündigen Andacht am Heiligen Grab, die sich an der vierzigstündigen Grabesruhe Christi orientierte. Später stellte man feierlich die ↗Monstranz am Heiligen Grab auf. Dann verschob sich die eucharistische Gebetswache auf das Ende der Gründonnerstagsliturgie. 1527 ist erstmals in Mailand ein vierzigstündiges Gebet vor dem ↗Allerheiligsten im Dom an den Kartagen (↗Karwoche) bezeugt, das sich dann als ↗Ewiges Gebet in den Kirchen des Bistums fortsetzte: Von der ersten Stunde des Neujahres bis zur letzten Stunde des Jahres gibt es in jeder Diözese eine – nach Möglichkeit – ununterbrochene Gebetskette von Pfarrkirchen, Klöstern, Kapellen, in denen die eucharistische Anbetung vor dem ausgesetzten Allerheiligsten stattfindet.

Vigil, die

Lat. vigilia = »das Wachsein, Nachtwache«; Bez. für eine gottesdienstähnliche Versammlung in der Nacht oder auch am Vorabend einiger hoher kath. Feste; seit dem Mittelalter und bis zur Liturgiereform auch für den Vortag solcher Feste.

Vikar, der

Lat. vicarius = »Stellvertreter«; der Stellvertreter eines geistlichen Amtsträgers oder Inhaber eines kirchl. Hilfsamtes. Der Pfarrvikar ist Mitarbeiter des Pfarrers einer Pfarrgemeinde (↗Kaplan). Der Domvikar unterstützt das Domkapitel, der ↗Generalvikar ist Stellvertreter des Bischofs für die Verwaltung des Bistums, der Bischofsvikar ist mit einer besonderen Aufgabe beauftragt. In mittelalterlicher Zeit dagegen war ein Vikar ein Geistlicher, der nicht zur Seelsorge verpflichtet war, sondern aus einem gestifteten Vermögen, der ↗ Vikarie, unterhalten wurde. Seine Pflichten waren in der Vermögensstiftung festgeschrieben, z. B. werktäglicher Gottesdienst an einem eigenen Altar und Predigten an den Hochfesten. Seit dem Konzil von Trient (↗ Tridentinum) wurden die Vikare zugunsten der Kapläne verdrängt, weil Kapläne zur Seelsorge verpflichtet waren, vom Bischof ihre Seelsorgestelle zugewiesen bekamen, aber dafür auch von ihm bezahlt werden mussten. Im Süddeutschen werden die Bezeichnungen »Vikar« und »Kaplan« heute synonym gebraucht.

Vikariat, das
das Amt des ↗ Vikars.

Vikarie, die
Das Haus, in dem ein ↗ Vikar wohnt, bzw. das Vermögen, aus dem ein Vikar, sein Haus und alle seine Pflichten finanziert werden.

Vinzentiner
Abk. CM, lat. Congregatio Missionis, Kongregation der Mission; 1625 vom hl. Vinzenz von Paul in Frankreich gegr. Gemeinschaft, deren vorrangige Aufgabe der Dienst an den Armen und Volksmissionen waren. Der Kongregation, die sich schnell auch außerhalb Frankreichs ausbreitete, gehören heute weltweit über 4.100 Mitglieder (darunter 3.200 Priester) an. Im dt. Sprachraum ist neben der Bez. Vinzentiner auch der Name ↗ Lazaristen (benannt

nach dem ersten Mutterhaus Saint-Lazare in Paris) geläufig. In weltweit 52 Provinzen und Vizeprovinzen arbeiten die Vinzentiner auch unter den Namen Vincentian Fathers, Paulinos oder Padres Paúles. Neben den urspr. Aufgaben der Volksmission und der Priesterausbildung widmen sie sich heute u. a. der Seelsorge an Kranken, Alten, Behinderten und Gefangenen. Auch die Schul- und Pfarrseelsorge gehören zu ihren Arbeitsfeldern. Die Mitglieder binden sich durch die ewigen Gelübde der Armut, der Ehelosigkeit, des Gehorsams und der Beständigkeit im apostolischen Dienst an die Gemeinschaft. ↗ Vinzentinerinnen.

Vinzentinerinnen
Abk. FdC; die Genossenschaft der »Töchter der christlichen Liebe« (Filles de la Charité), im dt. Sprachraum zumeist als Vinzentinnerinnen (auch: Barmherzige Schwestern des Vinzenz von Paul, Filles de la Charité de Saint Vincent de Paul) bezeichnet, wurde vom hl. Vinzenz von Paul und der hl. Louise von Marillac 1633 in Paris gegründet. Erstmals in der Kirchengeschichte wurden Schwestern außerhalb von Klostermauern eingesetzt: in den Elendsvierteln der Stadt, in den Dörfern zur Pflege der Kranken, zum Unterricht und für die Katechese bei Kindern und Jugendlichen, in sozial-karitativen Brennpunkten. Die Gemeinschaft breitete sich schnell auch über die Grenzen Frankreichs hinaus aus. Heute leben und arbeiten weltweit mehr als 21.000 Schwestern in über 80 Ländern für notleidende Menschen. ↗ Vinzentiner.

Violett

Gilt als Farbe der Buße; ist die Farbe der Gewänder von Domkapitularen, Prälaten und Bischöfen sowie die liturgische Farbe während der Fastenzeit und im Advent.

Viri probati, die

Lat. »bewährte Männer«; verheiratete Männer mit vorbildlicher Lebensweise, die in der lat. Kirche zu ↗ Diakonen, nicht jedoch zu Priestern geweiht werden können. »Die freie und unwiderrufliche Wahl des ↗ Zölibats ist und bleibt Voraussetzung für die Zulassung zur Priesterweihe in der Kirche des Westens«, heißt es dazu in einem 1967 veröffentlichten Lehrschreiben (»Sacerdotalis caelibatus«) von Papst Paul VI. Dennoch blieb der Zölibat und die Forderung nach Zulassung von »Viri probati« zur Priesterweihe in der Diskussion. Vor diesem Hintergrund berief der Papst vier Jahre später eine Bischofssynode zum Thema »Priesteramt« ein. Bei der Schlussabstimmung wies die Synode die Forderung nach den »Viri probati« zurück. Dieses Votum ist bis heute für die Kirche maßgebend.

Visitation, die

Lat. visitare = »besuchen«. Nach kath. Kirchenrecht ist der Bischof verpflichtet, sein ↗ Bistum wenigstens alle fünf Jahre selbst oder durch einen von ihm Beauftragten (↗ Weihbischof, ↗ Generalvikar, Bischofsvikar) zu visitieren. Die Visitation einer Pfarrgemeinde dient sowohl der Aufsicht und Kontrolle als auch der Information und Kontaktpflege. Der Visitator prüft die Kirchenbücher der Gemeinde (Tauf-, Ehe-, Toten- und Messstipendienbuch), führt Gespräche mit allen Seelsorgern und Mitarbeitern der ↗ Caritas sowie mit den Mitgliedern von ↗ Pfarrgemeinderäten, Kirchenvorständen, kirchl. Verbänden und Gemeindemitgliedern. Zum Programm der Visitation, die oftmals mit einer ↗ Firmung verbunden wird, gehören auch Besuche von Kindergärten, Schulen und Krankenhäusern sowie Behinderteneinrichtungen, Betrieben und Rathäusern.

Vokation, die

Im Bereich der evangelischen Kirche Bez. für die kirchl. Beauftragung zur Erteilung von Religionsunterricht. Im kath. Bereich entspricht dem die ↗ Missio canonica, der Sendungsauftrag des Bischofs. ↗ Religionslehrer.

Volksmission, die

Aktion zur Vertiefung und Erneuerung des Glaubens in Gemeinden, die bereits katholisch sind. Vom 17. Jh bis zur Mitte des 20. Jh. üblich, konnte sich das Programm aus Predigten, Andachten und Beichten über Wochen erstrecken. Volksmissionen wurden v. a. von ↗ Redemptoristen, Vinzentinern und Jesuiten gehalten.

Vorabendmesse, die

Sonntagsmesse, die am Samstagabend gefeiert wird, der liturgisch zum Sonntag gehört. ↗ Sonnenuntergang.

Vorkonziliar

Obwohl kein Konzil namentlich erwähnt ist, bezieht sich das Wort i. d. R. auf das Zweite Vatikanische Konzil (1962–1965), bezeichnet also Lehren, Zustände und Regeln, die gültig waren, bis sie von diesem Konzil neu bestimmt wurden.

Votivgabe, die

Lat. votum = »Gelübde«, ex voto = »gemäß dem Gelübde«; eine Weihegabe, die jmd. gemäß seinem Gelübde als Zeichen des Danks für die Errettung aus Not, Gefahr oder Krankheit oder mit der Bitte um Erfüllung eines Wunsches darbringt. Votivbilder und Votivgaben finden sich häufig in Wallfahrtskapellen.

Vulgata, die

Lat. vulgus = »allgemein, gewöhnlich«, i. d. S. »allg. übliche Textfassung«; die zum großen Teil auf den hl. Hieronymus (*347, † 419) zurückgehende, in der kath. Kirche allein verbindliche lat. Bibelübersetzung.

Die Vulgata löste die bis dahin gebräuchliche ältere lat. Übersetzung der ↗ Bibel (Vetus Latina) ab. Im Auftrag von Papst Damasus I. (366–384) begann Hieronymus im Jahr 383 mit der Revision des altlat. Textes der Evangelien, ab 390 folgte die Übersetzung der größten Teile des Alten Testaments. Ab dem 8. Jh. löste die Vulgata die Vetus Latina endgültig ab. Das Konzil von Trient (↗ Tridentinum) erklärte die Vulgata 1546 für authentisch. 1907 veranlasste Papst Pius X. die Erarbeitung einer kritischen Textfassung. 1979 erschien eine auf Grundlage der Originaltexte der Bibel revidierte Neuauflage der Vulgata, die Nova Vulgata.

W

Wallfahrer, der
↗ Pilger.

Wallfahrt, die
Auch: Pilgerfahrt, Pilgerreise, Betfahrt;
Bez. für eine aus religiösen Motiven unternommene Wanderung bzw. Fahrt an
einen Pilgerort (Wallfahrtsort), eine bes.
geheiligte Stätte. Pilgerziele sind zunächst
Orte im ↗ Heiligen Land, dann auch die
Gräber von ↗ Martyrern, ↗ Bekennern und
anderen ↗ Heiligen, schließlich Erscheinungsorte oder Orte mit einem besonderen »Gnadenbild«. Eine Wallfahrt ist mit
der Vorstellung verbunden, an diesen Orten Gott, der Gottesmutter oder einem bestimmten Heiligen als Fürsprecher bei
Gott bes. nahe zu sein. Die Gründe für
eine Wallfahrt können gemeinsame oder
persönliche Anliegen sein, wie z. B. die Bitte um Vergebung von Sünden, Hilfe in
persönlichen Notlagen, Dank für erfahrene Hilfe, die Heilung von Krankheiten
oder die Erfüllung eines Wunsches (z. B.
Kinderwunsch). Daneben kann die Wallfahrt für den einzelnen Pilger wie auch
für eine Pilgergemeinschaft ein besonderes Bekenntnis des eigenen Glaubens in
der bestärkenden Glaubens- und Gebetsgemeinschaft der Kirche sein. Sie ist Ausdruck der Bereitschaft zur ↗ Umkehr und
zur Neuausrichtung auf Jesus Christus, das
Ziel der Lebenswanderschaft jedes Christen. Zu den bedeutenden christlichen
Wallfahrtsorten zählen die Heilige Stadt
Jerusalem, die Gräber der ↗ Apostel Petrus
und Paulus in Rom und das Grab des
Apostels Jakobus in Santiago de Compostela (Spanien) sowie die Marienheiligtümer in ↗ Lourdes (Frankreich), ↗ Fátima
(Portugal) und Guadalupe Hidalgo (Mexiko). Bekannte Wallfahrtsorte in Deutschland sind z. B. Altötting (Bayern), Telgte
(Westfalen) und Kevelaer (Niederrhein),
Walldürn (Odenwald) oder Bethen (Südoldenburg). Bekannte Wallfahrtsorte in
Österreich sind Heiligenblut (Kärnten),
Kleinmariazell (Niederösterreich), Kremsmünster (Oberösterreich), Maria Plain
(Salzburg), Mariazell (Steiermark), Mariastein (Tirol), Maria Bildstein (Vorarlberg).
Bekannte Schweizer Wallfahrtsorte sind
Einsiedeln, Madonna del Sasso (oberhalb
von Locarno), Flüeli-Ranft. In Luxemburg
gibt es als bekanntesten Wallfahrtsort
Echternach.

Wandelaltar, der
↗ Flügelaltar.

Wandlung, die
Nach Auffassung der kath. Kirche erfolgt
in der Feier der ↗ Eucharistie kraft der
durch den Priester »in persona Christi« gesprochenen Einsetzungsworte (1 Korinther
11,23–25) die substanzielle Verwandlung
(↗ Transsubstantiation) von Brot und
Wein unter Wahrung ihrer äußeren Gestalt in Leib und Blut Jesu Christi. Jesus
Christus ist zwar unsichtbar, aber dennoch
wirklich (»leibhaftig«) in der Gemeinde
gegenwärtig (↗ Realpräsenz); diese Weihe-

handlung (↗Konsekration) stellt die Mitte der Hl. Messe dar, äußerlich angezeigt durch das Erheben von ↗Hostie und Kelch (↗Elevation).

Wange, die

Seitenwand an Stühlen, Bänken und Chorgestühlen.

Wasserspeier, der

Das über die Mauer vorspringende Ende eines Regenabflussrohres wird an gotischen Kirchen oft von phantastischen Tieren und Fabelwesen gebildet, durch deren Mäuler das Wasser abfließt. Sie werden deshalb Wasserspeier genannt. Zum einen sollten Dämonen damit ferngehalten werden; zum anderen wurde gezeigt, dass die Kraft des Guten stark genug ist, auch die Mächte der Unterwelt für die gute Sache in Dienst zu nehmen.

Weihbischof, der

Auch: Hilfs-, Auxiliar- oder ↗Titularbischof; ein Hilfsbischof mit voller Weihe (daher der Name), aber ohne eigene Diözese. Der Weihbischof steht dem ↗Diözesanbischof zur Seite. Weihbischöfe tragen ebenfalls die bischöflichen Amts- und Ehrenzeichen (↗Insignien) wie Ring, Hirtenstab (↗Krummstab) und ↗Mitra und haben als Mitglieder des Kollegiums aller Bischöfe Teil an der Lehrvollmacht der Gesamtkirche, wie sie etwa bei den Beratungen und Beschlüssen eines ↗Konzils zum Ausdruck kommt. Die Weihbischöfe in den dt. Bistümern nehmen außerdem an den Beratungen der ↗Deutschen Bischofskonferenz teil. Entwickelt hat sich die Rolle des Weihbischofs, als immer mehr Bischöfe aus dem Orient vertrieben und im

Abendland aushilfsweise mit bischöflichen Weihehandlungen zur Unterstützung der Ortsbischöfe betraut wurden. Seither trägt jeder Weihbischof im Titel den Namen einer untergegangenen Diözese (↗i.p.i.). In Deutschland gibt es zzt. neben den 27 Diözesanbischöfen rund 40 Weih- oder Titularbischöfe.

Weihe, die

↗Konsekration, ↗Weihesakrament.

Weihesakrament, das

Das ↗Sakrament der Weihe gliedert sich in drei Stufen: die Weihe zum ↗Diakon, die Weihe zum Priester und die Weihe zum Bischof. In allen drei Weihestufen wird das Sakrament durch schweigende ↗Handauflegung und das Weihegebet gespendet. Neben der Salbung mit ↗Chrisam bei der Bischofs- oder Priesterweihe kommen weitere ausdeutende Symbole hinzu: beim Diakon das Überreichen des ↗Evangeliars, beim Priester die Überreichung von Brot und Wein für die ↗Eucharistiefeier und beim Bischof die Überreichung des Evangeliars und der ↗Insignien. Spender des Weihesakramentes ist jeweils der Bischof. Die Bischofsweihe darf nur mit päpstlicher Beauftragung und unter Hinzuziehung zweier mitweihender Bischöfe gespendet werden.

Weihnachten

Das Fest der Geburt Jesu am 25. Dezember ist neben ↗Ostern und ↗Pfingsten eines der Hauptfeste der christlichen Kirchen. Weihnachten heißt so viel wie heilige, geweihte Nacht. Das Fest ist in Rom schon 336 gefeiert worden. Die Gründe für die Festlegung auf diesen Tag sind nicht eindeutig. Einige Autoren »errechneten« den Tag als tatsächlichen Geburtstag Jesu unter Annahme des 25. März (Zeit des Frühlingsanfangs) als Tag seiner Empfängnis (↗ Verkündigung des Herrn). Wahrscheinlicher ist jedoch, dass Weihnachten bewusst auf den Tag der Wintersonnenwende, den heidnischen Festtag des »unbesiegbaren Sonnengottes«, gelegt wurde. Jesus als »Licht der Welt« wird natürlich auch durch die Wintersonnwende symbolisiert. Das ↗ Lukasevangelium nennt als Ort der Geburt Jesu Betlehem bzw. dessen Umgebung. In der knapp zehn Kilometer von Jerusalem entfernten Stadt befindet sich heute dort, wo Jesus geboren sein soll, die Geburtskirche.

Weihrauch, der

Ein aus der Rinde von Weihrauchpflanzen (Olibanum) gewonnenes Gummiharz, das durch Verbrennen Rauch und einen wohlriechenden Duft entwickelt. Die Bäume wachsen in Trockengebieten um das Horn von Afrika (Somalia, Äthiopien, Eritrea, Sudan), im Süden Arabiens und in Indien. Weihrauch diente in altorientalischen und antiken Kulten als Räuchermittel. Es ist ein ↗ Symbol der Gottesverehrung und Anbetung, der Ehrung von Personen und des Segnens. So gehörte Weihrauch zu den kostbaren Gaben der drei Weisen (↗ Heilige Drei Könige) aus dem Morgenland (Mt 2,11). In der kath. Kirche wird Weihrauch v. a. bei bes. festlichen Gottesdiensten verwendet: Inzensiert werden der Priester und die Gläubigen, der ↗ Altar, die eucharistischen Gaben, das Evangelienbuch, das ↗ Kreuz und die ↗ Osterkerze.

Weihrauchfass, das

Lat. thuribulum, auch: turibulum. Der ↗ Weihrauch wurde zunächst in feststehenden Schalen verbrannt. Um das Jahr 400 kommen Rauchgefäße auf. Diese Metallgefäße, häufig versilbert oder vergoldet, werden an drei oder vier Ketten getragen. Der durchbrochene Deckel kann an einer weiteren Kette hochgezogen werden. Traditionelle Weihrauchfässer stellen vielfach das Himmlische Jerusalem dar, zu dem das ↗ Weihrauchschiffchen »unterwegs« ist.

Weihrauchschiffchen, das

In Form eines Schiffs mit einem Standfuß ist das Gefäß gebildet, in dem der ↗ Weihrauch für das ↗ Weihrauchfass aufbewahrt wird. Wenn das Weihrauchfass das Himmlische Jerusalem symbolisiert, steht das Weihrauchschiffchen für das »Schifflein Petri« (die Kirche), in dem der Einzelne, aber auch die Gemeinschaft der Gläubigen unterwegs sind zu ihrem letzten Ziel.

Weihwasser, das

Vom Priester geweihtes Wasser, dem in früheren Zeiten Salz und ↗ Chrisam hinzugefügt wurden. Weihwasser befindet sich in kleinen Becken am Eingang jeder kath. Kirche. Die Gläubigen segnen sich damit und machen ein ↗ Kreuzzeichen mit der Taufformel: »Im Namen des Vaters und des Sohnes und des Heiligen Geistes« (Mt 28,19). Auf diese Weise ist das Weihwasser zugleich Erinnerung an die ↗ Taufe. Weihwasser wird auch bei Segnungen von Gebäuden und Gegenständen verwendet.

Weiße Väter

Abk. WV; kath. Ordensgemeinschaft, 1868 vom Erzbischof von Algier, Kardinal Charles Martial Allemand Lavigerie als Missionsorden für Afrika gegründet. Die Missionare sollten in Wort und Tat das Evangelium verkünden und sich in Kleidung und Sprache den jeweiligen Menschen anpassen. 1908 wurde der Orden als »Gesellschaft der Missionare von Afrika« (lat. Missionarii Africae) päpstlich anerkannt.

Weißer Sonntag

Lat. dominica in albis; Bez. für den Sonntag nach ↗ Ostern, an dem die Kinder erstmals die Hl. Kommunion empfangen (↗ Erstkommunion). Der Weiße Sonntag erhielt seinen Namen in der frühen christlichen Kirche in Anlehnung an die weißen Taufgewänder, die von den in der Osternacht Getauften noch bis zu diesem Tag (Ende der Oktav von Ostern) getragen wurden. Erst seit dem 17. Jh. wird an diesem Sonntag die Erstkommunion der Kinder gefeiert.

Weltfamilientag, der

Internationales kath. Forum für Familien, Familienverbände und -organisationen sowie -experten. Die Großveranstaltung, die auf eine Initiative von Papst Johannes Paul II. zurückgeht, findet seit 1994 i. d. R. alle drei Jahre statt und wird vom Päpstlichen Familienrat geplant und ausgerichtet. Im Mittelpunkt des Weltfamilientages stehen Vorträge und Diskussionen zu familienpolitischen und -pastoralen Fragen. Der Weltkongress endet mit einem feierlichen Abschlussgottesdienst.

Weltgebetstag der Frauen, der

Der 1927 erstmals begangene Weltgebetstag hat seine Wurzeln in Nordamerika. Heute gilt er als die weltweit größte ökumenische Bewegung christlicher ↗ Laien. Am jeweils ersten Freitag im März feiern Christinnen aller Konfessionen den Tag in Form eines ↗ Wortgottesdienstes. Ziel ist es, durch Beten und Handeln Zeichen der Solidarität zu setzen, konfessionelle und nationale Grenzen zu überwinden und so Not zu lindern. Die Liturgie wird jedes Jahr von Frauen aus einem anderen Land vorbereitet. In den vergangenen Jahren beteiligten sich Christinnen aus mehr als 170 Ländern am Weltgebetstag.

Weltjugendtag, der

Ein vom Päpstlichen Rat für die Laien und vom jeweiligen Gastgeberland alle zwei Jahre organisiertes Treffen für kath. Jugendliche zwischen 16 und 30 Jahren aus der ganzen Welt. Das Treffen geht auf eine Initiative von Papst Johannes Paul II. zurück, der 1984 erstmals junge Christen nach Rom eingeladen hatte. Die zunächst als einmaliges Ereignis geplante Veranstaltung fand so große Begeisterung, dass der Papst ein Jahr später das »Jahr der Jugend« der Vereinten Nationen zum Anlass nahm, den Weltjugendtag zur festen Einrichtung zu erklären. Zwischen den internationalen Weltjugendtagen finden weltweit alle zwei Jahre nationale Jugendtage in den Bistümern statt.

Weltkatechismus, der

↗ Katechismus der Katholischen Kirche.

Weltliche Institute

↗ Säkularinstitute.

Weltmissionssonntag, der

Die kath. Kirche in Deutschland begeht jährlich am vierten Sonntag im Oktober den Weltmissionssonntag. An diesem Tag soll bes. des Missionsauftrags der Kirche gedacht werden. Die Kollekte dieses Tages ist für das internationale kath. Missionswerk ↗ Missio bestimmt, das damit insbes. die Missionsarbeit in Afrika, Asien und Ozeanien unterstützt. Mit einem Spendenaufkommen von insges. 49,7 Mio. Euro unterstützte Missio 2006 über 3.000 Projekte. Papst Pius XI. setzte den Sonntag der Weltmission 1926 ein.

Welttag der Kranken, der

1993 von Papst Johannes Paul II. eingeführter Gedenktag. Er wird jährlich am 11. Februar, dem Festtag der Muttergottes von ↗ Lourdes, begangen. Neben einem Gottesdienst in der Basilika St. Peter in Rom findet stets eine zentrale Veranstaltung in einem anderen Land statt.

Welttag der Sozialen Kommunikationsmittel, der

1967 von Papst Paul VI. eingeführt. Der in Deutschland auch als »Mediensonntag« bezeichnete Tag stellt die Bedeutung und Verantwortung der Massenmedien und der bei ihnen Beschäftigten in den Mittelpunkt. Der Welttag der Sozialen Kommunikationsmittel wird in den meisten Ländern am ersten Sonntag nach ↗ Pfingsten begangen, in Deutschland jeweils am zweiten Sonntag im September. Die Botschaft des Papstes zum Welttag wird traditionell am 24. Januar, dem Gedenktag des hl. Franz von Sales (Patron der Journalisten), veröffentlicht.

Wortgottesdienst, der

1. Der Teil der kath. Messe, bei dem die Verkündigung des Wortes Gottes aus der Bibel im Mittelpunkt steht, mit Schriftlesung, Zwischengesängen, Homilie, Glaubensbekenntnis und Fürbitten.
2. Eigenständige, nicht-eucharistische gottesdienstliche Feier, in deren Mittelpunkt die Verkündigung und Feier des Wortes Gottes steht (auch: Wort-Gottes-Feier).

Wort-Gottes-Feier, die

↗ Wortgottesdienst (2).

Wunder, das

Als Wunder werden naturwissenschaftlich unerklärliche Ereignisse gedeutet, die ein Mensch in gläubiger Offenheit als von Gott beabsichtigt und veranlasst deutet und als Anruf Gottes an sich versteht.

Wundertätige Medaille, die

Frz. »Médaille miraculeuse«; kleiner ovaler Anhänger. 1830 berichtete die im Kloster der Vinzentinerinnen in Paris, Rue du Bac, lebende Ordensschwester Cathérine Labouré (*1806, †1876), ihr sei die Gottesmutter Maria dreimal erschienen. Sie habe ihr den Auftrag erteilt, eine Medaille prägen zu lassen und an alle Besucher zu verteilen. Auch die Motive der Medaille habe Maria genau beschrieben: auf der Vorderseite Maria auf einer Erdkugel, auf einer Schlange stehend, die den Satan symbolisiert, auf der Rückseite ein »M« für Maria mit einem Kreuz und darunter den Herzen von Jesus und Maria, umrahmt von zwölf Sternen. Der Beichtvater von Cathérine Labouré und der zuständige Erzbischof von Paris reagierten zunächst skeptisch.

Erst zwei Jahre später erfolgte die bischöfliche Erlaubnis zum Prägen der Medaillen. Bald häuften sich Berichte über unerklärliche Heilungen und Bekehrungen. So erhielt der Anhänger bald den Namen »Wundertätige Medaille«. Nach dem Tod von Cathérine Labouré, die 1947 heiliggesprochen wurde, begannen die Wallfahrten in die Rue de Bac. Bis heute sind unzählige Millionen Medaillen an Gläubige in der ganzen Welt verteilt worden.

Würzburger Fernkurs

↗ Theologie im Fernkurs.

Würzburger Synode, die

Die Gemeinsame Synode der Bistümer in der Bundesrepublik Deutschland (1971–1975) fand in Würzburg statt. Sie hatte die Aufgabe, in Deutschland »die Verwirklichung der Beschlüsse des ↗ Zweiten Vatikanischen Konzils zu fördern und zur Gestaltung des christlichen Lebens gemäß dem Glauben der Kirche beizutragen« (Art. 1 des Statuts). Ihre Einberufung war im Februar 1969 von der Deutschen Bischofskonferenz beschlossen worden. Sie kam zwischen Januar 1971 und November 1975 zu acht Sitzungsperioden zusammen. Ihr Ergebnis bestand in 18 Beschlüssen und sechs Arbeitspapieren, deren Umsetzung das kirchliche Leben in Deutschland verändert hat (↗ Gemeindereferent. ↗ Pastoralreferent. ↗ Religionsunterricht.).

WV

Abk. für Missionarii Africae, ↗ Weiße Väter, kath. Männerorden.

X|Y|Z

XP
Aus den griech. Anfangsbuchstaben X (Chi) und P (Rho) gebildetes symbolisches Zeichen für den Namen Jesus Christus. ↗Christusmonogramm.

ZdK
Abk. für ↗Zentralkomitee der deutschen Katholiken.

Zehn Gebote
Auch: Dekalog, griech. déka = »zehn«, lógos = »Wort«; Bez. für die Gebote, die Moses von Gott auf dem Berg Sinai auf zwei Steintafeln (Gesetzestafeln) empfing. Die Zehn Gebote sind im ↗Alten Testament in zwei weitgehend übereinstimmenden Fassungen (Ex 20, 2–17; Dtn 5, 6–21) überliefert und enthalten eine Liste religiöser und ethischer Regeln, die im Judentum und im Christentum eine grundlegende Bedeutung haben. Die Kurzfassung der Zehn Gebote nach dem Katechismus der Katholischen Kirche lauten:

Ich bin der Herr, dein Gott.
1. Du sollst keine anderen Götter neben mir haben.
2. Du sollst den Namen Gottes nicht verunehren.
3. Du sollst den Tag des Herrn heiligen.
4. Du sollst Vater und Mutter ehren.
5. Du sollst nicht töten.
6. Du sollst nicht ehebrechen.
7. Du sollst nicht stehlen.
8. Du sollst nicht falsch gegen deinen Nächsten aussagen.
9. Du sollst nicht begehren deines Nächsten Frau.
10. Du sollst nicht begehren deines Nächsten Gut.

Zelebrant, der
Lat. celebrare = »festlich begehen, feiern«; Bez. für den Priester, der dem Gottesdienst vorsteht.

Zentralkomitee der deutschen Katholiken, das
Abk. ZdK; die oberste Vertretung der kath. ↗Laien. Das Gremium sieht es als seine Aufgabe an, die gesellschaftliche Entwicklung zu beobachten und die Anliegen der Katholiken öffentlich zu vertreten. Zudem berät das ZdK die ↗Deutsche Bischofskonferenz und vertritt kath. Interessen auf internationaler Ebene. Das ZdK ist aus dem 1868 gebildeten Zentralkomitee zur Vorbereitung der Deutschen Katholikentage hervorgegangen und ist für die Planung und Organisation dieser Veranstaltungen verantwortlich. Organe des ZdK sind neben der Vollversammlung der Präsident, das Präsidium und der Hauptausschuss. Für zehn Sachbereiche gibt es eigene Sprecher. Zur jährlich zweimal tagenden Vollversammlung gehören je drei Laienvertreter der 27 dt. Diözesen und drei Delegierte für die Militärseelsorge. 97 Mitglieder repräsentieren kath. Organisationen, Verbände, Initiativen und geistliche

Gemeinschaften. Zudem sind 45 Personen des öffentlichen Lebens, die alle vier Jahre von der Vollversammlung gewählt werden, Mitglied im ZdK.

Zentrumspartei, die
↗ Kulturkampf.

Zeremonienmeister, der
↗ Päpstlicher Zeremonienmeister.

Ziborium, das
Lat. ciborium = »metallener Becher«; seit dem Mittelalter Bez. für den Hostienkelch zur Aufbewahrung der ↗ Hostien, sonst ↗ Pyxis oder ↗ Hostiendose.

Zingulum, das
Lat. cingulum = »Gürtel«;
1. Gürtel(schnur) bei Ordensgewändern;
2. die (seidene) Gürtelbinde der ↗ Soutane, in Schwarz, Lila oder Purpur, je nach Stand des Klerikers;
3. Gürtel(schnur) für die ↗ Albe.

Zisterzienser(innen)
Lat. Ordo Cisterciensis, Abk. OCist; kath. Ordensgemeinschaft (Männer- und Frauenorden); der Ordensname leitet sich her von dem 1098 durch Robert von Molesme gegr. Benediktinerkloster Cîteaux (lat. Cistercium). Die 1119 vom Papst anerkannte Gemeinschaft lebte streng nach den Ordensregeln, die ↗ Benedikt von Nursia für seine Mönche aufgestellt hatte (↗ Benediktusregel). Unter ↗ Bernhard von Clairvaux begann der eigentliche Aufstieg des Ordens, der sich als Reformzweig der ↗ Benediktiner versteht. Die Zisterzienser breiteten sich rasch in ganz Europa aus und gewannen in der Folge großen politischen

Einfluss. Sie schufen landwirtschaftliche Musterbetriebe, förderten Obst- und Weinbau, Pferde- und Fischzucht, Bergbau und Wollhandel und trugen maßgeblich zur Verbreitung und Blüte hochmittelalterlicher Architektur und Kultur bei. Die Zisterzienser stellten zwei Päpste, 44 Kardinäle und etwa 800 Bischöfe. Die im 17. Jh. einsetzenden Auseinandersetzungen über eine Ordensreform führten im 19. Jh. zur Gründung des zweiten Reformzweigs der Benediktiner, des Ordens der ↗ Trappisten (Zisterzienser von der strengen Observanz). Die Ordenskleidung der Zisterzienser besteht aus einem weißen, schwarz gegürteten Ordensgewand mit schwarzem Überwurf (↗ Skapulier).

Zivilehegesetz, das
↗ Kulturkampf.

Zölibat, der/das
Lat. caelebs = »ehelos«; die aus religiösen Gründen gewählte Ehelosigkeit, in der lat. Kirche für alle Priester verpflichtend. Diese Verpflichtung übernehmen Priester aus freier Entscheidung; sie ist Ausdruck eines ungeteilten Dienstes für Gott und die Menschen. Im kath. Kirchenrecht heißt es dazu: »Die Kleriker sind gehalten, vollkommene und immerwährende Enthaltsamkeit um des Himmelreiches willen zu wahren; deshalb sind sie zum Zölibat verpflichtet, der eine besondere Gabe Gottes ist, durch welche die geistlichen Amtsträger leichter mit ungeteiltem Herzen Christus anhangen und sich freier dem Dienst an Gott und den Menschen widmen können« (can. 277). Aus der ↗ Bibel lässt sich der Zölibat nicht direkt ableiten. Erst 1139 wurde die Zölibatsverpflichtung zum

Kirchengesetz. Ausgenommen von der Zölibatsverpflichtung sind verheiratete Pastoren anderer christlicher Gemeinschaften, die konvertieren. Sie dürfen als Priester ihre Ehe fortsetzen.

Zweites Vatikanisches Konzil (1962–1965)

Auch: Vaticanum II, Zweites Vatikanum; von Papst Johannes XXIII. (1958–1963) einberufene und nach dessen Tod von Papst Paul VI. (1963–1978) fortgesetzte und beendete Bischofsversammlung in der Peterskirche, die vom 11. Oktober 1962 bis 8. Dezember 1965 stattfand. Dieses ↗ Konzil kann als das wichtigste kirchenpolitische Ereignis des 20. Jh. bezeichnet werden. Es steht für die Öffnung der Kirche gegenüber der modernen Welt und eine Neubestimmung ihres Verhältnisses zu den anderen christlichen Kirchen und den nichtchristlichen Religionen (↗ Ökumene). Insgesamt nahmen an den vier Sitzungsperioden 2.850 ↗ Konzilsväter teil. Die Versammlung verabschiedete 16 Dokumente (zwei dogmatische und zwei pastorale Konstitutionen, neun Dekrete und drei Erklärungen); zu den wichtigsten gehören die vier Konstitutionen. In der dogmatischen Konstitution »Lumen gentium« wird das Bild der Kirche als pilgerndes Volk Gottes betont, in dem jeder Einzelne Verantwortung trägt. Die Konstitution über die hl. Liturgie (»Sacrosanctum Concilium«) führte zu einer umfassenden Neuordnung der Feier der Gottesdienste (↗ Liturgiereform); u. a. wurde Latein als Liturgiesprache zugunsten der Volkssprache zurückgedrängt. Die dogmatische Konstitution über die göttliche Offenbarung (»Dei Verbum«) erkannte die Ergebnisse und Legitimität der wissenschaftlichen Erforschung der ↗ Heiligen Schrift an. Die weiteren Dokumente betonen u. a. die Menschenrechte und die Religionsfreiheit (»Dignitatis Humanae«) sowie den verstärkten Dialog mit Andersgläubigen, beschäftigen sich mit einer Erneuerung des Ordenslebens, beschreiben Leben und Dienst der Priester und unterstreichen die Rolle der ↗ Laien in der Kirche. ↗ Vatikanische Konzilien.

Zwiebelturm, der

Bez. für einen Turm mit Zwiebelhaube oder Zwiebelhelm; es handelt sich meist um Kirchtürme, deren unterer Teil bauchig ist und nach oben spitz zuläuft. Hauptsächlich im Süddeutschen kommen die Zwiebeltürme vor, deren erster 1576 am Kloster Sankt Maria Stern in Augsburg errichtet wurde. Die Zwiebelhaube ist nicht zu verwechseln mit der ↗ Schweifhaube.

Zwischengesang, der

Lied oder Wechselgesang, oft in Form eines Psalms, zwischen erster und zweiter Lesung im Wortgottesdienst.

Zwölf

Heilige Zahl aus 3 (der Zahl des dreifaltigen Gottes) und 4 (der Zahl der Welt mit vier Himmelsrichtungen, vier Jahreszeiten, vier Elementen usw.). $3 \times 4 = 12$ als Zahl der Fülle und Vollkommenheit.

Übersichten

Die Bücher der katholischen Bibel

Altes Testament

Fünf Bücher des Mose (Tora/Gesetz)

Gen	Genesis
Ex	Exodus
Lev	Levitikus
Num	Numeri
Dtn	Deuteronomium

Bücher der Geschichte des Volkes Gottes

Jos	Josua
Ri	Richter
Rut	Rut
1 Sam	1. Samuel
2 Sam	2. Samuel
1 Kön	1. Könige
2 Kön	2. Könige
1 Chr	1. Chronik
2 Chr	2. Chronik
Esra	Esra
Neh	Nehemia
Tob	Tobit
Jdt	Judit
Est	Ester
1 Makk	1. Makkabäer
2 Makk	2. Makkabäer

Lehrbücher und Psalmen
(Weisheitsbücher)

Ijob	Ijob
Ps	Psalmen
Spr	Sprichwörter
Koh	Kohelet
Hld	Hohes Lied
Weish	Weisheit
Sir	Jesus Sirach

Prophetenbücher
Große Propheten

Jes	Jesaja
Jer	Jeremia
Klgl	Klagelieder
Bar	Baruch
Ez	Ezechiel
Dan	Daniel

Zwölfprophetenbuch
(Kleine Propheten)

Hos	Hosea
Joël	Joël
Am	Amos
Obj	Obadja
Jona	Jona
Mi	Micha
Nah	Nahum
Hab	Habakuk
Zef	Zefanja
Hag	Haggai
Sach	Sacharja
Mal	Maleachi

Neues Testament

Evangelien

Mt	Matthäus
Mk	Markus
Lk	Lukas
Joh	Johannes

Geschichtsbuch

Apg	Apostelgeschichte

Paulinische Briefe

Röm	Römer

1 Kor	1. Korinther	Hebr	Hebräer
2 Kor	2. Korinther		
Gal	Galater	*Katholische Briefe*	
Eph	Epheser	Jak	Jakobus
Phil	Philipper	1 Petr	1. Petrus
Kol	Kolosser	2 Petr	2. Petrus
1 Thess	1. Thessalonicher	1 Joh	1. Johannes
2 Thess	2. Thessalonicher	2 Joh	2. Johannes
Pastoralbriefe		3 Joh	3. Johannes
1 Tim	1. Timotheus	Jud	Judas
2 Tim	2. Timotheus		
Tit	Titus	*Apokalyptisches Buch*	
Phlm	Philemon	Offb	Offenbarung

Die ökumenischen Konzilien

Die Dokumente des Zweiten Vatikanischen Konzils

Konstitutionen:

DV Dei verbum, Dogmatische Konstitution über die Offenbarung

GS Gaudium et spes, Pastoralkonstitution über die Kirche in der Welt von heute

LG Lumen gentium, Dogmatische Konstitution über die Kirche

SC Sacrosanctum Concilium, Konstitution über die Kirche

Erklärungen:

DH Dignitatis humanae, Erklärung über die Religionsfreiheit

GE Gravissimum educationis, Erklärung über die christliche Erziehung

NA Nostra aetate, Erklärung über das Verhältnis der Kirche zu den nichtchristlichen Religionen

Verordnungen:

AA Apostolicam actuositatem, Dekret über das Laienapostolat

AG Ad gentes, Dekret über die Missionstätigkeit der Kirche

CD Christus Dominus, Dekret über die Hirtenaufgabe der Bischöfe

IM Inter mirifica, Dekret über die sozialen Kommunikationsmittel

OE Orientalium Ecclesiarum, Dekret über die Ostkirchen

OT Optatam totius, Dekret über die Ausbildung der Priester

PC Perfectae Caritatis, Dekret über die zeitgemäße Erneuerung des Ordenslebens

PO Presbyterium Ordinis, Dekret über Dienst und Leben der Priester

UR Unitatis redintegratio, Dekret über den Ökumenismus

Die Päpste seit Petrus

1. Simon Petrus (hl.)	33(?)–67(?)	37. Damasus I. (hl.)	366–384
2. Linus (hl.)	67(?)–79(?)	38. Siricius (hl.)	384–399
3. Anaklet (hl.)	79(?)–88(?)	39. Anastasius I. (hl.)	399–401
4. Clemens I. (hl.)	88(?)–97(?)	40. Innozenz I. (hl.)	401–417
5. Evaristus (hl.)	97(?)–105(?)	41. Zosimus (hl.)	417–418
6. Alexander I. (hl.)	105(?)–115(?)	42. Bonifatius I. (hl.)	418–422
7. Sixtus I. (hl.)	115(?)–125(?)	43. Coelestin I. (hl.)	422–432
8. Telesphorus (hl.)	125(?)–136(?)	44. Sixtus III. (hl.)	432–440
9. Hyginus (hl.)	136(?)–140(?)	45. Leo d. Gr. (hl.)	440–461
10. Pius I. (hl.)	140(?)–155(?)	46. Hilarius (hl.)	461–468
11. Anicetus (hl.)	155(?)–166(?)	47. Simplicius (hl.)	468–483
12. Soter (hl.)	166(?)–175(?)	48. Felix III. (hl.)	483–492
13. Eleutherus (hl.)	175(?)–189(?)	49. Gelasius I. (hl.)	492–496
14. Viktor I. (hl.)	189(?)–199(?)	50. Anastasius II.	496–498
15. Zephyrinus (hl.)	199(?)–217(?)	51. Symmachus (hl.)	498–514
16. Calixt I. (hl.)	217(?)–222(?)	52. Hormisdas (hl.)	514–523
17. Urban I. (hl.)	222(?)–230(?)	53. Johannes I. (hl.)	523–526
18. Pontianus (hl.)	230(?)–235	54. Felix IV. (hl.)	526–530
19. Anterus (hl.)	235–236	55. Bonifatius II.	530–532
20. Fabian (hl.)	236–250	56. Johannes II.	533–535
21. Cornelius (hl.)	251–253	57. Agapet I. (hl.)	535–536
22. Lucius I. (hl.)	253–254	58. Silverius (hl.)	536–537
23. Stephan I. (hl.)	254–257	59. Vigilius	537–555
24. Sixtus II. (hl.)	257–258	60. Pelagius I.	556–561
25. Dionysius (hl.)	259–268	61. Johannes III.	561–574
26. Felix I. (hl.)	269–274	62. Benedikt I.	575–579
27. Eutychianus (hl.)	275–283	63. Pelagius II.	579–590
28. Cajus (hl.)	283–296	64. Gregor d. Gr. (hl.)	590–604
29. Marcellinus (hl.)	296–304	65. Sabinian	604–606
30. Marcellus I. (hl.)	308(?)–309(?)	66. Bonifatius III.	607
31. Eusebius (hl.)	309(?)	67. Bonifatius IV. (hl.)	608–615
32. Miltiades (hl.)	310–314	68. Adeodatus I. (hl.)	615–618
33. Silvester I. (hl.)	314–335	69. Bonifatius V.	619–625
34. Marcus (hl.)	336	70. Honorius I.	625–638
35. Julius I. (hl.)	337–352	71. Severinus	640
36. Liberius (hl.)	352–366	72. Johannes IV.	640–642

73.	Theodor I.	642–649	114.	Romanus	897
74.	Martin I. (hl.)	649–653	115.	Theodor II.	897
75.	Eugen I. (hl.)	654–657	116.	Johannes IX.	898–900
76.	Vitalian (hl.)	657–672	117.	Benedikt IV.	900–903
77.	Adeodatus II.	672–676	118.	Leo V.	903
78.	Donus	676–678	119.	Sergius III.	904–911
79.	Agatho (hl.)	678–681	120.	Anastasius III.	911–913
80.	Leo II. (hl.)	682–683	121.	Lando	913–914
81.	Benedikt II. (hl.)	684–685	122.	Johannes X.	914–928
82.	Johannes V.	685–686	123.	Leo VI.	928
83.	Konon	686–687	124.	Stephan VII.	928–931
84.	Sergius I. (hl.)	687–701	125.	Johannes XI.	931–935
85.	Johannes VI.	701–705	126.	Leo VII.	936–939
86.	Johannes VII.	705–707	127.	Stephan VIII.	939–942
87.	Sisinnius	708	128.	Marinus II.	942–946
88.	Konstantin I.	708–715	129.	Agapet II.	946–955
89.	Gregor II. (hl.)	715–731	130.	Johannes XII.	955–964
90.	Gregor III. (hl.)	731–741	131.	Benedikt V.	964
91.	Zacharias (hl.)	741–752	132.	Johannes XIII.	965–972
92.	Stephan II.	752–757	133.	Benedikt VI.	973–974
93.	Paul I. (hl.)	757–767	134.	Benedikt VII.	974–983
94.	Stephan III.	768–772	135.	Johannes XIV.	983–984
95.	Hadrian I.	772–795	136.	Johannes XV.	985–996
96.	Leo III. (hl.)	795–816	137.	Gregor V.	996–999
97.	Stephan IV.	816–817	138.	Silvester II.	999–1003
98.	Paschalis I. (hl.)	817–824	139.	Johannes XVII.	1003
99.	Eugen II.	824–827	140.	Johannes XVIII.	1004–1009
100.	Valentin	827	141.	Sergius IV.	1009–1012
101.	Gregor IV.	827–844	142.	Benedikt VIII.	1012–1024
102.	Sergius II.	844–847	143.	Johannes XIX.	1024–1032
103.	Leo IV. (hl.)	847–855	144.	Benedikt IX.	1032–1044
104.	Benedikt III.	855–858	145.	Gregor VI.	1045–1046
105.	Nikolaus I. (hl.)	858–867	146.	Clemens II.	1046–1047
106.	Hadrian II.	867–872	147.	Damasus II.	1048
107.	Johannes VIII.	872–882	148.	Leo IX. (hl.)	1049–1054
108.	Marinus I.	882–884	149.	Viktor II.	1055–1057
109.	Hadrian III. (hl.)	884–885	150.	Stephan IX.	1057–1058
110.	Stephan V.	885–891	151.	Nikolaus II.	1058–1061
111.	Formosus	891–896	152.	Alexander II.	1061–1073
112.	Bonifatius VI.	896	153.	Gregor VII. (hl.)	1073–1085
113.	Stephan VI.	896–897	154.	Viktor III. (sel.)	1086–1087

155.	Urban II. (sel.)	1088–1099	196.	Urban V. (sel.)	1362–1370
156.	Paschalis II.	1099–1118	197.	Gregor XI.	1370–1378
157.	Gelasius II.	1118–1119	198.	Urban VI.	1378–1389
158.	Calixt II.	1119–1124	199.	Bonifatius IX.	1389–1404
159.	Honorius II.	1124–1130	200.	Innozenz VII.	1404–1406
160.	Innozenz II.	1130–1143	201.	Gregor XII.	1406–1415
161.	Coelestin II.	1143–1144	202.	Martin V.	1417–1431
162.	Lucius II.	1144–1145	203.	Eugen IV.	1431–1447
163.	Eugen III. (sel.)	1145–1153	204.	Nikolaus V.	1447–1455
164.	Anastasius IV.	1153–1154	205.	Calixt III.	1455–1458
165.	Hadrian IV.	1154–1159	206.	Pius II.	1458–1464
166.	Alexander III.	1159–1181	207.	Paul II.	1464–1471
167.	Lucius III.	1181–1185	208.	Sixtus IV.	1471–1484
168.	Urban III.	1185–1187	209.	Innozenz VIII.	1484–1492
169.	Gregor VIII.	1187	210.	Alexander VI.	1492–1503
170.	Clemens III.	1187–1191	211.	Pius III.	1503
171.	Coelestin III.	1191–1198	212.	Julius II.	1503–1513
172.	Innozenz III.	1198–1216	213.	Leo X.	1513–1521
173.	Honorius III.	1216–1227	214.	Hadrian VI.	1522–1523
174.	Gregor IX.	1227–1241	215.	Clemens VII.	1523–1534
175.	Coelestin IV.	1241	216.	Paul III.	1534–1549
176.	Innozenz IV.	1243–1254	217.	Julius III.	1550–1555
177.	Alexander IV.	1254–1261	218.	Marcellus II.	1555
178.	Urban IV.	1261–1264	219.	Paul IV.	1555–1559
179.	Clemens IV.	1265–1268	220.	Pius IV.	1559–1565
180.	Gregor X. (sel.)	1271–1276	221.	Pius V. (hl.)	1566–1572
181.	Innozenz V. (sel.)	1276	222.	Gregor XIII.	1572–1585
182.	Hadrian V.	1276	223.	Sixtus V.	1585–1590
183.	Johannes XXI.	1276–1277	224.	Urban VII.	1590
184.	Nikolaus III.	1277–1280	225.	Gregor XIV.	1590–1591
185.	Martin IV.	1281–1285	226.	Innozenz IX.	1591
186.	Honorius IV.	1285–1287	227.	Clemens VIII.	1592–1605
187.	Nikolaus IV.	1288–1292	228.	Leo XI.	1605
188.	Coelestin V. (hl.)	1294	229.	Paul V.	1605–1621
189.	Bonifatius VIII.	1294–1303	230.	Gregor XV.	1621–1623
190.	Benedikt XI. (sel.)	1303–1304	231.	Urban VIII.	1623–1644
191.	Clemens V.	1305–1314	232.	Innozenz X.	1644–1655
192.	Johannes XXII.	1316–1334	233.	Alexander VII.	1655–1667
193.	Benedikt XII.	1334–1342	234.	Clemens IX.	1667–1669
194.	Clemens VI.	1342–1352	235.	Clemens X.	1670–1676
195.	Innozenz VI.	1352–1362	236.	Innozenz XI. (sel.)	1676–1689

237. Alexander VIII.	1689–1691	250. Gregor XVI.	1831–1846
238. Innozenz XII.	1691–1700	251. Pius IX. (sel.)	1846–1878
239. Clemens XI.	1700–1721	252. Leo XIII.	1878–1903
240. Innozenz XIII.	1721–1724	253. Pius X. (hl.)	1903–1914
241. Benedikt XIII.	1724–1730	254. Benedikt XV.	1914–1922
242. Clemens XII.	1730–1740	255. Pius XI.	1922–1939
243. Benedikt XIV.	1740–1758	256. Pius XII.	1939–1958
244. Clemens XIII.	1758–1769	257. Johannes XXIII. (sel.)	1958–1963
245. Clemens XIV.	1769–1774	258. Paul VI.	1963–1978
246. Pius VI.	1775–1799	259. Johannes Paul I.	1978
247. Pius VII.	1800–1823	260. Johannes Paul II.	1978–2005
248. Leo XII.	1823–1829	261. Benedikt XVI.	seit 2005
249. Pius VIII.	1829–1830		

Jakob Torsy

Der große Namenstagskalender

Herausgegeben von Hans-Joachim Kracht

3900 Namen und 1700 Lebensbeschreibungen
der Heiligen und Namenspatrone

544 Seiten, Pappband mit Leseband
ISBN 978-3-451-32043-9

Ausführlichkeit, Sachkenntnis, Übersichtlichkeit und aktuellster Stand haben dieses Buch zu einem Standardwerk gemacht. Tag für Tag verzeichnet »Der Torsy« alle Heiligengedenken in chronologischer Reihenfolge vom 1. Januar bis zum 31. Dezember. Der Band bietet einen raschen Überblick über das Leben der Heiligen und der Seligen und die wichtigsten Legenden über sie. Darüber hinaus gibt er Hinweise zu den Patronaten, zu den Darstellungen in Kunst und Volksfrömmigkeit sowie zur Bedeutung der Namen.

Das alphabetische Register zeigt, welche Heilige sich hinter populären Namen verbergen und an welchem Tag der Namenstag gefeiert wird. Dazu finden sich ausführliche Literaturhinweise und ein umfassendes Register der Ordensnamen und ihrer Abkürzungen.

Zum Nachschlagen und Schmökern einfach ideal!

HERDER